스피노자의
사상과
그 현대적
부활

Benedictus de Spinoza

스피노자의 사상과 그 현대적 부활

최민자 지음

Spinoza's Thought
and Its Up-to-date Revival

도서출판 모시는사람들

스피노자의 사상과 그 현대적 부활

등록 1994.7.1 제1-1071
1쇄 발행 2015년 8월 31일

지은이 최민자
펴낸이 박길수
편집인 소경희
편 집 조영준
관 리 위현정
디자인 이주향
펴낸곳 도서출판 모시는사람들
　　　　110-775 서울시 종로구 삼일대로 457(경운동 88번지) 수운회관 1207호
전 화 02-735-7173, 02-737-7173 / 팩스 02-730-7173

인 쇄 상지사P&B(031-955-3636)
배 본 문화유통북스(031-937-6100)
홈페이지 http://modl.tistory.com/

값은 뒤표지에 있습니다.
ISBN 979-11-86502-16-7　　　　　93100

이 도서의 국립중앙도서관 출판예정도서목록(CIP)은 서지정보유통지원시스템 홈페이지(http://
seoji.nl.go.kr)와 국가자료공동목록시스템(http://www.nl.go.kr/kolisnet)에서 이용하실 수 있습
니다.(CIP제어번호: 2015021590)

왜 오늘날 스피노자인가?

"그 어떤 철학자도 스피노자보다 더 존경받지 못했고 또 스피노자보다 더 모욕과 증오의 대상이 된 적이 없었다"고 한 프랑스의 철학자 질 들뢰즈의 말은 스피노자 철학 자체의 아포리아(aporia 難點)를 집약적으로 표현해 준다. 스피노자의 삶의 철학은 우리를 삶으로부터 분리시키는 모든 것, 삶을 거역하는 모든 초월적 가치들을 고발한다. 삶을 위조하는 모든 것, 삶을 폄하하는 모든 가치들을 고발한다는 것이다. 그리하여 모든 허위와 정념과 죽음을 넘어선 삶을 볼 수 있게 한다는 것이다. 우리의 내면에서 억압과 공포와 부정의 메커니즘이 작동하면서 긍정적인 삶의 에너지가 고갈될 때마다 우리는 스피노자의 긍정과 자유의 철학을 상기하며 나아갈 힘을 얻는다. 말하자면 '비참할 땐 스피노자'를 찾는 것이다. 이탈리아의 정치철학자 안토니오 네그리는 말한다. "스피노자는 근원이고 원천이며 본원적 도약이다. 스피노자주의자가 되지 않고서 어떻게 삶과 철학의 희망을 다시 긍정할 수 있겠는가?" 스피노자주의자라는 것은 규정이 아니라 조건이며, 사고하기 위해서는 스피노자주의자가 될 수밖에 없다는 것이다.

독일 이상주의 철학을 종합 집대성한 게오르크 헤겔은 스피노자를 근대 철학의 결정적인 지점으로 보고 철학을 하려면 반드시 스피노자를 통과해야 한다고 역설했다. 그것은 아마도 스피노자의 철학체계가 근대 철학의 내재적 과제인 신(실체)과 인간(양태)의 필연적 관계성에 대한 인식을 명료하게 보여주었기 때문일 것이다. 현대 철학적 사유의 씨앗을 뿌린 프리드리히 니체 역시 스피노자를 철학적 선구가 되는 정신으로 인정했으며 반(反)독단의 철학자로서의 공통점을 공유했다. '창조적 진화'라는 개념으로 잘 알려진 프랑스의 철학자 앙리 베르그송이 모든 철학자는 두 개의 철학, 즉 자신의 철학과 스피노자의 철학을 갖고 있다고 말한 것도 스피노자의 철학이 모든 철학의 보편적 본질을 구성하는 것으로 보았기 때문일 것이다. 18세기 독일의 극작가이자 평론가이며 계몽사상가인 레싱은 "스피노자 철학 외에는 진정한 철학이 없었다"고 했다. 독일 태생의 유대계 미국 정치철학자 레오 스트라우스는 스피노자를 최초의 자유민주주의 철학자로서 근대 정체(政體)를 정초(定礎)한 인물로 평가한다. 스피노자의 사상은 특히 독일 관념론 철학에 지대한 영향을 미쳤으며, 프랑스 계몽주의와 사회주의에도 깊은 영향을 주었다.

그렇다면 왜 오늘날 스피노자인가?

네그리는 스피노자가 현재적일 수밖에 없는 다섯 가지 이유를 제시한다. 첫째, 스피노자는 모든 근대적 사고의 적대자이기 때문이다. 스피노자는 파격이며, 부르주아의 억압적인 태생적 질서에 대한 부정이고, 존재의 충만함이며, 원천이고 본원적 도약인 까닭에 스피노자주의자가 되는 것은 사고하기 위한 조건이라는 것이다. 둘째, 스피노자는 삶과 죽음, 건설과 파괴 사이에서 오늘날에도 여전히 이슈가 되고 있는 자유의 가능성과 집단적 창조의 가능성으로서의 세계를 펼쳐 보이고 있기 때문이다. 셋째, 스피노자는 자유의 구성과 발전을 주관하는 능력인 윤리적 힘의 증대를 통해 존재론과 윤리학이 결합된 존재론적 정치학을 전개함으로써 존재의 긍정과 지속 그리고 풍요로움으로 우리를 안내하기 때문이다. 넷째, 스피노자의 사랑에 관한 개념은 논리주의의 폐해에 맞서 오늘날에도 절실히 요구되는 것이기 때문이다. 다섯째, 스피노자의 철학이 갖는 영웅적인 면모, 즉 '자유의 욕망과 상상, 다중 속에서의 혁명, 그리고 상식의 영웅주의'는 오늘날에도 절실히 필요한 것들이기 때문이다.

스피노자의 사상이 여전히 현재성을 띠는 것은 그의 사상의 치명적인 유용성 때문이다. 정치철학의 근본 과제라 할 수 있는 공동체와 개인, 의식과 제도, 도덕과 정치의 유비관계에 대한 정치철학적 탐색과 더불어 에코토피아적 비전을 제시하며 대안적인 통섭학의 기본 틀과 공존의 대안사회 마련에 유익한 단서를 제공하기 때문이다. 그의 『에티카』가 제기하는 의식과 가치 그리고 정념이라는 삼중의 실천적 논제들은 시공을 초월하여 모든 철학의 보편적 본질을 구성하는 것들이다. 그는 정치(精緻)한 개념적 장치를 소유한 '철학자 중의 철학자, 가장 순수한 철학자'인 동시에 철학적 교양이 없는 '비철학자에게 갑작스런 영감과 빛을 줄 수 있는' 그런 인물이다. 그는 우리에게 감정의 메커니즘을 이해하게 함으로써 감정의 정글에서 살아남는 법과 존재론적 딜레마에서 탈출하는 법을 알려주었고, 개인이 아닌 '다중(多衆)' 개념에 기초해 다중의 '무세계적 실존'의 위험성을 경계하며 권력(potestas)에 대항하는 역량(potentia)의 철학을 전개함으로써 풀뿌리민주주의(grassroots democracy)의 가능성을 펼쳐 보였으며, 나아가 영원의 견지에서 현세적 삶을 '메타-역사적 기획'에 복속시킴으로써 '직관지(直觀知)'를 통해 교유하는 완전한 공동체로서의 코뮤니즘을 세우고자 했다.

스피노자 사상에서의 '파격'은 신인류의 탄생을 예고하는 '살아있는 파격'

이다. 네그리가 말했듯이 그의 사고 툴(tool)은 오늘날 근본적으로 대안적인 것이 되고 구체적으로 혁명적인 것이 되었다. 억압과 독단과 불관용에 맞서 싸우며 자연의 필연적 법칙성에 대한 이해를 바탕으로 신과 인간 본성에 관한 정치(精緻)한 분석을 통해 가장 근원적인 의미에서 인간과 신이 소통하는 세상을 구가하고자 했던 스피노자, 그는 진정한 의미에서의 혁명가이자 네오휴머니즘의 구현자이다. 그는 당시의 보수적인 철학계와 종교계로부터 신을 모독한 무신론자로 격렬하게 비난받았다. 그러나 신을 모독한 자는 스피노자가 아니라 스피노자를 무신론자로 비난한 미신론자들이었다! 가장 본질적인 의미에서 스피노자는 신에게서 인간을 해방시켰고, 인간에게서 신을 해방시켰다. 인간에게서 해방된 신, 신에게서 해방된 인간은 역설적으로 신과 인간의 비분리성(nonseparability)·비이원성(nonduality)을 표징한다. 해방은 분리성·이원성으로부터의 해방이다. 신은 단순히 기복신앙의 대상이 아니라 우주만물의 참본성(眞性, 神性) 그 자체인 까닭이다. 그는 학문적 영역에로 철수하여 세계를 단지 해석만 하는 다른 철학자들과는 달리 사변과 실천, 철학과 정치학의 통섭을 통하여 '다중'의 구성적 역량을 증대시킴으로써 세계를 변화시키는 일에 전력투구한 철학자의 한 예로서 오래 기억될 것이다.

본서의 특징은 다음 몇 가지로 요약할 수 있다. 첫째, 스피노자의 통섭적 사유체계에 대한 본질적인 규명을 통하여 우리 시대의 현안인 대안적인 통섭학의 기본 틀과 공존의 대안사회 마련에 유익한 단서를 제공한다는 점, 둘째, 스피노자의 철학체계에 나타난 철학적 이상과 정치적 현실, 공동체와 개인의 접합 가능성에 대한 정치철학적 탐색을 통하여 관계성과 소통성의 심원한 의미를 일깨우고 자연의 합리적 질서에 대한 참된 인식을 촉구한다는 점, 셋째, 실체와 양태, 신과 우주만물의 필연적 관계성에 대한 스피노자의 관점이 우주적 생명을 표상한 것이며 아울러 그가 제시한 생명의 전일성과 자기근원성에 기초한 에코토피아적 비전이 현대 물리학의 전일적 실재관과 조응한다는 것을 밝힌 점, 넷째, 스피노자와 동양사상과의 대화를 통해 스피노자의 철학체계에 대한 이해를 확장·심화시키는 동시에 자기생성적 네트워크체제로서의 '참여하는 우주(participatory universe)'의 실상을 밝히고 삶에서 일어나는 모든 현상을 통제하는 주체가 심판자로서의 신이 아니라 인간의 의식임을 밝힌 점, 다섯째, '스피노자의 현재성'에 대한 재조명과 더불어 생명에 대한 새로운 철학적·과학적 성찰을 통해 21세기 새로운 문명의 표준 형성에 중요한 시사점을 제공한다는 점 등이 그것이다.

본서는 총 2부 6장으로 구성된다. 제1부는 「스피노자의 사유체계와 존재론적 정치학」에 관한 것이고, 제2부는 「스피노자의 사상과 그 현대적 부활」에 관한 것이다. 각 부는 각 3장으로 구성된다. 우선 제1부의 3장은 "철학적 사색에 바쳐진 45년", "『에티카』: 자유인의 삶을 향한 철학적 여정", "『정치론』: 민주주의를 위한 '자유의 송가(頌歌)'"이다. 제1부 1장 "철학적 사색에 바쳐진 45년"은 스피노자 사유체계의 형성 배경과 과정을 45년간의 짧은 삶의 궤적을 따라 조명한다. 그는 24세 때 네덜란드 유대교단으로부터 유대교 비판과 신성 모독죄로 파문을 당하면서 구약성경의 '출애굽'을 연상케 하는 삶의 변곡점을 맞게 된다. 라틴어 학교시절부터 시작된 데카르트와의 사상적 만남은 그의 사상체계 형성에 지대한 영향을 미쳤으며, 31세 때는 데카르트 철학을 비판적으로 발전시킨 독창적인 사상체계를 구축하기에 이른다. 38세 때『신학정치론』을 익명으로 출판하여 공화정의 정치이념을 옹호하며 요한 드 비트 체제를 지지하였고, 41세 때는 철학하는 자유가 보장되지 않는다는 이유로 하이델베르크대학의 철학 교수직 제의를 거절하기도 했다. 평생을 진리와 자유 그리고 도덕적인 행복을 추구하는 데 바친 스피노자는 자유의 철학자로서의 교훈이 될 만한 숱한 일화를 남겼으며 진정한 철학자의 삶의 표상으로 여겨지는 삶을 살았다. 들뢰즈는 그를 '철학자들의 그리스도'라고 불렀다.

제1부 2장 "『에티카』: 자유인의 삶을 향한 철학적 여정"은 기하학적 논증을 통하여 진정한 자유인의 삶을 갈파한 자유의 형이상학이요 심리학이며 철학이고 과학이다. 또한 윤리학의 가능 근거를 제시한 메타윤리학이기도 하다. 『에티카』는 총 5부로 구성되어 있으며, 형이상학적·인식론적·심리학적·윤리학적 및 도덕철학적 차원에서 포괄적이고도 체계적으로 철학적 문제들을 망라하고 있다. 『에티카』의 궁극적인 지향점은 '신 또는 자연(Deus sive Natura)'의 질서에 대한 참된 인식과 사랑이다. 우리의 내면에서 자유와 긍정의 메커니즘이 작동하게 되는 것은 '신에 대한 지적 사랑'이 충만할 때이며, 그러한 사랑은 자연의 합리적 질서에 대한 참된 인식에서 나온다. 그런데 참된 인식을 위해서는 '신 또는 자연'이라고 부르는 실체의 본성과 구조를 파악해야 하므로 형이상학 체계(제1부 '신에 관하여')를 포함해야 하고, 지성에 기초한 올바른 인식이 선행되어야 하므로 인식론(제2부 '정신의 본성과 기원에 관하여')을 포함해야 하며, 정념의 예속에서 벗어나야 하므로 심리학(제3부 '감정의 기원과 본성에 관하여')을 포함해야 한다. 그리하여 윤리학 및 도덕철학(정치철학)의 영역(제4, 5부 '인간의 예속 또는 감정의 힘에 관하여'; '지성의 능력 또는 인간의 자유에 관하여')으로 들어가야 하는 것이다.

『에티카』에서 스피노자는 자연, 신, 그리고 유일 실체가 동일 개념임을 논증적으로 밝히고 있다. 그의 기하학적 논증의 실천적 함의는 의인론적이고 목적론적이며 인간 중심적인 시각에서 탈피하는 것이다. 신은 '스스로(自) 그러한(然) 자'로서 오로지 신성한 본성의 필연성에 의해서만 작용할 뿐 목적이라는 것이 없으므로 '모든 목적인(因)은 인간의 허구일 뿐'이다. 모든 목적은, 고통이나 두려움은 그 스스로의 실체가 있는 것이 아니라 에고(ego) 의식의 부산물이다. 사물의 궁극적 원인에 대한 통찰이 없이는, 다시 말해 실체에 대한 명료한 인식이 없이는 전일적 과정으로서의 생명 현상을 파악할 수가 없고 따라서 현상계의 참모습을 직시할 수가 없다. 그러한 인식의 빈곤 상태에서의 자유란 한갓 환각에 불과한 것이다. 스피노자는 '표상지(表象知)'에서 '이성지'와 '직관지'로의 의식의 이행을 강조한다. 최고의 인식 유형인 제3종의 '직관지'는 전체 존재계에 대한 포괄적 · 직관적 인식이며 개체의 완전한 인식이고 실체와 양태의 필연적 관계성에 대한 완전한 인식이다. 최고의 정신의 덕은 신을 인식하는 것, 즉 제3종의 인식에 따라서 사물을 인식하는 것이다. 신은 가장 적합한 관념이므로 오직 신에 대한 사랑 속에서만이 인간은 일체의 정념에서 해방되어 심신의 안정과 자유를 얻고 능동성을 발휘함으로써 지속적인 완전한 행복에 도달할 수 있다.

제1부 3장 『정치론』: 민주주의를 위한 '자유의 송가(頌歌)'"는 공화정을 지지하던 요한 드 비트 체제가 붕괴하고 빌렘 3세가 군국주의적 체제를 구축하려고 했던 시기에 저술한 것으로 민주주의 정치사상의 이론적 토대가 되는 것이다. 학문적으로는 이탈리아의 정치사상가 니콜로 마키아벨리의 『로마사 논고』에 힘입어 현실주의적 색채가 짙다. 실제 삶과 도덕적 삶의 차이를 인지함으로써 상상이나 도덕적 가치관을 배제하고 사실에 바탕을 둔 정치론을 쓰고자 한 점에서 스피노자와 마키아벨리의 공유점을 찾을

수 있다. 절대적 군주국가가 지배적이었던 17세기에 민주국가를 국가의 전형으로 제시한 스피노자의 『정치론』은 그의 『신학정치론』과 『에티카』와 더불어 자유민주주의의 전 지구적 보편 혁명을 추동한 저작으로 알려져 있다. 스피노자에게 자유란 단순히 천부적 인권의 형태로 주어진 것이 아니라 민주정이라는 정치공동체를 통해 형성된 것이며, 민주주의 역시 단순한 유토피아적 이념이 아니라 정치적 · 법적 상태로서 도덕적 · 실천적 과제인 동시에 정치적 최고선이었다. 그의 정치사상의 궁극적인 지향점은 민주주의 정치체제의 수립을 통한 자유의 영속화에 있으며, 민주정은 자유를 제도화하기 위한 장치로서 고안된 것이다.

『정치론』은 『에티카』의 자연(神)과 인간 이해를 바탕으로 『신학정치론』의 문제의식을 심화하여 확장한 것이다. 스피노자는 국가의 진정한 목적을 개인의 자유 촉진에 있다고 본 철저한 자유주의자로서 사상과 표현의 자유를 억압하는 모든 법률을 부정했다. 그에 의하면 "인간이 자유롭다고 할 수 있는 것은 오직 인간 본성의 법칙에 따라 존재하고 행동할 수 있는 힘을 보유하고 있는 한에서이다." 그가 『정치론』에서 증명하고자 한 모든 것은 '인간 본성의 필연성에서, 즉 만인에게 보편적인 자기보존의 욕구라는 관점에서' 이루어진 것이라고 밝히고 있다. 이 자기보존의 욕구는 배운 자이건 배우지 못한 자이건 모든 인간에게 공통적으로 내재하며, 인간 본성이 어떻게 해석되든 그 결과는 똑같다고 본다. 존재하는 모든 것이 우리의 주관주의적 기획에 따라 배치되기를 바라며 그렇지 못한 것을 악으로 천명한다면, 그것은 보편적 자연의 질서와 법칙에 위배되는 것이다. 스피노자에게 있어 철학적 이상과 정치적 현실, 공동체와 개인의 접합 가능성이 여기에 있다. 그는 군주정 · 귀족정 · 민주정의 세 가지 정체가 나름대로 합리적 근거를 지니고 있다고 보지만, 인간의 본성을 최대한 구현할 수 있는 이상적인 정체는 민주정이라고 보았다.

다음으로 제2부의 3장은 "스피노자 사상의 특질: 근대성과 탈근대성의 접합", "스피노자와 동양사상과의 대화", "스피노자 사상의 현대적 부활"이다. 제2부 4장 "스피노자 사상의 특질: 근대성과 탈근대성의 접합"은 스피노자의 통섭적 사유체계가 근대적인 동시에 탈근대적이며, 전체 존재계에 대한 포괄적·직관적 통찰인 동시에 개체의 완전한 인식이고, 실체와 양태의 필연적 관계성에 대한 완전한 통찰임을 보여준다. 근대성의 정초를 대안적 방식으로 제시한 것이라는 평가를 받고 있는 그의 사상은 신앙과 이성의 분리를 주장하면서도 두 영역의 조화를 강조한다. 그의 정치적 자유 개념은 공화주의적이고 적극적인 의미를 지녔으며, 자연의 합리적 질서에 대한 참된 인식을 통해 정념을 극복하고 정신의 능동성을 키워나가는 것이다. 그것은 참된 인식에서 필연적으로 나오는 사랑의 정서에 힘입어 가능하게 된다. 모든 개별 사물은 오로지 자연 질서의 필연성에 따라 일정한 방식으로 존재하고 행동하도록 결정된다. 따라서 자연의 어떤 사물이 불합리하게 또는 나쁘게 비쳐진다면, 그리고 그로 인해 고통과 부자유 상태에 빠지게 된다면, 그것은 지식의 결함으로 인해 자연의 필연적 법칙성을 총체적으로 통찰할 수 있는 참된 인식에 이르지 못했기 때문이다.

스피노자 사상의 특질은 무엇보다도 실체[본체계, 능산적 자연]와 양태[현상계, 소산적 자연]의 필연적 관계성에 대한 그의 관점에서 명료하게 드러난다. 스피노자는 실체를 신과 동일시하고 신을 자연의 필연적인 인과 원리와 동일시하여 실체=신=자연을 정식화했다. 유일 실체인 신은 만물의 본질로서 내재해 있는 동시에 만물화생(萬物化生)의 근본 원리로서 필연적인 자기법칙성에 의해 활동하므로 신과 그 양태인 우주만물은 분리될 수 없다고 보는 것이다. 그에게 있어 자유란 실체와 양태, 즉 신[전체성]과 우주만물[개체성]의 필연적 관계성에 대한 인식이다. 이러한 필연적 관계성은 대우주와 소우주, 공동체와 개인의 유비관계로서 이해될 수 있으며, 이는 정치철학의 근본과제가 되는 것이기도 하다. 그에게는 이성적인 것이 도덕적인 것이며 자연의 법칙을 따르는 것이었고, '직관지'로써 자연을 이해하고 능동적으로 행동하고 사유함으로써 자유와 행복을 달성하는 것이 최고의 인생이었다. 스피노자 사상과 현대 과학의 생명사상과의 접합은 전일적 우주에 대한 통찰에서 드러나며, 생명의 '자기조직화' 원리는 주체와 객체의 이분법이 폐기된 창조성의 원리로서 생명의 전일성과 자기근원성을 본질로 삼는다.

제2부 5장 "스피노자와 동양사상과의 대화"는 이들 사상의 근친성이 인식론과 형이상학적 사유체계에 있음을 밝히고 있다. 동양사상과의 대화를 통해 스피노자의 철학체계에 대한 이해를 확장·심화시키는 동시에 전일적 우주의 실상을 밝히고 현실적 삶을 통제하는 주체가 심판자로서의 신이 아니라 인간의 의식임을 밝힌다. 천·지·인 삼신일체의 사상인 '한'사상과 스피노자 사상의 공유점은 근대 기계론적 세계관의 바탕을 이루는 정신·물질 이원론과 인간중심주의의 한계를 극복할 수 있게 하는 데서, 그리고 근대 휴머니즘의 대안으로서의 네오휴머니즘을 그 본질 속에 함축하고 있는 데서 찾을 수 있다. 힌두사상에서는 존재하는 모든 것이 '밭'과 '밭을 아는 자'의 통합에서 비롯된 것이라고 본다. 여기서 '밭'은 곧 프라크리티이고, '밭을 아는 자'는 푸루샤이다. 만유는 '물질화된 영(materialized Spirit)'이라는 점에서 '밭을 아는 자'와 '밭'은 실체와 양태의 관계와도 같이 필연적 관계성을 갖는다. 물질세계의 온갖 행위는 프라크리티의 세 가지 기운─사트바, 라

자스, 타마스―이 어우러져 나타난 것으로 참자아인 푸루샤는 이 세 기운이 만들어내는 현란한 유희를 단지 바라보고 체험할 뿐이다.

진리에 대한 이해를 통하여 있는 그대로의 우주를 관조할 수 있을 때, 그때 우리의 마음은 이미 해방된 것이다. 해방된 마음속에는 더 이상은 '군림하는 신'은 존재하지 않는다. 붓다는 이러한 방식으로 인간을 신으로부터 해방시켰다. 스피노자 역시 전체 존재계에 대한 포괄적·직관적 인식을 통해 의인론적이고 목적론적이며 인간중심적인 신관(神觀)에서 벗어나 인간과 신이 소통하는 세상을 구가하고자 했다. 붓다의 근본적인 가르침이 연기(緣起)의 진리에 대한 통찰을 통하여 얻은 지혜로 고(苦)를 소멸시키는 것이라면, 스피노자의 가르침 역시 실체와 양태의 일원성에 대한 통찰을 통하여 얻은 지혜로 지고의 자유와 영속적인 행복을 달성하는 것이다. 장재는 '태허일기(太虛一氣)'가 스스로의 작용으로 만물이 되고 다시 '태허일기'로 돌아가는 생명의 순환을 필연적이라고 보았다. 장재의 기일원론은 우주만물을 신의 속성의 변용이라고 보는 스피노자의 일원론적 범신론과 일맥상통한다. 우리가 '직관지' 또는 만사지(萬事知)로 이행할수록 윤리적 효용성이 증대하여 개인과 공동체의 조화적 관계를 인식하게 된다. 스피노자의 '신즉자연(神卽自然)'이나 동학의 '인내천(人乃天)'은 우주적 생명을 표상한 것이라는 점에서 오늘날에도 여전히 매우 전복적인 선언이다.

제2부 6장 "스피노자 사상의 현대적 부활"은 스피노자의 철학이 현대에 들어서도 많은 사상가들과 철학자들의 사유 속에 면면히 이어져 오고 있음을 밝힌다. '스피노자의 현재성'은 스피노자 연구의 르네상스에 기인하는 것으로 특히 1960년대 말 이후 프랑스의 철학적 흐름 및 운동과의 맥락 속에서 그 의미가 파악될 수 있다. 스피노자의 일원론적 범신론은 만물이 개

별의 이(理)를 구유하고 있지만 그 개별의 '이'는 보편적인 하나의 '이'와 동일하다는 '이일분수(理一分殊)'라는 명제와 일맥상통한다. 또한 이일(理一)과 분수(分殊)를 통체일태극(統體一太極)과 각일기성(各一其性)으로 명쾌하게 설명한 율곡(栗谷) 이이(李珥)의 관점과도 일맥상통한다. 이는 오늘날에도 여전히 이슈가 되고 있는 보편성과 특수성, 전체성과 개체성의 합일을 표징하는 것이다. 스피노자의 유일 실체 철학을 무구별의 철학으로 바라보았던 전통적 의미의 범신론은 저차원의 인식인 '표상지'의 산물이다. 스피노자 사상의 현대적 부활은 그의 철학체계 속에 나타난 신, 자연, 인간 그리고 자유와 행복에 대한 그의 주장이 지속적으로 의미가 있는 것들이며, 그의 사상으로부터 오늘날에도 우리가 많은 것을 배울 수 있을 뿐만 아니라 21세기 대안문명 건설의 단초가 거기에 내재해 있기 때문일 것이다.

알렉상드르 마트롱은 스피노자의 존재론, 정념 이론과 윤리학, 그리고 정치론의 세 가지 측면에서 스피노자 해석의 새로운 지평을 연 것으로 평가된다. 개체론에 초점을 둔 존재론, 스피노자 감정론의 근대성과 독창성, '사회체의 정념이론'으로서의 정치이론을 밝힌 것이 그것이다. 들뢰즈는 스피노자의 사유에서 사변과 실천이라는 두 개의 관련된 계기들을 발견하고 이를 분명하게 했다. 그는 삼중의 실천적 논제들, 즉 의식-가치들-슬픈 정념들에 대한 평가절하가 스피노자 생존 당시 사람들이 그의 사상을 유물론, 배덕주의(背德主義), 무신론으로 비난했던 이유들이라고 본다. 네그리는 스피노자의 민주주의가 '전체로서의 다중'이라는 양적인 의미와 존재론적으로 특징지어지는 '비소외'라는 질적인 의미를 동시에 갖는다고 본다. 피에르 마슈레는 대결의 문제 설정을 통해 사상의 연쇄과정을 통찰함으로써 철학적 반성 작업 및 해석을 위한 조건을 마련한다. 에티엔 발리바르는 스피노자의 독창성이 대중 자체를 탐구와 반성, 역사적 분석의 주요 대상으로 삼았다는 데 있다고 본다.

스피노자의 사상과 철학은 우리 삶의 세계에서 일어나는 모든 문제가 인식의 빈곤 상태에서 기인하는 것임을 말하여 준다. 무지와 망상, 분노와 증오, 갈망과 탐욕, 시기와 질투, 교만과 불신 등이 참된 인식을 가로막는 마야의 장막이다. 그 어떤 고통이나 두려움도 실체가 있는 것이 아니지만, 우리의 정신체, 감정체가 지닌 색상에 의해 채색되고 형상화되는 것이다. 그래서 스피노자는 인간 본성과 감정의 힘에 관하여 논증하며 의식의 이행을 통한 참된 인식의 긴요성을 설파한 것이다. 신이란 만물의 근원을 지칭하는 많은 대명사 중의 하나일 뿐인데, '신은 없다'라는 말로 신이라는 이름을 폐기처분한다고 해서 신에 관한 논쟁이 종식될 수 있겠는가? 신은 만물의 본질로서 내재해 있는 동시에 만물화생의 근본원리로서 작용하므로 없는 곳이 없이 실재하니 '무소부재'라고 하는 것이고 이러한 주장을 범신론이라고 일컫는 것인데, 스피노자의 유일 실체 철학이 무구별의 철학이라며 범신론이라는 용어 자체를 폐기처분해야 한다고 주장하는 것은 언어 차원의 희론(戱論)에 불과한 것이다. 이는 마치 밤중에 길을 가다가 발견한 새끼줄을 뱀으로 알고 태워 없애야 한다고 주장하는 것과도 같다.

끝으로, 이 책이 출판되기까지 성심을 다한 '도서출판 모시는사람들'의 박길수 대표와 편집진 여러분에게 감사드린다.

인류의 집단의식을 높이는 데 기여한 동서고금의 영적 스승님들과 천지부모(天地父母)님께 이 책을 바친다.

2015년 8월

성신관 연구실에서 최민자

스피노자의 사유체계와 존재론적 정치학

정신이 자연을 더 많이 이해할수록, 정신이 자신을 더 잘 이해한다는 것은 분명하다.…정신이 자신을 더 잘 이해할수록, 더 쉽게 자신을 관리할수 있고 자신을 위한 규칙을 만들 수 있다. 정신이 자연의 질서를 더 잘이해할수록, 더 쉽게 무익한 일을 자제할 수 있다.

"Now it is clear that the mind apprehends itself better in proportion as it understands a greater number of objects;…by increased self-knowledge, it can direct itself more easily, and lay down rules for its own guidance; and, by increased knowledge of nature, it can more easily avoid what is useless."

- BENEDICTUS DE SPINOZA, *Tractatus de intellectus emendatione*(1661)

01 | 철학적 사색에 바쳐진 45년

우리의 내면에서 억압과 공포와 부정의 메커니즘이 작동하게 되는 것은 '신에 대한 지적(知的) 사랑'이 결핍되어 있기 때문이다. 스피노자에 따르면 신에 대한 사랑은 자연[神]의 합리적 질서에 대한 참된 인식에서 나온다. … 가장 본질적인 의미에서 스피노자는 신에게서 인간을 해방시켰고, 인간에게서 신을 해방시켰다. … 스피노자는 자연의 필연적 법칙성에 대한 이해를 바탕으로 인간과 신이 소통하는 세상을 구가하고자 했다. 그런 점에서 그는 진정한 혁명가다. … "스피노자는 근원이고 원천이며 본원적 도약이다 … 스피노자주의자가 되지 않고서 어떻게 삶과 철학의 희망을 다시 긍정할 수 있겠는가?" … 스피노자주의자라는 것은 규정이 아니라 조건이며, 사고하기 위해서는 스피노자주의자가 될 수밖에 없다는 것이다. 스피노자 이후 어떤 철학자라도 스피노자주의자가 되는 짧은 순간 동안에는 필연적으로 화석화된 껍질을 깨고 혁명적 지혜에 등 돌리지도 않으며 스스로 현자라고 자칭하게 된다는 것이다. 스피노자는 '삶 속에 있는 선지자'로서 모든 허위와 정념과 죽음을 넘어선 삶을 볼 수 있게 한다. … 진정한 철학자의 삶의 표상으로 여겨지는 삶을 살았던 스피노자, 정녕 그는 '철학자들의 그리스도'라고 불릴 만하다.

— 본문 중에서

철학적 사색에 바쳐진
45년

유대교회에 의해
파문당하다

베네딕투스 데 스피노자(Benedictus de Spinoza, 1632~1677)는 1632년 11월 24일 네덜란드 암스테르담에서 유대계 상인의 셋째아들로 태어났다. 스피노자의 부모는 암스테르담 유대인회의 출생기록부에 바뤼흐(Baruch: '축복받은 자'라는 뜻) 스피노자라는 네덜란드 이름으로 올렸지만, 그가 유대교회로부터 파문당한 후 히브리 이름을 라틴어로 번역하여 베네딕투스로 고쳤다. 그의 집안은 당시 유럽 각지의 유대인 신교도들이 종교의 자유를 찾아 이주했듯이 할아버지와 아버지가 포르투갈에서의 종교적 박해를 피해 네덜란드로 이주한 유대계였다. 당시는 네덜란드가 에스파냐와의 독립전쟁(1568~1648)을 수행 중이었고, 전쟁기간 중 수립된 네덜란드 공화국은 에스파냐로부터 사실상 독립하여 해상 무역을 통해 급속도로 발전하면서 과학·예술·문화의 중심지로 부상했다. 그의 아버지는 상업으로 성공했고 유대인 사회에서도 두터운 신망을 얻었으며, 어머니는 스피노자가 6세 때 세상을 떠났다.

스피노자는 5세 때에 암스테르담의 유대인회 에츠 하임(Ets Haim)에 등록되어 탈무드 학교에서 전통적인 유대식 교육을 받았고, 유대교 신비주의 카발라 신앙에도 깊은 관심을 가졌다. 그는 원래 랍비(유대교 성직자)가 되기를 지망했지만, 라틴어와 독일어를 배우고 기독교를 접하면서 유대교의(敎義)의 한계를 느끼게 되었다. 1652년경 프란시스쿠스 반 덴 엔덴(Franciscus van den Enden)의 라틴어 학교에 다니면서 아라비아와 르네상스, 지오르다노 브루노(Giordano Bruno), 르네 데카르트(René Descartes) 등의 사상적 영향으로 독자적인 사상체계를 갖게 되었고, 20세 무렵 그는 이미 이단으로 이름이 알려졌다. 1654년 그의 아버지가 사망하자 22세가 된 스피노자는 아버지가 경영하던 수입 상품점을 물려받았다. 그러나 그는 유대교 교리에서 벗어나는 언행으로 말미암아 1656년 7월 27일 네덜란드 유대교단으로부터 유대교 비판과 신성 모독죄로 파문을 당하면서 처절한 고독과 빈곤과 정적 속에서 한동안 암살 위협에도 시달렸다. 그에게 유대교단으로부터의 파문은 마치 옛날 히브리인들(이스라엘 민족)이 이집트의 노예상태에서 벗어나 가나안 땅으로 향하였던 것처럼 구약성경의 '출애굽(出埃及 Exodus)'을 연상케 한다.

그가 묵묵히 그의 길을 선택했던 것은 본성을 억압하지 않고 이성의 빛을 따르는 자유로운 삶을 추구했기 때문이다. 르네상스와 종교개혁 이후 전통교권이 다소 약화되긴 했지만 기독교는 여전히 유럽의 정신세계에 군림하는 핵심 세력이었고, 따라서 유일신 교리를 부정하는 것은 당시로서는 매우 위험한 일이었다. 종교적인 동시에 탈종교적인 스피노자의 '신즉자연(神卽自然)'의 논리는 유대교와 기독교 모두로부터 배척당했다. 이후 그는 수년간 데카르트 철학을 비롯한 다양한 철학과 자연과학에 대한 탐구를 계속했고, 광학(光學)에 대한 과학적 관심을 가지고 현미경이나 망원경에 쓰이는 렌즈가공 기술을 익혀 어렵게 생계를 유지했다. 주변 지인들이 십시일반 도움을 주긴 했지만 생활은 곤궁했고, 어려운 환경 속에서도 오로지 철학적 진리 추구에 매진했다. 18세기 독일의 극작가이자 평론가이며 계몽사상가인 레싱(Gotthold Ephraim Lessing)이 "스피노자 철학 외에는 진정한 철학이 없었다"며 스피노자를 격찬한 것도, 45년간의 그의 짧은 생애가 철저하게 철학적 사색에 바쳐졌기 때문일 것이다.

르네 데카르트와의
사상적 만남

1660년 스피노자는 유대인 공동체의 압력으로 암스테르담을 떠나 라이덴 근교의 레인스뷔르흐(린스부르크)에 정착하여 그의 미완성 유작(遺作)인 『지성개선론 Tractatus de intellectus emendatione』, 『신, 인간 그리고 행복에 관한 소론 Korte Verhandeling van God, de mensch, en deszelfs welstand』(이하 『소론』으로 약칭) 등을 저술하였다. 레인스뷔르흐 체재 중에 특기할 만한 것은 영국 왕립학술원의 서기인 헨리 올덴부르크(Henry Oldenburg)를 만나 이후 약 4년에 걸쳐 그와 활발한 서신 왕래를 한 것과, 레인스뷔르흐에서 잠시 같이 살았던 청년 요한네스 카세아리우스(Johannes Casearius)에게 데카르트 철학에 관한 강의를 한 것을 들 수 있다.

1663년 그는 헤이그에 가까운 포르뷔르흐로 이주하여 『에티카 Ethica』(원제는 『기하학적 질서에 따라 증명된 윤리학 Ethica in ordine geometrico demonstrata』) 집필을 계속하는 한편, 1661년부터 집필해 온 『데카르트 철학의 제원리 Renati Descartes Principiorum pars I, II』(『형이상학적 사유 Cogitata Metaphysica(CM)』가 부록으로 첨부)를 출판하였다. 근대 철학의 창시자 데카르트와의 사상적 만남은 20세 무렵 그의 라틴어 학교 시절부터 시작되어 이후 그의 사상체계 형성에 커다란 영향을 미쳤으며, 31세 되던 1663년 마침내 그는 데카르트 철학을 비판적으로 발전시킨 독창적인 사상체계를 구축하기에 이른다. 스피노자의 사상체계가 유대교의 신비사상을 모체로 하고 데카르트 철학을 아버지로 한 것이라고 흔히 말하는 것은 데카르트 철학의 영향이 그만큼 지대했음을 보여주는 것이다.

스피노자가 활동했던 17세기는 새로운 천문학적 · 의학적 · 화학적 · 자연학적인 발견과 발명으로 낡은 중세적 제도와 세계관의 토대가 급격하게 흔들리면서 근대 철학이 새로운 면모를 갖추어 가던 시기였다. 당시 교회는 지구가 우주의 중심에 있다는 교리를 여전히 강요했지만, 16세기 폴란드의 천문학자 코페르니쿠스(Nicolaus Copernicus)에 이은 17세기 이탈리아의 천문학자 갈릴레이(Galileo Galilei)의 지동설(地動說) 주장은 근대 과학의 출현에 커다란 의미를 갖는 개념을 발전시켰다. 르네상스 이후 칸트(Immanuel Kant) 이전의 근대 철학은 공통적으로 과학적 우주관에 기초하여 영국의 경험주의(empiricism)와 대륙의 합리주의(rationalism) 두 갈래로 나뉘어 있었다. 기계론적 자연관의 기초를 수립한 데카르트에 이어 대륙 합리주의의 주요 인물인 스피노자는 영국 경험론철학의 대표자인 로크(John Locke)와 같은 해에 출생하였으며, 17세기 합리론의 주요 이론가로서 일원론적 범신론(一元論的 汎神論 monistic pantheism)을 주창했다.

스피노자에 의하면 우주만물은 유일 실체의 자기현현이며, 그런 까닭에 실체와 양태는 분리될 수 없는 하나다. 그는 수학과 기하학 등 자연과학의 원리를 철학에 도입하여 신, 자연, 그리고 유일 실체를 동일 개념으로 보고 유대교적인 기독교 전통에서의 신 관념에서 벗어난 일원론적 범신론을 펼쳤다. 데카르트가 말한 정신과 물체, 즉 사유(思惟)와 연장(延長)이라는 두 개의 실체를 스피노자는 유일 실체인 신의 두 가지 본질적인 속성으로 파악한 것이다.[1] 스피노자의 일원론적 범신론은 전일성과 다양성, 전체성과 개체성의 소통성을 그 본질로 하는 까닭에 일원론적 실체론과 그 의미가 상통한다. 그는 이 세계의 개개 물체와 정신이 신의 연장성과 사유의 속성이 발현된 가변적인 양태들이라고 보고, 유일 실체와 양태의 불가분적인 관계를 '능산적(能産的) 자연(natura naturans)'과 '소산적(所産的) 자연(natura naturata)'이라는 대(對)개념[2]을 사용하여 나타낸 것이다.

스피노자 철학의 독창성은 대부분 데카르트 철학의 난제들에 대한 해결책이라는 관점에서 보면 쉽게 이해될 수 있다. 그는 사유하는 실체와 연장성을 가진 실체를 유일 실체의 두 가지 속성으로 이해함으로써 인간의 몸과 마음을 연장과 사유를 그 본질적 속성으로 하는 신의 가변적인 양태들이라고 보았다. 그리하여 그는 실체와 양태의 일원성에 기초하여 데카르트의 형이상학에 나타난 신의 초월성과 실체적 이원론을 배격했다. "생각한다. 고로 나는 존재한다(Cogito ergo sum)"는 경구가 말하여 주듯 데카르트의 '생각하는 존재'는 내 생각을 존재와 동일시하고 있다는 점에서 개인의 독립적 인식을 중시한 반면, 스피노자는 일원론적 관점에서 사물의 전일성과 상호 연관성을 강조하였다.

신을 우주의 이성적 이법(理法)으로 보는 스피노자의 이성주의적 범신론은 계시나 기적을 부정하고 그리스도교의 신앙 내용을 오로지 이성적인 진리에 한정시킨 18세기 계몽주의 시대 합리주의 신학(철학)의 종교관인 이신론(理神論 deism)과 접합되는 부분이 있다. 스피노자에게 있어 자유란 공동체적 의식이고, 만물의 상호의존성에 대한 인식이 곧 자유로 가는 길이며 행복으로 가는 길이다. 비록 그의 일원론적 범신론이 당시의 보수적인 철학계와 종교계로부터 신을 모독한 무신론으로 격렬하게 비난을 받긴 했지만, '신이 곧 자연(神卽自然)³이라는 그의 철학적 신념을 굽히지 않았다. "내일 지구가 멸망한다 할지라도 나는 오늘 한 그루의 사과나무를 심겠다"는 경구에서 보듯 그의 철학의 근본 목표는 '영원하고 무한한 것⁴을 추구하는 데 있었다.

공화정의 정치이념을
옹호하다

　　　　　1665년 스피노자는 『신학정치론 *Tractatus theologico-politicus*』 집필에 착수했다. 1670년 그는 헤이그에 정착하여 『신학정치론』을 익명으로 출판했으나 신을 모독한 책이라는 이유로 비난을 받아 1674년 네덜란드 정부로부터 출판 금지되었다. 성서를 과학적으로 비판하여 계시와 기적을 부정하고⁵ 세속적인 국가관 및 사상과 종교의 자유를 옹호한 이 책은 당시 공화정의 위기에 처해 있었던 네덜란드의 시대적·사회정치적 상황에 대한 스피노자의 응답이었다. "자유로운 국가에서는 모든 사람이 원하는 대로 생각할 수 있고 생각한 대로 말할 수 있다"⁶는 것이 그의 지론이었다.

　네덜란드의 수도 암스테르담은 다양한 인종과 종파의 사람들이 조화를 이루며 자유로운 삶을 누리는 번영의 도시였고, 전제군주와 결탁한 교회의 종교적 박해를 피해 유대인들은 이곳으로 몰려들었다. 그러나 자유로운 네덜란드 공화국에 종교적 분파들 간의 갈등으로 불관용이 생겨나고, 1669년 국가가 그의 친구인 쿠르바흐에 대한 종교적 탄압에 동조하는 현실을 목격하며 스피노자는 공화국의 자유에 대해 깊은 우려를 표명했다. 당시 네덜란드는 군국주의를 선호하며 군주제를 지지하는 칼뱅파와 평화주의를 내세우며 공화정을 지지하는 요한 드 비트(Johan de Witt 또는 얀 데 비트(Jan de Witt))가 대립적인 구도를 보이고 있었다.

그러나 공화정의 절정을 가져온 재상 요한 드 비트가 프랑스와의 전쟁에서 패하자, 군주제를 지지하던 오라녜(Oranje) 공가(公家)는 1672년 군중을 선동하여 전쟁과 국정 위기의 책임을 공화국 지도자인 드 비트 형제(요한과 그의 형제 코르넬리스)에게로 돌리고 그들을 거리로 끌어내 처참하게 살해했다. 드 비트 형제는 스피노자의 강력한 후원자이자 사상적 동지이기도 했다. "국가의 진정한 목적은 자유(the true aim of government is liberty)"[7]라며 공화국을 지지하던 스피노자는 참담한 심정으로 "야만의 극치(Ultimi barbarorum)!"란 격문을 들고 거리로 나서려 했다. 1676년 그를 방문한 라이프니츠(Gottfried Wilhelm Leibniz)에게 스피노자는 당시의 상황을 토로하며 하숙집 주인이 문을 걸어 잠그고 나가려는 것을 막았다고 회고했다.

사상과 종교의 자유를 보장하는 공화정을 스스로 저버리고 예속을 향해 돌진하는 군중들의 야만적인 행동을 보며 스피노자는 예속의 문제에 골몰하게 되었다. 국가의 통일성과 안정성은 사상과 표현의 자유에 대한 억압을 통해서가 아니라 보장을 통해서 형성된다고 보았다. 스피노자는 사람들이 예속을 위해 싸우고 허영을 위해 목숨을 바치는 것을 수치가 아니라 영예라고 믿는 것은 그들이 미신에 빠져 있기 때문이라고 보았다. 미신이란 지성이 약하고 상상력이 강하여 총체적 진리를 통찰할 수 없을 때 생겨난다. 스피노자는 예속의 상태에서 벗어나 자유로운 삶에 이를 수 있는 방법에 대해 고민하게 되었다. 스피노자에게 공화정은 예속에서 벗어난 자유를 의미했다.

필생의 역작인 『에티카』는 자유를 향한 스피노자의 철학적 여정을 담고 있다. 1675년 스피노자는 『에티카』를 완성하였으나 『신학정치론』의 악평 때문에 생전에 출판하지 못했고, 그의 사후 1677년에 출판되었다. 또한 그는 1675년부터 1677년 2월 세상을 떠날 때까지 민주주의 정치사상의 이론적 토대가 되는 『정치론 Tractatus politicus』을 저술하였다. 미완성 유작인 그의 『정치론』은 사후에 출간되었다. 스피노자에게 자유란 앎이고 삶이며, 예속이란 미신이고 죽음이다. 예속의 상태에서 벗어나려면 영적 무지(spiritual ignorance)에서 움터난 미신을 제거하고 지성을 통해 합리적 질서를 파악할 수 있어야 한다. 스피노자에게 자유로운 삶이란 본성을 억압하지 않고 삶 자체를 긍정하는 이성의 빛을 따르는 삶이다. '내일'로 유예된 자유가 아니라 '오늘' 여기에서의 자유다.

스피노자의 『에티카』는 규범윤리학(normative ethics)이 아니라, 윤리학적인 개념을 정의하고 윤리학의 가능 근거를 제시해 주는 메타윤리학(meta-ethics 또는 analytic ethics)이다. 『에티카』는 기하학적 논증을 통하여 미신론자들에게 고하는 자유의 형이상학이요 심리학이며 철학이고 과학이다. 당시 상당한 번영과 자유를 구가하던 네덜란드의 수도 암스테르담에서 스피노자는 자유와 예속의 상반된 체험을 통하여 공포의 원리가 아닌 자유의 원리에 기초한 공화정의 정치이념을 옹호하며 진정한 자유인의 삶을 갈파했던 것이다.

하이델베르크대학
교수직 제의를 거절하다

스피노자는 1673년 하이델베르크대학의 철학 교수직 제의를 거절했다. 그에게 대학은 법과 종교의 계율에 묶여 철학하는 자유가 보장되지 않는 곳, 말하자면 자유의 철학을 생산하기에는 부적합한 곳이었다. 대학 교수직을 거절한 그는 대학 강단 대신 헤이그의 하숙집에서 지인들과 편지를 주고받으며 그들과의 만남을 통하여 자유로운 삶과 철학을 연마하면서 진리 탐구에 몰두했다. 이러한 스피노자의 결단은 일찍이 그가 유대인 공동체로부터 당한 파문을 감수한 것과 마찬가지로 예속에 맞서 진정한 자유를 획득하려는 그의 철학적 신념의 발로였던 것으로 보인다.

같은 해인 1673년 스피노자는 다른 중대한 일로 곤욕을 치르게 된다. 그해 5월 스피노자는 네덜란드를 점령한 프랑스군 사령관 콩데의 초대에 응하여 위트레흐트(Utrecht)의 프랑스군 주둔지를 방문했다. 네덜란드 정계 고위인사들의 권유로 프랑스와 네덜란드 양국 간의 강화 가능성을 비공식적으로 타진하기 위한 것이었으나 그때는 루이 14세의 명령으로 콩데가 이미 귀국한 뒤여서 만나지는 못했다. 그럼에도 스피노자는 헤이그로 돌아온 뒤 반역자, 첩자로 의심받으며 신변에 위협을 느끼기까지 했다. 하지만 그는 결코 굴하지 않았으며, 의연한 모습을 잃지도 않았다.

괴테·피히테·셸링·헤겔 등 독일 철학에 깊은 영향을 준 스피노자는 자유의 철학자로서의 교훈이 될 만한 숱한 일화를 남겼다. 정의가 탐욕에 의해 무너지는 것을 좌시할 수 없다며 누이와의 재산분쟁에서 승소한 후 재산을 전부 누이에게 주어 버린 일, 신학에 대하여 침묵을 지켜 주면 연금을 지급하겠다는 유대교단의 제안을 거부한 일, 친구의 아들이 제공한 연금 액수보다 적은 금액만을 받을 것을 고집한 일, 프랑스로 이주해 그의 저서를 헌상한다면 연금을 비롯한 후대를 하겠다는 프랑스의 태양왕 루이 14세(Louis XIV, 재위 1643~1715)의 파격적인 제안을 거절한 일 등이 그것이다.

그는 부 · 권력 · 명예 따위에 굴하지 않았고, 그의 철학적 신념을 굽히지도 않았다. 스피노자가 추구하는 긍정과 자유의 철학은 이성의 빛으로 자연의 필연적 법칙성을 규명하는 것이었다. 상대계에 존재하는 모든 대립자들은 서로가 서로의 존재이유로서 역동적 통일을 이룬다. 빛은 어둠의 존재이유이고, 어둠은 빛의 존재이유이다. 진리는 허위의 존재이유이고, 허위는 진리의 존재이유이다. 스피노자는 그의 『에티카』 제2부 정리43에서 이렇게 말한다.

　　빛이 그 자신의 존재와 어둠을 알리는 것처럼, 진리는 그 자신과 허위에 대한 기준이다.
　　· Even as light displays both itself and darkness, so is truth a standard both of itself and of falsity.[8]

　스피노자에게 자유란 단순히 법적 · 제도적 보장을 통해서가 아니라 자연의 필연적 법칙성을 이해함으로써, 만유의 상호의존성을 직시함으로써 획득될 수 있는 것이었다. 우리의 내면에서 억압과 공포와 부정의 메커니즘이 작동하게 되는 것은 '신에 대한 지적(知的) 사랑'이 결핍되어 있기 때문이다. 스피노자에 따르면 신에 대한 사랑은 자연[神]의 합리적 질서에 대한 참된 인식에서 나온다. 생명의 본체인 '하나'인 참본성[神性]과 그 작용인 우주만물—스피노자의 용어로는 능산적 자연과 소산적 자연—의 전일적 관계에 대한 인식을 통해서만 공포와 부정의 정서는 극복될 수 있고 그에 따라 사랑과 긍정의 정서가 자라나게 되어 자유롭고 행복하게 되는 것이다. 스피노자는 헤이그의 하숙집에서 지인들과 교류하며 '신에 취한 사람'이 되어 자유의 철학을 펼쳐나갔다.

'철학자들의 그리스도',
스피노자

　　　　20세기 프랑스의 철학자 질 들뢰즈(Gilles Deleuze)는 스피노자를 '철학자들의 그리스도'라고 불렀다. 과연 스피노자의 철학 속에 철학자들을 구원할 만한 어떤 요소가 있는 것인가? 진지(眞知)에 대한 애구(愛求)로서의 학문이 철학으로 불리며 인류의 역사에 개입한 이후 철학자들은 존재계와 비존재계의 유비적(類比的) 관계에 착안하여 존재계의 배후에서 작용하는 정신적 원리에 주목했다. 그러나 사회적 제도를 통해서, 또는 그들 자신의 내면에서 억압과 공포와 부정의 메커니즘이 작동하면서 긍정적인 삶의 에너지가 고갈될 때마다 철학자들은 스피노자의 긍정과 자유의 철학을 상기하며 그의 일원론적 범신론에 빠져든다. 18세기 말 독일의 초기 낭만주의의 대표적 시인 노발리스(Novalis, 본명 Friedrich von Hardenberg)는 스피노자를 '신(神)에 취한 사람'이라고 했다. 바닷물과 파도가 둘이 아니듯, 일체 만물은 신(神)에서 나와 신으로 돌아가므로 신과 우주만물은 둘이 아니다. 억압적이고 가학적(加虐的)인 신은 인간의 분리의식의 투사체일 뿐이다. 신은 우주만물의 근원을 지칭하는 많은 대명사 중의 하나일 뿐이다. 스피노자는 당시의 보수적인 철학계와 종교계로부터 신을 모독한 무신론자로 격렬하게 비난받았다. 그러나 신을 모독한 사람은 스피노자가 아니라 스피노자를 무신론자로 비난한 미신론자들이었다! 가장 본질적인 의미에서 스피노자는 신에게서 인간을 해방시켰고, 인간에게서 신을 해방시켰다.

인간에게서 해방된 신, 신에게서 해방된 인간은 생명의 본체와 작용이 결국 하나임을 표징하는 것으로 신인류의 탄생을 예고한다. 신과 인간은 생명의 본체와 그 본체의 자기복제(self-replication)로서의 작용의 관계로서 비분리성(nonseparability)을 그 본질로 한다. 만유는 신의 자기현현인 까닭에 분리 자체가 근원적으로 불가능하다. 스피노자의 일원론적 범신론은 생명의 본체와 작용의 합일을 바탕으로 생명의 전일성과 자기근원성을 강조한다. 그것은 우주 '한생명'에 대한 선언이요, 존재의 근원에 대한 갈파(喝破)이며, 미망의 삶을 잠재우는 진혼곡이요, 존재혁명의 시작을 알리는 신곡이다. 스피노자는 자연의 필연적 법칙성에 대한 이해를 바탕으로 인간과 신이 소통하는 세상을 구가하고자 했다. 그런 점에서 그는 진정한 혁명가다.

"진리는 존재로부터 말해지는 것이며, 진리는 혁명적이고 존재는 이미 혁명인 것이다"[9]라고 이탈리아의 정치철학자 안토니오 네그리(Antonio Negri)는 말한다. 네그리에 따르면 스피노자가 오늘날 현재적인 것은 그가 부르주아의 억압적인 태생적 질서에 대한 부정이며 존재의 충만함이고 모든 근대적 사고의 적대자이기 때문이다. "스피노자는 근원이고 원천이며 본원적 도약이다…스피노자주의자가 되지 않고서 어떻게 삶과 철학의 희망을 다시 긍정할 수 있겠는가?"[10]라고 네그리는 말한다. 스피노자주의자라는 것은 규정이 아니라 조건이며, 사고하기 위해서는 스피노자주의자가 될 수밖에 없다는 것이다. 스피노자 이후 어떤 철학자라도 스피노자주의자가 되는 짧은 순간 동안에는 필연적으로 화석화된 껍질을 깨고 혁명적 지혜에 등 돌리지도 않으며 스스로 현자라고 자칭하게 된다는 것이다.[11]

"때로는 오직 광기만이 철학자를 구원할 수 있다"[12]라고 네그리는 말한다. '철학을 도발한 철학자'[13]로 일컬어지는 스피노자의 파격과 천재적 광기

그리고 불굴의 야성은 우리가 '영원하고 무한한 것'을 추구할 수 있도록 영감을 불러일으키고 긍정적인 삶의 에너지를 공급해준다. 들뢰즈가 말했듯이 "스피노자에게 있어 삶은 관념이 아니며, 이론의 문제도 아니다. 삶은 하나의 존재 방식이고 모든 속성들 속에 하나로 동일하게 존재하는 영원한 양태이다."[14] 삶은 사유를 이해하고, 역(逆)으로 사유에 의해서만 이해되지만, 삶은 사유 속에 있지 않으며 오직 삶만이 사상가를 설명한다는 것이다. 스피노자는 삶 속의 '선지자(voyant)'로서 모든 허위와 정념과 죽음을 넘어선 삶을 볼 수 있게 한다.[15] 이 자유로운 전망을 위하여, 놀라운 이 세계의 아름다움을 선명하게 보여주려는 일념으로 그는 안경 렌즈를 세공하는 일을 했는지도 모른다.

평생 독신으로 지낸 스피노자는 오랫동안 안경 렌즈를 세공하다 들이마신 유리가루가 폐에 쌓여 진폐증으로 45년간의 짧은 생애를 마감했다. 1677년 2월 21일 일요일 오후 스피노자는 집주인이 요리해 놓은 닭고기 수프를 맛있게 먹었다. 집주인 부부가 교회에서 집으로 돌아왔을 때, 스피노자가 오후 세 시경 평온한 모습으로 숨을 거두었다는 말을 스피노자의 친구인 의사로부터 전해 들었다. 나흘 후 헤이그에 있는 뉴처치 공동묘지에 안장됐다. 평생 교단과 학계로부터 배척받은 스피노자의 사상은 후일 많은 선각자에게 전수되어 독일 관념주의와 프랑스 계몽주의 그리고 사회주의에 투영됐다. 24세 때 네덜란드 유대교단으로부터 파문당한 이후 스피노자는 평생을 진리와 자유 그리고 도덕적인 행복을 추구하는 데 바쳤다. 진정한 철학자의 삶의 표상으로 여겨지는 삶을 살았던 스피노자, 정녕 그는 '철학자들의 그리스도'라고 불릴 만하다.

스피노자 연표[16]

1632. 11. 24	네덜란드 암스테르담에서 유대계 상인의 셋째 아들로 출생
1637	유대인학교 '생명수(生命樹)학교'에 입학
1638	스피노자의 모친 한나 데보라(Hanna Deborah Senior) 사망
1644	'율법학교'에 입학
1652	프란시스쿠스 반 덴 엔덴(Franciscus van den Enden)의 라틴어 학교 입학
1654	스피노자의 부친 미카엘 데 스피노사(Michael d'Espinosa) 사망
1654-56?	남동생 가브리엘(Gabriel)과 함께 부친 사업 계승
1656. 7. 27	암스테르담 유대교단으로부터 유대교 비판과 신성 모독죄로 파문당함
1656-60	암스테르담 체류
1660	레인스뷔르흐(Rijnsburg)로 이주. '콜레기안파'의 사람들과 교제
1661	영국 왕립학술원 서기인 헨리 올덴부르크(Henry Oldenburg)의 방문을 받다. 『데카르트 철학의 제 원리』와 『형이상학적 사유(CM)』 그리고 『에티카』, 『지성개선론』, 『소론』 등 집필
1662	올덴부르크를 통해 영국의 화학자 보일(Robert Boyle)과 '초석 재생(硝石再生)에 대해 논쟁. 레이덴대학 학생 요한네스 카세아리우스에게 데카르트 철학과 신스콜라학 강의
1663	헤이그에 가까운 포르뷔르흐(Voorburg)로 이주. 『데카르트 철학의 제 원리』(『형이상학적 사유』를 부록으로 첨부) 출판
1665	『에티카』 집필 중단, 『신학정치론』 집필 착수
1670	헤이그로 이주. 『신학정치론』 출판
1673	위트레흐트(Utrecht)의 프랑스군 주둔지 방문(외교적 미션). 하이델베르크대학 철학 교수직 제의 거절
1674	『신학정치론』이 금서가 되다
1675	『에티카』 완성, 출판 보류. 『정치론』 집필 착수
1676	라이프니츠의 방문을 받다
1677. 2. 21	헤이그에서 타계. 12월 유고집 출간

빛이 그 자신의 존재와 어둠을 알리는 것처럼, 진리는 그 자신과 허위에 대한 기준이다.…신에 대한 정신의 지적 사랑은 신이 자기 자신을 사랑하는 무한한 사랑의 일부이다.…인간에 대한 신의 사랑과 신에 대한 정신의 지적 사랑은 동일하다.

"Even as light displays both itself and darkness, so is truth a standard both of itself and of falsity.…the intellectual love of the mind towards God is part of the infinite love wherewith God loves himself.…the love of God towards men, and the intellectual love of the mind towards God are identical."

- BENEDICTUS DE SPINOZA, *Ethica*(1675)

02 │ 『에티카』: 자유인의 삶을 향한 철학적 여정

- 신(Deus)에 관하여
- 정신의 본성과 기원에 관하여
- 감정의 기원과 본성에 관하여
- 인간의 예속 또는 감정의 힘에 관하여
- 지성의 능력 또는 인간의 자유에 관하여

『에티카』의 궁극적인 지향점은 신 또는 자연의 질서에 대한 참된 인식과 사랑이다. 우리의 내면에서 자유와 긍정의 메커니즘이 작동하게 되는 것은 '신에 대한 지적 사랑'이 충만할 때이며, 그러한 사랑은 신의 필연적 법칙성에 대한 참된 인식에서 나온다. 참된 인식은 '영원의 상(相) 아래에서' 인식하는 것이며 이로부터 '신에 대한 지적 사랑'이 생겨난다. 스피노자의 철학은 자유인의 삶, 즉 영속적인 지고의 행복을 추구하는 것을 목표로 삼았다. … 스피노자가 덕인(德人) 또는 자유인이라고 부르는 것은 '이성의 명령'에 따라 자기 본성의 법칙에 의해서만 행동하는 자를 일컫는 것이다. … 최고의 인식 유형인 제3종의 직관지(直觀知)는 전체 존재계에 대한 포괄적·직관적 인식이며 개체의 완전한 인식이고 실체와 양태의 필연적 관계성에 대한 완전한 인식이다. 이 제3종의 인식에서 최고의 정신의 만족이 생긴다. 최고의 정신의 덕은 신을 인식하는 것, 즉 제3종의 인식에 따라서 사물을 인식하는 것이다. … 지성의 능력은 '신에 대한 지적 사랑' 속에서 절정에 달한다. 신은 가장 적합한 관념이므로 오직 신에 대한 사랑 속에서만이 인간은 일체의 정념에서 해방되어 심신의 안정과 자유를 얻고 능동성을 발휘함으로써 지속적인 완전한 행복에 도달할 수 있다. … 철학자가 되기 위해서는 스피노자주의자가 될 수밖에 없는 이유를 『에티카』는 우리에게 유감없이 보여준다.

— 본문 중에서

02
『에티카』:
자유인의 삶을 향한 철학적 여정

신(Deus)에 관하여

　　스피노자의 주저(主著) 『에티카』는 기하학적 논증을 통하여 진정한 자유인의 삶을 갈파한 자유(libertas)의 형이상학이요 심리학이며 철학이고 과학이다. 또한 윤리학의 가능 근거를 제시한 메타윤리학이기도 하다. 그의 『지성개선론』 벽두에 나와 있듯이 스피노자는 우리가 일상적으로 추구하는 것의 공허함을 경험을 통하여 깨닫게 된 뒤에,[17] 그의 철학의 근본 목표를 '영원하고 무한한 것'—우리가 '신 또는 자연(Deus sive Natura, 神卽自然)'[18] 이라고 부르는 실체—을 추구하는 데 두었다. '영원하고 무한한 것'을 탐구하고 혼신을 다하여 추구함으로써 진정한 자유와 지고의 영속적인 행복을 향유할 수 있다고 본 것이다. 그러기 위해서는 영원하고 무한한 실체의 본성과 구조를 파악해야 하므로 형이상학 체계(제1부)를 포함해야 하고, 지성에 기초한 올바른 인식(cognitio)이 선행되어야 하므로 인식론(제2부)을 포함해야 하며, 정념의 예속에서 벗어나야 하므로 심리학(제3부)을 포함해야 한다. 그리하여 윤리학 및 도덕철학[정치철학]의 영역(제4, 5부)으로 들어가야 한다.

　　『에티카』는 총 5부로 구성되어 있으며, 형이상학적 · 인식론적 · 심리학적・윤리학적 및 도덕철학적 차원에서 포괄적이고도 체계적으로 철학적 문제들을 망라하고 있다. 『에티카』의 궁극적인 지향점은 신 또는 자연의 질서에 대한 참된 인식과 사랑이다. 우리의 내면에서 자유와 긍정의 메커니즘이 작동하게 되는 것은 '신에 대한 지적(知的) 사랑'이 충만할 때이며, 그러한 사랑은 자연(실체・신)의 합리적 질서에 대한 참된 인식에서 나온다. 참된 인식이야말로 참된 행복에 이르게 하는 메커니즘이고 선(善)이다. 스피노자의 철학은 자유인의 삶, 즉 영속적인 지고의 행복(beatitudo)을 추구하는 것을 목표로 삼았다. 『에티카』에서 다루는 주제들—신에 대한 인식론적 문제[19]를 포함하여—은 이미 그의 『소론』에서 배아 형태로 다뤄진 것들이다. 『에티카』에 나타난 형이상학 체계는 유클리드(Euclid)의 『기하학 원본 Stoicheia』에 나타난 기하학적 서술 방식을 본떠서 정의(definitions), 공리(公理 axioms), 정리(定理 propositions), 증명(proof), 주석(note), 보충(corollary)의 연역적 형식으로 제시되고 있다.

『에티카』 제1부의 제목은 '신에 관하여'이다. 제1부에 나오는 서른여섯 개의 정리에서 보듯, 스피노자는 유대교적인 기독교 전통에서의 신 관념을 배격하고 자연에 신적 권위를 부여함으로써 자연, 신, 그리고 유일 실체가 동일 개념임을 논증적으로 밝히고 있다. 스피노자의 철학은 방법론에서는 수학과 기하학 등 자연과학의 원리를 도입하였고, 세계관에서는 일원론적 범신론(monistic pantheism)을 펼쳤다. 이러한 그의 일원론적 범신론[理神論]은 나머지 4부을 위한 형이상학적 기초를 제공한다. 제1부 첫머리는 '자기원인(causa sui)'에 대한 정의로부터 시작한다.

자기원인이란 그 본질이 존재를 포함하는 것, 또는 존재하는 것으로만 그 본성이 이해될 수 있는 것을 의미한다.

By that which is self-caused, I mean that of which the essence involves existence, or that of which the nature is only conceivable as existent.[20]

여기서 '자기원인'은 그 존재성이 다른 어떤 것에도 의존하지 않고 그 자체로서 존재하므로 유일하며 필연적 존재성을 띠는 실체를 뜻한다. 스피노자는 '자기원인'으로서의 실체를 신과 동일시하고, 신을 자연과 동일시함으로써 실체=신=자연을 정식화했다. 스피노자는 신 개념을 실체(substantia), 속성(attributum), 양태(modus)에 관한 정의와 연결 짓고 있다(제1부 정의3-5).

실체란 그 자체 안에(in se) 존재하며 그 자체에 의하여(per se) 파악되는 것, 다시 말해 그 개념이 어떤 다른 개념과는 독립적으로 형성될 수 있는 것이다.

By substance, I mean that which is in itself, and is conceived through itself: in other words, that of which a conception can be formed independently of any other conception.[21]

속성이란 실체의 본질(essentia)을 구성하는 것(다시 말해 실체 그 자체의 실재성을 나타내는 것)으로 지성이 지각하는 것이다.

By attribute, I mean that which the intellect perceives as constituting the essence of substance.[22]

양태란 실체의 변용, 또는 그 자체와는 다른 어떤 것 안에 존재하면서 다른 어떤 것을 통해서 파악되는 것이다.

By mode, I mean the modifications of substance, or that which exists in, and is conceived through, something other than itself.[23]

스피노자는 양태를 무한 양태와 유한 양태로 구분하고, 무한 양태를 다시 직접적 무한 양태와 간접적(매개적) 무한 양태로 구분한다. 『에티카』 제1부 정리21~23은 그의 『소론』에서와 마찬가지로 신의 절대적 본성에서 생겨나는 두 가지 양태, 즉 직접적 무한 양태와 간접적 무한 양태에 대해 설명한다. 정리21에서는 직접적 무한 양태를 이렇게 설명한다. "신의 어떤 속성의 절대적 본성에서 생겨난 모든 것은 항상 무한히 존재하지 않으면 안 된다. 즉, 동일한 속성에 의해 영원하며 무한하다."[24] 정리22에서는 간접적 무한 양태를 이렇게 설명한다. "신의 어떤 속성이 그 속성에 의해 필연적으로 그리고 무한히 존재하는 양태적 변용인 한에 있어서, 그 속성으로부터 생겨난 모든 것 또한 필연적으로 그리고 무한히 존재하지 않으면 안 된다."[25] 그리하여 정리23에서는 이 두 가지를 요약하여 다음과 같이 설명한다.

필연적으로 그리고 무한히 존재하는 모든 양태는 필연적으로 신의 어떤 속성의 절대적 본성에서 생겨나거나, 또는 필연적으로 그리고 무한히 존재하는 양태로 변용된 속성에서 생겨나지 않으면 안 된다.

Every mode, which exists both necessarily and as infinite, must necessarily follow either from the absolute nature of some attribute of God, or from an attribute modified by a modification which exists necessarily, and as infinite.[26]

그러므로 필연적으로 무한히 존재하는 양태는 신의 어떤 속성의 절대적 본성에서 직접적으로 생겨나거나, 또는 필연적으로 그리고 무한히 존재하는 양태적 변용을 매개로 생겨나지 않으면 안 된다는 것이다.[27] 사유 속성의 직접적 무한 양태로는 '신의 무한 지성', '신의 관념' 등이 있고, 연장 속성의 직접적 무한 양태로는 운동과 정지가 있다. 간접적 무한 양태로는 '전 우주의 모습(facies totius universi)'이 있다. '전 우주의 모습'이란 '무한한 방식으로 변화하지만 항상 동일한 것으로 남아 있는' 물리적 우주 그 자체를 의미하는 것으로 사유와 연장의 속성을 모두 포괄하는 것으로 볼 수 있다. 직접적 무한 양태와 간접적 무한 양태는 보편적 자연법칙과 종속적 자연법칙[28]의 관계로 이해할 수도 있다.

다음으로 유한 양태는 시공(時空)의 제약을 받는 물체나 정신 현상을 포괄한다. 연장의 속성을 따르는 유한 양태는 우주의 물질적 측면에 해당되는 개별 물체들이며, 사유의 속성을 따르는 유한 양태는 우주의 정신적 측면에 해당되는 관념 또는 정신이다. 무한 양태와는 달리 유한 양태는 신의 어떤 속성의 절대적 본성으로부터 산출된 것이 아니다.[29] 스피노자의 철학체계에서 세계는 불변하는 실체[신·자연]와 실체의 절대적 본성에서 도출되는 변화하는 양태로 이루어지며, 무한 양태와 유한 양태는 본질적이고 인과적인 관계 속에서 작동한다. 스피노자의 일원론적 범신론은 자연의 인과적 체계를 초월한 그 어떤 실재도 인정하지 않으며, 모든 양태가 사유와 연장이라는 두 가지 속성에 참여하기 때문에 흙이나 돌, 금속 같은 물체에도 의식[靈]이 있지만 인간의 지성이 한계적이어서 알지 못할 뿐이라고 한다. '신은 사물 존재의 작용인(causa efficiens)이자 사물 본질의 작용인'[30]이므로 모든 개물(個物)은 신의 속성의 변용이다.

모든 개물(res particulares)은 신의 속성의 변용 또는 신의 속성을 특정한 방식으로 표현하는 양태에 지나지 않는다.[31]

실체와 양태에 관한 스피노자의 정의는 제1부 공리(公理) 1과 2에서 간명하게 요약되고 있다. "존재하는 모든 것은 그 자체 안에(또는 그 자체로) 존재하거나 아니면 다른 것 안에 존재하고, 다른 것에 의해 파악될 수 없는 것은 그 자체에 의해 파악되지 않으면 안 된다."[32] 또한 공리6에서는 "참된 관념은 자신의 대상과(cum suo ideato) 일치해야 한다"[33]라고 함으로써 실체와 양태, 사유[정신]와 연장[물체]의 분리 가능성을 차단했다. 스피노자는 실체, 속성, 양태에 관해 정의한 후에 정리6에서 신(神)을 '절대적으로 무한한 존재'라고 정의한다. 절대적으로 무한하다는 것은 그 본질 속에 일체를 포괄하며 '어떠한 부정도 포함하지 않는(involves no negation)'[34] 것, 즉 영원하고 무한하며 필연적 존재성을 띠는 것을 뜻한다.

> 신이란 절대적으로 무한한 존재, 즉 무한한 속성으로 이루어진 실체이며, 그 각각의 속성은 실체의 영원하고 무한한 본질을 나타낸다.
> By God, I mean a being absolutely infinite, that is, a substance consisting in infinite attributes, of which each expresses eternal and infinite essentiality.[35]

스피노자에게 있어 실체인 신은 일체의 궁극적 원인인 동시에 그 자신이 존재하기 위하여 아무런 원인도 필요로 하지 않는 '자기원인(causa sui)'[36]의 존재자, 즉 자생자화(自生自化)하는 제1원인[37]이다. 따라서 "신은 자신의 본성의 법칙에 의해서만 활동하고 다른 어떤 것에 의해서도 강제되지 않는다."[38] 또한 "신은 무한한 지성에 의해 파악될 수 있는 모든 사물의 작용인(因)이다."[39] 신이 자기원인이자 만물의 원인이라는 결론은 신적 본성의 필연성(necessitas) 으로부터 도출된 것이다.[40] 스피노자는 데카르트 형이상학에서의 신의 초월성과 심신의 실체적 이원론을 거부하고 실체를 일원론의 관점에서 조명 했다. 그의 관점에서 데카르트의 사유적 실체(res cogitans)인 정신과 연장적 실체(res extens)인 물체는 상호 작용하는 관계 속에서 조건의 제약을 받으므 로 실체가 아니라 실체의 변용인 양태다.

> 데카르트가 말한 정신[思惟]과 물체[延長]라는 두 개의 실체는 스피노자에 와서 는 유일 실체인 신[자연]의 두 가지 본질적인 속성이 되었다. 이 세계의 개개 물체와 정신은 신의 연장성과 사유의 속성이 발현한 가변적인 양태들이다.[41]

스피노자에 따르면 "존재하는 모든 것은 신 안에 있으며, 신 없이는 아무 것도 존재할 수도 또한 파악될 수도 없다."[42] 앞서 살펴본 실체에 관한 정의 에 따르면, 신 이외에는 그 어떤 것도 그 자체 안에 있거나 그 자체에 의해 파악될 수 없다. 스피노자의 관점에서 우주만물은 실체의 변용인 양태이므 로 실체를 떠나서는 존재할 수도 파악될 수도 없다. 다시 말해 "양태는 신 의 본성 안에서만 존재할 수 있고, 또한 신의 본성을 통해서만 파악될 수 있 다."[43] 또한 스피노자는 "여러 실체가 존재할 수 없고 오직 하나의 실체만이 존재할 수 있다"[44]고 말한다. 이는 "(유일)신 이외에는 어떤 실체도 존재할 수 없고 또한 파악될 수도 없다"[45]는 말이다. 이로부터 스피노자는 다음과 같 은 결론을 도출해 낸다.

첫째로 신은 유일하다는 것, 즉(정의6에 의해) 자연에는 오직 하나의 실체만이 존재하며 그것은 절대적으로 무한하다는 것이다.…둘째로 연장된 사물(res extens)과 사유하는 사물(res cogitans)은 신의 속성이거나, 그렇지 않으면 (공리1에 의해) 신의 속성의 변용이다.

1. God is one, that is (by Def. vi.) only one substance can be granted in the universe, and that substance is absolutely infinite…2. That extension and thought are either attributes of God or (by Ax. I) affectiones of the attributes of God.[46]

이 유일 실체가 바로 유일신이며 불멸의 참자아다. 그럼에도 특정 종교의 유일신으로 인식하는 것은 실체를 올바르게 파악하지 못한 표상지(表象知 또는 想像知)의 산물이다. 유일신은 우주만물의 근원을 지칭하는 대명사이므로 특정 종교의 유일신이 아니라 만유의 유일신이다. 참자아[유일 실체·유일신]인 영[靈性 Spirit]은 우주 생명력 에너지인 동시에 우주 지성이고 또한 우주의 근본 질료로서 이른바 제1원인의 삼위일체를 표징한다. 유일 실체와 양태, 즉 신과 우주만물의 필연적 관계성에 대한 인식이 곧 자유다. 인류가 부자유스럽고 불행에 빠지게 된 것은 유일 실체와 양태, 전체성과 개체성의 필연적 관계성에 대한 인식이 결여되었기 때문이다.

스피노자가 『에티카』 제1부를 실체와 양태의 개념적 명료화(conceptual clarification)에서부터 시작한 것은 이러한 문제의식의 발로인 것으로 보인다. 스피노자에 따르면 만일 실체[신]를 그 자체로 고찰하지 않고 변용의 차이에 따라 여러 가지로 구분한다면—예컨대 유일신과 이방인의 신 등—본성상 자신의 변용에 앞서는 실체를 올바르게 고찰할 수 없다.[47] 여러 실체로 구분하는 것은 목적론적이고 인간 중심적인 세계관에 기인하는 것으로 저차원의 인식의 산물이다. 실체가 유일 실체이며 그것이 곧 만유의 유일신임을 자각하면 만물의 상호의존성을 직시하게 되므로 지고의 자유와 행복 속에 있게 되는 것이다. 그에게 있어 절대 무한인 신은 자연의 필연적인 인과 원리와 동일하므로 의인화된(anthropomorphic) 전통적 신 관념은 미신적 허구에 지나지 않는다.

신이 인간과 마찬가지로 육체와 정신으로 이루어져 있으며 감정에 의해 지배된다고 상상하는 사람들이 있다. 그러나 그들이 신에 대한 참다운 인식에서 얼마나 멀어져 있는지는 이미 증명된 것으로도 충분히 명백하다. 그러나 나는 이것들을 문제 삼지 않는다. 왜냐하면 신의 본성에 대해 조금이라도 고찰해 본 사람은 모두 신이 육체적이라는 것을 부정하기 때문이다. 그들은 이것을 다음의 사실에서 가장 잘 증명하고 있다. 즉 우리는 물체(corpus)를 어떤 일정한 형태를 지니고 길이와 폭과 깊이를 가지는 한정된 양으로 이해하지만, 절대적으로 무한한 존재인 신에 대해 이렇게 말하는 것보다 더 불합리한 것은 없다는 것이다.

Some assert that God, like a man, consists of body and mind, and is susceptible of passions. How far such persons have strayed from the truth is sufficiently evident from what has been said. But these I pass over. For all who have in anywise reflected on the divine nature deny that God has a body. Of this they find excellent proof in the fact that we understand by body a definite quantity, so long, so broad, so deep, bounded by a certain shape, and it is the height of absurdity to predicate such a thing of God, a being absolutely infinite.[48]

스피노자에 따르면 실체는 제1원인이므로 "본성상 자신의 변용에 앞선다."[49] 그렇다고 그가 실체와 양태를 분리하는 것으로 볼 수는 없다. 그에게 있어 실체와 양태는 마치 바닷물과 파도의 관계와도 같이 신과 우주만물의 필연적 관계성을 설명하기 위한 하나의 방편으로 구분된 것일 뿐이다. 필자의 방식으로 표현하면 유일 실체란 우주의 본질인 생명의 본체—흔히 신이라고 부르는—를 일컫는 것이고, 양태란 본체의 자기복제(self-replication)로서의 작용으로 나타난 우주만물을 일컫는 것이다. 생명은 본질적으로 전체성인 동시에 개체성이며 내재성인 동시에 초월성이며 우주의 본원인 동시에 현상 그 자체인 속성을 갖는다. 우주만물이 유일 실체의 변용이긴 하지만 유일 실체인 신[神性]은 만물과 분리된 것이 아니라 만물의 본질로서 내재해 있는 동시에 만물화생(萬物化生)의 근본 원리로서 필연적인 자기법칙성에 의해 활동한다.

무한한 지성에 의해 파악될 수 있는 모든 것이 신적 본성의 필연성에서 생겨나므로[50] 유일 실체인 신과 그 양태인 우주만물은 분리될 수 없다. 유일 실체와 양태의 필연적 관계성은 대우주(macrocosm)와 소우주(microcosm), 전체[공동체]와 부분[개인], 본체계[의식계]와 현상계[물질계]의 유비관계(類比關係 analogy)로 파악될 수 있다. 이러한 유비관계를 이해하지 못하고서는 있는 그대로의 세상을 바라볼 수가 없어 미망 속을 헤매게 되므로 고통과 부자유 상태에 빠지게 된다. 만물은 불변의 우주섭리를 그 체(體)로 하는 까닭에 불변의 이치를 이해하지 못하고서는 현상계의 변화하는 이치 또한 알 수 없다. 이 우주가 자연법인 카르마(karma 業)의 법칙* 하에 있는 것도 일체가 신성한 본성의 필연적 법칙성에 의해 지배되는 까닭이다. 이 우주에는 오직 필연적인 자기법칙성에 의해 스스로 생성되고 변화하여 돌아가는 '스스로(自) 그러한(然) 자', 즉 자연[신·실체]과 그 자연의 자기현현만이 있을 뿐이다.

『에티카』 제1부에 나오는 서른여섯 개의 정리는 자연, 신, 그리고 유일 실체가 동일 개념임을 말하여 준다. 여기서 스피노자는 유일 실체와 양태의 관계를 '능산적 자연(能産的 自然 natura naturans)'과 '소산적 자연(所産的 自然 natura naturata)'이라는 대(對)개념을 사용하여 나타내고 있다. 이러한 대(對)개념의 기원은 아리스토텔레스(Aristotle)의 형상과 질료[51]에까지 소급할 수 있으며, 형상 자체의 동력인(또는 작용인 Efficient Cause)이자 목적인(Final Cause)인 '부동의 동인(The First Unmoved Mover)', 즉 그 스스로는 움직이지 않으면서 만유를 움직이게 하는 제1원리는 능산적 자연에 해당된다. 이후 이러한 대(對)개념은 전성기의 스콜라 철학자들에 의해 주로 사용되다가, 16세기 들어 이탈리아의 철학자·천문학자·수학자인 브루노가 우주의 형상과 질료를 설명하기 위해 사용하였다. 스피노자는 이 대(對)개념에 일원론적 범신론의 정의를 부여하였으며, 이후 스피노자로부터 영감을 받은 독일의 철학자 셸링(Friedrich Wilhelm Joseph von Schelling)에 의해 자연철학의 주요 개념으로 다뤄졌다.

스피노자는 능산적 자연을 만물의 내재적 원인(causa immanens)인 유일 실체, 즉 신으로 이해하였으며, 소산적 자연을 신의 본성의 필연성으로부터 생겨나는 모든 양태로 이해했다. 즉 피동적이며 일시적으로만 존재하는 자

---

* 카르마의 법칙은 인과(cause and effect)의 법칙, 輪廻의 법칙, 작용·반작용의 법칙이라고도 한다.

연은 신의 속성의 모든 양태로서의 소산적 자연이고, 능동적이며 영원하고 무한하며 필연적으로 존재하는 자연은 소산적 자연[현상계, 물질계]을 만들어 내는 원인으로서의 능산적 자연이다. 『에티카』 제1부 정리29 주석은 능산적 자연과 소산적 자연의 필연적 관계성을 명료하게 보여준다.

우리는 능산적 자연을 그 자체 안에 존재하며 그 자체에 의하여 파악되는 것, 또는 영원하고 무한한 본질을 표현하는 실체의 속성, 즉 (정리14의 보충1과 정리17의 보충2에 의해) 자유로운 원인으로 고찰되는 신으로 이해하지 않으면 안 된다. 그러나 나는 소산적 자연을 신의 본성 또는 신의 각 속성의 필연성으로부터 생겨나는 모든 것, 즉 신 안에 존재하며 신 없이는 존재할 수도 파악될 수도 없는 것으로 고찰되는 신의 속성의 모든 양태로 이해한다.

…by nature viewed as active we should understand that which is in itself, and is conceived through itself, or those attributes of substance, which express eternal and infinite essence, in other words (Prop. xiv., Coroll. i., and Prop. xvii., Coroll. ii) God, in so far as he is considered as a free cause. By nature viewed as passive I understand all that which follows from the necessity of the nature of God, or of any of the attributes of God, that is, all the modes of the attributes of God, in so far as they are considered as things which are in God, and which without God cannot exist or be conceived.[52]

스피노자가 제시한 자연=신=실체라는 대명제가 말하여 주듯 스피노자의 일원론적 범신론은 능산적 자연만을 신 또는 실체라고 하지도 않으며, 소산적 자연을 '실체가 아닌 양태'로 이분화하지 않고 '실체의 변용' 또는 '신의 속성의 모든 양태'로 인식함으로써 필연적 관계성을 강조한다. 만일 유일 실체와 양태, 즉 능산적 자연과 소산적 자연을 설명의 편의상 구분이 아니라 실제 이분법으로 이해한다면 『에티카』 제1부에서 제시한 서른여섯 개의 정리는 자기모순에 빠지게 된다. 스피노자의 철학체계에서 자연은 실체[능산적 자연·신]인 동시에 양태[소산적 자연]이며, 다만 생명의 순환을 이해하기 위한 하나의 방편으로 구분된 것일 뿐이다. 실체와 양태는 이(理)·사(事), 체(體)·용(用)의 관계와도 같이 합일이므로 창조하는 주체도 없고 창조되는 객체도 없다. 오직 필연적인 자기법칙성에 의해 스스로 활동하는 유일 실체와 그 실체의 자기현현만이 있을 뿐이다.

스피노자의 이성주의적 범신론은 실체=신=자연을 정식화함으로써 신을 모독한 무신론으로 격렬하게 비난받았다. 그러나 정작 신을 모독한 사람은 스피노자가 아니라 스피노자를 무신론자로 비난한 '그들' 미신론자들이었다. "스피노자는 근대 철학에 너무나 결정적인 지점을 구성하기 때문에 스피노자주의냐 아니면 전혀 철학이 아니냐를 두고 선택을 해야 한다고 말할 수 있다"[53]라고 헤겔이 말한 것도, 스피노자가 신에게서 인간을, 인간에게서 신을 해방시킴으로써 진정한 자유인의 삶을 향한 철학적 여정을 보여주었기 때문이 아닐까? 진정한 철학자가 되고자 한다면 스피노자주의자가 될 수밖에 없다는 것이다. 스피노자가 모든 철학의 중요한 출발이 되어야 하는 것은, 그의 철학 안에서 사유와 절대자 사이에 본질적 관계가 맺어지기 때문이라는 것이다. 스피노자는 『에티카』 제1부 마지막 부록에서 제1부의 내용을 이렇게 요약하고 있다.

이상에서 나는 신의 본성과 그 특질을 설명하였다. 신은 필연적으로 존재한다는 것, 신은 유일하다는 것, 신은 오로지 자신의 본성의 필연성에 의해서만 존재하고 작용한다는 것, 신은 만물의 자유원인이라는 것과 어떻게 자유원인인가 하는 것, 모든 것은 신 안에 있으며 신 없이는 존재할 수도 파악될 수도 없을 만큼 신에게 의존한다는 것, 그리고 마지막으로 모든 것은 신에 의해 예정되어 있으며 그것은 자유의지나 절대적 재량에 의해서가 아니라 신의 절대적 본성 또는 무한한 능력에 의해서 그러하다는 것 등을 설명하였다.

In the foregoing I have explained the nature and properties of God. I have shown that he necessarily exists, that he is one: that he is, and acts solely by the necessity of his own nature; that he is the free cause of all things, and how he is so; that all things are in God, and so depend on him, that without him they could neither exist nor be conceived; lastly, that all things are predetermined by God, not through his free will or absolute fiat, but from the very nature of God or infinite power.[54]

스피노자에게 있어 자유란 영적 무지에서 움터난 미신을 제거하고 지성을 통해 합리적 질서를 파악함으로써 예속의 상태에서 벗어나는 것이다. 그러나 아직도 적지 않은 편견이 남아 있어서 사물의 연결을 이해하는 것을 방해하고 또한 이러한 편견이 사람들로 하여금 미신에 사로잡히게 함으로써 있는 그대로의 우주를 직시하지 못하는 인식의 빈곤 상태에 빠지게 했다는 것이 스피노자의 지적이다. 스피노자에 의하면 모든 편견은 다음의 한 가지 편견에 근거한다. 즉 "일반적으로 사람들은 모든 자연물이 그들 자신과 마찬가지로 어떤 목적을 가지고 움직인다고 생각한다. 더욱이 그들은 신 자신이 모든 것을 특정한 목적에 따라 이끈다고 확신한다. 왜냐하면 그들은 신이 인간을 위해 모든 것을 만들었으며, 신을 숭배하도록 하기 위해 인간을 만들었다고 말하기 때문이다."[55]

신은 '스스로(自) 그러한(然) 자'*로서 오로지 신성한 본성의 필연성에 의해서만 작용할 뿐 목적이라는 것이 없으므로, 목적론적이며 인간 중심적인 세계관은 거부된다. '모든 목적인(因)은 인간의 허구일 뿐'[56]이다. 모든 목적은, 고통이나 두려움은 그 스스로의 실체가 있는 것이 아니라 에고(ego) 의식의 부산물일 뿐이다. 사물의 궁극적 원인에 대한 통찰이 없이는, 다시 말해 실체[신·자연]에 대한 명료한 인식이 없이는 전일적 과정으로서의 생명 현상을 파악할 수가 없고 따라서 현상계의 참모습을 직시할 수가 없다. 그러한 인식의 빈곤 상태에서의 자유(libertas)란 한갓 환각(幻覺)에 불과한 것이다. 왜냐하면 자유란 "오직 자신의 본성의 필연성에 의해서만 존재하며, 자기 자신에 의해서만 행동하도록 규정되는 것"[57]이기 때문이다. 그래서 『에티카』는 제1부에서 세계가 의거해 있는 형이상학적 인과율을 다룬 후에 지성에 기초한 올바른 인식을 위해 제2부에서 인식론을 다루게 된 것이다.

---

* '스스로(自) 그러한(然) 자'란 신성한 본성의 필연성에 의해서만 작용하는 실체[신·자연]를 지칭하는 것으로 필자가 오래전부터 사용해 온 것이다. 스피노자는 『에티카』제1부 정리 34에서 "신 자신과 만물이 존재하고 활동하게 하는 신의 능력은 신의 본질 자체이다(*The Ethics*, I, Proposition XXXIV, Proof, p.23)"라고 말한다. 신의 능력이 그 본질 속에 스스로 그렇게 구비되어 있다는 말이다.

정신의 본성과
기원에 관하여

　　『에티카』 제2부의 제목은 '정신의 본성과 기원에 관하여'이다. 제2부 벽두에서 스피노자는 신의 본질에서 무한히 많은 것이 무한히 많은 방식으로 생겨나지만 여기서는 인간의 정신과 지고의 행복에 대한 인식에 도움이 될 만한 것을 선택하여 다루겠다는 단서를 붙이고 있다. 제2부에서는 물체와 정신의 관계 및 인식론에 관한 그의 견해가 피력되어 있다. 스피노자에 따르면 실체[신·자연]는 무한하기 때문에 그 본질을 이루는 속성의 수 역시 무한하지만 인간의 오성이 유한하여 우리의 인식 대상이 될 수 있는 것은 연장과 사유의 두 속성뿐이다. 물체는 연장의 속성의 한 양태이며, 정신은 사유의 속성의 한 양태이다. 제2부 정리1과 2는 데카르트가 말한 정신과 물체라는 두 실체가 스피노자에 와서는 유일 실체인 신의 두 가지 본질적인 속성이 되었다는 것을 분명히 보여준다.

　　사유는 신의 속성이다. 또는 신은 사유하는 것이다.

　　Thought is an attribute of God, or God is a thinking thing.[58]

　　연장은 신의 속성이다. 또는 신은 연장된 것이다.

　　Extension is an attribute of God, or God is an extended thing.[59]

　스피노자는 데카르트의 실체적 이원론과 심신 상호 작용설을 배척하고 사유와 연장을 유일 실체의 두 속성으로 파악함으로써 사유적 실체와 연장적 실체를 하나의 동일 실체로 이해했다. 말하자면 심신평행론(心身平行論)

의 입장에서 본 것이다. 사유하는 실체와 연장된 실체가 동일 실체이듯 사유하는 실체의 양태와 연장된 실체의 양태, 즉 정신과 신체도 동일 양태이다. 참된 관념은 자신의 대상과 일치해야 하며(제1부 공리6), 정신의 대상은 존재하는 신체밖에 없으므로[60] 정신과 신체는 합일이다. 결과로서 생긴 모든 사물의 관념은 그러한 결과를 생기게 한 원인의 인식에 의존하기 때문에[61] "관념의 질서와 결합은 사물의 질서와 결합과 동일하다"[62]고 그는 말한다. 이로부터 "신의 사유 능력은 신의 현실적 활동 능력과 동일하다"[63]는 결론이 도출된다. 따라서 사유적 실체와 연장적 실체는 두 실체가 따로 존재하는 것이 아니라 하나의 실체를 사유의 관점에서 또는 연장의 관점에서 조명할 수 있는 것이라고 제2부 정리7 주석에서는 말한다.

사유하는 실체와 연장된 실체는 서로 다른 두 가지 속성을 통하여 이해된 하나의 동일한 실체이다. … 그러므로 우리가 자연을 연장의 속성에서 생각하든, 또는 사유의 속성에서 생각하든, 아니면 어떤 다른 속성에서 생각하든, 우리는 동일한 질서, 또는 원인들의 동일한 연결을 발견할 것이다. … 따라서 사물이 사유의 양태로 고찰되는 한 전체 자연의 질서나 원인의 연결은 오직 사유의 속성에 의해서만 설명되지 않으면 안 된다. 또 사물이 연장의 양태로 고찰되는 한 전체 자연의 질서 역시 오직 연장의 속성에 의해서만 설명되지 않으면 안 된다.

… substance thinking and substance extended are one and the same substance, comprehended now through one attribute, now through the other. … Thus, whether we conceive nature under the attribute of extension, or under the attribute of thought, or under any other attribute, we shall find the same order, or one and the same chain of causes ⋯ so that, so long as we consider things as modes of thinking, we must explain the order of the whole of nature, or the whole chain of causes, through the attribute of the thought only. And, in so far as we consider things as modes of extension, we must explain the order of the whole of nature through the attributes of extension only.[64]

스피노자는 『에티카』 제2부 정리11~13에서 인간 정신의 본성과 기원을 규명하고 있다. 정신의 본성과 기원에 관한 면밀한 분석이 필요한 것은 진정한 자유와 지고의 행복이라는 목표에 도달하기 위해서는 지성에 기초한 참된 인식이 선행되어야 하기 때문이다. 그는 인간의 본질이 신의 속성의 어떤 양태, 즉 사유의 양태에 의해 구성된다고 본다. "이 모든 양태 중에서 관념이 본성상 선행하며, 관념이 주어지면 다른 양태들은 동일한 개체 안에 존재하지 않으면 안 된다. 그러므로 관념은 인간 정신의 존재를 구성하는 최초의 것이다"[65]라고 말한다. 그러나 그것은 존재하지 않는 사물의 관념이 아니라—그럴 경우 관념 자체가 존재하지 않는 것이 될 것이기 때문에—현실적으로 존재하는 사물의 관념이다. 그러나 그것이 무한한 사물의 관념이 아닌 것은, 무한한 사물은 언제나 필연적으로 존재하지 않으면 안 되기 때문이다(제2부 정리11 증명). 따라서 인간 정신의 존재를 구성하는 최초의 것은 존재하지 않는 사물의 관념이나 무한한 사물의 관념이 아니라 현실적으로 존재하는 사물의 관념이다.

인간 정신의 현실적 존재를 구성하는 최초의 것은 현실적으로 존재하는 어떤 개물의 관념이다.

The first element, which constitutes the actual being of the human mind, is the idea of some particular thing actually existing.[66]

이로부터 스피노자는 인간의 정신이 신의 무한한 지성의 일부라는 결론을 내린다.[67] 그리하여 그는 "인간 정신을 구성하는 관념의 대상 안에서 일어나는 모든 것은, 신이 인간 정신의 본성을 구성하는 한에 있어서 필연적으로 신 안에 그것에 대한 인식이 있다. 즉 그 사물에 대한 인식은 필연적으로 정신 안에 있다. 또는 정신은 그것을 지각한다"[68]라고 말한다.

인간 정신을 구성하는 관념의 대상[신체] 안에서 일어나는 모든 것은 인간 정신에 의해 지각되지 않으면 안 된다. 또는 정신 안에는 이 사물의 관념이 필연적으로 존재한다. 즉, 인간 정신을 구성하는 관념의 대상이 신체라면, 신체 안에는 정신에 의해 지각되지 않는 어떤 일도 일어날 수 없다.

Whatsoever comes to pass in the object of the idea, which constitutes the human mind, must be perceived by the human mind, or there will necessarily be an idea in the human mind of the said occurrence. That is, of the object of the idea constituting the human mind be a body, nothing can take place in that body without being perceived by the mind.[69]

스피노자는 인간이 정신과 신체로 구성되어 있으며, 인간의 신체는 우리가 그것을 느끼는 대로 존재한다는 결론을 내린다(제2부 정리13 보충). 그는 인간 정신을 구성하는 관념의 대상이 신체이며, 그것도 현실적으로 존재하는 신체라는 점을 강조한다(제2부 정리13 증명). 말하자면 정신의 대상은 오직 존재하는 신체이며, 인간 정신은 인간 신체의 관념이나 인식일 뿐이라는 것이다. 모든 물체는 본질적으로 연장이고, 신체 또한 어떤 연장의 양태일 뿐이다.

> 인간 정신을 구성하는 관념의 대상은 신체, 즉 현실적으로 존재하는 어떤 연장의 양태인 신체뿐이다.
>
> The object of the idea constituting the human mind is the body, in other words a certain mode of extension which actually exists, and nothing else.[70]

인간의 몸과 마음 또는 신체와 정신은 연장과 사유를 그 본질적 속성으로 하는 신의 가변적인 양태들로서 정신은 그 대상인 신체와 하나로 결합되어 있으며 합일이다. 스피노자는 인간 신체의 관념이 신체를 구성하는 부분에 관한 많은 관념으로 구성되어 있고, 인간 정신의 현실적 존재를 구성하는 관념 역시 신체의 관념이므로 정신 그 자체도 이에 상응하는 수많은 관념으로 구성되어 있다고 말한다(제2부 정리15 증명). 사유의 무한 양태가 신의 무한 지성이듯, 인간 정신도 수많은 관념들의 집합이라는 것이다.

> 인간 정신의 현실적 존재를 구성하는 관념은 단순한 것이 아니라 수많은 관념으로 구성되어 있다.
>
> The idea, which constitutes the actual being of the human mind, is not simple, but compounded of a great number of ideas.[71]

여기서 우리는 관념의 적합성(타당성)에 대해 살펴볼 필요가 있다. 다시 말해 인간 정신을 구성하는 모든 관념이 필연적으로 참일 수 있는가 하는 것이다. 스피노자의 체계에서 관념의 적합성은 지성에 비례하며 신의 무한 지성에서 극대화된다. 적합한 관념을 늘려간다는 것은 신의 무한 지성을 향해 나아간다는 것이고 인식 및 이해 수준이 높아지는 것이어서 현상의 배후 원리를 통찰할 수 있게 되므로 세상사에 일희일비(一喜一悲)하지 않고 진정한 자유와 지복(至福)의 삶을 구가할 수 있게 되는 것이다. 관념이 참인 것의 기준은 관념과 그 대상의 일치이다(제1부 공리 6). 만일 관념이 무한 지성에 속한다면, 관념은 연장에 속하는 그 대상과 완전히 일치할 수밖에 없다. 따라서 신 안에 있는 모든 관념은 그 대상과 완전히 일치하므로 관념은 모두 참이라는 결론이 나온다.

> 모든 관념은 신에 관련되는 한에 있어서 참이다.
>
> All ideas, in so far as they are referred to God, are true.[72]

스피노자에 따르면 "관념 안에는 그것이 허위라고 할 만한 아무런 적극적인 것도 존재하지 않는다."[73] 허위는 절대적 결핍이나 절대적 무지에서가 아니라(제2부 정리35 증명) 인식의 결핍에서 생긴다는 것이다. 스피노자는 인간이 스스로를 자유롭다고 생각하는 것, 즉 자신의 자유의지로 어떤 일을 하거나 안 할 수도 있다고 생각하는 것은 잘못된 것이라고 말한다. 그러한 의견은 그들이 자신의 행위는 의식하지만 그러한 행위를 추동한 원인에 대해서는 알지 못하는 데서 성립한 것이기 때문이다. 그러므로 그들의 자유 관념은 단지 자신들의 행위의 원인에 대한 무지일 뿐이다. 그들은 인간의 행위가 의지에 의존한다고 말하지만, 의지가 무엇인지 그리고 의지가 어떻게 신체를 움직이는지 모르고 있기 때문에 그것은 아무런 상응하는 관념이 없는 말에 불과하다(제2부 정리35 주석). 인식이 결핍되면 관념은 참이지도 않고 적합성을 띨 수도 없으며 그 대상 또한 마찬가지다.

> 허위는 부적합하고 단편적이며 혼동된 관념들이 함축하는 인식의 결핍에 있다.
>
> Falsity consists in the privation of knowledge, which inadequate, fragmentary, or confused ideas involve.[74]

또한 스피노자는 "부적합하고 혼동된 관념은 적합하고 명석판명한 관념과 동일한 필연성에 의해 생긴다"[75]고 말한다. 모든 관념은 신 안에 있고(제1부 정리15) 신과 관련되는 한 참이며(제2부 정리32) 적합하므로 어떤 관념도 인간의 개별 정신에 관한 경우를 제외하고는 혼동되거나 부적합하지 않다는 것이다. 따라서 적합한 관념이든 부적합한 관념이든 모두 동일한 필연성에 의해 생긴다(제2부 정리6 보충)는 것이다. 데카르트가 인간의 마음을 정신적 실체라고 보아 직각적(直覺的) 자아로부터 출발한 데 비해, 스피노자는 인간의 마음을 소산적 자연인 양태라고 보아 혼동되고 불완전한 사유의 단계로부터 출발해 많은 것을 지각하여 보편 개념을 형성하는 것으로 보았다. 그는 인식의 세 단계를 표상지(表象知 또는 想像知, 一種知), 이성지(理性知, 二種知), 직관지(直觀知, 三種知)라는 3종지(三種知)로 나타내고 있다.[76]

제1종의 인식인 '표상지'는 감각 및 상상에 의한 인식 단계로서 부적합한 관념이나 오류의 원인이 되는 속견(俗見)·억측 등 참되지 않은 인식이 나오는 원천이다. 표상지는 감각 경험에 의한 인식과 연상에 의한 인식의 두 종류로 나뉜다. 전자는 "감각을 통하여 단편적이며 혼동되고 무질서하게 지성에 표상되는 개물로부터"[77]오는 단순한 경험에 의한 인식이다. 후자는 기호들로부터, 예컨대 우리가 어떤 낱말을 읽거나 들으면서 사물을 상기하며 사물이 주는 관념과 유사한 관념을 형성하는 것으로부터 오는 인식이다. 이 두 방식의 인식을 스피노자는 '제1종의 인식', '의견' 또는 '표상'이라고 부른다.[78] 표상지는 그 대상과 일치하지 않으며 적합하지 않으므로 참된 인식일 수가 없다. 표상지는 사물의 원인을 통찰하거나 만물의 상호의존성을 인식하지 못함으로 해서 사물의 공통점이나 특수성을 제대로 파악할 수 없는 가장 낮은 단계의 불완전한 인식이다.

제2종의 인식인 '이성지'는 "사물의 특질에 대하여 공통 관념과 적합한 관념을 갖는 것으로부터(제2부 정리38 보충, 정리39 및 보충, 정리40 참조)" 오는 인식이다.[79] 이성지는 이성 및 과학적 추론과 논증에 의한 인식 단계로서 보편적인 공통 관념(수학과 역학의 모든 기본 관념)을 통한 사물의 원인 인식이며 보편타당성을 지닌다. 스피노자는 "모든 것에 공통적이며 부분에도 전체에도 똑같이 있는 것은 타당하게 파악될 수밖에 없다"[80]라고 말한다. "모든 인간에게 공통된 어떤 관념이나 개념이 존재하는 것은 모든 물체가 어떤 점에서 일치하며 그런 점은 모든 사람에 의해 타당하게 또는 명석판명하게 지각되지 않으면 안 되기 때문이다(제2부 정리38 보충)." "정신의 명석판명한 관념은 신의 관념과 마찬가지로 필연적으로 참이다."[81] "신체가 다른 물체와 공통으로 갖는 것이 많을수록 정신은 더 많은 것을 적합하게 지각할 수 있다(제2부 정리 39 보충)." 그리하여 궁극적인 보편 개념을 향하여 나아갈 수 있다. 여기서 이성지는 본성을 억압하는 근대의 객관적 이성 중심주의가 함축한 예속의 관점을 거부한다.

제3종의 인식인 '직관지'는 직관(scientia intuitiva)에 의한 최고의 인식 단계로서 사물의 본질 인식이며 총체적 진리를 통찰할 수 있는 참된 인식이 나오는 원천이다. 직관지는 전체 존재계에 대한 포괄적·직관적 인식이며 개체의 완전한 인식이고 실체와 양태의 필연적 관계성에 대한 완전한 인식이다. 스피노자에 의하면 '표상지는 참되지 않은 인식이고, 이성지와 직관지는 참된 인식'이다.[82] 참된 인식은 '영원의 상(相) 아래에서' 인식하는 것으로 이로부터 '신에 대한 지적 사랑(amor dei intellectualis)'이 생겨난다. 이러한 인식은 자유와 필연의 조화적 원천이다. 또한 "참된 것과 거짓된 것을 구분하도록 가르치는 것은 제1종의 인식이 아니라 제2종과 제3종의 인식이다."[83] 직관지의 단계에서 "인간 정신은 신의 영원하고 무한한 본질에 관한 적합한 인식을 갖는다."[84] 사물의 본성을 우연이 아닌 필연으로 지각하며(제2부 정리 44), '사물의 필연성이 곧 신의 영원한 본성의 필연성 자체(제2부 정리44 보충2 증명)'임을 명료하게 인식할 수 있을 때 인간은 비로소 지고의 자유와 행복을 달성할 수 있게 된다.

이상과 같은 인식의 세 종류는 혼돈과 예속으로부터 참된 인식과 자유를 향해 나아가는 정신의 활동을 나타낸 것이다.* 이러한 스피노자의 인식

---

* 이러한 정신의 활동은 헤겔이 말하는 절대정신의 '자기실현화 과정(the process of its own becoming)'과 같은 맥락에서 이해될 수 있다. 스피노자의 '직관지'는 헤겔이 말하는 '실현된 자유의 영역(the realm of freedom made actual)'이다. '아(我 self)'와 비아(非我 other)'의 두 대립되는 自意識에 관한 헤겔의 '주인과 노예의 변증법(the master-slave dialectic)'은 스피노자의 인식론에 대한 이해가 없이는 제대로 이해하기 어렵다. '변증법을 제대로 이해하기 위해서는 스피노자를 경유하지 않으면 안 된다'라고 헤겔이 말한 것도 이런 이유에서다.

론이 함축한 윤리적 의미는 『에티카』 제2부의 마지막 부분에 잘 나와 있다. 스피노자의 인식론은 우리가 최고의 인식 단계인 직관지로 이행할수록 윤리적 효용성이 증대한다는 점을 네 가지 측면에서 제시한다(제2부 정리49 주석). 첫째로 이 이론은 우리가 신의 명에 따라서만 행동하며 신적 본성에 참여한다는 것, 그리고 우리의 행동이 더 완전하며 우리가 신을 더 많이 인식할수록 더욱 그러하다는 것을 우리에게 가르쳐 준다. 그러므로 이 이론은 우리의 마음을 평온하게 해줄 뿐만 아니라 최고의 행복이 어디에 있는지를 가르쳐 준다. 즉, 우리의 최고의 행복은 오직 신에 대한 인식에 있으며 이러한 인식에 의해서 우리는 사랑과 도의심이 요구하는 것만을 행하도록 인도된다는 것이다. 그리하여 덕과 신에 대한 봉사 자체가 행복이며 완전한 자유라는 것을 알게 된다는 것이다.

둘째로 이 이론은 운명에 관해서나 우리 능력 밖의 모든 일에 관해서, 즉 우리의 본성에서 생기지 않는 것에 관해서 평정한 마음으로 받아들이고 기다리며 인내해야 함을 가르쳐 준다. 모든 것은 얼핏 보기에는 우연적인 것 같지만 마치 삼각형의 본질에서 세 각의 합이 2직각과 같다는 결론이 도출되듯이 신의 영원한 섭리에서 필연적으로 생겨 나오기 때문이다. 셋째로 이 이론은 사회생활을 함에 있어 그 누구도 미워하지 않고 멸시하거나 조롱하지 않으며 그 누구에게도 성내지 않고 시기하지 않는 자세를 가르쳐 주어 각자 자신의 소유에 만족하고 이성의 지도에 의해 시기와 경우에 따라 이웃에 도움을 줄 수 있도록 인도해 준다. 넷째로 이 이론은 국가 공동체적인 측면에서 시민들이 노예처럼 일하지 않고 자유롭게 최선의 것을 행하도록 통치하고 지도해야 한다는 것을 가르쳐 준다.[85]

'신에 취한 사람'이라고 불리기도 했던 스피노자—그의 인식론은 왜 그가 그토록 유일 실체인 신의 규명에 천착했는지에 대한 답변이 될 것이다. 한마디로 진정한 자유와 지고의 행복은 오직 신에 대한 참된 인식에서 나오는 것으로 보았기 때문이다. 그럼에도 그는 무신론자로 비난받았다. 왜 그랬을까? 그것은 신에 대한 인식 자체가 달랐기 때문이다. 스피노자는 전통 종교에서 통용되는 가장 낮은 표상지 단계에서의 의인화된 신 관념을 거부했다(제1부 정리15 주석). 그에게 있어 신은 '자기원인'이자 만물의 궁극적 원인으로 자연의 필연적인 인과 원리와 동일하며 제2종과 제3종의 참된 인식에 의해서만 지각될 수 있는 것이다. 스피노자는 사람들이 제1종의 인식인 표상지의 관점에서 그에게 '무신론자'라는 혐의를 씌운 것에 대해 매우 분개했던 것으로 알려져 있다. 왜냐하면 그러한 혐의는 그가 그토록 천착했던 신 관념을 모독하는 것이기 때문이다. 훗날 괴테(Johann Wolfgang Goethe)가 "스피노자의 제1의 업적은 신의 이름으로 자행되는 미신을 공격한 일"[86]이라고 한 평가에 대해서는 스피노자도 흡족해 했을 것이다.

스피노자의 인식론적 관점에서 볼 때 스피노자를 둘러싼 '범신론자인가 무신론자인가'[87] 등의 논쟁은 그 자체가 제1종의 인식인 저차원의 '표상지'에서 나온 것이기 때문에 '인간 정신이 신의 영원하고 무한한 본질에 관한 적합한 인식'을 갖기 전에는 의미 있는 진전이 이루어지기 어렵다. '무신론 vs. 범신론' 논쟁은 생명이 곧 영성임을 알지 못하는 데서 오는 것이다. 말하자면 물질의 공성(空性)*을 이해하지 못하는 데서 오는 것이다. '인간에게 신

---

* 물질의 空性을 이해하면 본체계와 현상계, 신과 우주만물이 하나임을 알게 되어 생명의 전일성과 자기근원성을 인식하게 되므로 '무신론 vs. 범신론' 논쟁은 종식되게 된다. "우리가 딱딱한 물질이라고 지각하는 것도 기실은 특정 주파수대의 에너지 진동이며 그러한 견고함은 감각적 환영에 지나지 않는다. 우리의 육체 또한 특정 주파수

은 대체 무엇이며 어떻게 인식해야 할 것인가' 하는 문제는 제2종과 제3종의 인식인 참된 인식이 전제되지 않고서는 현란한 언어의 유희에 불과한 것이 된다. 참된 인식은 곧 의식의 진화[靈的 進化 spiritual evolution]의 산물이다. 의식의 진화란 분별지(分別智)에서 근본지(根本智)로의 이행, 다시 말해 개체화된(particularized) 자아 관념에서 벗어나 우리의 생각과 행위가 전체적이 되는 것이다. 유일 실체, 즉 유일신은 특정 종교의 신도 아니요, 섬겨야 할 대상도 아니다. 우리 자신이며 우주만물 그 자체, 즉 자연임을 신=실체=자연이라는 대명제를 통하여 스피노자는 증명한다.

스피노자의 체계 속에서 실체와 양태, 즉 신과 우주만물은 생명의 본체[理]와 작용[氣], 보이지 않는 우주와 보이는 우주의 관계로서 분리 자체가 근원적으로 불가능하다. 그래서 필자는 그의 사상을 일원론적 범신론이라고 하는 것이다. 이렇게 볼 때 진정한 의미에서 전일적 패러다임(holistic paradigm)으로의 전환은 종교의 성벽 속에 가둬 놓은 유일신*을 만유의 유일신으로 되돌리는 것이다. 그리하여 생명의 전일성과 자기근원성, 근원적 평등성과 유기적 통합성을 깨닫는 것이다. 스피노자의 일원론적 범신론은 실체와 양

대의 에너지 진동으로 99.99%가 텅 빈 공간으로 이루어져 있다…우주의 실체는 의식이며, 인간이란 지구에 살고 있는 의식에 지나지 않는다(拙著, 『통섭의 기술』(서울: 모시는사람들, 2010), 96쪽).”
* 생명은 분리 자체가 근원적으로 불가능한 절대 유일의 하나이므로 '유일신'이라고 부르는 것이다. 만유의 근원인 유일신은 그 스스로의 작용으로 나타난 우주만물과 하나이므로, 다시 말해 우주만물은 유일신의 자기현현이므로 특정 종교의 유일신이 아니라 만유의 유일신이다. 그럼에도 인류의 인식이 表象知(想像知) 단계에 머물러 있음으로 해서 만유의 유일신으로 인식하지 못하고 그 결과 종교충돌·문명충돌·정치충돌로 치닫게 되는 것이다. 유일신은 에너지 시스템으로서의 생명계 전체를 표징하는 대명사이며, 생명의 순환을 이해하는 키워드이다.

태의 필연적 관계성에 대한 인식, 다시 말해 만물의 상호의존성에 대한 인식이 곧 자유로 가는 길이며 행복으로 가는 길임을 보여준다. 아마도 스피노자는 필자의 다음 말에 공감했을 것이다.

실로 인식의 뿌리에 대한 이해가 없이는 존재계의 본질적인 변화는 기대할 수 없다. 불멸의 참자아(실체=신=자연)를 자각하는 것은 인식의 뿌리를 이해하는 것이고, 에고가 만들어낸 일체의 장벽을 해체하는 것이며, 생명의 낮과 밤의 순환을 이해하는 것이다. 그것은 한마디로 미망의 삶을 끝장내는 것이다. 그리하여 완전한 소통 · 자치 · 자율에 기초한 생명시대를 여는 것이다.[88]

감정의 기원과
본성에 관하여

『에티카』 제3부의 제목은 '감정의 기원과 본성에 관하여'이다. 제3부는 제4부의 일부 정리(定理)와 더불어 스피노자의 윤리학 수립에 관계가 깊은 심리학적 견해가 피력되어 있다. 스피노자에게 있어 감정(affectus)이란 개념은 그의 철학체계와 존재론을 함축하고 있는 까닭에 인간과 자연 그리고 신과의 불가분성을 그 본질로 한다. 스피노자는 제3부 정의에 들어가기 전 서문에서 "감정의 본성과 그 힘에 관하여, 그리고 감정을 제어하는 정신의 힘에 관하여 명확하게 규정한 사람은 내가 아는 한 아무도 없다"[89]고 단언하며, 인간의 감정을 분석하는 그의 명확한 입장을 밝히고 있다. 즉 모든 사물의 본성을 인식하는 방법은 자연의 보편적인 법칙과 규칙에 따라야 하며 증오, 분노, 질투 등의 감정도 동일한 자연의 필연성과 힘에서 생긴다는 것이다.

자연 안에서는 자연 자체의 결함으로 여길 만한 어떤 일도 일어나지 않는다. 왜냐하면 자연은 항상 동일하며 자연의 힘과 활동 능력은 어디에서나 하나이자 동일하기 때문이다. 즉 만물이 생겨나며 한 형상에서 다른 형상으로 변화하는 그러한 자연의 법칙과 규칙은 어디에서나 항상 동일하기 때문이다. 따라서 어떤 사물이건 그 사물의 본성을 인식하는 방법도 동일하게 자연의 보편적인 법칙과 규칙에 따라야 한다. 증오, 분노, 질투 등의 감정도 그 자체로 고찰한다면, 동일한 자연의 필연성과 힘에서 생겨난다.

Nothing comes to pass in nature, which can be set down to a flaw therein; for nature is always the same, and everywhere one and the same in her efficacy and power of action; that is nature's laws and ordinances, whereby all things come to pass and change from one form to another, are everywhere and always the same; so that there should be one and the same method of understanding the nature of all things whatsoever, namely, through nature's universal laws and rules. Thus the passions of hatred, anger, envy, and so on, considered in themselves, follow from this same necessity and efficacy of nature.[90]

스피노자의 관점에서 데카르트는 "정신이 그 자신의 활동에 대해 절대적 힘을 갖는다고 믿었음에도 인간의 감정을 그 제1원인에 의해 설명하려 했으며, 동시에 정신이 감정에 대해 절대적인 지배권을 가질 수 있는 방식을 제시하고자 했지만 그 자신의 위대한 지성의 예리함을 보여준 것에 불과했다(제3부 서문)." 신체(물체)의 영역이든 정신의 영역이든 자연법칙에 예외란 없으며 스피노자에게 있어 인간 정신은 다른 모든 것과 마찬가지로 자연의 일부이다. 따라서 제3부 서문 말미에서는 "감정의 본성과 힘, 그리고 감정에 대한 정신의 능력에 관해 앞서 신과 정신을 다룬 것과 같은 방법으로 다루고, 또한 인간의 행동과 충동에 관해서도 선(線)·면(面)과 입체를 다룬 것과 같은 방식으로 고찰할 것(제3부 서문)"임을 천명한다. 말하자면 기하학적 방법에 의한 심리학적 견해를 피력하겠다는 것이다.

스피노자에 따르면 "어떤 원인의 결과가 그 원인에 의하여 명석판명하게 지각될 수 있을 때 그 원인은 타당한(적합한) 원인이다(제3부 정의1)." 정신은 타당한 관념을 많이 지닐수록 그만큼 많이 작용하고 능동적이 되며, 타당하지 못한 관념을 많이 지닐수록 그만큼 많이 작용을 받으며 수동적이 된다(제3부 정의2,3, 정리1 보충). 스피노자는 인간의 감정을 능동(actio)과 수동(passio)의 두 가지 방식으로 이해한다.

감정이란 우리 신체의 활동 능력을 증대시키거나 감소시키며, 촉진하거나 저해하는 신체의 변용인 동시에 그러한 변용의 관념이다. 만일 우리가 그러한 변용의 어떤 타당한 원인이 될 수 있다면 그 경우 감정은 능동이고, 그렇지 않은 경우에는 수동이다.

By emotion I mean the modifications of the body, whereby the active power of the said body is increased or diminished, aided or constrained, and also the ideas of such modifications. If we can be the adequate cause of any of these modifications, I then call the emotion an activity, otherwise I call it a passion.[91]

우리의 정신이 타당한 관념을 갖는 경우에는 필연적으로 작용하므로 능동이며, 타당하지 못한 관념을 갖는 경우에는 필연적으로 작용을 받으므로 수동이다(제3부 정리1,3). "정신의 능동성은 오직 타당한 관념에서만 생기지만, 수동성은 타당하지 않은 관념에만 의존한다."[92] 말하자면 인간이 자신의 행동의 타당한[충분한] 원인일 경우에는 자신의 본성과 힘을 나타내므로 그의 행동은 능동이지만, 타당하지 않거나 부분적인 원인일 경우에는 외부로부터 작용하는 힘의 영향을 받으므로 그의 행동은 수동이다. 스피노자는 능동과 수동의 질서를 정신과 신체의 관계 속에서 고찰함에 있어 정신과 신체가 동일 양태라는 그의 심신평행론의 입장을 환기시킨다. 즉 "정신과 신체는 동일하며 그것이 때로는 사유의 속성 밑에서, 때로는 연장의 속성 밑에서 파악된다. 그러므로 사물의 질서나 연결은 자연이 어느 속성 밑에서 파악되든지 하나이다."[93]

> 따라서 우리 신체의 능동과 수동의 질서는 본성상 정신의 능동과 수동의 질서와 일치한다.
> … consequently the order of states of activity and passivity in our body is simultaneous in nature with the order of states of activity and passivity in the mind.[94]

정신의 사유(思惟)를 결정하는 것은 사유의 양태이며 연장의 양태[신체]는 아니므로 신체는 정신의 사유를 결정할 수 없다. 마찬가지로 물체의 운동과 정지를 결정하는 것은 연장의 양태이며 사유의 양태[정신]는 아니므로 신체 안에서 생기는 모든 것은 사유의 양태인 정신에서 생길 수 없다(제3부 정리

2 및 증명). 사실이 이러함에도 신체의 운동과 정지를 단순히 정신의 명령에 따른 것으로 보거나, 다양한 신체 활동이 오로지 정신의 의지와 사고 활동에 따른 것으로 사람들이 확신하는 것에 대해, 스피노자는 몇 가지 예를 통하여 신체가 자신의 본성의 법칙만으로도 정신을 놀라게 하는 많은 것을 할 수 있다는 것을 보여준다. 즉 인간의 지혜를 초월한 많은 것이 동물에게서 관찰되는 것이나, 또 몽유병자가 깨어 있을 때는 하지 못하던 것을 수면 중에 행하는 것 등이 그것이다. 여기서 그는 인간의 신체 구조가 인간의 기술로 만든 다른 어떤 것보다 훨씬 복잡하고 정교하다는 점을 지적한다(제3부 정리2 주석).

스피노자 감정론의 골간을 이루는 능동(작용함)과 수동(작용을 받음)의 구분은 인간 행위의 자유 문제, 즉 인간이 자신의 행위를 자율적으로 수행할 수 있는지 여부와 인간이 자신의 행동의 타당한 원인인지 여부의 문제와 관계된다. 스피노자는 사람들이 대개 자신의 행위 자체는 의식하지만 그 행위를 결정한 원인은 모르기 때문에 스스로를 자유라고 믿는 경우가 많다고 본다. 예컨대, 젖먹이가 젖을 욕구하는 것, 성난 아이가 복수하려는 것, 겁쟁이가 도망하려는 것, 술주정뱅이가 횡설수설하는 것, 미치광이 · 수다쟁이 · 아이들의 충동적인 언행 등이 정신의 자유로운 결정에 의한 것이라고 믿는다는 것이다. 그러나 우리는 경험을 통하여 이러한 정신의 결정이란 것이 한갓 충동에 지나지 않으며 신체 상황에 따라서 변화한다는 것을 알게 된다. 그리하여 그는 '정신의 결정[충동]과 신체의 결정이 본성상 동시에 일어나며 하나이자 동일한 것'이라고 말한다(제3부 정리2 주석).

스피노자에 의하면 어떠한 감정이나 행동도 자연의 필연적 현상이므로 이를 인식하고 이해하는 노력을 기울여야 한다. 우리가 추구해야 할 바람직한 삶은 자기의 능력을 최대한 발휘할 수 있는 능동적인 삶이다. 이를 위해 우리가 선택할 수 있는 가장 현실적인 길은 가능한 한 많은 적합한(타당한) 관념을 형성함으로써 외부의 힘에 의해 농단(壟斷)되지 않고 자신의 본성과 힘을 발휘하여 능동적이고 주체적인 행위자가 되는 것이다. 스피노자는 인간의 기본적인 감정으로 기쁨과 슬픔 그리고 욕망, 세 가지를 들고 있다. 그 밖의 모든 감정은 이 세 가지 감정에서 파생하는 것이라고 본다. 그는 우리 신체의 활동 능력을 증대하거나 감소하며 촉진하거나 저해하는 관념은 마찬가지로 정신의 사유 능력에도 동일하게 작용한다고 말한다. "우리는 정신이 커다란 변화를 받아서 때로는 좀 더 큰 완전성으로, 때로는 좀 더 작은 완전성으로 이행할 수 있다는 것을 알 수 있으며, 이런 정신의 수동이 우리에게 기쁨과 슬픔의 감정을 설명해 준다(제3부 정리11)"는 것이다.

기쁨이란 정신이 좀 더 큰 완전성으로 이행하는 수동 상태를 뜻하며, 슬픔이란 정신이 좀 더 작은 완전성으로 이행하는 수동 상태를 뜻한다. 나아가 나는 정신과 신체에 동시에 관계되는 기쁨의 감정을 쾌감(快感) 또는 유쾌함이라고 부르고, 이와 동일한 관계에서의 슬픔의 감정을 고통 또는 우울함이라고 부른다.

By pleasure … I shall signify a passive state wherein the mind passes to a greater perfection. By pain I shall signify a passive state wherein the mind passes to a lesser perfection. Further, the emotion of pleasure in reference to the body and mind together I shall call stimulation (titillatio) or merriment (hilaritas), the emotion of pain in the same relation I shall call suffering or melancholy.[95]

말하자면 기쁨에 상응하는 정신과 신체의 감정이 쾌감 또는 유쾌함이고, 슬픔에 상응하는 정신과 신체의 감정이 고통 또는 우울함이다. 다만 쾌감과 고통은 인간의 어떤 부분이 다른 부분보다 많이 자극될 때 일어나며, 유쾌함과 우울함은 모든 부분이 동일하게 자극될 때 일어난다는 것이다(제3부 정리11, 주석). 사랑과 증오의 감정 역시 기쁨과 슬픔에서 파생한 것이다. "사랑은 외적 원인의 관념을 동반하는 기쁨일 뿐이며, 증오는 외적 원인의 관념을 동반하는 슬픔일 뿐이다(제3부 정리13, 주석)." 그리고 "자기가 사랑하는 것이 파괴되는 것을 표상(imaginatio)하는 사람은 슬픔을 느낄 것이고, 자기가 사랑하는 것이 유지되는 것을 표상하는 사람은 기쁨을 느낄 것이다(제3부 정리19)." 또한 "자기가 증오하는 것이 파괴되는 것을 표상하는 사람은 기쁨을 느낄 것이다(제3부 정리20)." 제3부 정리16은 기쁨이나 슬픔의 감정을 느끼게 하는 대상과 단지 유사점을 갖는다는 이유만으로, 비록 그 대상과의 유사점이 그러한 감정을 일으키는 원인이 아닐지라도 사랑하거나 증오할 수 있음을 보여준다.

정신으로 하여금 기쁨이나 슬픔을 느끼게 하는 대상과 어떤 것이 유사하다고 표상하는 것만으로, 비록 그것이 감정의 작용인(因)이 아닐지라도 우리는 그것을 사랑하거나 증오할 것이다.

Simply from the fact that we conceive, that a given object has some point of resemblance with another object which is wont to affect the mind pleasurably or painfully, although the point of resemblance be not the efficient cause of the said emotions, we shall still regard the first-named object with love or hate.[96]

제3부 정리17은 '우리에게 슬픈 감정을 느끼게 하는 어떤 것이, 동일한 크기의 기쁜 감정을 느끼게 하는 다른 것과 다소 유사하다고 표상한다면 우리는 그것을 증오함과 동시에 사랑할 것'이라고 하면서 이 두 가지 대립되는 감정에서 생기는 정신 상태를 '마음의 동요'라고 부른다(제3부 정리17, 주석). 희망과 공포 또한 기쁨과 슬픔에서 파생한 것이다. "희망은 그 결과가 의심스러운 사물의 미래나 과거의 이미지에서 생기는 불확실한 기쁨일 뿐이며, 공포는 그 결과가 의심스러운 사물의 이미지에서 생기는 불확실한 슬픔일 뿐이다. 만일 이들 감정에서 회의적인 요소가 제거되면 희망은 안도(安堵)가 되고 공포는 절망이 된다. 말하자면 그것은 우리가 희망하거나 두려워하는 사물의 이미지에서 생기는 기쁨과 슬픔이다. 그리고 환희는 과거의 사물에 관한 이미지에서 의심이 사라질 때 생기는 기쁨이며, 낙담은 환희에 대립되는 슬픔이다(제3부 정리18, 주석2)."

인간의 세 가지 기본적인 감정에는 기쁨과 슬픔 외에 욕망이 있다. 욕망이란 인간을 포함한 자연계의 모든 유한한 개물에 내재해 있는 자기보존의 충동 의식[97]으로 정의될 수 있다. 이 욕망이라는 감정의 근원에 잠재해 있는 자기보존의 노력을 '코나투스(conatus)'라고 부른다. 즉 "각 사물은 자신 안에 존재하는 한에서 자신의 존재 안에 남아 있으려고 한다(제3부 정리6)"는 것이다. 이처럼 각 사물이 자신의 존재 안에서 지속하고자 하는 노력, 즉 코나투스는 모든 것의 '현실적 본질(제3부 정리7)'이며, 거기에는 정념과 이성이 혼용되어 있다. 또한 "정신은 명석판명한 관념을 가질 때나 혼란한 관념을 가질 때나 자신의 존재 안에 무한한 시간 동안 지속하려고 하며 이러한 자신의 노력을 의식한다(제3부 정리9)"는 것이다. 이 노력은 자기보존과 유지뿐만 아니라 자기실현의 힘이기도 하다. 이 노력이 정신에만 관계될 때에는 의지라고 하고, 정신과 신체에 동시에 관계될 때에는 충동이라고 하며, '의식을 동반하는 충동'일 때는 욕망이라고 한다(제3부 정리9, 주석). 이상에서 볼 때 다음과 같은 사실이 명백해진다.

우리는 어떤 것을 선(善)이라고 판단하기 때문에 그것을 향해 노력하고 의지하며 충동을 느끼거나 욕구하는 것이 아니라, 반대로 노력하고 의지하며 충동을 느끼거나 욕구하기 때문에 선이라고 판단한다.

…in no case do we strive for, wish for, long for, or desire anything, because we deem it to be good, but on the other hand we deem a thing to be good, because we strive for it, wish for it, long for it, or desire it.[98]

말하자면 우리가 선(善)이라고 판단하는 것은 우리 자신이 욕구하기 때문이며 우리의 욕구가 모든 가치의 근원이다. 우리가 '기쁨을 가져오리라고 표상하는 모든 것은 실현하려고 하지만, 슬픔을 가져오리라고 표상하는 모든 것은 멀리하거나 파괴하려고 하는 것(제3부 정리28)'은 자기보존의 노력이자 자기실현의 힘을 나타내는 것이다. 스피노자는 기쁨과 슬픔 그리고 욕망의 세 가지 감정에서 파생되는 수십 가지의 감정—즉 욕망, 기쁨, 슬픔, 경탄, 경멸, 사랑, 증오, 애호[호감], 혐오, 헌신, 조롱, 희망, 공포, 안도(安堵), 절망, 환희, 회한[낙담, 양심의 가책], 연민[동정], 호의, 분노, 과대평가, 과소평가[멸시], 질투, 동정, 자기만족, 겸손, 후회, 오만[교만], 소심[自卑], 명예, 치욕, 동경, 경쟁심, 감사, 자비심, 분노, 복수, 잔인[잔혹], 겁[두려움], 대담[용감], 소심, 공황[당황], 공손함, 명예욕, 탐식, 음주욕, 탐욕, 색욕 등 48가지[99]—을 정의, 정리, 증명, 주석, 보충의 연역적 형식으로 정밀하게 기하학적 심리학을 전개하고 있다. 제3부 정리56에서 그는 모든 감정의 종류도 우리를 자극하는 대상의 종류만큼이나 많이 존재한다고 말한다.

따라서 기쁨, 슬픔, 사랑, 증오 등에는 우리를 자극하는 대상의 종류만큼이나 많은 종류가 필연적으로 존재한다. 그런데 욕망은 각자의 본질 혹은 본성 그 자체이다. 다만 이는 각자가 주어진 상태에 따라 어떤 행동을 하게끔 결정되는 것으로 파악되는 한에서이다(제3부, 정리9, 주석). 그러므로 각자가 외적인 원인에 의해 이런저런 종류의 기쁨, 슬픔, 사랑, 증오 등등에 자극됨에 따라서, 즉 각자의 본성이 이런저런 상태에 처함에 따라 그 욕망도 서로 다른 것이 된다.

Thus, there are necessarily as many kinds of pleasure, pain, love, hatred, &c., as there are kinds of objects whereby we are affected. Now desire is each man's essence or nature, in so far as it is conceived as determined to a particular action by any given modification of itself (III. ix. note); therefore, according as a man is affected through external causes by this or that kind of pleasure, pain, love, hatred, &c., in other words, according as his nature is disposed in this or that manner, so will his desire be of one kind or another…. [100]

우리가 무엇을 추구하거나 회피하는 것, 또는 선택하거나 판단하는 것은 자기보존의 노력에 의해 추동되며 동시에 자기실현의 힘을 증대시키기 위한 것이다. 즉 우리가 어떤 것을 추구하거나 선택하는 것은 그것이 기쁨을 가져오고 자기실현의 힘을 증대시킬 것이라고 의식하기 때문이다. 마찬가지로 우리가 어떤 것을 회피하는 것은 그것이 슬픔을 가져오고 자기실현의 힘을 감소시킬 것이라고 의식하기 때문이다. 무엇이 선이고 악인지, 무엇이 유용하고 유용하지 않은지, 무엇이 더 좋고 더 나쁜지, 무엇이 최선이고 최악인지를 각자 자신의 정서로 판단하거나 평가한다는 것이다. 따라서 "탐욕스러운 자는 재산의 축적을 가장 좋은 것으로 판단하고 그 결핍을 가장 나쁜 것으로 판단한다. 그리고 명예욕이 강한 자는 무엇보다도 명예를 바라고 치욕을 가장 두려워한다. 또한 질투심이 강한 자는 타인의 불행을 가장 기쁘게 생각하고 타인의 행복을 가장 싫어한다(제3부 정리39, 주석)." 따라서 우리의 가치판단은 그것이 각자의 정념에 근거한 것일 경우 절대적 기준이 없게 되므로 이기주의와 결합하기 쉽다.

> 각자는 무엇이 선이고 악인지, 무엇이 더 선이고 더 악인지를 자신의 감정[정세]에 따라 판단하기 때문에(제3부 정리39, 주석) 다양한 감정에서만큼 판단에서도 다양할 수 있다는 결론이 나온다. 따라서 우리가 사람들을 서로 비교할 때 단지 서로 다른 감정의 차이에 의해서만 구별하여, 어떤 이는 대담하다, 어떤 이는 소심하다 하며, 또 다른 이는 다른 명칭으로 부른다.
>
> Again, as everyone judges according to his emotions what is good, what bad, what better, and what worse (III. xxxix. note), it follows that men's judgments may vary no less than their emotions, hence when we compare some with others, we distinguish them solely by the diversity of their emotions, and style some intrepid, others timid, others by some other epithet.[101]

한편 제3부 정리37에서는 "기쁨과 슬픔 그리고 사랑과 증오의 감정이 클수록 거기서 생기는 욕망도 커진다"[102]고 말한다. 또한 제3부 정리43에서는 "증오는 보복에 의해 증대되며 반대로 사랑에 의해 제거될 수 있다"[103]고 말한다. 스피노자는 인간이 자기보존의 욕구에 휘둘려 정념에 빠지면 예속 상태에 놓이게 된다고 보았다. 그러나 우리의 가치판단이 각자의 정념에 근거하지 않고 적합한(타당한) 인식에 근거할 경우 개인과 공동체의 조화력이 회복되므로 개인의 자기실현의 힘 또한 증대된다. 그러기 위해서는 우리의 인식이 표상지 단계에서 이성지와 직관지 단계로 업그레이드됨으로써 '신의 영원하고 무한한 본질에 관한 적합한 인식'을 가질 수 있어야 한다. 이처럼 『에티카』 제3부에 나타난 스피노자 감정론의 심리학적 관점은 제1, 2부의 형이상학적, 인식론적 관점과 맞물려 전개되고 있다.

스피노자에게 있어 자유란 자연의 합리적 질서에 대한 참된 인식을 통해 정념을 극복하고 이성적이며 타당한 관념을 근거로 정신의 능동성을 키워나가는 것이다. 자기보존은 무한경쟁을 통해서가 아니라 상호간의 협력을 통해서 공동의 행복을 추구할 때 이루어지는 것이다. 인간의 본질은 욕구이며 그 욕구가 도덕적 성장을 초래하면 능동이며 행복과 연결되고, 도덕적 손실을 초래하면 수동이며 불행과 연결된다. 『에티카』 제3부에서 스피노자는 특히 인간의 감정이라는 요소에 주목하여 인간사의 조화로운 측면과 추악한 측면을 모두 예리하게 간파하고 정념의 예속에서 벗어나는 것을 목표로 한 윤리설을 제시함으로써 이상적인 공동체의 가능성을 통찰하였다.

인간의 예속 또는
감정의 힘에 관하여

『에티카』 제4부의 제목은 '인간의 예속 또는 감정의 힘에 관하여'이다. 제4부에서부터 스피노자는 윤리학 및 도덕철학(정치철학)의 영역으로 들어가서 '지성의 능력 또는 인간의 자유에 관하여'라는 제목의 제5부로 『에티카』는 종결된다. 제4, 5부의 두 제목이 말하여 주듯 스피노자는 예속과 자유, 감정과 지성을 대조시키며 이 책이 궁극적으로 지향하는 핵심주제를 제시한다. 그리고 우리는 진정한 자유인의 삶, 지고의 행복을 향한 그의 철학적 여정에 동참하며 '참을 수 없는 존재의 가벼움'에서 잠시나마 해방된다. 그러면 제4부 서문으로 들어가 보자. 서문 첫머리에서 스피노자는 타당하지 못한 관념 및 외물(外物)의 자극에 의해서 생기는 수동 감정, 즉 감정의 힘에 대한 인간의 예속에 관해 언급하고 있다.

감정을 완화하고 억제하는 인간 역량의 결여를 나는 예속이라고 부른다. 왜냐하면 감정에 종속된 인간은 자기 자신이 아닌 운명의 지배하에 있으며 자신에게 더 좋은 것을 알지만 종종 더 나쁜 것을 따르도록 강제되는 만큼 운명의 힘에 좌우되기 때문이다.

Human infirmity in moderating and checking the emotions I name bondage: for, when a man is a prey to his emotions, he is not his own master, but lies at the mercy of fortune: so much so, that he is often compelled, while seeing that which is better for him, to follow that which is worse.[104]

이어 스피노자는 제4부에서 이러한 예속의 원인을 구명하고 나아가 감정이 어떠한 선 또는 악을 갖는지를 설명하고자 한다. 그러나 시작하기에 앞서 그는 완전성(perfectio)과 불완전성(imperfectio) 그리고 선과 악에 관해서 간단히 언급한다. 그에 의하면 인간이 자연물을 완전하다든가 불완전하다고 하는 것은 사물에 대한 참된 인식에 의해서가 아니라 편견에 의해서 그렇게 말한다는 것이다. '신 또는 자연은 자신이 존재하는 것과 동일한 본성의 필연성에 의해서 작용(제1부 정리16)'하므로 "신이 어떠한 목적을 위해 존재하지 않는 것처럼 어떠한 목적을 위해 작용하는 것도 아니다(제4부 서문)"라고 말한다. 목적인(因)이라고 불리는 원인은 인간의 충동이 어떤 사물의 제1원인으로 생각되는 한, 인간의 충동에 지나지 않는다고 보고, 인간은 자신의 행위와 충동은 의식하지만 충동을 느끼게 하는 원인은 알지 못한다고 스피노자는 말한다. 자연이 때론 실패하거나 과오를 범하여 불완전한 사물을 산출한다고 하는 통상적인 견해를 그는 허구의 하나로 본다.

> 그러므로 완전과 불완전은 실제로 다만 사유의 양태일 뿐이다. 말하자면 우리가 동일한 종(種)이나 유(類)에 속하는 개체를 서로 비교하는 데서 형성되는 개념에 지나지 않는다. … 자연의 개체를 이 유(類)에 환원하여 서로 비교하고 어떤 것이 다른 것보다 더 많은 존재성이나 실재성이 있다는 것을 인정하는 한, 어떤 것이 다른 것보다 완전하다고 말한다. 그리고 그러한 것에 한계, 종말, 무능력 등과 같은 부정을 포함하는 것을 귀속시키는 한, 우리는 그것을 불완전하다고 한다.
>
> Perfection and imperfection, then, are in reality merely modes of thinking, or notions which we form from a comparison among one another of individuals of the same species…in so far as we refer the individuals in nature to this

category, and comparing them one with another, find that some possess more of being or reality than others, we, to this extent, say that some are more perfect than others. Again, in so far as we attribute to them anything implying negation—as term, end, infirmity, etc., we, to this extent, call them imperfect.[105]

따라서 "불완전하다고 말하는 것은 그 자체의 내재적 결함이 있거나 자연이 오류를 범했기 때문이 아니라, 우리가 완전하다고 하는 것만큼 우리의 정신을 자극하지 않기 때문이다. 왜냐하면 사물의 본성에는 그 작용인(因)의 본성의 필연성에서 생기는 것 이외의 어떠한 것도 속하지 않으며, 또한 그 작용인의 본성의 필연성에서 생기는 모든 것은 필연적으로 발생하기 때문이다(제4부 서문)." 스피노자에게 있어 완전성은 실재성이라고 이해된 존재론적 의미의 용어이기 때문에 실존하는 모든 것은 어느 정도는 완전하다. 즉 각각의 사물이 특정한 방식으로 존재하며 작용하는 한, 완전성은 그 사물의 본질이라는 것이다. 스피노자는 그의 『지성개선론』에서도 이와 유사한 관점을 보이고 있다.

그 어떤 것도 그 자신의 본성 안에서 고찰될 때는 완전하다거나 불완전하다고 할 수 없다. 일어나는 모든 것은 영원한 질서와 자연의 확고한 법칙에 따라 일어난다는 것을 알게 되면 특히 그러하다.

Nothing regarded in its own nature can be called perfect or imperfect; especially when we are aware that all things which come to pass, come to pass according to the eternal order and fixed laws of nature.[106]

동일한 분석이 선과 악에 관해서도 적용된다. 우리가 사물을 그 자체로 고찰할 경우 거기에는 선하다거나 악하다고 할 만한 아무런 것도 없다.[107] 선/악은 완전/불완전과 마찬가지로 사유의 양태, 즉 우리가 사물을 서로 비교하는 데서 형성되는 개념에 지나지 않는다. 왜냐하면 동일 사물이 동시에 선이고 악일 수 있으며 또 선악 어느 것도 아닌 중간물일 수 있기 때문이다. 예컨대 팝 음악은 어떤 사람에게는 좋은 것이고, 또 어떤 사람에게는 나쁜 것이지만, 귀머거리에게는 좋지도 나쁘지도 않다. 그럼에도 스피노자는 '선악'이라는 말을 보존하는 것이 '인간 본성의 전형(naturae humanae exemplar)'으로서의 인간의 관념을 형성하는 데 유익하다고 본다. 그러한 전형은 정념 내지 수동 감정에 의해서가 아니라 이성에 의해 인도되는 이성적 인간과 연동되는 개념이다.

스피노자에게 있어 "선이란 우리가 형성하는 인간 본성의 전형에 더 가까이 접근하는 수단이 되는 것을 우리가 인지하는 것이고, 악이란 그 전형에 접근하는 데 방해가 되는 것을 확실히 아는 것이다."[108] 그리고 인간이 이러한 전형에 더 가까이 또는 덜 가까이 접근하는가에 따라서, 인간을 더 완전하다거나 더 불완전하다고 할 수 있다는 것이다(제4부 서문). 이러한 스피노자의 선과 악의 개념은 제4부 정의에서도 동일하게 나타나고 있다.

> 선이란 우리에게 유익한 것을 우리가 확실히 아는 것이라고 이해한다.
> By good I mean that which we certainly know to be useful to us.[109]

> 악이란 우리가 어떤 선한 것을 소유하는 데 방해가 되는 것을 우리가 확실히 아는 것이라고 이해한다.

By evil I mean that which we certainly know to be a hindrance to us in the attainment of any good.[110]

최고의 선(善)은 최고의 유익한 것이며 이는 곧 신에 대한 인식이다. 이러한 인식 단계에 이르면 외물(外物)에 대한 예속에서 벗어나게 되므로 이성에 의한 자기보존이 가능해지고 사리(私利)는 공리(公利)에 연결된다. 말하자면 자리이타(自利利他)가 실현되는 것이다. 진정한 의미의 자기보존은 참된 인식에 의해서만 가능하며, 참된 인식은 자기 본성의 법칙에만 따르는 덕으로 발현된다. 스피노자는 덕과 역량(potentia)을 동일한 것으로 이해한다. 즉 "인간과 관계되는 경우 덕은 인간이 자기 본성의 법칙에 의해서만 이해될 수 있는 어떤 것을 행하는 역량을 갖는 한에서 인간의 본성 내지 본질 자체이다."[111] 스피노자가 덕인(德人) 또는 자유인이라고 부르는 것은 '이성의 명령(dictamina rationis)'에 따라 자기 본성의 법칙에 의해서만 행동하는 자를 일컫는 것이다.

스피노자는 제4부 정리(定理)에 들어가기 전 공리(公理)에서 자연 안에는 무수히 많은 코나투스, 즉 자기보존의 노력이 있다고 언급한다. 개체성을 존속시키기 위한 노력들이 상호 대립하고 지속적으로 투쟁하며 인과적으로 영향을 준다는 것이다. 인간의 신체는 자신을 약화시키거나 파괴하는 것들에 대항하고, 정신은 자신의 행위 역량을 증대시키기 위해 노력한다. 자연 안에는 더 힘 있고 더 강한 다른 것이 항상 존재하기 때문에 모든 개물은 그것에 의해 극복되거나 파괴될 수밖에 없으며 그런 까닭에 영속적인 존재는 없다는 것이다(제4부 공리). "인간이 자신의 존재를 지속시키는 힘은 제한되어 있으며, 외적 원인의 힘에 의하여 무한히 압도당한다(제4부 정리3)." 우리는 우주적 그물망으로 이루어진 자연의 일부이기 때문에 그 누구도 외적 원인의 힘으로부터 완전히 자유로울 수는 없다는 점에서 항상 작용을 받는 다(제4부 정리2).

> 인간이 자연의 일부가 아니라는 것은 불가능하며, 또한 인간이 자기 본성에 의해서만 이해될 수 있는 변화, 곧 자신이 그 타당한 원인이 될 만한 변화만을 겪는다는 것도 불가능하다.
>
> It is impossible, that man should not be a part of Nature, or that he should be capable of undergoing no changes, save such as can be understood through his nature only as their adequate cause.[112]

스피노자에게 있어 자연에 대한 이해는 총체적 진리를 통찰하기 위한 것이며 참된 자유와 행복을 달성하기 위한 것이었다. 그는 제4부 정리4 증명에서 "만일 인간이 자기 본성에 의해서만 이해될 수 있는 변화만을 겪는 것이 가능하다면, 인간은 죽지 않고 언제나 필연적으로 존재하게 될 것"[113]이라며, 이는 불합리하다고 주장한다. 왜냐하면 인간은 외적 원인에서 오는 모든 변화로부터 완전히 자유로울 수 있는 능력도 없거니와, 인간이 자기보존에 도움이 되는 변화만 겪도록 자연이 인간을 위해 합리적 질서를 인위적으로 통제한다고 상정할 수도 없기 때문이다. 따라서 "인간 자신이 타당한 원인이 될 변화만을 겪는다는 것은 불가능하다"[114]고 단언한다. 이어 그는 정리4 보충에서 "인간은 필연적으로 항상 수동[정념]에 예속되고, 또한 자연의 공통적 질서에 따르며 그것에 복종하고, 그리고 사물의 본성이 요구하는 만큼 그것에 순응한다"[115]고 결론 내린다.

제4부 정리5에서는 "정념의 힘은 존속하기 위해 노력하는 우리 능력에 의해 규정되는 것이 아니라 우리 능력과 비교되는 외적 원인의 힘에 의해 규정된다"[116]고 말한다. 정리6에서는 외적 원인의 힘이 인간의 능력을 능가할 경우 '수동 감정은 인간에게 단단히 고착'되므로 제거하기 어렵다고 하였다. 정리7에서는 감정은 그것과 반대되며 그것보다 강한 감정에 의하지 않고는 억제될 수도 없고 제거될 수도 없다고 하였다. 예컨대 증오는 더 큰 사랑에 의해서만이 억제될 수 있고 제거될 수 있는 것이다. 정리8에서는 선과 악의 인식이 어떤 절대적인 기준이 있는 것이 아니라 우리가 그것을 의식하는 한에서 기쁨이나 슬픔의 감정에 지나지 않는다고 말한다.

제4부 정리9~13에서는 감정의 강도를 그 대상과의 시간적 근접성 및 그 대상의 존재 양상에 따라 분류하고 있다. 현존하는 대상에 대한 감정은 현존하지만 부재하거나 존재하지 않는 대상에 대한 감정보다 더 강하다(제4부 정리9). 시간적으로 근접한 대상에 대한 감정은 그렇지 못한 대상에 대한 감정보다 더 강하다(제4부 정리10). 필연적인 것에 대한 감정은 가능한 것이나 우연적인 것, 즉 필연적이지 않은 것에 대한 감정보다 더 강하다(제4부 정리11). 현재 존재하지는 않지만 가능한 대상에 대한 감정이 우연적인 것에 대한 감정보다 강하다(제4부 정리12). 현재 존재하지 않는 우연적인 것에 대한 감정은 과거의 것에 대한 감정보다 약하다(제4부 정리13).

제4부 정리14~17에서는 감정에 대한 분석을 인식의 영역과 결부시키고 있다. "선과 악에 대한 참된 인식은 그것이 참이라는 것만으로는 어떠한 감정도 억제할 수 없고, 다만 그것이 감정으로 고려되는 한에서만 감정을 억제할 수 있다(제4부 정리14)." 말하자면 진리는 그 자체로서는 어떠한 감정도 억제할 수 없고, 오직 감정으로서만 감정을 억제할 수 있다는 것이다. 예컨

대 사랑을 실천하는 삶을 사는 것이 좋다는 것을 단순히 아는 것만으로는 미워하는 사람에 대한 자신의 정념의 저항을 이기기 어려운 것이다. 또 사로잡히는 감정에서 생기는 욕망은 선과 악의 참된 인식에서 생기는 욕망보다 격렬할 수 있으므로 참된 인식에서 생기는 감정을 압도하거나 억제할 수 있다(제4부 정리15). 미래에 연관되는 선과 악의 인식에서 생기는 욕망은 현재 쾌적한 것에 대한 욕망에 의하여 압도되거나 억제될 수 있다(제4부 정리16). 우연적인 것에 관계되는 선과 악의 참된 인식에서 생기는 욕망은 현존하는 사물에 의해 더 쉽게 억제될 수 있다(제4부 정리17).

이러한 일련의 감정의 스펙트럼에 대한 분석을 통해 스피노자는 인간이 참된 이성보다 오히려 의견에 따라 움직이며, 그리고 선과 악의 참된 인식이 마음의 동요를 일으키며, 또 종종 모든 관능적 욕구에 정복되는 원인을 제시하였다고 생각한다(제4부 정리17, 주석). 여기서 스피노자는 그의 애독서의 하나로 인식과 행동의 괴리를 명쾌하게 보여주는 오비디우스(Ovidius, B.C. 43~A.D. 17)의 서사시 『메타모르포세스(Metamorphoses 변신 이야기)』*의 한 구절을 인용하고 있다.

나는 더 좋은 것을 보고 그것을 인정하면서도 더 나쁜 것을 따른다

Video meliora proboque, deteriora sequor.

---

* '변신 이야기'는 성경과 더불어 서양문화의 양 축을 이루는 천지창조에 관한 서사시로서 그리스 신화를 집대성해 후대인에게 전해준 결정적인 문헌이다. 성경을 제외하면 서양문학의 전개에 가장 큰 영향을 미친 문헌으로 알려져 있으며 르네상스시기에 이르러 그 영향이 절정에 달했다. '변신 이야기'의 상기 구절은 자유의지 문제와 관련하여 스피노자 외에도 홉스, 로크, 데카르트 등에 의해서도 널리 인용된 구절이다.

The better path I gaze at and approve, The worse—I follow.[117]

또한 스피노자는 같은 맥락의 의미를 염두에 두고 구약성서의 「전도서(傳道書)」 1장 18절에 나오는 전도자 솔로몬의 말을 인용하고 있다. "지식을 늘리는 자는 근심을 늘린다(Qui auget scientiam, auget et dolorem)."[118] 그러나 스피노자는 자신이 이런 말을 한다고 해서 무지(無知)가 지(知)보다 낫다거나, 또는 감정을 제어함에 있어 어리석은 자와 식자(識者) 사이에 아무런 차이가 없다는 결론을 내리려는 것이 아님을 분명히 밝히고 있다. 자신이 이런 말을 하는 것은 이성이 감정을 제어함에 있어 무엇을 할 수 있고 무엇을 할 수 없는지를 결정할 수 있기 위해서는 우리 본성의 능력과 함께 무능력도 알아둘 필요가 있기 때문이라는 것이다(제4부 정리17, 주석). 그렇다면 우리에게 가장 이익이 되는 것에 반(反)하여 행동하도록 추동하는 정념의 예속으로부터 우리는 자유로울 수 있을 것인가?

이에 대한 답은 윤리학적 및 도덕철학적 측면에서 제시된다. 『에티카』 제4, 5부는 인간이 유한한 능력으로 행복하게 능동적으로 살아가는 방법과 자유에 관한 견해가 피력되어 있다. 앞서 살펴보았듯이, 실체[자연·신]나 사물 그 자체는 선도 악도 아니므로 도덕적 실재가 아니지만, 인간은 필연적으로 도덕적이다. 선과 악은 인간의 도덕적 성장에 도움이 되는가의 여부에 따라 도움이 되는 것은 선이고 방해가 되는 것은 악이다. 또한 도덕적 성장을 추구하는 자는 선한 자이고, 도덕적 성장에 역행하는 자는 악한 자이다. 정신은 이성적으로 사유하는 한, 인식에 도움이 되는 것 말고는 자기에게 유익하다고 판단하거나 선하다고 생각하지 않는다(제4부 정리26 및 증명). 정념의 예속으로부터 자유로울 수 있기 위해서는 이성에 의해 인도되는 삶, 인식과 지성에 기초한 삶이 요구된다. 제4부 정리18 주석에서는 인간 행동에 보편적으로 요구되는 '이성의 명령'을 다음과 같이 제시한다.

> 이성은 자연에 반(反)하는 것은 아무것도 요구하지 않기 때문에, 이성은 모든 사람이 자기 자신을 사랑하고, 자기의 이익, 즉 자기에게 정말 유익한 것을 추구하며, 그리고 진실로 인간을 더 큰 완전성으로 인도하기를 바라고, 각자가 할 수 있는 한 그 자신의 존재를 보존하기 위해 노력할 것을 요구한다.
> As reason makes no demands contrary to nature, it demands, that every man should love himself, should seek that which is useful to him—I mean, that which is really useful to him, should desire everything which really brings man to greater perfection, and should, each for himself, endeavour as far as he can to preserve his own being.[119]

스피노자에게 있어 '인간 본성의 전형'으로서의 인간은 덕을 지닌 자이다. 제4부 정리18 주석에서는 "덕은 고유한 본성의 법칙에 따라 행위하는 것일 뿐"[120]이며, 각자는 자신의 고유한 본성의 법칙에 따라서만 자기보존의 노력을 경주하므로 이로부터 세 가지 결론이 도출된다. "첫째로 덕의 기초는 자신의 고유한 존재를 보존하려는 노력 자체이며, 행복은 인간이 자신의 존재를 보존할 수 있는 능력에 있다. 둘째로 덕은 그 자체를 위해서 추구되어야 하며, 덕보다 가치 있는 것, 덕보다 우리에게 유익한 것, 그것 때문에 덕이 추구되어야 하는 것은 결코 존재하지 않는다. 셋째로 자살하는 사람들은 무력한 정신의 소유자이며, 자기의 본성과 모순되는 외적 원인에 완전히 정복당하는 사람이다."[121]

스피노자에 의하면 우리의 외부에는 우리에게 유익한 것, 우리가 추구해야 할 것이 많이 있으며, 자기보존을 위해서는 외적 사물과의 교섭을 필요로 한다. 만일 정신이 고립되어 자신 이외의 것을 인식하지 못한다면 우리의 지성은 좀 더 불완전한 것이 되었을 것이라고 본다. 그러므로 "인간에게는 인간만큼 유익한 것은 없다"[122]는 것이다. 스피노자는 "모든 인간이 하나가 되어 마치 하나의 정신과 하나의 신체를 가진 것처럼 다함께 가능한 한, 자신의 존재를 보존하기 위해 노력하고 모두의 공통된 이익을 추구하는 것보다 더 가치 있는 어떤 것도 바랄 수 없다(제4부 정리18, 주석)"는 것이다. 이로부터 그는 다음과 같은 결론을 도출해 낸다.

> 이성의 지배를 받는 사람들, 즉 이성의 지도에 따라서 자기의 이익을 추구하는 사람들은 다른 사람들을 위해서 바라지 않는 어떤 것도 자신을 위해 욕구하지 않으며, 따라서 그들은 신의가 있고 존경할 만하다.
>
> Hence, men who are governed by reason—that is, who seek what is useful to them in accordance with reason, desire for themselves nothing, which they do not also desire for the rest of mankind, and, consequently, are just, faithful, and honourable in their conduct.[123]

선과 악의 인식은 우리가 의식하는 한 기쁨 또는 슬픔의 감정 자체이므로(제4부 정리8) "선이라고 판단하는 것은 필연적으로 욕구하고, 악이라고 판단하는 것은 기피한다(제4부 정리19 증명)." "각자가 자신의 이익을 추구할수록, 즉 자기보존을 위해 노력하고 달성하면 할수록 그만큼 유덕하다. 반대로 각자가 자신의 이익을, 즉 자기보존의 노력을 등한시하면 무력하다(제4부 정리20)." 자기보존의 노력은 사물의 본질 자체이므로(제3부 정리7) "어떤 덕도 자기보존의 노력보다 우선해서 생각할 수는 없다(제4부 정리22)." "덕에 따라서 행동하는 것은 이성의 지도에 따라 자신의 이익을 추구하는 것을 기초로 행동하고 생활하며 자기보존을 하는 것일 뿐이다(제4부 정리24)."

이성에 의해 인도되는 덕 있는 사람은 적합한 관념을 지니고 있으며 인식으로부터 행위하기 때문에 정념이 아닌 이해가 그의 욕망과 선택을 규정한다. 그가 욕망하는 것은 부분의 이익이 아닌 '전체의 이익(제4부 정리60)'에 관계되는 것이다. 정신의 자기보존의 노력은 단지 인식하는 것일 따름이므로(제4부 정리26 및 증명) 이러한 인식의 노력은 덕의 첫째가는 유일한 기초이다(제4부 정리22 보충). 덕 있는 사람은 이러한 인식의 노력에 진실로 성공적이기 때문에 역량과 능동성이 증대된 삶을 영위한다. 자신의 지성을 개선하여 '이성의 명령'에 따라 자기 본성의 법칙에 의해서만 행동하는 것이다. 그는 슬픔의 감정을 억제할 수 있도록 더 강한 기쁨의 감정을 유발할 수 있는 방법을 터득한 자이다. 그 방법이란 우리에게 일어나는 모든 현상을 전체 존재계와의 관계 속에서 조직적으로 이해하고 총체적 진리를 통찰함으로써 슬픔이란 것이 인간의 유한한 능력으로는 피할 도리가 없는 것임을 자각하는 것이다.

그리하여 모든 정념을 완전히 이해하면 감정은 질적 변화를 일으키게 되므로 우리의 삶은 능동적인 것으로 변한다. 스피노자의 체계 속에서 덕, 능력, 이성, 적합성[타당성], 능동성, 자유, 행복은 동일한 맥락에서 사용되고 있다. 스피노자가 감정의 스펙트럼을 인식의 영역과 결부시켜 정밀하게 다룬 것도 인간에게 일어나는 모든 정념을 완전히 이해하기 위한 것이었다. 우리가 겪는 모든 일들을 도덕적 성장에 필요한 과정으로 이해하는 사람은 감정을 제어할 수 있는 힘을 갖게 되므로 모든 경험을 지성의 계발을 가져오는 유익한 것으로 받아들이게 된다. 진실로 덕 있는 사람이 추구하는 인식은 궁극적으로 신에 대한 인식이다. "정신이 이해할 수 있는 최고의 것은 신이므로 정신의 최고의 덕은 신을 이해하는 것 또는 인식하는 것이다(제4부 정리28 증명)." 최고선은 모든 사람에게 공통되며 모든 인간의 본성이 동일하므로 모든 사람은 똑같이 그것을 향유할 수 있다(제4부 정리36 증명).

정신의 최고선은 신의 인식이며, 정신의 최고의 덕은 신을 인식하는 것이다.

The mind's highest good is the knowledge of God, and the mind's highest virtue is to know God. [124]

덕을 따르는 사람들의 최고선은 모든 사람에게 공통되며 모든 사람이 동일하게 향유할 수 있다.

The highest good of those who follow virtue is common to all, and therefore all can equally rejoice therein. [125]

신을 인식하는 경지에서 덕인(德人)은 바로 스피노자가 '자유인(homo liber)'이라고 부르는 사람이다. 자유인은 고대 스토아학파의 '현자(sophos)'와도 같이 이상적 인간을 표징하는 개념이다. 자유인은 이성의 지도에 따라 생활하므로 자신의 본성과 일치하는 것을 필연적으로 행하게 된다. 인간이 서로 대립하게 되는 것은 수동 감정[정념]에 사로잡혀 있기 때문이다. 이성의 지도에 따라 생활한다면 각자가 자신의 본성과 일치하는 것을 필연적으로 행하게 되므로 서로 간에도 필연적으로 항상 일치하게 된다(제4부 정리35 및 증명). 덕을 따르는 개개인이 자기를 위해 욕구하는 선은 인식하는 것일 뿐이므로(제4부 정리26) 동일한 선을 타인을 위해서도 욕구할 것이다. 여기서 우리는 『에티카』 제2부 마지막에 나와 있는 스피노자의 인식론이 함축한 윤리적 의미—즉 우리가 최고의 인식 단계인 직관지(直觀知)로 이행할수록 윤리적 효용성이 증대한다는 점을 네 가지 측면에서 제시한(제2부 정리49 주석)—를 상기할 필요가 있다. 실로 덕에 따라서 행동하는 것은 자기보존을 위한 것일 뿐만 아니라 공동체 전체의 보존을 위한 것이기도 하다.

> 정신의 본질이 포함하는 신에 대한 인식이 클수록 덕을 따르는 사람이 자기를 위해 욕구하는 선을 타인을 위해서도 욕구하는 것이 그만큼 클 것이다.
> …in proportion as the mind's essence involves a greater knowledge of God, so also will be greater the desire of the follower of virtue, that other men should possess that which he seeks as good for himself.[126]

자유인은 정념의 예속에서 벗어난 이성적 삶을 추구한다. "이성의 지도에 따라서 생활하는 사람은 미움을 사랑, 즉 관용으로 보상하려고 노력할 것이다."[127] 스피노자는 이성적 삶이 감각적 즐거움을 과도하게 추구하지는 않지만, 인식의 지평을 넓히고 활력을 되찾기 위해 새롭고 다양한 영양을 부단히 필요로 한다는 점은 인정한다. "알맞게 기분 좋은 음식과 음료, 향, 녹색식물의 아름다움, 장식, 음악, 운동경기, 연극, 그리고 다른 사람에게 해가 되지 않고 각자가 이용할 수 있는 이러한 종류의 것들로 생기를 되찾고 원기를 회복하는 것은 현자에게 적합하다(제4부 정리45 주석)." 자유인은 어떠한 경우에도 수동 감정이 아닌 오직 이성에 의해서만 추동되며(제4부 정리59 및 증명), 항상 '전체의 이익(제4부 정리60)'을 고려하고, 그의 이성적 욕망은 '결코 과도하지 않다(제4부 정리61)'. 자유인은 이성의 명령에 따라 영원의 관점에서 사물을 파악하기 때문에 과거 · 현재 · 미래와 같은 시간적 배열은 그의 욕망이나 평가와 무관하며 정념에 의한 순간적 판단에 좌우되지 않는다(제4부 정리62).

> 정신은 이성의 지도 아래 파악하는 모든 것을 동일하게 영원의 상(相) 또는 필연의 상 아래에서 파악하며(제2부 정리44 보충2), 그것에 대해 동일한 확실성을 갖는다(제2부 정리43 및 주석). 그러므로 관념이 미래나 과거의 사물에 관한 것이든 현재의 사물에 관한 것이든 간에, 정신은 동일한 필연성에 따라서 사물을 파악하고 그것에 대해 동일한 확실성을 갖는다.
>
> Whatsoever the mind conceives under the guidance of reason, it conceives under the form of eternity or necessity(II. xliv. Coroll. ii.), and is therefore affected with the same certitude(II. xliii. and note). Wherefore, whether the thing be present, past, or future, the mind conceives it under the same necessity and is affected with the same certitude.[128]

정신이 이성의 명령에 따라 사물을 파악하는 한 '미래의 더 큰 선을 위해 현재의 더 작은 선을 필연적으로 포기하고, 또 현재에는 선이지만 미래에 악의 원인이 되는 것은 결코 추구하지 않는다(제4부 정리62 주석). 이성의 명령에 따라 생활하는 사람은 "모든 것이 신적 본성의 필연성에서 생겨나고 자연의 영원한 법칙과 규칙에 따라 일어난다는 것"을 완전히 이해하기 때문에 미워하거나 조소하거나 경멸할 만한 것도, 연민을 느낄 만한 것도 없음을 알게 된다(제4부 정리50 주석). 또한 희망에 덜 의존적이 되고 두려움에 사로 잡히지도 않으며(제4부 정리47 주석) 운명을 지배한다. 이성의 명령에 따르는 사람은 정신이 적합한 관념만 가지므로 악/슬픔의 관념을 형성하지도, 선/ 기쁨의 관념을 형성하지도 않는다(제4부 정리64 보충).

> 오직 이성에 의해서만 인도되는 사람을 나는 자유롭다고 부른다. 그러므로 자유롭게 태어나서 자유롭게 존속하는 사람은 단지 적합한 관념만을 가지므 로 아무런 악의 개념을 갖지 않는다(제4부 정리64 보충). 따라서 선의 개념도 갖 지 않는다(선과 악은 상관적이므로).
>
> I call free him who is led solely by reason; he, therefore, who is born free, and who remains free, has only adequate ideas; therefore(IV. lxiv. Coroll.) he has no conception of evil, or consequently(good and evil being correlative) of good.[129]

제4부 정리67~73은 이성의 명령을 따르는 자유인의 삶을 보여준다. "자 유인은 결코 죽음을 생각하지 않는다. 그의 지혜는 죽음에 대한 성찰이 아 니라 삶에 대한 성찰이다(제4부 정리67)."[130] 자유인은 이성의 명령에 따라서 만 생활하므로 죽음의 공포에 좌우되지 않으며(제4부 정리63), 직접적으로 선 을 욕구한다(제4부 정리63 보충). 자유인은 '선악'의 개념을 형성하지 않으며, 신 의 관념만이 인간을 자유롭게 할 수 있고 또 자신을 위해 욕구하는 선을 타 인을 위해서도 욕구하게 하는 유일한 근거이다(제4부 정리68 및 보충). 자유인은 위험을 극복하려고 노력할 때와 같은 정신의 덕에 의하여 위험을 피한다. 말하자면 자유인은 전투를 택할 때와 같은 용기와 결단에 의하여 후퇴를 택 한다는 것이다(제4부 정리69 증명 및 보충). "자유인은 무지한 사람들의 미움을 사

지 않기 위하여, 그리고 그들의 충동이 아니라 오로지 이성에 따르기 위하여 가능한 한 그들의 호의를 피하려고 노력할 것이다(제4부 정리70 증명),"[131] 자유인들만이 서로에 대하여 가장 감사할 수 있으며 언제나 신의 있게 행동한다(제4부 정리71, 72). 『에티카』 제4부의 마지막 정리73에서는 자유인이 추구하는 삶의 양태를 개인적 고독 속에서의 삶이 아닌 국가 속에서의 삶인 것으로 규정하고 있다.

> 이성에 의해 인도되는 인간은 독자적인 개인적 고독 속에서보다는 보편적 법체계를 따르는 국가공동체적 삶 속에서 더 자유롭다.
>
> The man, who is guided by reason, is more free in a State, where he lives under a general system of law, than in solitude, where he is independent.[132]

스피노자에게 있어 국가란 법과 자기보존의 능력에 의해 확립된 사회이며, 시민이란 국가의 법에 의해 보호되는 이들이다. 여기서 스피노자는 인간의 자연 상태와 사회 상태에 대하여 간략하게 언급한다. 정치사회의 전 단계인 '자연 상태'에서 "각자는 최고의 자연권에 의해 존재하며, 따라서 각자는 자기 본성의 필연성으로부터 생겨나는 것을 최고의 자연권에 의해 실행한다. 그러므로 각자는 최고의 자연권에 의해 무엇이 선이며 악인지를 판단하고, 자기의 뜻대로 자신의 이익을 도모하고 복수하며, 또한 자기가 사랑하는 것을 유지하고 미워하는 것을 파괴하려고 한다. 만일 인간이 이성의 지도에 따라 생활한다면 타인에게 해를 입히지 않고 자신의 권리를 누릴 수 있겠지만, 인간은 감정에 예속되어 있으며, 그러한 감정은 인간의 능력이나 덕을 훨씬 능가하기 때문에 그들은 종종 서로 다른 방향으로 끌리며, 상호 도움이 필요할 때 대립적이 된다(제4부 정리37, 주석2)."

그러므로 인간이 화합하여 생활하며 서로에게 도움이 될 수 있기 위해서는 자신의 자연권을 포기하고 타인에게 해가 될 수 있는 모든 행위를 상호 삼가겠다는 보증이 필요하다. 이러한 이유로 자기보존을 위한 노력은 국가를 형성하도록 이끈다. 스피노자는 자연 상태에서 국가 상태로의 이행을 보여줌에 있어 토머스 홉스(Thomas Hobbes)의 『리바이어던 The Leviathan』의 영향을 일정 부분 받은 것으로 보인다. 홉스는 자연 상태에서의 이기적인 개인들이 '도처에서 자신을 위협하는 위험'으로부터 스스로를 안전하게 보호하기 위해 자연권의 일부를 포기하고 국가를 형성하기 위해 상호 협력할 수 있음을 보여주었다. 실로 인간은 '존재의 섬'으로서 살기보다는 다른 사람들과의 공동체적 삶을 영위하는 것이 그들 자신에게도 이익이 된다는 것을 이성적으로 알고 있는 것이다.

사회가 각 개인의 복수할 권리와 선악을 판단할 권리를 가질 경우 공통의 생활양식을 규정하고 법을 제정하는 실권을 가질 수 있다. 그리고 그 법은 감정을 억제할 수 없는 이성에 의해서가 아니라 형벌의 위협에 의해서 확보되어야 한다(제4부 정리37 주석2). 그런데 공동의 법에 기초한 국가가 필요한 것은 기본적 안전은 물론 조화적 질서의 유지와 보편적 자유의 실현을 위한 것이라는 좀 더 적극적인 의미를 부여하고 있다는 점에서 스피노자는 홉스와 차별화된다. 스피노자는 대중의 자율성과 능동성 그리고 언론의 자유를 억압하는 국가는 비이성적이고 덕이 없는 국가로서 부도덕과 무질서와 불복종을 초래할 수 있다고 보았다. 그러나 "우리가 더 큰 기쁨에 자극받을수록 그만큼 더 큰 완전성으로 이행하며 따라서 그만큼 더 신적 본성에 참여하기 때문에(제4부 부록 제31항)"[133] 무능력과 고뇌에서 벗어날 수 있다고 했다.

지성의 능력 또는
인간의 자유에 관하여

　　『에티카』의 마지막 제5부의 제목은 '지성의 능력 또는 인간의 자유에 관하여'이다. 제5부에서는 자유에 도달하는 방법 또는 길에 관한 견해를 피력하였다. 서문 첫머리에서 스피노자는 이성의 능력에 대해 다룰 것임을 천명하고 있다. 이성이 어느 정도로 감정을 제어할 수 있는지 그리고 정신의 자유 또는 지복의 본질이 무엇인지를 제시하겠다는 것이다. 이로부터 현자가 무지한 사람보다 얼마만큼 유능한지를 알게 된다는 것이다. 그러나 어떠한 방법과 도정(道程)으로 지성이 완성되어야 하는지에 대해 논의하는 것은 논리학의 영역에 속하므로—그의 논리학이라 할 수 있는 『지성개선론』에서 이미 다루었기 때문에—여기서는 정신 내지 이성의 능력만을 다룰 것임을 밝힌 것이다. 특히 이성이 감정을 억제하고 조정함에 있어 감정에 대한 이성의 지배권의 범위와 본성을 다루겠다는 것이다. 스피노자의 체계 속에서 자유에 도달하는 방법은 정념 내지 수동 감정을 억제하거나 완화하며 능동성을 증대시키기 위해 어떻게 이성을 사용할 것인가에 달려 있다.

　스피노자는 "그 어떤 정신도 적절하게 지도된다면 자신의 감정에 대하여 절대권을 얻을 수 없을 정도로 박약하지 않다"[134]고 결론을 내린 데카르트의 『정념론 Les passions de l'âme』(1649) 제1부 50절의 구절을 언급하며, 그 이유로서 감정에 대한 데카르트의 정의를 인용하였다. 즉 "감정이란 지각이나 감각 또는 정신의 동요이며 오직 정신의 영역에 속하고, 또 이것들은 정신의 운동에 의해 산출되고 보존되고 강화된다(『정념론』제1부 27절)."[135] 만일 우리가 확실한 판단에 의해 의지를 결정하고 수동 감정의 운동을 이들 판단에 결합한다면 우리는 자신의 감정에 대해서 절대적 권력을 획득할 수 있다는 것이 데카르트의 견해라고 스피노자는 추론하고 있다. 그러나 스피노자는 가장 이성적인 정신조차도 정념에 대한 절대적 지배권이 없다며, 정신의 능력이 오로지 지성에 의해서만 정의되기 때문에 감정에 대한 치료법을 오직 정신의 인식에 의해 결정하고 이 인식으로부터 정신의 지복에 관한 모든 것을 도출해 낼 것임을 밝히고 있다.

『에티카』 제5부는 정신과 신체에 관한 스피노자 자신의 중심 학설을 상기시키면서 시작한다. 정신은 신체에 대한 관념이며, 관념의 질서 및 연결은 사물의 질서 및 연결과 동일하고(제2부 정리7), 또 반대로 사물의 질서 및 연결은 관념의 질서 및 연결과 동일하므로(제2부 정리6,7 보충) "정신 내 관념의 질서 및 연결이 신체 변용의 질서 및 연결에 상응해서 일어나는 것처럼, 그 반대로 신체 변용의 질서 및 연결은 정신 내 관념의 질서 및 연결에 상응해서 일어난다(제5부 정리1과 증명)."[136] 따라서 관념의 질서 및 연결에 변화가 일어나면, 필연적으로 신체 변용의 질서 및 연결에도 변화가 있을 것이라는 결론이 도출된다. 제5부 정리2에서 제시한 좀 더 이성적인 존재가 되기 위한 가장 기본적인 방법은 정념의 외적 원인에 대한 생각을 변화시킴으로써 정념의 힘을 약화시키는 것이다. "만일 우리가 정신의 동요 또는 감정을 외적 원인의 사유로부터 분리시켜 다른 사유와 결합시킨다면, 외적 원인에 대한 사랑이나 미움은 이들 감정에서 생겨난 정신의 동요와 마찬가지로 소멸될 것이다(제5부 정리2)."

제5부 정리3에서는 우리가 정념 내지 수동 감정을 명석판명하게 인식함으로써, 나아가 모든 개물을 인식함으로써 자연이 인간에게 일으키는 모든 정념을 완전히 이해하면 그것들은 더 이상 정념일 수가 없으며[137] 능동적인

것으로 변한다고 역설한다. 모든 개물은 신(神)의 양태 또는 변용에 불과하며 개물에 대한 타당한 인식은 필연적으로 신에 대한 인식을 수반하고, 이러한 직관지(直觀知)의 단계에서 모든 정념을 완전히 이해하면 능동 감정으로 변한다.

> 수동 감정은 우리가 그것에 대해 명석판명한 관념을 형성하는 순간 더 이상 수동적이지 않다.
>
> An emotion, which is a passion, ceases to be a passion, as soon as we form a clear and distinct idea thereof.[138]

우리가 갖게 되는 감정의 원인이 무엇이며 왜 그것을 경험하는지를 적확(適確)하게 지각할 때, 부분적이고 우연적이며 수동적인 인지는 전체적이고 필연적이며 능동적인 통찰과 이해로 대체된다. "그러므로 우리가 감정을 더 잘 인식할수록 그만큼 감정은 우리의 통제 하에 있게 되고, 또 정신은 그만큼 감정의 영향을 덜 받는다(제5부 정리3 보충)."[139] 왜냐하면 적합 타당한 인식은 능동성을 함축하고 있기 때문이다. 제5부 정리4 증명에서는 모든 것에 공통된 것은 타당한 것으로 파악되므로(제2부 정리38) 명석판명한 개념을 형성할 수 없는 신체적 변용은 아무것도 없다(제2부 정리12, 정리13 보조정리2)고 말한다. 또한 감정은 신체의 변용이며 그 안에는 명석판명한 개념이 반드시 포함되어 있기 때문에 명석판명한 개념을 형성할 수 없는 감정은 아무것도 없다(제2부 정리4 보충). 존재하는 모든 것은 반드시 어떤 결과를 낳으며(제1부 정리36), 또 우리는 우리 안에 있는 타당한 관념에서 생기는 모든 것을 명석판명하게 인식하기 때문에(제2부 정리40) 다음과 같은 결론이 도출된다(제5

부 정리4 주석).

　　우리가 특히 노력해야 할 것은 각각의 감정을 가능한 한 명석판명하게 인식하고, 정신이 감정을 떠나서 명석판명하게 지각하며 자신이 전적으로 만족하는 사유를 하게 하는 것이다. 그리하여 감정 자체를 외적 원인의 사유로부터 분리시켜 참된 사유와 결합시키는 것이다. 이로부터 사랑과 미움 등이 소멸될 뿐만 아니라(제5부 정리2) 또한 그러한 감정에서 생겨나는 충동이나 욕망도 과도해질 수 없다(제4부 정리61).

　　…we must chiefly direct our efforts to acquiring, as far as possible, a clear and distinct knowledge of every emotion, in order that the mind may thus, through emotion, be determined to think of those things which it clearly and distinctly perceives, and wherein it fully acquiesces; and thus that the emotion itself may be separated from the thought of an external cause, and may be associated with true thoughts; whence it will come to pass, not only that love, hatred, &c. will be destroyed(V. ii.), but also that the appetites or desires, which are wont to arise from such emotion, will become incapable of being excessive(IV. lxi.).[140]

　　정념 내지 수동 감정에서 벗어나는 가장 기본적인 방법은 적합한 인식에 도달하는 것이다. 정신이 감정 또는 감정을 야기한 외적 원인을 명석판명하게 인식할수록 감정의 지배를 덜 받게 되므로 감정의 동요 또한 사라질 것이다. 예컨대, 한밤중에 길에 놓인 새끼줄을 보고 뱀으로 착각하여 두려움을 느꼈다가 그것이 새끼줄인 것을 알고서 두려움이 사라지는 경우라든지, 어떤 사람이 중요한 약속을 어긴 것에 대해 미워하는 마음을 가졌다가 그 원인이 피치 못할 사정 때문이었다는 것을 알고서 오해가 풀려 미워하는 마음이 사라지는 경우 등이 그것이다. 충동은 이성의 명령을 따르지 않는 자에게는 수동이고 명예욕이며 오만과 그다지 다르지 않지만, 이성의 명령을 따르는 자에게는 능동이고 덕이며 경건함이다(제4부 정리37 증명 및 주석). 모든 충동이나 욕망은 타당하지 못한 관념에서 생기는 한에서만 수동이며, 타당한 관념에 의해 환기되거나 생길 때에는 덕으로 간주된다.

제5부 정리4 주석에서 스피노자는 "감정에 대한 참된 인식에 근거하는 치료법보다 더 탁월한 치료법은 우리의 능력 속에 없다. 왜냐하면 정신은 적합한 관념을 사유하고 형성하는 능력만을 가지고 있기 때문이다"[141]라고 역설한다. 감정에 대한 참된 인식을 가져올 수 있는 방법으로는 위에서 고찰한 바와 같이 정념의 외적 원인에 대한 생각을 변화시키는 것도 있지만, 좀 더 근원적으로는 우리가 경험하는 모든 일들이 우연적인 것이 아니라 신적 질서에 따른 필연적인 것임을 이해하고 통찰하는 것이다. 정신은 모든 것이 필연적이며 원인의 무한한 연결에 의하여 존재하고 작용한다는 것을 인식하므로 감정의 작용이나 자극을 덜 받도록 할 수 있다는 것이다(제5부 정리6 증명).

정신은 모든 것을 필연적인 것으로 인식하는 한, 감정에 대해 더 큰 힘을 가지며, 감정의 지배를 덜 받게 된다.
The mind has greater power over the emotions and is less subject thereto, in so far as it understands all things as necessary.[142]

이러한 스피노자의 관점에 대해 흔히 운명론 내지는 숙명론이라고 비판을 제기하기도 한다. 그러나 그것은 제3종의 인식인 직관지(直觀知) 단계에 이르지 못한 자의 자기주장일 뿐이다. 직관지의 단계에 이르면 '우주의 그 물망' 속에서 무한히 연쇄적으로 일어나는 인과의 원리를 전체적으로 통찰할 수 있는 참된 인식이 작용하므로, 다시 말해 '영원의 상(相) 아래에서' 인식하므로* 자유와 필연의 조화적 원리를 깨달아 자유가 곧 필연이고 필연이 곧 자유임을 알게 된다. 이 단계에서는 일체의 이분법이 종식된다. 이 세상이 우리의 의식을 비추는 거울이라는 사실을 인지한다면, 불합리하고 부조리하게 보이는 많은 것들이 영원의 시간 속에서 모두 우리가—분리 자체가 근원적으로 불가능한 우리가—그렇게 만든 것이니 '불합리'니 '부조리'니 하는 책임전가성 발언은 하지 않게 된다. 인과의 원리를 잘 나타낸 카르마의 법칙이나 작용·반작용의 법칙, 또는 자업자득(自業自得)이란 말은 바로 신적 질서의 필연성을 함축한 것이다.

참된 인식은 신에 대한 인식이며 사랑이다. 신은 만물의 근원이자 만물 속에 내재하는 '하나'인 참본성이므로 참된 인식으로의 길은 복본(復本: 참본성을 회복함)의 여정을 함축한다. 신은 전체적이고 필연적이며 능동적인 통찰과 이해로서만 접근할 수 있는 영역이다. "자기 자신과 자신의 감정을 명석판명하게 인식하는 사람은 기쁨을 느끼며(제3부 정리53), 그 기쁨은 신의 관념

---

* 스피노자에 의하면 우리가 사물을 현실적인 것으로 파악하는 데는 두 가지 방식이 있다. 그 하나는 사물을 특정한 시간과 장소에 연관시켜 존재하는 것으로 파악하는 것이고, 다른 하나는 사물이 神 안에 포함되어 있으며 신적 본성의 필연성에서 생기는 것으로 파악하는 것이다. '영원의 相 아래에서' 인식하는 것은 후자의 방식에 속한다(『Ethica』 제5부 정리29 주석).

을 동반하므로(제5부 정리14) 신을 사랑한다. 그리고 자기 자신과 자신의 감정을 더 많이 인식할수록 더욱 더 신을 사랑한다(제5부 정리15와 증명)." 신은 기쁨이나 슬픔의 감정 어느 것에 의해서도 작용 받지 아니하므로 아무도 사랑하거나 미워하지 않으며 수동에 관여하지 않는다(제5부 정리17). 우리 내부에 있는 신의 관념은 타당하고 완전하므로 어떤 슬픔도 신의 관념을 동반할 수 없으며 아무도 신을 미워할 수 없다(제5부 정리18).

여기서 우리는 스피노자의 명철(明徹)한 지적 직관(intellectual intuition)을 엿볼 수 있다. 우리가 신을 모든 것의 원인으로 인식한다면 이 사실에 의해서 신을 슬픔의 원인으로 여길 것이라는 논박이 있을 수 있다며, 이에 대하여 그는 이렇게 답변한다. 즉 "우리가 슬픔의 원인을 인식하는 한 슬픔은 더 이상 수동이 아니며(제5부 정리18 주석),[143] 그런 한에서 더 이상 슬픔이 아니다. 그러므로 우리가 신을 슬픔의 원인으로 인식하는 한 우리는 기쁨을 느낀다(제5부 정리18 주석)." 그의 명철한 직관력은 여기서 그치지 않는다. "신을 사랑하는 사람은 반대로 신이 그에게 사랑으로 보답하도록 노력할 수는 없다(제5부 정리19)"[144]고 말한다. 만일 인간이 대가성 사랑을 받기 위해 노력한다면, 자기가 사랑하는 신이 신 아니기를 바라는 것이 되므로 슬픔을 욕구하는 것이 되며 이는 부조리하다(제5부 정리19 증명). 기복신앙의 문제점이 여기에 있다.

신에 대한 사랑은 이성의 명령에 따라 추구할 수 있는 최고의 선이고(제4부 정리28), 모든 사람에게 공통되며(제4부 정리36), 모두가 그것을 기뻐하기를 바란다(제4부 정리37). 그러므로 신에 대한 사랑은 질투나 시기심의 감정으로 더럽혀질 수 없다(제5부 정리20과 증명). 오늘날 종교 충돌과 문명 충돌 그리고 정치 충돌은 신에 대한 참된 인식과 사랑이 결여된 데서 오는 것이다. 신에 대한 사랑은 더 많은 사람들이 그것을 즐긴다고 우리가 표상할수록 더 강해진다. 신에 대한 사랑은 모든 감정 가운데 가장 항구적이고, 이러한 사랑이 신체에 연관되는 한에서는 신체 자체와 함께인 경우가 아니라면 파괴될 수 없다(제5부 정리20 주석). 이상에서 스피노자는 감정에 대한 모든 치료법 또는 정신이 감정에 대해 행할 수 있는 모든 것을 종합적으로 고찰하고서 감정에 대한 정신의 능력이 다음과 같은 점에 있다고 천명한다.

즉 "1) 감정의 인식 자체에(제5부 정리4 주석), 2) 우리가 혼란하게 표상하는 외적 원인의 사유에서 감정을 분리시키는 데에(제5부 정리2와 정리4 주석), 3) 우리가 분명하게 인식하는 것에 관련된 감정은 우리가 혼란하고 훼손된 것으로 파악하는 것에 관련된 감정보다 지속성에 있어 우월하다는 점에(제5부 정리7), 4) 사물의 공통된 성질이나 신에 관한 감정을 함양하는 원인은 다수라는 것에(제5부 정리9, 11), 5) 정신이 자신의 감정을 조정하고 그것들을 서로 결합시킬 수 있는 질서 속에(제5부 정리10 주석과 정리12, 13, 14)" 감정에 대한 정신의 능력이 있다는 것이다(제5부 정리20 주석).

그러나 감정에 대한 정신의 힘을 더 잘 이해하려면 다음을 주의해야 한다고 말한다. 즉 각각의 감정의 힘은 우리의 능력과 비교되는 외적 원인의 힘에 의해 규정되지만, 정신의 힘은 오직 인식에 의해서만 규정된다는 것, 그리고 마음의 병이나 불행은 변하기 쉽고 소유할 수 없는 것에 대한 지나친 집착에서 생긴다는 것에 유의할 필요가 있다. 이로부터 명석판명한 인식, 특히 신의 인식 자체를 기초로 하는 제3종의 인식(제2부 정리47 주석)이 감정에 대해서 무엇을 할 수 있는가를 쉽게 파악하고, 영원불변하며 진실로 소유할 수 있는 것에 대한 사랑을 생기게 한다는 것이다(제5부 정리20 주석).

그러므로 이 사랑은 보통의 사랑 속에 있는 여러 가지 결함 때문에 더럽혀질 수 없으며, 오히려 더욱 커질 수 있고, 정신의 커다란 부분을 점유하며 광범위한 영향을 미칠 수 있다.

…neither can it be defiled with those faults which are inherent in ordinary love; but it may grow from strength to strength, and may engross the greater part of the mind, and deeply penetrate it.[145]

사랑은 눈꽃과도 같아서 바라볼 수는 있지만 소유할 수는 없다. 눈꽃을 소유하고자 손이 닿는 순간 눈꽃은 녹아 없어져 버리기 때문이다. 그럼에도 사랑을 소유하고자 하는 데에 인간의 비극이 있다. 그러나 인간의 인식이 제3종의 인식인 직관지 단계로 이행할수록 사랑은 소유 개념에서 탈피하여 신적 사랑을 향하여 움직인다. 인간 신체의 본질은 신의 본질 자체에 의해서(제1부 공리4), 즉 영원한 필연성에 의해서(제1부 정리16) 파악되어야 하며 그 개념은 필연적으로 신 안에 있어야 한다(제2부 정리3). "신 안에는 인간 신체의 본질을 영원의 상(相) 아래 표현하는 관념이 필연적으로 존재한다(제5부 정리22)."[146] 그런데 소유 개념을 기반으로 한 사랑은 신적 본질에서 이탈한 것이므로 부서지기 쉽고 상처 받기 쉬우며 불행해지기 쉽다. 제5부 정리23에서는 비록 신체가 소멸하더라도 인간 정신은 신체와 함께 완전히 파괴될 수 없으며 정신의 본질에 속하는 어떤 것은 필연적으로 영원하다고 밝힌다.

"정신의 최고의 노력과 덕은 제3종의 인식에 의해 사물을 인식하는 것(제5부 정리25)"이고, 정신이 이것에 적합할수록 그만큼 더 이러한 종류의 인식에 의해 사물을 인식하려고 하며(제5부 정리26), 이 제3종의 인식에서 최고의 정신의 만족이 생긴다(제5부 정리27). 여기서부터 스피노자는 최고의 인식 유형인 제3종의 인식, 즉 직관지(直觀知)의 효용에 대해 본격적으로 다룬다. 제3종의 인식은 전체 존재계에 대한 포괄적 · 직관적 인식이며 개체의 완전한 인식이고 실체와 양태의 필연적 관계성에 대한 완전한 인식이다. 최고의 정신의 덕은 신을 인식하는 것, 즉 제3종의 인식에 따라서 사물을 인식하는 것이다. 제3종의 인식에 따라서 사물을 인식하려는 노력은 제1종의 인식인 표상지(表象知) 단계에서는 생길 수 없지만, 제2종의 인식인 이성지(理性知) 단계에서는 생길 수 있다(제5부 정리28). 왜냐하면 '표상지는 참되지 않은 인식이고, 이성지와 직관지는 참된 인식(제2부 정리41)'이기 때문이다. 참된 인식은 '영원의 상(相) 아래에서' 인식하는 것이며, 이로부터 '신에 대한 지적 사랑'이 생겨난다.

> 제3종의 인식에서 생기는 신에 대한 지적 사랑은 영원하다.
>
> The intellectual love of God, which arises from the third kind of knowledge, is eternal.[147]

여기서 '신에 대한 지적 사랑'이란 "현존하는 것으로 표상되는 한에서의 신에 대한 사랑이 아니라(제5부 정리29) 영원하다고 인식하는 한에서의 신에 대한 사랑이다(제5부 정리32 보충)."[148] 말하자면 무사심(無私心)을 통해서 개체성을 초월하여 신[자연]의 필연적 법칙성을 인식하는 것이다. 인간이 질투 · 번민 · 공포 · 조소 · 후회 등의 감정에 사로잡히는 것은 신의 필연적 법칙성을 인식하지 못함으로 해서 사물을 자기중심적으로 보기 때문이다. 정신은 신체가 지속하는 동안이 아니면 수동 감정에 종속되지 않는다(제5부 정리34)[149]는 사실로부터 도출해 낼 수 있는 결론은 "지적 사랑을 제외하고는 그 어떤 사랑도 영원하지 않다(제5부 정리34 보충)"[150]는 것이다. 신은 절대적으로 무한하며 자기원인의 관념을 동반한다. "신은 무한한 지적 사랑으로(amore intellectuali infinito) 자기 자신을 사랑한다(제5부 정리35)."[151] 신에 대한 정신의 지적 사랑은 신이 자기 자신을 사랑하는 신의 사랑 자체, 즉 신이 자기 자신을 사랑하는 무한한 사랑의 일부이다(제5부 정리36). 따라서 다음과 같은 결론이 도출된다.

> 신은 자기 자신을 사랑하는 한에서 인간을 사랑하며, 인간에 대한 신의 사랑과 신에 대한 정신의 지적 사랑은 동일하다.
>
> God, in so far as he loves himself, loves man, and, consequently, that the love of God towards men, and the intellectual love of the mind towards God are identical.[152]

인간은 신의 양태로서 신 안에 있기 때문에 신은 자기 자신을 사랑하는 것만으로도 이미 인간을 사랑하는 것이다. 정신의 본질은 인식에 있으므로 (제2부 정리11) "정신이 제2종과 제3종의 인식에 의해 더 많은 것을 인식하면 할수록 그만큼 나쁜 감정의 작용을 덜 받으며 죽음에 대한 두려움도 덜 갖게 된다(제5부 정리38)."[153] "정신의 명석판명(明晳判明)한 인식이 크면 클수록, 따라서 정신이 신을 사랑하면 할수록 그만큼 죽음은 해롭지 않게 된다(제5부 정리38 주석)"[154]는 것이다. 우리가 죽음에 대한 두려움의 원인을 인식하는 한, 두려움은 더 이상 수동이 아니며, 그런 한에서 더 이상 두려움도 아니고 해로운 것도 아니다. 생사(生死)란 자연의 숨결이며 천지운행의 한 과정일 뿐이다.

스피노자에 의하면 지성의 능력은 신에 대한 지적 사랑 속에서 절정에 달한다. 신은 가장 적합한 관념이므로 오직 신에 대한 사랑 속에서만이 인간은 일체의 정념에서 해방되어 심신의 안정과 자유를 얻고 능동성을 발휘함으로써 지속적인 완전한 행복에 도달할 수 있다. 실로 "신에 대한 지적 사랑에 반대되거나 그것을 소멸시킬 수 있는 것은 자연 안에 아무것도 없다(제5부 정리37)."[155] 지복(至福, 德)에 도달하는 것을 방해하는 것은 자연 안에 아무것도 없다는 것이다. 이성의 지도에 따라 생활하는 사람에게는 경건함과 종교심, 용기와 관용이 자기보존의 필연성에 일치하는 중요한 덕목임을 스피노자는 밝히고 있다(제5부 정리41). 지복과 덕은 완전히 일치하며, 지복을 누리면 누릴수록 정신은 그만큼 더 많이 인식하므로 나쁜 감정의 작용을 덜 받는다.

> 지복은 덕의 보수가 아니라 덕 자체이다. 우리는 쾌락을 억제하기 때문에 지복을 누리는 것이 아니라, 반대로 지복을 누리기 때문에 쾌락을 억제할 수 있다.
> Blessedness is not the reward of virtue, but virtue itself; neither do we rejoice therein, because we control our lusts, but, contrariwise, because we rejoice therein, we are able to control our lusts.[156]

스피노자는 지복이 인식의 최고 단계인 직관지(直觀知)에 이르지 않고서는 도달할 수 없는 경지이기에 "모든 고귀한 것은 드물고도 어려운 것이다"라는 말로써 진정한 자유인의 삶을 향한 철학적 여정을 마무리한다. 하지만 그가 제시한 길은 매우 어렵게 보일지라도 발견될 수는 있다고 보았다. 그

에게는 이성적인 것이 도덕적인 것이며 자연의 법칙을 따르는 것이었고, 신
[자연]의 필연적 법칙성에 대한 인식이 곧 자유였다. 그에게 있어 최고의 인
생이란 직관지를 가지고 자연의 필연적 법칙성을 이해하며 주체적이고도
능동적으로 사유하고 행동함으로써 지고의 자유와 행복을 달성하는 것이
었다. 철저한 자유주의자였던 그는 자유를 추동해 내는 지성의 능력을 높
이 평가하면서도 조화적 질서의 유지와 보편적 자유의 실현을 위해 공동의
법에 기초한 민주국가의 필요성을 강조했다. 스피노자의 국가론에 관해서
는 그의 저서 『정치론』을 주로 다루는 본서 제3장에서 고찰하기로 한다.

철학고전 중의 걸작으로 꼽히는 『에티카』는 철학사를 통틀어 매우 독특
한 작품으로 알려져 있으며, 350여 년이라는 시간의 벽을 뛰어넘어 오늘날
에도 다양한 분야의 연구자들에 의해 재음미되며 재해석되고 있다. 그가
라이프니츠에게 말한 것으로 전해지는 단언―즉 이 세상의 일반 철학은 피
조물에서 시작하고, 데카르트는 정신에서 시작하며, 나는 신에서 시작한다
[157]―은 직관으로서의 신[본체계]의 관념을 인식의 출발점으로 삼은 것이라는
점에서 본체계[본체]와 현상계[작용]의 상호 관통에 대한 그의 깊은 이해를 엿
볼 수 있다. 실로 실체인 신에 대한 참된 인식이 없이는 신의 양태인 우주만
물에 대한 올바른 인식이 이루어질 수 없다는 것은 자명하다. 진정한 철학
자의 표상으로 여겨졌던 그가 '신에 취한 사람'이 될 수밖에 없었던 이유다.

『에티카』는 1675년에 완성되었으나 1674년 그의 『신학정치론』이 금서
가 되면서 그 여파로 생전에 출판되지 못하고 사후 1677년 12월 그의 유고
집에 실렸다. 『에티카』에는 고대 이후 근대에 이르기까지의 상당한 철학적
전통이 수렴되어 있으며, 데카르트, 플라톤, 아리스토텔레스, 스토아학파,
홉스, 그리고 베이컨(Francis Bacon), 갈릴레이(Galileo Galilei), 보일(Robert Boyle)을

포함하는 당시의 새로운 과학 발전이 모두 『에티카』의 지적 배경에 속한다.[158] 헤겔이 '모든 철학의 중요한 출발은 스피노자를 따르는 것이다'라고 할 정도로 스피노자의 철학적 사유는 특히 라이프니츠와 독일 관념론 철학에 지대한 영향을 미쳤다. 그리고 오늘날까지도 많은 사상가들과 철학자들의 사유 속에 면면히 이어져 오고 있다. 철학자가 되기 위해서는 스피노자주의자가 될 수밖에 없는 이유를 『에티카』는 우리에게 유감없이 보여준다.

Spinoza's Thought
and Its Up-to-date **Revival**

자유로운 국가에서는 모든 사람이 원하는 대로 생각할 수 있으며 생각한 대로 말할 수 있다. … 국가의 진정한 목적은 자유다. … 민주정이 최선의 정부 형태이며 반대가 가장 적다는 것은 명백하다. 왜냐하면 민주정은 인간의 본성과 가장 잘 조화를 이루기 때문이다.

Even That in a free state every man may think what he likes, and say what he thinks … the true aim of government is liberty … We cannot doubt that such(democracy) is the best system of government and open to the fewest objections, since it is the one most in harmony with human nature.

- BENEDICTUS DE SPINOZA, *Tractatus theologico-politicus*(1670)

03

『정치론』:
민주주의를 위한
'자유의 송가(頌歌)'

- 자연권(自然權)에 관하여
- 국가의 최고권과 최선의 상태에 관하여
- 군주정에 관하여
- 귀족정에 관하여
- 민주정에 관하여

스피노자에게 민주주의란 단순한 유토피아적 이념이 아니라 정치적·법적 상태로서 도덕적·실천적 과제인 동시에 정치적 최고선이었다. 근대국가가 태동하던 격랑의 시기에 그가 철학적 사변에 머물지 않고 도전적인 정치 현안에 응답하며 개개의 인간 본성에 주목하여 전복적인 새로운 방향을 정초한 것은 가히 혁명적이라 할 만하다.…절대적 군주국가가 지배적이었던 17세기에 민주국가를 국가의 전형으로 제시한 스피노자의『정치론』은 그의『신학정치론』과『에티카』와 더불어 자유민주주의의 전 지구적 보편혁명을 추동한 저작으로 알려져 있다. … 스피노자에게 있어 자유란 단순히 생득적으로 또는 천부적 인권의 형태로 주어진 것이 아니라 민주정이라는 정치공동체를 통해 형성된 것이다. … 정치사회를 수립함에 있어 이성적 동기를 강조한 근대의 사회계약론자들과는 달리, 스피노자는 이성적 동기도 인정하지만 특히 정념적 동기를 강조한다. … 그의 정치사상의 궁극적인 지향점은 민주주의 정치체제의 수립을 통한 자유의 영속화에 있으며, 민주정은 자유를 제도화하기 위한 장치로서 고안된 것이다. … 스피노자는 국가의 진정한 목적을 개인의 자유 촉진에 있다고 본 철저한 자유주의자로서 사상과 표현의 자유를 억압하는 모든 법률을 부정했다. … 그는 민주정이 인간의 본성과 가장 잘 조화를 이루는 최선의 정부 형태임을 밝히고 있다.

— 본문 중에서

『정치론』:
민주주의를 위한 '자유의 송가(頌歌)'

자연권(自然權)에
관하여

　　스피노자의 미완성 유작(遺作)인 『정치론 *Tractatus politicus*』은 1675년부터 1677년 2월 그가 세상을 떠날 때까지 저술한 것으로 민주주의 정치사상의 이론적 토대가 되는 것이다. 그에게 민주주의란 단순한 유토피아적 이념이 아니라 정치적·법적 상태로서 도덕적·실천적 과제인 동시에 정치적 최고선이었다. 근대국가가 태동하던 격랑의 시기에 그가 철학적 사변에 머물지 않고 도전적인 정치 현안에 응답하며 개개의 인간 본성에 주목하여 전복적(顚覆的)인 새로운 방향을 정초한 것은 가히 혁명적이라 할 만하다. 그가 『정치론』을 저술하던 시기는 요한 드 비트 체제가 붕괴하고 빌렘 3세(Willem Ⅲ 또는 William Ⅲ)*가 군국주의적 체제를 구축하려고 했던 시기이다. 이 저서는 1672년 드 비트 형제의 죽음에 따른 공화국의 갑작스런 붕괴

---

* 네덜란드 연합주의 총독(1672~1702)이며 영국 왕(재위 1689~1702)이었던 빌렘 3세의 별칭은 오라녜 公(Prins van Oranje)이다.

로 네덜란드의 정정(政情)이 불안해지면서 국가로서의 취약한 기반에 대한 우려와 비판이 배경에 깔려 있다.

『정치론』 제7장 26절에서 '이미 다른 통치 형태에 익숙해진 인민에게는 국가의 기초를 뒤흔들어 국가 전체의 구조를 변화시키려 하는 것은 국가적 재앙을 초래할 수 있다'[159]고 한 구절, 제7장 25절에서 '국가 형태는 반드시 보존되어야 한다'[160]고 강조한 구절, 그리고 결정적으로는 제9장 14절에서 '네덜란드 공화국의 돌연한 붕괴는 국가 조직의 결함과 통치자 수가 너무 적은 데에 기인한다'[161]고 한 구절은 이러한 그의 우려와 비판을 단적으로 보여준다. 절대적 군주국가가 지배적이었던 17세기에 민주국가를 국가의 전형으로 제시한 스피노자의 『정치론』은 그의 『신학정치론 Tractatus theologico-politicus』(1665~1670)*과 『에티카』와 더불어 자유민주주의의 전 지구적 보편혁명을 추동한 저작으로 알려져 있다.

스피노자 정치사상의 핵심 키워드는 '자유'이며, 인간의 자유는 민주주의 정치체제의 수립을 통해서만 영속화될 수 있다고 보았다. 그의 사후 1677년 말에 출간된 『정치론』에서는 군주정·귀족정·민주정의 세 가지 정체를 제시한다. 이들 각각의 국가 상태를 다루기 전에 그는 국가 상태 일반에 관한 설명을 시도한다. 『정치론』 제1장 서론, 제2장의 자연권에 이어 제3, 4, 5장에서는 국가 최고권의 권리와 소관 사항 그리고 최선의 국가 상태에 관하여 고찰한다. 그런 연후에 제6, 7장에서는 군주정을, 제8, 9, 10장에서는 귀족정을, 그리고 마지막 제11장에서는 민주정의 문제를 다루고 있다.

---

* 『신학정치론』은 요한 드 비트 체제가 붕괴되기 이전에 저술된 것으로 총 20장으로 구성되어 있는데, 1~15장은 신학을 다루고, 16~20장은 정치론을 다루고 있다.

그러나 갑작스런 그의 죽음으로 말미암아 민주정에 대한 논의는 단지 4절에 그치고 있다. 스피노자는 이 세 가지 정체가 나름대로 합리적 근거를 지니고 있다고 보지만, 인간의 본성을 최대한 구현할 수 있는 이상적인 정체는 민주정이라고 보았다. 그러면 제1장 서론부터 살펴보기로 하자.

스피노자는 그의 『정치론』 제1장 서론을 철학자들의 비현실성을 신랄하게 비판하는 것으로부터 시작한다. 그에 의하면 철학자들은 인간의 감정을 악덕으로 보고 그것을 조롱하거나 책망하면서, 현실에서는 있지도 않은 이상적이고 관념적인 인간 본성에 착안하다 보니 그들의 정치론은 단순한 공상론 내지는 시인이 지어낸 황금시대 외에는 통용될 수 없는 이론이 되었다는 것이다.

> 철학자들은 그 어디에도 존재하지 않는 인간 본성에 대해서는 지나칠 정도로 찬양하면서, 실제로 존재하는 인간 본성에 대해서는 공격을 가한다. 그들은 있는 그대로의 인간을 파악하는 것이 아니라 그렇게 존재해 줬으면 하는 인간의 모습을 그리고 있는 것이다. 그 결과 그들은 윤리학이 아닌 풍자소설을 쓰게 되었고, 현실적으로 적용할 수 있는 정치이론을 고안해 내지 못했다.…따라서 모든 실천과학에서 이론은 실제와 불일치하는 것으로 여겨지고, 이는 특히 정치이론의 경우에 그러하며, 국가를 통치함에 있어 이론가나 철학자보다 부적합한 인물은 없는 것으로 간주하게 되었다.
>
> …they have learnt how to shower extravagant praise on a human nature that nowhere exists and to revile that which exists in actuality. The fact is that they conceive men not as they are, but as they would like them to be. As a result, for the most part it is not ethics they have written, but satire; and they have

never worked out a political theory that can have practical application,···
Therefore, while theory is believed to be at variance with practice in all
practical sciences, this is particularly so in the case of political theory, and
no men are regarded as less fit for governing a state than theoreticians or
philosophers.[162]

이러한 스피노자의 현실주의적 관점은 『정치론』 제1장 4절 정치이론의
연구 목적을 밝힌 데서도 분명히 드러난다. 그는 정치이론 연구의 목적을
"완전히 새롭거나 들어보지 못한 문제를 제시하려는 것이 아니라, 있는 그
대로의 인간 본성에서 이끌어내어 실제와 가장 일치할 수 있는 문제들을 명
증한 논리에 의해 증명하려는 것"[163]이라고 밝히고 있다. 또한 그는 인간의
다양한 행위를 있는 그대로 이해하기 위해 인간의 여러 감정들, 예컨대 사
랑·미움·성냄·질투·명예심·동정심, 그리고 그 외의 마음의 격정을
인간 본성의 악덕으로 간주하지 않고 인간 본성에 속하는 성질로 간주했
다. 이는 마치 더위·추위·폭풍우·번개가 대기의 본성에 속하는 것과도
같다는 것이다. 인간은 필연적으로 여러 감정들에 종속되며, 이성이 감정
을 억제하고 조절할 수 있긴 하지만, 동시에 이성이 인도하는 길이란 매우
험난한 길임을 환기시킨다(『정치론』 제1장 4-5절).

스피노자는 모든 인간이 야만인이든 문명인이든, 어느 곳에서나 상호 관
계를 형성하며 일정한 형태의 국가를 이루어 살아가기 때문에 국가의 형성
원인과 그 자연적 기초를 이성에서 찾을 수는 없으며, 인간의 본성과 그들
이 처한 공통의 상태에서 찾아야 한다고 말한다(『정치론』 제2장 7절). 그는 이것
을 『정치론』 제2장 '자연권'에서 다루고 있다. 그는 자연권을 '만유를 생성

하는 자연법칙', 즉 자연의 힘 그 자체로 이해한다. "우주적 자연의 자연권과 개개인의 자연권은 각기 지닌 힘에 비례하여 확장된다. 따라서 개개인이 자기 본성의 법칙에 따라 행동하는 것은 무엇이든지 최고의 자연권에 따라 행동하는 것이고, 개개인은 그가 지닌 힘만큼 자연권을 갖는다(『정치론』제2장 4절)."

인간은 이성보다는 맹목적인 욕망에 의해 이끌리는 경우가 더 많다. 따라서 인간의 자연적 힘, 즉 자연권은 이성에 의해서가 아니라 인간의 본능적 욕구에 의해서 규정되어야 하며, 이 욕구에 의해 인간은 행동하게 되고 자기보존을 위해 노력하게 되는 것이다. … 박식한 자이건 무지한 자이건 모두 자연의 일부분이다. 인간의 행동을 결정하는 것은 자연의 힘, 즉 이러저러한 인간의 본성에 의해 규정된 힘이다. 인간은 이성에 의해 인도되든 아니면 단지 욕망에 의해 인도되든 언제나 자연법칙과 규칙, 즉 자연권에 의해 행동하는 것이다.

But men are led by blind desire more than by reason, and therefore their natural power or right must be defined not by reason but by any appetite by which they may be determined to act and by which they try to preserve themselves. … Whether a man be wise or ignorant, he is a part of Nature, and everything whereby a man is determined to act should be referred to the power of Nature in so far as this power is expressed through the nature of this or that man. For whether a man is led by reason or solely by desire he does nothing that is not in accordance with the laws and rules of Nature, that is, he acts by the right of Nature.[164]

스피노자는 "인간이 자유롭다고 할 수 있는 것은 오직 인간 본성의 법칙에 따라 존재하고 행동할 수 있는 힘을 보유하고 있는 한에서이다"[165]라고 했다. 모든 개별 사물은 오로지 자연 질서의 필연성에 따라 일정한 방식으로 존재하고 행동하도록 결정된다. 따라서 자연의 어떤 사물이 우스꽝스럽거나 불합리하게 또는 나쁘게 비쳐진다면, 그것은 우리의 지식이 단지 부분적이어서 자연 전체의 질서와 통일성에 대해 무지하기 때문이다. 존재하는 모든 것이 우리의 주관주의적 기획에 따라 배치되기를 바라며 그렇지 못한 것을 악으로 천명한다면, 그것은 보편적 자연의 질서와 법칙에 위배되는 것이다. 스피노자는 인간의 힘이 신체의 강건함보다는 정신의 힘에 의해 평가되어야 한다고 보고 이성을 따르는 인간이 가장 자유롭다고 말한다(『정치론』제2장 11절).

그러나 스피노자의 철학 체계에서 이성적 삶의 실현은 정치사회의 전 단계인 '자연 상태'에서는 불가능한 것으로 나타난다. 자연 상태에서 각자는 자기보존을 위한 노력을 경주하게 되므로 정념에 예속되기 쉬우며 이성의 요구에 부합하지 못하는 방향으로 이끌리는 경우가 허다하기 때문이다. 자연 상태에서 각자는 자의적으로 선·악을 판단하는 까닭에 사실상 선·악이나 옳고 그름이 없으며 따라서 죄(罪)란 것도 성립하지 않는다. 또한 자신의 이익을 도모하기 위하여 오로지 자력구제에 의존하는 까닭에 필연적으로 분쟁이 발생하고 불안정과 위협 상태에 노출되어 자유로울 수도, 인간다운 생활을 영위할 수도 없다. 자연권은 이성보다는 인간의 본능적 욕구에 의해 더 규정되므로 인간의 능력이나 덕을 훨씬 능가하는 감정에 예속된 자연 상태에서, 다시 말해 정치적 메커니즘이 부재하는 자연 상태에서 '이성의 명령'을 따르는 삶은 불가능하다고 스피노자는 말한다.

자연 상태에서 사회 상태로의 이행을 보여주는 『에티카』 제4부 정리37 주석2에는 정치적 메커니즘의 필요성에 대해 명시적으로 나와 있다. 인간이 조화롭게 공존하기 위해서는 자신의 자연권을 포기하고 해악적인 행위를 상호 삼가겠다는 보증이 필요하다. 이러한 이유로 자기보존을 위한 노력은 국가를 형성하게 되는 것이다. 법과 자기보존의 능력에 의해 확립된 국가 상태에서만이 공동의 동의에 의하여 선·악이 결정되므로 각자는 국가에 복종하게 되며, 불복종할 경우 죄가 성립된다. 국가의 법은 감정을 제어할 수 없는 이성에 의해서가 아니라 형벌의 위협에 의해서 확보되는 까닭에 자연 상태에서의 무제약적인 자연권의 행사에 따른 해악에서 어느 정도 벗어날 수 있게 된다(『에티카』 제4부 정리37 주석2). 이성에 의해 인도되는 인간은 개인적 고독 속에서보다는 보편적 법체계를 따르는 국가공동체적 삶 속에서 더 자유롭다고 스피노자는 분명히 말한다(『에티카』 제4부 정리73).

　이성적 요구들이 일상적 삶 속에 구현되려면 자연 상태에서 국가 상태로의 이행은 필수적이다. 이러한 이행을 보여줌에 있어 스피노자는 특히 토머스 홉스의 『리바이어던』의 영향을 받은 것으로 보인다. 홉스는 '만인에 대한 만인의 투쟁 상태(bellum omnium contra omnes)'인 자연 상태에서 이기적인 개인들이 자발적으로 자연권의 일부를 포기하고 국가를 형성하기 위해 상호 협력할 수 있음을 보여주었다. 스피노자 또한 자연 상태에서 모든 사람이 무제약적으로 자신의 이익을 추구하지만 건전한 이성의 명령에 따라 그렇게 하는 것은 결코 아니므로 본질적으로 불안정하고 항시 위험에 노출되어 있다고 보았다. 그러나 스피노자의 경우 자연 상태에서 국가 상태로의 이행은 기본적 안전은 물론 이성적 삶과 보편적 자유의 실현이라는, 보다 적극적인 의미를 부여하고 있다는 점에서 홉스와 차별화된다. 또한 그가 추구하는 이상적 국가는 군주정이 아니라 민주정이며, 오직 민주정을 통해서만 자유를 보장받을 수 있다고 보았다.

스피노자에게 있어 자유란 단순히 생득적으로 또는 천부적 인권의 형태로 주어진 것이 아니라 민주정이라는 정치공동체를 통해 형성된 것이다. 그에게 있어 사회계약은 "각자의 욕망과 능력을 서로 조율하기 위해, 또 그 결과, 그들의 자연권을 각자 자신을 위해 개별적으로 행사하는 대신, 만장일치와 조화 속에서 집단적으로 행사하기 위해서"[166]이다. 상호 도움이 없이는 인간은 필연적으로 매우 비참하게 살아갈 수밖에 없을 것이기 때문에 안전하게 함께 살아가기 위한 협약에 반드시 도달해야 하는 것이다.[167] 다만 『신학정치론』 제17장에서 스피노자는 그 누구도 최고 권력에게 자신의 모든 권리를 양도할 수도 양도할 필요도 없다는 사실을 증명하고 있다. "만일 사람들이 자연권을 완전히 박탈당하여 최고 권력자의 관용에 의하지 않고서는 공적 업무에 그 어떤 영향력도 행사하지 못하게 된다면, 가장 난폭한 전제정치가 아무런 제지 없이 지속될 수 있을 것"[168]이라고 단언한다.

정치사회를 수립함에 있어 이성적 동기를 강조한 근대의 사회계약론자들과는 달리, 스피노자는 이성적 동기도 인정하지만 특히 정념적 동기를 강조한다. 공포에서 벗어나 안전하게 살기를 열망하며 자연 상태에서의 적대 관계를 종식시키고 싶어 하는 정념적 욕망이 없었다면 정치사회는 수립되지 못했을 것이라고 보는 것이다.

개인의 자연권은 건전한 이성에 의해서가 아니라 욕구와 힘에 의해 결정된다. 모든 사람이 이성의 법칙과 규율에 따라 행동하도록 자연적으로 조건 지워지는 것이 아니다.

The natural right of the individual man is thus determined, not by sound reason, but by desire and power. All are not naturally conditioned so as to act according to the laws and rules of reason.[169]

그러나 『신학정치론』에서 나타나고 있는 이러한 '사회계약'의 개념은 그의 『정치론』에서는 부재한다. 오히려 『정치론』에서는 개인이 아닌 다중(多衆) 개념에 기초하여 권력(potestas)에 대항하는 역량(potentia)의 철학을 전개한다. 이러한 '권력과 역량 사이의 구별과 적대를 인식하는 것은 스피노자 사상의 현대적 적합성을 평가하는 중요한 열쇠'[170]이다. 스피노자적인 맥락에서 이러한 두 가지 권력형태의 적대 제기는 '대립이 아니라 다양성'의 측면을 보여주려는 것으로 이러한 스피노자의 관점은 궁극적으로 다중이 자기 자신을 지배할 수 있을 때 다중의 민주주의가 가능하다고 본 안토니오 네그리의 관점에서 부활된다. 권력과 역량, 그리고 권리의 관계에 대해서는 본서 제6장 "스피노자 사상의 현대적 부활"에서, 특히 '안토니오 네그리'와 '에티엔 발리바르' 편에서 다루기로 한다.

스피노자는 정치론의 영역에서는 이상주의적 철학자라기보다는 현실주의자로서 그의 『정치론』은 『에티카』의 자연(神)과 인간 이해를 바탕으로 『신학정치론』의 문제의식을 심화하여 확장한 것이다. 그의 저술의 정치적 배경으로는 당시 네덜란드 공화정의 몰락에 따른 정정(政情) 불안의 요인이 크게 작용하였으며, 학문적으로는 이탈리아의 정치사상가 니콜로 마키아벨리(Niccolò Machiavelli, 1469~1527)의 『로마사 논고 Discourses on Livy』에 힘입은 바 크다. 『로마사 논고』는 공화주의 정치철학의 진면목을 드러내 보인 작품으로 이 저술에서 마키아벨리는 단순히 로마사의 논평에 머물지 않고 당시 그가 29세 약관의 나이로 피렌체 공화정에 참여한 경험이 있는 외교관이자 행정가로서 로마 공화정이 주는 탁월한 교훈을 피렌체의 정치 상황에 원용하고자 했다.

마키아벨리는 정치 영역을 윤리 및 종교 영역과 구분하고 나아가 정치적 행위를 종교적 규율 및 전통적인 윤리적 가치로부터 분리시킴으로써 현실주의 정치사상을 대변하며, 공화주의적 자유의 관념과 중앙집권화된 근대국가의 정당성을 적극적으로 옹호하였다. 『로마사 논고』에 나타난 그의 정치사상을 관통하는 핵심 개념은 '자유' 또는 '자율'이며, 그러한 이상의 현실적 모델이 고대 로마 공화정임을 강조하고 로마의 영광을 재현할 수 있는 비전을 제시하려 한 것이다. 스피노자 정치사상의 핵심 키워드 또한 '자유'이며 "국가의 진정한 목적은 자유"이고 그 자유는 오직 세속적 국가를 통해서만 가능하다고 보았다. 따라서 스피노자의 정치사상을 올바르게 이해하기 위해서는 『로마사 논고』에 담긴 마키아벨리의 정치사상에 대한 이해가 필수적이다. 실제 삶과 도덕적 삶의 차이를 인지함으로써 상상이나 도덕적 가치관을 배제하고 사실에 바탕을 둔 정치론을 쓰고자 한 점에서 스피노자와 마키아벨리의 일치점을 찾을 수 있다.

마키아벨리는 로마 공화정을 꽃피운 근본 덕목이 시민과 정치지도자 모두에게서 나왔다고 본다. 시민들의 공공적 덕성인 비르투(virtu)와 자유에 대한 존중, 훌륭한 법치와 시민군에 기초한 강력하고 효율적인 군대의 뒷받침, 그리고 로마 시민들의 청빈함 등이 복합적으로 작용하여 로마의 융성을 이끌 수 있었다고 역설한다. 대중의 비르투를 분발시키고 유지시키기 위해 마키아벨리가 제시하는 해결책은 크게 세 가지이다. 즉 정치지도자의 탁월한 비르투를 통한 감화와 위협, 좋은 법과 제도 그리고 혼합정체의 정비, 종교 의식의 유지 및 활용[171]이 그것이다. 그가 로마 공화정의 부활을 꿈꿨던 것은 로마 공화정의 훌륭한 정치제도와 더불어 정치지도자와 시민들의 위대한 비르투를 부활시키는 것이 당시 유약했던 조국 피렌체를 융성하게 하고 사분오열된 이탈리아를 통일시키는 단초가 될 것이라고 믿었기 때문이다. 마키아벨리의 공화주의적 철학과 가치는 스피노자에게 커다란 영감을 불러일으켰을 뿐만 아니라 오늘날까지도 공화정의 유지 및 발전에 필요한 자양분을 공급해 준다.

스피노자는 『에티카』에서와 마찬가지로 『정치론』에서도 자유를 핵심 주제로 삼았다. 『에티카』에서의 자유는 직관지(直觀知)에 기초하여 '신에 대한 지적 사랑'에서 성취된다. 그런데 『정치론』에서의 자유는 특히 정치공동체적 요소와 강하게 결부되어 나타난다. 즉 시민의 자유는 국가의 안전과 관계되고, 국가의 안전은 훌륭한 법률과 제도에 의해 보장된다는 것이다. 시민의 덕성이 충만하고 정치지도자가 절제와 지혜의 덕을 발휘하여 자신의 책무를 다할 때 로마가 번성했던 것처럼, 스피노자의 체계 속에서도 덕과 법제도는 지복(至福)과 완전히 일치하는 것으로 나타난다. 『정치론』 제1장 6절에서는 국가의 덕목은 안전이며, 그것은 법제도의 정비를 통해서 실현된다는 것을 분명히 밝히고 있다.

국가의 안전이 어떤 사람의 선의에 의존하거나, 공무가 그것을 처리하는 사람의 선의에 의한 행동에 의하지 않고서는 올바르게 운영되지 않는 국가는 결코 안정적이지 않다. 국가가 영속되기 위해서는 국가 업무가 잘 정비되어서 국사를 처리하는 자가 이성에 따르든 감정에 따르든 상관없이 신의를 저버리거나 사악한 행동을 할 수 없도록 해야 한다. 국가의 안전은 공무가 바르게 운영되기만 하면 되는 것이고, 공무를 바르게 하기 위해 어떤 동기에 따라 이끌 것인가 하는 것은 문제가 되지 않는다. 정신의 자유나 힘은 개인의 덕목이지만, 국가의 덕목은 안전이기 때문이다.

So if the safety of a state is dependent on some man's good faith, and its affairs cannot be properly administered unless those responsible for them are willing to act in good faith, that state will lack all stability. If it is to endure, its government must be so organised that its ministers cannot be induced to betray their trust or to act basely, whether they are guided by reason or by passion. Nor does it matter for the security of the state what motives induce men to administer its affairs properly, provided that its affairs are in fact properly administered. Freedom of spirit or strength of mind is the virtue of a private citizen: the virtue of a state is its security.[172]

장 자크 루소(Jean-Jacques Rousseau)에 따르면 각 개인이 자신의 자연권을 공동체에 귀속시키고도 '여전히 자기 자신에게만 복종하며 이전과 마찬가지로 자유로울 수 있는'[173] 것은 '일반의지(volonté générale)'의 최고 지도하[174]에 있기 때문이다. 이는 공공의 이익을 중심축으로 치자와 피치자 간에 완전한 일체감이 형성될 때에만 가능한 것이다. 마키아벨리의 경우에도 자유는 훌륭한 정치제도와 더불어 정치지도자와 시민들의 위대한 비르투에 기인하는 것이라는 점에서 정치공동체적 개념이다. 스피노자의 경우에도 자유는 이성에 의해 인도되고 욕망을 억제하면 할수록 증대되며, 이는 오직 국가 안에서만 가능하고 이성의 명령에 따라 정해진 법률이 있어야만 가능하다는 점에서 역시 정치공동체적 개념이다.

그러므로 엄밀한 의미에서 죄와 복종이 그러하듯이 정의와 불의 역시 국가 안에서가 아니면 생각할 수 없다. 왜냐하면 자연에서는 이 사람에게만 속하고 다른 사람에게는 속하지 않는다고 말할 수 있는 것은 아무것도 없으며, 모든 것은 그것을 소유할 힘을 가진 모든 사람에게 속하기 때문이다. 그러나 무엇이 이 사람에게 속하고 다른 사람에게 속하지 않는가가 공동의 법에 의해 결정되는 국가 상태에서는, 각자에게 각자의 것을 인정하려는 항구적 의지를 지닌 사람은 옳다고 하겠지만, 남에게 속하는 것을 자기 것으로 하려고 하는 사람은 옳지 못하다고 할 수 있다.

Therefore, just as sin and obedience, taken in the strict sense, can be conceived only in a state, the same is true of justice and injustice. For there is nothing in Nature that can rightly be said to belong to one man and not another; all things belong to all, that is, to all who have the power to gain possession of them. But in a state, where what belongs to one man and not to another is decided by common laws, a man is called just who has the constant will to render to every man his own; and he is called unjust who endeavours to appropriate to himself what belongs to another.[175]

국가는 '법과 자기보존의 힘에 의해서 확립된 사회'이며, 국민은 국가의 권력에 의해서 보호되는 자들이다(『에티카』 제4부 정리36 주석2). 『신학정치론』 제16장에서는 개인의 자연권과 시민권이 민주주의 정체에서 조화될 수 있음을 보여준다. "자연권에 대한 침해 없이도 사회는 형성될 수 있고, 계약은 엄격하게 지켜질 수 있다. 각 개인이 자신의 힘 전체를 국가에 양도하면 국가는 최고의 자연권인 주권을 보유하게 됨으로써 유일하고 의문의 여지가 없는 지배권을 갖게 되고, 사람들은 극형에 처해질 수도 있다는 공포 때문에 국가에 복종할 수밖에 없다. 이러한 종류의 국가를 민주주의라고 부른다."[176] 스피노자에게 있어 민주정은 국민의 자유와 자연권을 보장하는 절대정체인 것으로 나타난다.

국가의 최고권과
최선의 상태에 관하여

『정치론』제3, 4, 5장은 국가 최고권의 권리와 소관 사항 그리고 최선의 국가 상태에 관하여 고찰한다. 우선 제3장 최고권의 권리에 관하여 살펴보기로 하자. 스피노자에 의하면 최고 권력의 권리는 각 개인의 힘에 의한 것이 아니고 인민 전체의 힘에 의해 규정되는 자연권과 같은 것이다. 말하자면 자연 상태에서의 개인이 그가 지닌 힘만큼의 권리를 갖는 것과 마찬가지로 국가의 조직체와 정신도 그 국가가 지닌 힘만큼의 권리를 갖는다. 개별 시민의 권리가 적을수록 국가는 힘에 있어 더욱 더 개인을 능가한다. 따라서 개별 시민은 국가의 일반 법령에 의해 지켜질 수 있는 것을 제외하고는 아무것도 권리로서 행하거나 소유할 수 없다는 것이다(『정치론』제3장 2절). 최고권인 주권의 관심사는 사람들이 온전한 이성의 지도하에 평화롭고 조화롭게 살아갈 수 있도록 민주주의의 기초를 튼실하게 하는 데 있으며, 신민의 의무는 주권의 명령에 복종하고 최고권이 설정한 권리를 인정하는 데 있다.[177]

만일 국가가 어떤 사람에게 마음대로 살 수 있는 권리나 힘을…허용한다면,

그로써 국가는 자기의 권리를 포기하고 그러한 힘을 부여받은 사람에게 양도하는 셈이 된다. 또 만일 국가가 두 사람 또는 그 이상의 사람에게 힘을 주어 그들 각자의 뜻에 따라 마음대로 살 수 있도록 허용한다면, 그로써 국가는 통치권을 분할한 셈이 된다. 그리고 끝으로 만일 국가가 국민 각자에게 그러한 힘을 준다면 국가는 스스로를 파멸시켜 국가로 존속할 수 없게 되며, 모든 것은 자연 상태로 되돌아갈 것이다.

If a commonwealth grants to anyone the right, and consequently the power···, to live just as he pleases, thereby the commonwealth surrenders its own right and transfers it to him to whom it gives such power. If it gives this power to two or more men, allowing each of them to live just as he pleases, thereby it has divided the sovereignty; and if, finally, it gives this power to every one of the citizens, it has thereby destroyed itself, ceasing to be a commonwealth, and everything reverts to the natural state.[178]

따라서 국가의 법령으로 시민 각자에게 그들 마음대로 살 수 있도록 허용하는 것은 결코 생각할 수 없는 일이라고 스피노자는 말한다. 사람들로 하여금 그들 자신의 재판관이 되게 하는 자연권은 국가 상태에서는 특히 '국가의 법령에 의하여' 필연적으로 중지되어야 한다고 그는 역설한다. 왜냐하면 국가 상태에서도 사람들의 자연권은 중지되지 않으며, 사람들은 자기 본성의 법칙에 따라 행동하고 각자의 이익을 추구하기 때문이다. 그는 인간이 어떤 상태에서든 희망이나 공포에 의해 무엇을 하거나 하지 않거나를 결정한다고 본다. 자연 상태와 국가 상태의 중요한 차이는 국가 상태에서는 모든 사람이 동일한 대상에 두려움을 갖고 동일한 이유로 안전을 추구하고 동일한 생활양식을 갖는다는 데에 있다. 그렇다고 해도 각자의 판단 능력이 없어지는 것은 아니다. 왜냐하면 국가의 명령에 따르려고 하는 사람은 국가의 힘을 두려워해서건 평온한 삶을 즐기기 위해서건, 자신의 방식으로 안전과 이익을 도모할 것이 확실하기 때문이다(『정치론』제3장 3절).

　나아가 스피노자는 모든 시민이 국가의 법령이나 법률을 스스로 해석할 수 있도록 허용하는 것 역시 생각할 수 없는 일이라고 하고 있다. 만일 이 같은 일이 실제로 허용된다면 시민들 각자가 그 자신의 재판관이 될 것이기 때문에 불합리하다는 것이다. 오직 최고 권력만이 무엇이 정당하고 부당한지, 무엇이 정의이며 불의인지를 결정할 권리를 갖는다. 따라서 최고 권력만이 법률을 제정하며, 또한 법률을 해석할 권리를 지닌다. 모든 시민은 국가의 권리에 종속되어 국가의 모든 명령을 실행할 의무가 있다. 국가라는 유기체는 하나의 정신에 의하여 인도되어야 하며, 국가가 옳거나 바르다고 결정한 것은 시민 각자에 의해 그렇게 결정된 것으로 보아야 하고, 비록 국가의 결정이 부당하다고 생각될 때라도 신민(臣民)에게는 그것을 실행할 의무가 주어져 있다는 것이다(『정치론』제3장 4-5절).

　여기서 스피노자는 다른 사람의 판단에 전적으로 복종하는 것이 이성의 명령에 배치되며, 따라서 국가 상태는 이성에 배치되는 것이 아닌가라는 반박을 할 수 있다고 본다. 그리고 국가 상태는 비합리적이며, 이성에 의해 인도되는 사람들에 의해서가 아니라 이성이 결여된 사람들에 의해 만들어질 수 있다는 주장이 제기될 수도 있다는 것이다. 그러나 이성은 자연에 반하는 어떤 것도 가르치지 않기 때문에 건전한 이성은 인간이 여러 감정에 종속되어 있는 한에서는 개인이 독립적으로 권리를 추구하는 것이 불가능하다고 천명한다. 또한 이성은 평화를 추구하도록 가르치는데, 평화는 국가의 법률이 침해되지 않고 지켜질 때만 달성될 수 있다고 본다. 따라서 인간은 이성에 의해 인도되는 경우가 많을수록, 다시 말해 보다 자유로울수록 더욱 확고하게 국가의 법을 준수하고 최고 권력의 명령을 실행에 옮길 수 있다는 것이다(『정치론』 제3장 6절).

국가 상태는 공동의 공포를 제거하고 불행을 완화하기 위해 자연스런 방식으로 성립된 것이다. 따라서 그것은 이성에 의해 인도되는 인간이 자연 상태에서는 이룰 수 없는 목표를 추구한다. 그러므로 이성에 의해 인도되는 인간이 이성에 반하는 것으로 알고 있는 것을 국가의 명령에 의해서 해야 할 때가 있다 해도, 그로 인해 발생하는 손해는 국가 상태에서 얻어지는 이익으로 충분히 보상된다. 두 개의 악 가운데 보다 작은 악을 선택하는 것 또한 이성의 법칙이다. 국가의 법이 명령한 것을 실행하는 한 그것은 결코 이성의 명령에 배치되게 행동하는 것은 아니라고 결론지을 수 있다.

…a civil order is established in a natural way in order to remove general fear and alleviate general distress, and therefore its chief aim is identical with that pursued by everyone in the natural state who is guided by reason, but pursued in vain. Therefore, if a man who is guided by reason has sometimes to do by order of the commonwealth, what he knows to be contrary to reason, this penalty is far outweighed by the good he derives from the civil order itself; for it is also a law of reason that of two evils the lesser should be chosen. Therefore, we may conclude that nobody acts in a way contrary to what his own reason prescribes in so far as he does that which the law of the commonwealth requires to be done.[179]

스피노자에 의하면 자연 상태에서는 이성을 따르는 인간이 가장 강력하고 독립적이듯이, 국가 역시 이성에 기초하고 이성을 따를 때 가장 강력하고 독립적이게 된다. 다음으로 신민은 국가의 힘 또는 위협을 두려워하거나 국가 상태에 애착을 느끼는 만큼 국가에 의존하며 국가의 권리 아래에 있게 된다. 따라서 보상이나 위협으로 사람의 마음을 움직일 수 없는 것은 국가의 권리에 속하지 않는다는 결론이 나온다. 예컨대, 미워하는 사람을 사랑하게 하거나 사랑하는 사람을 미워하게 하는 것, 또는 자기 스스로 느끼고 생각하는 것과 반대의 것을 믿도록 하는 것 등 어떠한 보수나 위협으로도 강제할 수 없는 것들은 국가의 권리에 속하지 않는다는 것이다. 이 외에도 그는 많은 사람들의 공분을 야기하는 일에 대해서는 국가의 권리가 거의 미치지 못한다는 사실을 지적한다. 그러나 국가의 법은 어리석거나 미친 사람을 보수나 위협으로 명령을 따르게 할 수는 없다고 해도, 또 특정 종파에 귀의한 자가 국가의 법을 최악의 법이라고 판단한다고 해도 그 때문에 효력을 상실하지는 않는다. 왜냐하면 대부분의 시민이 그 법에 구속되어 있기 때문이다(『정치론』 제3장 7-9절).

스피노자는 국가 상태에서 요구되는 신민의 복종으로 인해, 신을 경배할 의무를 부여하고 있는 종교적 입장이 소외될 수 있다는 반론이 제기될 수 있다고 본다. 역사상 종교에 대한 정치적 탄압이 이루어진 사례가 허다할 뿐만 아니라 스피노자 자신의 집안도 포르투갈에서의 종교적 박해를 피해 네덜란드로 이주하였으니, 이러한 반론의 제기 가능성을 상정한 것은 당연한 일이라 하겠다. 이에 대한 스피노자의 관점은 분명하다. 정신은 이성을 바르게 사용하는 한, 최고 권력에 의존하지 않고 정신 자체의 자유로운 판단 능력을 갖게 되므로 문제가 되지 않는다는 것이다. "이웃에 대한 사랑이 그러하듯 신에 대한 참된 인식과 사랑은 그 누구의 지배에도 종속되지 않는다."[180] 다만 정신이 다른 사람에게 기만당할 때는, 판단 능력 역시 다른 사람의 권리 아래에 있게 되므로(『정치론』제2장 11절) 자유로울 수 없게 되는 것이다.

이와 유사하게 『신학정치론』 제16장에서는 '주권자의 명령이 종교나 신에 대한 명시적인 복종 서약에 반(反)할 경우 신법에 복종해야 하는가 아니면 인간의 법에 복종해야 하는가'라는 물음이 제기되고 있다. 이에 대해 스피노자는 확실하고 논란의 여지가 없는 계시가 내려진 경우라면 무엇보다 신에게 복종해야 한다고 본다. 그러나 많은 경험이 입증하듯이 인간은 종교적 문제에서 오류를 범하기 쉬우며 각자의 기질에 따라 주관성이 농후한 생각을 개진할 가능성이 상당히 크기 때문에 국가에 복종하도록 구속받지 않는다면 국가의 권리는 모든 사람의 판단과 정념에 의존하게 될 것이므로 결국 완전히 파괴될 것이라고 본다. 따라서 "국가의 법을 수호하고 보존하기 위해 신권과 자연권 양자에 유일하게 구속되는 최고 권력인 주권은 종교와 관련하여 적합하다고 생각하는 법률 제정에서 최고의 권위를 가진다"[181]고 결론 내린다. 이는 『신학정치론』 제19장 "종교 문제에 관한 권리는 전적으로 주권자에게 있으며, 신을 올바르게 섬기고자 한다면 종교의 외적인 예배 형식은 공공의 평화와 일치해야 한다"[182]는 내용과 일맥상통한다.

이상에서와 같이 시민에 대한 최고 권력의 권리와 신민의 의무에 관하여 설명한 후, 스피노자는 『정치론』 제3장 11~17절에서 타국에 대한 최고 권력의 권리에 대해 고찰한다. 그에 따르면 최고 권력의 권리는 자연권과 같은 것이기 때문에(『정치론』제3장 2절) 두 국가 간의 관계는 자연 상태에서의 두 사람 간의 관계와 같다. 다만 국가는 다른 국가의 압박에 대해서 스스로를 지킬 수 있지만, 자연 상태에서의 인간은 그렇게 할 수 없다는 차이뿐이다(『정치론』제3장 11절). 국가는 스스로를 위해 계획하고 다른 국가의 압박에 대해서 자신을 지킬 수 있을 때에는 독립적이다. 이에 반해 다른 국가의 힘을 두려워하며, 또 다른 국가에 의해 업무 수행이 방해 받을 때, 또는 국가의 유지 및 확대에 다른 국가의 원조를 필요로 할 때에는 다른 국가에 종속된 것이다. 두 나라가 상호 협력한다면 단독으로 있을 때보다 더 강력해지고 더 많은 권리를 갖게 된다(『정치론』제3장 12절).

  스피노자는 자연 상태에서의 인간이 서로 간의 적이듯, 자연권을 유지하고 있는 국가들 또한 본성적으로 모두 서로의 적이라고 본다. 전쟁은 한 국가가 개전(開戰) 의지를 갖는 것만으로도 성립되지만, 평화는 한 국가의 의지만으로는 달성될 수 없다. 그런 점에서 전쟁의 권리는 각 나라에 속하지만, 평화에 관한 권리는 최소한 두 나라에 속한다. 그러나 두 나라 간의 조약은 그 조약을 체결하게 한 원인, 즉 손해를 볼 것이라는 두려움이나 이득을 보리라는 희망이 존재하는 동안만 존속하는 한시적인 것이다. 이들 두 국가 중 한 나라에서 이러한 두려움이나 희망이 사라지면 조약은 파기되고 상호적 의무는 자동으로 종식된다(『정치론』제3장 13-14절).

> 따라서 모든 국가는 원할 때면 언제든지 조약을 파기할 수 있는 전적인 권리를 갖는다. 그리고 공포나 희망의 원인이 제거되어 조약을 파기했을 때는 그러한 이유로 그 나라에 대해 기만적이라거나 배신적 행동을 했다고 비난할 수는 없다. 왜냐하면 어느 나라든 우선 공포에서 벗어난 국가는 다시 독립적이 되며 또 그 국가 재량으로 이 독립된 권리를 사용할 수 있다는 점에서 조약 체결 당사국의 입장은 어느 쪽이나 동등하기 때문이다.

Therefore every commonwealth has full right to break a treaty whenever it wishes, and it cannot be said to act treacherously or perfidiously in breaking faith as soon as the reason for fear or hope is removed. For each of the contracting parties was on level terms in this respect, that whichever could first rid itself of fear would be in control of its own right, which it could use just is it pleased.[183]

조약을 체결할 당시의 조건이 변한다면 전체의 상황도 변할 수밖에 없다. 조약 체결 당사국은 자국의 이익을 극대화하기 위한 계획을 실행할 수 있는 권리를 보유하며, 가능한 한 공포에서 벗어나 독립적이 되기 위해 노력하고, 다른 나라가 더 강력해지는 것을 방지하기 위해 노력한다. 따라서 어떤 국가가 기만당했다고 호소하며 조약 파기를 탓하는 것은 어리석은 일이라고 스피노자는 말한다. 평화 조약을 체결한 당사국들에게는 상호 준수해야 할 평화의 조건 및 규약에 관하여 향후 발생할지도 모를 계쟁(係爭) 문제를 해결하는 권리가 귀속된다. 그러한 문제들에 관하여 당사국 간의 의견이 일치하지 않을 때에는 전쟁 상태로 되돌아간다. 평화조약을 체결하는 국가들이 많아질수록 조약 체결 당사국의 공동의지에 구속받는 경우가 많아지므로 다른 나라에 두려움을 주거나 전쟁을 할 수 있는 힘도 그만큼 줄어들게 된다(『정치론』 제3장 15-16절).

여기서 스피노자는 건전한 이성과 종교가 가르치는 신의가 조약 체결 당사국들의 공동의지에 의해 무효화되는 것은 결코 아니라고 본다. 그 이유로서 이성이나 성서 모두 어떤 경우에라도 약속은 꼭 지켜야 한다고 가르치지는 않는다는 점을 들고 있다. 말하자면 일반적으로는 신의를 지킬 것을 가르치면서도 특별한 경우 각자의 판단에 맡기고 있다는 것이다. 예를 들어, 어떤 사람이 비밀리에 돈을 보관해 주기로 약속했다고 해도 그 돈이 훔친 돈임을 알게 되었을 때에는 그 약속을 지킬 의무가 없어질 뿐만 아니라 그 돈을 본래의 주인에게 되돌려주려는 노력을 하는 것이 옳은 태도라는 것이다. 이와 마찬가지로 한 나라가 다른 나라에게 무엇인가를 약속했다고 해도, 시간이 흐름에 따라 또는 숙고한 결과, 그 약속이 신민의 공공복리를 저해한다는 사실을 알게 되거나 그렇게 생각되었을 때 약속은 파기되는 것이 마땅하다고 보는 것이다(『정치론』 제3장 17절).

『정치론』 제3장 마지막 18절에서는 그가 서론에서 밝힌 정치이론의 연구 목적이 "있는 그대로의 인간 본성에서 이끌어내어 실제와 가장 일치할 수 있는 문제들을 명징한 논리에 의해 증명하려는 것(『정치론』 제1장 4절)"임을 다시금 환기시킨다. 그가 『정치론』에서 증명하고자 한 모든 것은 "인간 본성의 필연성에서, 즉 만인에게 보편적인 자기보존의 욕구라는 관점에서" 이루어진 것이라고 밝히고 있다. 이 자기보존의 욕구는 배운 자이건 배우지 못한 자이건 모든 인간에게 공통적으로 내재하며, 인간 본성이 어떻게 해석되든 그 결과는 똑같다고 본다. 이 증명은 보편성을 따르기 때문이다. 스피노자에게 있어 철학적 이상과 정치적 현실, 개인과 공동체의 접합 가능성이 여기에 있다.

다음으로 『정치론』 제4장은 최고권인 주권의 소관 사항에 관하여 고찰한다. 스피노자에 의하면 최고 권력의 모든 기능 및 이를 실행하는 데 필요한 모든 수단은 국사(國事)에 관한 일이므로 국사는 최고 권력을 지닌 사람의 지도에 의존한다. "사람들의 행위를 판단하고, 사람들의 행위에 관하여 책임을 묻고, 죄 있는 사람에게 형벌을 내리고, 시민들 사이의 소송을 해결하거나 법률전문가를 임명하여 이런 일들을 대신하게 하는 등의 권리는 오직 최고 권력의 권리에 속한다. 다음으로 전쟁이나 평화를 위한 수단을 정비하고 실행하는 권리, 즉 도시를 건설하고 방위하며, 군대를 모집해서 직책을 부여하고 그 직책을 행하도록 명령하며, 평화사절을 파견하거나 접견하며, 끝으로 이런 모든 비용을 충당할 수 있도록 세금을 거둬들이는 권리 역시 최고 권력의 권리에 속한다(『정치론』제4장 2절)." 이처럼 국사를 처리하거나 그러한 목적으로 관리를 임명하는 권리는 전적으로 최고 권력의 소관 사항이다.

최고권인 주권도 법에 구속되는지, 따라서 죄를 범할 수 있는지에 대해 스피노자는 국가 역시 모든 법에 구속되고 또 죄를 범할 수도 있다고 본다. 만일 국가가 국가로서 존재하기 위해 필수적인 법이나 규칙에 구속되지 않는다면, 국가는 자연물이 아니고 망상의 산물로밖에 볼 수 없기 때문이라는 것이다. 국가가 자신을 파멸시키는 원인이 될 만한 일을 하거나 그러한 일을 당할 때, 스스로에게 죄를 범하는 것이다. 철학자나 의사가 자연은 죄를 범한다고 말하는 것과 같은 의미에서 국가가 죄를 범한다고 말할 수 있다는 것이다.

> 국가가 이성의 명령에 반하는 무언가를 할 때 죄를 범한다고 말할 수 있는 것 역시 이런 의미에서이다. 국가는 이성의 명령에 따라서 행동할 때 가장 독립적일 수 있기 때문이다(제3장 7절). 따라서 국가는 이성에 반하여 행동하는 한, 자기 스스로를 배반하며 죄를 범하게 된다.
>
> …it is in this sense we can say that a commonwealth does wrong when it does something contrary to the dictates of reason. For it is when a

commonwealth acts from the dictates of reason that it is most fully in control of its own right(Section 7 of the previous Chapter). In so far, then, as it acts contrary to reason, it falls short of its own self, or does wrong.[184]

우리가 자신의 소유물에 대해 갖는 권한은 소유자의 능력에 의해서뿐만 아니라 소유 대상의 적응성에 의해서도 규정된다. 예를 들어, 책상을 내 의지대로 할 수 있는 권리를 가지고 있다는 것은 책상으로 하여금 풀을 뜯어 먹게 할 수 있는 것과 같은 권리를 가지고 있다는 뜻은 결코 아니라고 스피노자는 말한다. 이와 마찬가지로 우리가 국가의 권리 아래에 있다고 해도 인간적 본성을 잃어버리고 다른 본성이 되게 하거나, 우리가 혐오하는 것들을 존경하도록 할 권리를 가지고 있다는 뜻은 아니라는 것이다. 여기서 의미하는 바는 국가에 대한 시민의 존경과 공포가 유지되게도 하고, 또 존경과 공포 그리고 국가가 없어지게도 하는 일정한 조건이 존재한다는 것이다. 공포와 존경의 원인을 존속시키지 않으면 국가는 자신의 권리 하에 있을 수가 없으므로 이미 국가가 아니다. 통치권을 장악한 자가 혐오스런 행위를 서슴지 않거나 스스로 정해 놓은 법률을 파기해서는 위엄을 유지하기란 불가능하다. 또한 신민을 학살하거나 약탈하거나 처녀를 농락하는 것과 같은 행위는 공포를 분노로 바꾸어 국가 상태를 폭력적인 적대 상태로 돌변하게 한다(『정치론』제4장 4절).

스피노자는 국가가 자신의 이익을 위해서 준수해야 하는 여러 규칙이나 공포와 존경의 여러 원인들이 국법의 영역이 아니라 자연법의 영역에 속한다고 말한다. 왜냐하면 그것은 국법에 의해서가 아니라 전쟁의 권리에 의해서만 유지될 수 있으며, 또 국가는 자연 상태에서의 인간과 마찬가지로 독립을 유지하고 스스로를 파멸시키지 않도록 그 규칙들과 원인들에 구속되기 때문이라는 것이다. 스피노자의 관점에서 이는 복종이 아니라 인간의 자유를 행사하는 것이다. 그러나 국법은 전적으로 국가의 명령에만 의존하고, 국가는 자유를 유지하기 위해 자기 이외의 그 누구의 뜻에도 따를 필요가 없으며, 또 스스로 옳고 그름을 결정하는 것 외에는 무엇에도 구속되지 않는다. 따라서 국가는 스스로를 옹호하고 법률을 제정하며 해석하는 권리를 가질 뿐만 아니라, 그 법률을 폐지하고 죄를 범한 사람을 자기 재량으로 용서하는 권리도 가진다는 것이다(『정치론』 제4장 5절).

스피노자에 따르면 민중이 자신의 권리를 하나의 회의체 또는 특정인에게 위임하는 계약이나 법률은 공공의 이해가 파기를 요구할 경우 즉시 파기되어야 하며, 이에 관한 판단의 권리는 개인에게 속하지 않고 오직 통치권을 지닌 사람에게 속한다. 따라서 통치권을 지닌 사람만이 법률을 해석할 수 있으며, 어떤 개인도 법률을 강행할 권리를 가지고 있지 않기 때문에 법률은 통치권자를 사실상으로는 구속하지 못한다고 본다. 그러나 그러한 법률이 국가의 힘을 약화시켜 시민들의 공포가 분노로 바뀌어 법률이 파기되는 상황에 이르면 국가는 해체되고 계약은 끝난다는 것이다. 그러므로 계약은 국법이 아니라 전쟁의 권리에 의해서만 유지되며, 자연 상태에서의 개인이 스스로를 파멸시키지 않도록 주의해야 하는 것과 똑같은 이유로 통치권자는 계약의 조건을 준수해야 한다는 것이다(『정치론』 제4장 6절).

다음으로 『정치론』 제5장은 최선의 국가 상태에 관하여 고찰한다. 인간이 이성에 의해 인도될 때 가장 독립적일 수 있듯이, 국가 역시 이성에 기초하고 이성에 의해 인도될 때 가장 강력하고 독립적일 수 있다. 개인이나 국가가 행하는 최선의 일들은 자신의 권리를 독립적으로 완전히 행사했을 때

행해진 것들이다. 그러나 밭을 갈 수 있는 권리를 지닌 것과 밭을 잘 가는 것이 별개의 문제이듯, 통치하고 국사를 관장하는 권리를 갖는 것과 가장 잘 통치하고 최상의 방식으로 국사를 관장하는 것은 별개의 문제라고 스피노자는 말한다(『정치론』 제5장 1절). 그는 최선의 국가 상태를 국가의 목적에서 도출해 내고 있다.

> 최선의 국가 상태는 국가의 목적에서 쉽게 알 수 있다. 국가의 목적은 삶의 안전과 평화이다. 따라서 인간이 조화롭게 화합하여 생활하고 법이 잘 지켜지는 나라가 최선의 국가다. 왜냐하면 반란, 전쟁, 법률의 경시나 침해는 그 원인이 신민의 사악함에 있다기보다는 그릇된 통치에 있음이 확실하기 때문이다.
>
> The best way to organise a state is easily discovered by considering the purpose of civil order, which is nothing other than peace and security of life. Therefore the best state is one where men live together in harmony and where the laws are preserved unbroken. For it is certain that rebellions, wars, and contempt for or violation of the laws are to be attributed not so much to the wickedness of subjects as to the faulty organisation of the state.[185]

신민의 악덕과 과도한 방종 및 반항이 국가의 악덕과 불완전한 권리에 기인하는 것이라면, 신민의 덕과 법률에의 복종은 국가의 덕과 완전한 권리에 기인하는 것이다. 한니발 부대에서 단 한 차례도 반란이 일어나지 않은 이유를 한니발의 탁월한 덕성과 능력 덕분인 것으로 평가한 것[186]은 타당하다고 스피노자는 말한다. 평화를 전쟁의 부재로 규정하는 홉스와는 달리, 그의 관점에서 평화란 단순히 전쟁의 부재가 아니라 정신의 힘에서 생겨나는 덕성과 같은 것이다. 평화는 법에 대한 복종을 전제로 하며, 복종은 국가의 일반 법령에 따라서 명하는 바를 실행하려는 항구적 의지이기 때문이다. 신민의 무기력함에 의해 평화가 지탱되는 국가나, 신민이 양처럼 인도되어 예속만을 아는 국가는, 국가라기보다 황무지라고 부르는 것이 더 적절하다고 그는 말한다. 그가 강조하는 최선의 국가란 특히 이성적이며 진정한 덕성과 정신적인 삶의 인간 생활을 영위하는 국가이다(『정치론』제5장 3-5절).

여기서 스피노자는 자유로운 인민에 의해 창립된 국가와 전쟁의 권리에 의해 획득한 국가 간에는 국가의 권리 일반과 관련해서는 본질적 차이가 없지만, 국가의 목적 및 자기보존을 위한 수단과 관련해서는 매우 큰 차이가 있다고 본다. 전쟁의 권리에 의해 획득한 국가의 목적은 지배하는 데에 있으며, 신민보다는 노예를 갖는 데에 있다는 것이다. 그가 말하는 국가는 자유로운 민중들에 의해서 세워진 국가이지, 전쟁의 권리에 의해 민중에게서 빼앗은 국가가 아니라는 점을 역설한다. 제5장 마지막 7절은 마키아벨리의 저술 의도에 대한 스피노자의 해석을 보여준다. 지배욕만 가진 군주가 국가를 강화하고 보존하기 위해 어떤 수단을 사용하는가를 마키아벨리가 설명한 목적은—분명치는 않지만—군주를 폭군으로 만든 원인을 제거할 수 없을 때 폭군 한 사람을 제거하려는 시도가 얼마나 어리석은가를 보여주려고 했던 것이라고 스피노자는 해석한다(『정치론』제5장 6-7절).

스피노자는 그의 『신학정치론』 제18장에서 민중이 폭군을 제거하는 데는 종종 성공했지만 폭정을 폐지하거나 군주정을 다른 정부 형태로 교체하는 데는 실패했다고 본다. 로마인들이 성공했던 것은 한 명의 폭군을 제거하고 그 대신에 수 명의 폭군을 세우는 것이었으며, 결국 정부 형태는 이름만 바뀐 채 다시 군주정으로 되었다는 것이다.[187] 그렇게 된 것은 군주를 폭군으로 만든 원인을 제거할 수 없었기 때문이라고 본다. 군주를 폭군이 되게 하는 원인은 그에게 공포를 불러일으킬 만한 사건이 늘어날수록 더 커지게 마련이고, 또한 민중들이 군주의 암살을 무슨 좋은 일이라도 되는 것처럼 자랑으로 여길 때 흔히 일어난다. 끝으로 스피노자는 자유로운 민중이 자신의 안녕을 한 사람에게 절대적으로 위임하는 일에 대해 얼마나 주의해야 하는가를 마키아벨리가 그의 저술에서 보여주고자 했던 것이라고 해석한다. 이러한 그의 해석은 마키아벨리가 자유의 옹호자였으며 또 자유를 지키기 위해 여러 가지 유익한 조언을 한 것이라는 그의 믿음과 일맥상통한다(『정치론』 제5장 7절).

군주정에 관하여

　　『정치론』 제6, 7장은 군주정에 관하여 고찰한다. 본 절에서는 군주국가가 영속적이기 위해서는 어떠한 기초가 마련되어야 하며 그 기초가 적실성이 있는가에 대해 살펴볼 것이다. 스피노자는 군주국가의 기초에 관한 설명이 어디까지나 자유 인민에 의해 건설된 군주국가를 염두에 두고 한 것으로 그러한 국가에만 유효하게 적용될 수 있음을 밝히고 있다. 스피노자에 의하면 인간은 본성적으로 국가 상태를 욕구하기 때문에 가끔 불화나 반란이 일어나더라도 그것이 국가 상태를 완전히 해체하는 이유가 되지는 못한다. 국가 상태는 자연 상태에서의 비참한 생활에서 벗어나 국가의 진정한 목적인 자유를 달성하고 인간다운 생활을 영위하기 위하여 무제약적인 각자의 자연권을 협약에 따라 양도하고 그것을 공동의 권리로 하여 형성된 것이다. 이 공동의 권리가 다수 인민의 의회에 소속되어 있으면 민주 국가라 부르고, 소수의 의회에 소속되어 있으면 귀족국가라 부르며, 한 사람에게 소속되어 있으면 군주국가라고 부른다.

국가는 모든 사람이 이성의 명령에 따라서 생활하도록 조직되어야 하며, 이는 공공복리에 관한 사안이 한 사람의 선의에 전적으로 위임되지 않을 경우에 달성된다. 모든 권력을 한 사람에게 위임하면 평화보다는 예속이 촉진되기 때문이다. 스피노자에게 있어 평화란 전쟁의 부재가 아니라 정신의 일치 내지는 화합에서 오는 것이다. 한 사람이 자신의 힘만으로 국가 최고의 권리를 장악할 수 있다고 믿는 것은 대단히 잘못된 일이라고 그는 말한다. 민중의 선택에 의해 왕이 된 사람은 자기 주변에 장군이나 고문관 내지 심복부하들을 모으게 되고 이들에게 자기와 모든 사람들의 복리를 위임하게 되어, 완전히 군주정이라고 믿고 있는 국가도 실제 운용에 있어서는 귀족정이 되는 경우가 많다는 것이다(『정치론』 제6장 1-5절).

국가의 권리가 절대적으로 왕에게 위임될수록, 왕은 오히려 독립적이지 못하게 되며, 그만큼 신민의 상태는 불행하게 된다는 결론이 나온다. 따라서 군주국가를 제대로 수립하려면 국가가 반석 위에 세워질 수 있도록 확고한 기초를 마련할 필요가 있다. 이 기초에 의해 군주에게는 안전, 민중에게는 평화가 생겨난다. 그리하여 군주가 민중의 복리를 위하여 가장 많은 노력을 기울일 때 최고로 독립적일 수 있다.

…the more absolute the transfer of the commonwealth's right to a king, the less he is in control of his own right and the more wretched the condition of his subjects. Thus to establish a monarchy in proper order, it is necessary to lay firm foundation on which to build, from which would result security for the monarch and peace for his people, thus ensuring that the king is most fully in control of his own right when he is most concerned for the welfare of his people.[1887]

스피노자는 절대주의 국가 내지는 군주국가가 지배적이었던 17세기에 이례적으로 민주국가를 국가의 전형이라고 보았다. 민주주의야말로 가장 자연적이며 자유와도 가장 잘 공명하는 정부형태라고 생각했던 것이다. 그러나 그는 군주국가나 귀족국가에서도 어떻게 하면 자유를 확보할 수 있을지에 대해 고민했다. 군주국가나 귀족국가의 경우 일정한 제약이 따른다고 해도 그 범위 내에서 어떻게 시민의 자유를 고려할 것인지가 그의 관심사였던 것이다. 그에게 있어 국가의 덕은 안전이며, 국가의 안전은 좋은 법률과 바른 국정 운영에서 생겨나는 것이므로 시민의 자유와는 함수관계에 있다. 스피노자의 체계 속에서 군주국가나 귀족국가, 특히 귀족국가는 시민의 자유가 최고로 활성화된 민주국가에 도달하는 과도적인 국가로 나타난다.

『정치론』 제6장 9절 이하에서 스피노자는 군주국가의 기초에 대해 세밀하게 설명한다. 9절부터 12절까지는 도시 건설과 방어, 군대의 구성과 시민의 의무 및 요건, 그리고 공공의 소유물에 대해 설명한다. '하나 또는 여러 개의 도시를 건설하고 방어해야 하며, 모든 시민은 다 같이 동일한 시민권을 향유한다. 각 도시는 공동의 방위를 위해 일정수의 시민을 제공해야 하며, 이런 요구를 충족시키지 못하는 도시는 다른 조건에 따라 종속적 지위에 놓인다. 군대는 시민으로만 구성되어야 하며, 모든 시민은 무기를 들어야 하는 의무를 지닌다. 누구든 군사훈련을 받고 해마다 일정한 시기에 실습할 것을 서약하지 않으면 시민으로 인정받지 못한다. 모든 시민은 씨족으로 나뉘며, 명칭과 휘장에 의해 구별된다. 이들 씨족 안에서 출생한 모든 사람은 시민으로 편입되며, 무기를 다루고 의무를 이행할 수 있는 나이가 되면 소속 씨족의 명부에 등재된다. 논밭과 모든 토지, 그리고 가능하다면 주택 역시 공공의 소유, 즉 주권자에게 속해야 한다. 토지는 매년 세금을 부과하여 국가가 도시민과 농민에게 임대하며, 이 임대세의 일부는 국가 방위에 충당되고 다른 일부는 왕실의 경비로 충당한다(『정치론』 제6장 9-12절).'

13절부터 20절까지는 왕족 관련 사항, 고문관과 그 회의체의 임무 및 기능에 대해 설명한다. '특정 씨족에서 왕이 뽑혔을 경우 왕의 자손들만 귀족으로 인정돼야 한다. 왕의 혈족이며 왕과 3등친 또는 4등친의 근친관계에 있는 귀족 남성의 결혼은 금지되어야 하며, 만일 이 귀족이 자식을 낳았을 때는 사생아로서 어떤 공직에도 취임할 자격이 없고 상속자로도 인정받지 못한다. 왕의 최측근이면서 왕 다음의 서열인 고문관은 임기직으로 다수 두어야 하고, 오직 시민 중에서 왕이 직접 선정한다. 회의체의 일차 임무는 국가의 근본법을 옹호하고, 정무에 관해 왕에게 조언을 하여 공공복리를 위해서는 어떠한 조처를 취해야 하는가를 알리며, 무엇보다 왕이 이 회의체의 의견을 듣지 않고서는 어떠한 결정도 할 수 없도록 하는 데 있다. 그 밖에 이 회의체의 임무는 왕의 명령 또는 칙령을 공포하고 국사에 대해 결정한 바를 실행하며 국가 행정 전반에 대해 왕의 대리자로서 감독하고, 나아가 왕자의 교육 및 어린 후계자의 후견 업무를 담당하는 데 있다. 시민은 회의체를 통하지 않고서는 왕에게 접근할 길이 없으며, 다른 나라의 사절 또한 마찬가지다(『정치론』 제6장 13-20절).'

21절부터 25절까지는 고문관으로 구성된 회의체의 후보 요건과 운영 및 의결 방식에 대해 설명한다. '이 회의체의 후보가 되려면 자기 나라의 시정과 근본법 및 국가의 사정을 잘 알아야 하며, 50세에 이르고 전과가 없어야 피선거인 명부에 등록될 수 있다. 이 회의체에서는 전원이 출석하지 않으면 정무에 관한 어떠한 결정도 해서는 안 된다. 병 또는 그 밖의 이유로 출석할 수 없을 때에는 같은 씨족 중에서 유관 경험자나 후보 명부에 등록되어 있는 자 중에서 자기 대신 출석시켜야 한다. 의제가 개별 도시에 관한 사항이나 청원서 등에 관한 사항일 경우 재적의원 과반수의 출석만으로도 충분하다. 씨족 간의 평등과 의석이나 제안 및 발언에 관하여 질서가 유지되도록 번갈아 의장을 맡는 등 교대제가 지켜져야 한다. 회의체는 적어도 연 4회 소집되어야 하며, 회의체에서 50명 또는 그 이상의 고문관을 선출하여 회의가 열리지 않는 동안 일을 대신하도록 한다. 회의가 열렸을 때에는 의안을 회의에 제출하기 전 각 씨족의 법률 전문가가 왕을 알현하여 청원서나 편지를 전해주며 제반 상황을 보고하여 왕이 그 회의에 어떤 제안을 할지를 청취한 후 회의실로 돌아가 토론을 개시한다. 여러 단계를 거친 후 전원이 출석한 가운데 투표가 진행되어 적어도 100표를 얻지 못한 의견은 무효로 간주된다. 100표 이상을 얻은 의견은 왕에게 제출되며, 왕은 자신이 지정한 시간에 회의체에 출석해 자신이 선택하고 결정한 사항을 하달한다(『정치론』 제6장 21-25절).'

26절부터 30절까지는 법률 전문가로 구성된 회의체의 임무와 구성, 의결 방식과 재정 등에 대해 설명한다. '법을 집행하기 위해서는 법률 전문가들로 구성된 또 다른 회의체가 필요하다. 이들 법률 전문가의 임무는 소송 사건을 재판하고 범죄자에게 형벌을 부과하는 것이다. 그러나 그들의 판결이 적법하고 공평하게 행해진 것인지를 회의체의 대행자가 심의하여 그 결과 적법성과 공평성에 위배되었음을 입증할 경우 판결은 무효가 된다. 재판관은 다수로서 홀수여야 하며, 각 씨족 당 한 사람만 선출된다. 그들은 매년 일정 부분 퇴직하고, 40세에 이른 씨족의 다른 사람이 공석에 임명된다. 재판관 회의에서는 판사 전원이 출석한 자리가 아니고서는 어떠한 판결도 선고되지 않는다. 어떤 재판관이 병이나 기타 이유로 장기간 회의에 출석할 수 없을 때에는 그 기간 동안 대신할 다른 사람을 임명한다. 회의체 성원의 보수는 우선 그들이 사형을 선고한 자와 벌금을 부과한 자들의 재산으로 충당한다. 다음으로 그들이 민사소송에 관하여 판결을 내릴 때마다 패소자 쪽으로부터 총 소송액의 일정 비율을 받아 회의체로 비용으로 사용한다. 각 도시마다 또 다른 하위 회의체가 있으며, 그 도시 안에 거주하는 씨족 중에서만 선출된다(『정치론』 제6장 26-30절).'

31절부터 40절까지는 군인 급여, 시민권 취득, 외교사절의 선임과 비용, 시종의 공직 배제, 국가 통치권과 시민의 복종 의무 등에 대해 설명한다. '군인에게 평화 시에는 급여가 지급되지 않지만, 전시에는 날품팔이를 해서 사는 사람에게만 일급(日給)을 지불한다. 외국인이 시민의 딸과 결혼한 경우 자녀는 시민으로 인정되고 어머니 쪽 씨족 명부에 등록된다. 또 외국인 부모에게서 태어나도 국내에서 출생해 자란 사람은 일정 금액을 지불하면 씨족장에게서 시민권을 살 수 있다. 평화 시에 다른 국가로 파견하는 외교사절은 귀족 가운데 선임해야 하며, 그 비용은 국고에서 지불되어야 한다. 왕의 개인 재산에서 봉급을 받는 왕의 시종은 국가의 모든 공직에서 배제된다. 왕은 외국인과 결혼할 수 없으며, 오직 혈족이나 시민 여성하고만 허용된다. 국가의 통치권은 분리불가하며, 장남이 법정 후계자가 된다. 왕녀의 통치권 상속은 절대 불가하며, 왕이 후계 왕자 없이 사망했을 경우 혈연상

왕과 가장 가까운 자가 후계자가 된다. 모든 시민은 왕의 어떤 명령이나 대회의체가 공포한 법령에 대해 그것이 매우 불합리하다고 생각되는 경우라도 복종해야 하며, 그렇게 하지 않을 경우 적법하게 강제할 수 있다. 이상이 군주국가의 기초이며, 군주국가가 안정되려면 이러한 기초 위에 세워져야 한다(『정치론』 제6장 31-40절).'

이러한 군주국가의 기초에 관한 세목들이 현대에 그대로 적용될 수 있는 것은 아니라 할지라도 국가의 안정을 목표로 한 그의 취지는 일정한 시사점을 제공해준다는 점에서 오늘의 우리에게도 여전히 유효하다. 이상에서 군주국가의 기초에 대해 고찰한 후 스피노자는 『정치론』 제7장에서 이러한 기초의 적실성에 대해 차례로 증명해 보이고 있다. 먼저 그는 법을 견실하게 제정하여 왕이라고 해도 폐기할 수 없도록 한 것은 실제 경험에 조금도 반하는 것이 아니라는 점을 지적한다. 페르시아인들은 그들의 왕을 신처럼 존경했지만, 왕이라고 해도 일단 제정된 법을 철회하는 힘을 갖지는 못했음을 「다니엘서」 제6장에서 분명히 알 수 있다는 것이다. 그가 아는 한, 명시적인 제약조건 없이 왕을 선출한 나라는 결코 없었으며, 이러한 조건은 이성에 배치되지도 않고 왕에 대한 절대 복종과도 모순되지 않는다는 것이다.

국가의 근본법은 왕의 항구적인 칙령으로 간주되어야 하기 때문에, 왕이 국가의 근본법에 반하는 것을 명령할 경우, 신하는 오히려 그 명령을 거부함으로써 결국 왕의 항구적 의지에 전적으로 복종하는 셈이 된다. ··· 그러므로 군주국가가 안정적이기 위해서는 모든 법이 왕의 명시적 의지라 할 수 있지만, 왕의 의지가 모두 법이 되는 제도는 있을 수 없다.

For the fundamental laws of the state should be regarded as the king's eternal decrees, so that his ministers are entirely obedient in refusing to execute his orders if he commands something that is opposed to the fundamental laws of the state. ⋯ Thus, if a monarchy is to be stable, it must be so organized that ⋯ all law is the explicit will of the king—but not everything willed by the king is law.[189]

다음으로 스피노자는 국가의 기초인 근본법을 두는 데 있어 특히 인간의 감정을 고려할 필요가 있다는 점을 지적한다. 무엇을 해야 할지를 지시하는 것만으로는 충분치 않으며, 인간이 감정에 의해 인도되든 이성에 의해 인도되든 간에 법을 확고하게 준수할 수 있도록 하는 효과적인 방법을 제시해야만 한다는 것이다. 앞에서 설명한 바와 같이 군주국가의 기초가 확고하다면 이러한 기초 위에서 왕과 인민의 평화와 안전이 찾아오게 되며, 또한 그 기초를 인간의 일반적 본성에서 도출해 낼 수 있다면 그 누구도 이러한 국가의 기초가 최선이며 진실된 것임을 믿어 의심치 않을 것이라고 보는 것이다(『정치론』 제7장 2절). 그러나 인간의 본성은 자신의 개인적 이익을 최대한의 열정을 기울여 추구하고, 자기가 소유하는 바를 유지하고 증진시키기에 필요한 법을 가장 공정한 법이라고 판단하며, 타인의 이익은 그것으로 자기의 이익을 확보할 수 있다고 믿을 때에만 옹호하게 되므로, 반드시 개인의 소유와 이익을 일반 복지 및 평화와 연결시킬 수 있는 고문관이 임명되어야 한다(『정치론』 제7장 4절).

인간은 지배받기보다는 지배하기를 좋아하기 때문에 누구라도 즐겨서 남에게 지배권을 위임하지는 않는다. 인민이 상호 합의에 도달할 수 있고 대회의체에서의 논쟁이 내전으로까지 확대되는 일이 없다고 한다면, 결코 자기의 권리를 소수 또는 한 사람에게 위탁하지는 않을 것이다. 그러나 분쟁을 조정하고 신속한 결정을 내리는 일과 같이 절대로 자기 힘으로 하지 못하는 일은 자발적으로 왕에게 위탁한다. 왕이 선출된 이유가 무엇이든지 간에 왕 한 사람만으로는 무엇이 국가에 유익한가를 알 수 없으므로 다수 시민을 고문관으로 둘 필요가 있다. 인민의 복지는 최고법 또는 왕의 최고 권리이므로 왕은 회의에서 제출된 여러 의견 가운데 하나를 선택할 권리를 가지고는 있지만, 회의체 전체의 관점에 반대되는 명령을 내리거나 의견을 진술할 권리는 없다고 보는 것이다(『정치론』제7장 5절). 가장 중요한 사실은 무엇보다도 인간이 야심에 이끌리기 때문에 '최고의 명예를 얻으려는 보편적 소망보다 덕을 행하게 하는 더 큰 자극은 없다'는 말로써 스피노자는 회의체의 효용에 관한 서술을 마친다(『정치론』제7장 5-6절).

회의체에 속한 대부분의 고문관이 전쟁을 벌이는 것을 바라지 않고 언제나 평화를 추구하고 사랑할 것이라는 점에 대해서는 의심의 여지가 없다고 본다. 전쟁이 일어나면 자기 재산과 자유의 상실에 대한 두려움은 차치하고라도 전쟁비용을 충당해야 하고, 친지나 자식이 전쟁터에서 아무런 보수 없이 상처뿐인 영광만 짊어지고 돌아올 것이기 때문이다. 그런데 스피노자는 평화와 화합을 증진시키기 위해서는 다음과 같은 중대한 규정이 추가되어야 한다고 본다. 그것은 『정치론』제6장 12절에 나와 있는 바와 같이, 어떤 시민도 부동산을 소유해서는 안 된다는 것이다.* 그렇게 하면 전쟁에서

---

* 오늘날 자본주의의 관점에서 볼 때 시민의 부동산 소유 금지 규정은 논란의 여지가 있을 수 있다. 그러나 일찍이 플라톤 역시 국가의 일체감을 극대화하기 위한 방안의 일환으로 사유재산제도에 대한 근본적인 개혁을 주장한 바 있다. 그는 사유재산과 가족제도가 국가의 일체감 확보에 방해가 되는 것으로 보고 사유재산과 결혼제도가 사

오는 위협은 모든 사람에게 사실상 같아지기 때문에 상호 관련이 있는 업무 내지는 공동의 번영을 도모할 수 있는 업무를 수행하게 되므로 회의체 고문관의 대부분은 공통의 이익과 평화적 활동에 대해 대체로 동일한 견해를 지니게 된다는 것이다(『정치론』제7장 7-8절).

왕은 인민의 일반적 복지를 최대한 배려할 때 가장 독립적이고 확고하게 통치권을 갖게 된다. 그러나 왕은 자기 혼자의 힘만으로 공포를 통해 모든 사람을 제어할 수는 없으며, 그의 권력은 병사 수에, 특히 그들의 무용과 신의에 의존한다. 따라서 시민이 왕에게서 우대 받으며 국가 상태 및 공정한 권리를 유지하기 위해서는 군대는 시민으로만 구성되어야 하며, 왕의 고문관 회의체는 시민에 의해서만 구성될 필요가 있다는 것이다. 시민이 나라에 용병을 두는 것을 허용하는 순간, 그들 모두는 완전히 압제 아래 놓이게 되고, 항구적인 전쟁의 기초를 닦게 될 것이기 때문이다. 고문관이 종신직이어서는 안 되고 3~5년의 임기로 선임되어야 하는 것은 고문관의 전횡이나 부정부패를 막고 대다수의 시민에게도 이 명예스러운 직분을 얻을 희망을 주기 위한 것이다. 그러나 스피노자는 고문관이 5년의 임기에도 매수당하는 일이 전혀 불가능하지는 않다고 보고, 각 씨족에서 5명의 고문관이 선출되는 것을 전제로 매년 각 씨족에서 두 사람의 고문관을 퇴직시키고 그 수만큼 새로 선출하는 방식을 제안한다. 어떤 씨족의 법률 전문가가 퇴임하여 새로운 후임자가 선출되는 해를 제외하고는 이렇게 하는 것이 무엇보

라져야 한다고 했다. 『국가론』에 있어서의 공산주의는 국가수호자 계급, 즉 전사와 통치자들에게만 적용되는 것으로 나타난다. 이들에게는 사유재산이 허용되지 않으며, 가족은 폐기되고 자녀들은 공동으로 관리되며, 우생학적 측면에서 성관계도 규제된다.

다 안전한 방법이라는 것이다(『정치론』제7장 11-13절).

　절대권력은 군주에게는 대단히 위험하고 신민에게는 지극히 혐오스러운 것으로 신과 인간의 법 모두에 배치되는 것이다. 스피노자는 군주국가의 기초에 대한 고찰이 왕에게는 통치상의 안전을, 신민에게는 자유와 평화를 효율적으로 보장한다고 말한다. 시민의 입장에서는 도시가 더 크고 방위가 잘 되어 있을수록 훨씬 더 강력하고 많은 권리를 갖게 된다고 보는데, 이는 거주지가 안전할수록 더 한층 자유를 잘 지킬 수 있고 적을 두려워할 필요가 그만큼 적어지기 때문이다. 또한 권리는 오로지 힘에 의해서만 규정되기 때문에 자기보존을 위해 다른 도시의 도움을 필요로 하는 도시는 좀 더 의존적이 되므로 동등한 권리를 가질 수 없다고 말한다(『정치론』제7장 14-16절).

> 같은 이유에서 시민은 자신의 권리에 대한 통제권을 지켜 나가고, 자유를 방어하며, 군대는 예외 없이 시민으로만 구성되어야 한다. 무장한 인간은 무장하지 않은 인간보다 독립적이다. 또한 타인에게 무기와 도시 방어 임무를 위탁한 시민은 그 사람에게 자신의 권리를 양도함으로써 그의 선의에 전적으로 몸을 내맡긴 셈이 된다.
>
> It is also for this same purpose—viz. that citizens may keep control over their own right and may safeguard their freedom—that the military force should be composed only of citizens, with no exemptions. For an armed man is more fully in control of his own right than an unarmed man, and in giving up their arms and entrusting their cities' defences to another, citizens are making an absolute transfer of their right to him, committing it entirely to his good faith.[190]

인간은 본성적으로 자기 종족에 편입되어 혈통에 따라 타인과 구별되기를 바라기 때문에 모든 시민은 씨족으로 나뉘어야 하며, 각 씨족은 동일한 수의 고문관을 선출해야 한다고 말한다. 이는 좀 더 큰 도시가 주민 수에 비례해서 많은 고문관을 배출하고, 그에 따라 많은 투표권을 행사하기 위한 것이다. 통치권과 권리는 시민의 수에 달려 있으며, 시민 간에 평등성을 유지하려면 이보다 더 적합한 방법은 없다는 것이다. 토지와 토지에 부착되어 있는 소유물은 국가의 공동재산이 되도록 해야 하며, 그것들은 시민이 그곳에 정착하여 공동의 권리나 자유를 방어할 필요성에 비례하여 가치를 지닌다고 말한다. 국가에 가장 필요한 것으로 시민이 가능한 한 평등하기 위해서는 왕의 자손 이외에는 그 누구도 귀족으로 인정되어서는 안 된다는 점을 강조한다. 또한 왕의 모든 자손이 결혼해서 자식을 낳도록 허용한다면, 시간이 지남에 따라 그 수가 너무 많아져 왕과 시민 모두에게 큰 짐이 될 뿐만 아니라 위협 요인이 될 것이므로 앞서 제6장 14절에서 살펴본 바와 같이 일정한 제약을 둘 필요가 있다는 점을 환기시킨다(『정치론』 제7장 18-20절).

재판관은 뇌물을 받고 매수당하지 않을 정도로 그 수가 많아야 하며, 공공연하게 의사표시를 해서도 안 된다. 자기를 위해서보다는 타인을 위해서 일하는 고문관·재판관·관리와는 달리, 군인은 자기를 지키고 자기를 위해 일하기 때문에 군인에게는 급여가 지급돼서는 안 된다고 말한다. 국가 상태의 시민은 자연 상태의 개인과 동일하게 여겨질 수 있으며, 따라서 자연 상태의 개인이 자유를 위해 스스로를 지키려 최선의 노력을 경주하고 자신의 독립 이외에는 그 어떤 대가도 바라지 않듯이, 국가 상태에서도 시민 모두가 국가를 위해 투쟁하는 한, 자신을 위해 싸우고 자신에게 봉사하는 것이므로 군인에게 급여를 지급해서는 안 된다는 것이다. 그 밖에 왕의 혈족은 왕과는 떨어져 있어야 하며, 전쟁이 아닌 평화와 관련된 일에 종사해야 하고 그렇게 할 때 그들에게 명예가 주어지고 국가에는 평안함이 찾아온다는 것이다(『정치론』 제7장 21-23절).

국가 형태는 항상 보존되어야 하며, 왕은 자리에서 물러날 수는 있으나 인민의 동의 없이 통치권을 타인에게 양도하는 것은 불가하다고 하였다. 또한 『신학정치론』 제19, 20장에 나오듯이 종교나 신을 경배할 수 있는 권리는 그 누구도 타인에게 양도할 수 없다고 말한다. 스피노자는 이상에서 최선의 군주국가의 제반 기초를 간략하지만 충분히 명확하게 증명했다고 생각한다며, 지금까지 보여준 군주국가의 기초에 관한 설명은 어디까지나 자유 인민에 의해 건설된 군주국가를 염두에 두고 한 것으로 그러한 국가에만 유효하게 적용될 수 있음을 다시 한 번 강조한다. 이미 다른 통치 형태에 익숙해진 인민에게는 국가의 기초를 뒤흔들어 국가 전체의 구조를 변화시키려 하는 것은 국가적 재앙을 초래할 뿐이라는 것이다(『정치론』 제7장 25-26절). 끝으로, 스피노자는 제7장 마지막 31절에서 다음과 같이 결론을 내리고 있다.

결론적으로, 왕의 힘이 오직 인민의 힘에 의해서만 결정되고 인민에 의해서만 유지된다고 하면, 인민은 왕의 통치 아래에서 상당한 자유를 보존할 수 있다. 이것만이 내가 군주국가의 기초를 세워 나가는 데 있어 유일하게 준칙으로 삼았던 것이다.

We conclude, therefore, that a people can preserve quite a considerable degree of freedom under a king, provided that it ensures that the king's power is determined only by the people's power and depends on the people for its maintenance. This has been the one and only guideline I have followed in laying down the foundations of monarchy.[191]

귀족정에 관하여

　　『정치론』제8, 9, 10장은 귀족정에 관하여 고찰한다. 본 절에서는 귀족국가가 영속적이기 위해서는 어떻게 조직되어야 하는가에 대해 살펴볼 것이다. 우선 제8장 귀족정의 첫 번째 모델에 관하여 살펴보자. 귀족국가는 통치권이 한 사람의 수중에 있는 것이 아니라 인민에 의해 선택된 일정 수의 사람의 수중에 있는 국가이다. 이 선출된 일정 수의 사람을 스피노자는 '귀족(patricians)'이라고 부른다. "귀족국가가 안정적이기 위해서는 귀족 수의 최소한도를 국가의 크기를 고려해서 결정해야 한다"[192]고 그는 말한다.

　　여기서 스피노자는 중간 정도 크기의 국가를 예로 든다. 이 국가에 국가의 최고 권력을 위임받은 1백 명의 최상의 사람이 있으면 충분하다고 가정하고 이들 가운데 누군가 사망하면 이들에게 새 귀족을 선출할 권리가 부여되어 있다고 할 경우, 이 사람들은 당연히 자기 자식이나 혈연적으로 가장 가까운 사람으로 하여금 뒤를 잇게 하기 위해 수단과 방법을 가리지 않을 것이고, 그 결과 그렇게 충원될 것이라고 본다. 그러나 이 같은 명예로운 직분을 차지한 백 명의 사람들 중에서 재능과 지혜가 뛰어난 사람은 극소수여서 통치권은 1백 명의 수중에 있지 않고, 정신의 힘이 뛰어나며 장악력이 있는 두세 명의 수중에 있게 될 것이고, 이들 각각의 야심으로 인해 군주정으로의 길을 예비하게 된다는 것이다. 따라서 적어도 1백 명의 귀족을 필요로 하는 국가의 최고 권력은 적어도 5천 명의 귀족에게 위임되어야 한다고 본다. 이렇게 한다면 그 가운데는 특출한 정신적 재능을 가진 사람이 반드시 1백 명 정도는 발견될 것이라고 보는 것이다(『정치론』제8장 2절).

귀족은 수도에 거주하는 시민으로 구성되는 것이 가장 일반적이다. 그래서 국가나 공화국은 그 이름을 이 도시의 이름에서 따온다. 옛날 로마 공화국이 그러했고, 근대의 베니스국과 제노바국 또한 나라 이름을 도시의 이름에서 딴 것이다. 그러나 네덜란드 공화국은 주 전체의 이름을 따서 지은 것으로, 이 나라의 신민은 더 커다란 자유를 향유한다는 것이다. 여기서 스피노자는 귀족국가가 의존해야 할 제반 기초를 정하기 전에 한 사람에게 위임된 통치권과 충분히 큰 회의체에 위임된 통치권 간의 차이에 유의해야 한다고 역설한다. '첫째, 한 사람의 힘만으로 모든 통치권을 담당하기가 대단히 어려우므로 왕은 고문관을 필요로 하지만, 충분히 큰 회의체는 고문관을 필요로 하지 않는다. 둘째, 왕은 유한하지만 회의체는 영속적이어서 충분히 큰 회의체에 위임된 통치 권력은 결코 인민에게로 돌아오지 않는다. 셋째, 왕의 통치권은 유약하거나 노쇠하거나 또는 그 밖의 이유로 종종 위태로워지지만, 귀족국가의 회의체의 권력은 하나이며 동일하다. 넷째, 군주국가의 법은 왕의 명시적 의지이지만 왕의 모든 의지가 법일 수 없는 반면, 회의체의 모든 명시적 의지는 법이어야 한다(『정치론』제8장 3절).' 이로부터 스피노자는 다음과 같이 결론짓는다.

충분히 큰 회의체에 위임된 통치권은 절대통치(Imperium absolutum)*이거나 그

---

* '절대통치' 상태는 흔히 군주국가에서의 절대적 독재정치를 생각할 수도 있겠으나, 스피노자는 치자와 피치자의 자동성의 원리에 입각해 있는 민주국가가 진정한 '절대통

것에 가장 근접한 통치이다. 만일 절대통치가 존재한다면 그것은 인민 전체에 의해서 행해지는 통치이다. … 귀족국가의 기초는 회의체의 의지와 판단에만 의거해야 하며 인민의 감시에 따라서는 안 된다. 왜냐하면 인민은 심의나 표결에서 제외되기 때문이다. … 따라서 귀족정은 절대통치에 가장 근접하게 조직되어 있을 경우에 최선이라는 사실이 명백하다.

…the sovereignty conferred on a council of sufficient size is absolute, or comes closest to being absolute. For if there is such a thing as absolute sovereignty, it is really that which is held by the people as a whole. … its foundations ought to rest only on the will and judgment of that same council and not on the vigilance of the people … It is therefore clear that this kind of state will be most efficient if it is so organised as to approach absolute sovereignty.[193]

인민이 가능한 한 통치자의 두려움의 대상이 되지 않고, 또 국가의 근본법에 의해 필연적으로 인정되는 자유 이외에는 인민이 어떠한 자유도 갖지 않도록 되었을 경우에 귀족정은 절대통치에 가장 근접하게 조직된 최선의 상태가 될 수 있다는 것이다. 통치권이 회의체에 절대적으로 위임되면 인민에게 예속의 위험이 초래되지 않을까 우려할 수도 있겠지만, 큰 회의체의 의지는 즉흥적인 기분에 의해서가 아니라 이성에 의해 결정되기 때문에 우려할 필요는 없다는 것이다. 따라서 귀족국가의 기초를 정할 때 무엇보다도 유의해야 할 사항은, 이들 제반 기초가 최고회의체의 의지와 힘에 의해

치'국가라고 본다(*Political Treatise*, Ch.11, Sec.1, p.135).

서만 이루어지도록 하고, 회의체 자체는 가능한 한 독립적이 되게 하며, 인민으로부터 어떠한 위협도 당하지 않도록 해야 한다는 것이다(『정치론』제8장 5-7절). 왜냐하면 "최고권의 권리가 커지면 커질수록 통치 형태는 더욱 더 이성의 명령에 합치하므로 평화와 자유를 유지하는 데 한층 더 적합해지기 때문이다."[194] 여기서 스피노자는 귀족국가의 기초를 설명함에 있어 앞서 살펴본 군주국가의 기초 가운데 귀족국가에 적합하지 않은 것은 제외하고 적합한 내용만 간추려서 보여준다.

8절부터 10절까지는 도시 건설과 방위, 군대의 구성과 군인의 급여, 그리고 신민의 재산권에 대해 설명한다. '우선 귀족국가에서도 하나 또는 몇 개의 도시를 건설하여 방위할 필요가 있으며, 국가의 수도와 국경 도시는 우선적으로 방위해야 한다. 다만 귀족국가에서는 주민을 씨족으로 구분하는 일은 불필요하다. 군대에 관해서 살펴보면, 귀족국가에서는 오직 귀족 사이에서만 평등이 요구되며 특히 귀족의 힘은 인민의 힘보다 훨씬 크기 때문에 반드시 신민으로만 군대를 구성하게 하는 것은 국가의 법률이나 근본법에서 요구하는 바가 아니다. 오히려 가장 중요한 것은 군사문제에 대해 적절한 식견을 지니지 못한 사람은 귀족에 포함시키지 않는 것이다. 그러나 신민을 군무에서 제외하거나 전쟁의 지휘관을 귀족 중에서만 선출하는 것은 현명한 처사가 아니다.* 반대로 귀족들이 국가의 방위나 반란 진압 등을

---

* 신민인 병사에게 지불하는 급료는 나라 안에 그대로 남지만, 외국 병사에게 지불하는 급료는 완전히 없어진다. 더욱이 자기 집과 고향을 위해 싸우는 사람이 비상한 용기를 가지고 싸움에 임할 수 있다는 것은 틀림없는 사실이기 때문에 신민을 군무에서 제외하면 국가의 가장 중요한 보루가 약화된다. 또한 전쟁의 지휘관을 귀족 중에서만 선출하면 병사가 용감하게 싸울 수 있는 동기부여가 안 된다. 단, 군대 사령관은 전시

위해서 외국 병사를 모집하는 일을 법률로 금지하는 것은 타당하지 않으며 귀족의 최고 권리에도 모순된다. 무급으로 봉사하는 군주국가의 군인과는 달리 귀족국가의 군인에게는 봉사에 상응하는 보수를 제공하는 것이 좋은 방책이다. 신민의 재산권과 관련해서는, 논과 밭 그리고 집과 토지를 공공의 소유로 하여 귀족 이외의 시민에게 매년 대가를 받고 임대하는 것은 국가를 위험에 처하게 한다. 왜냐하면 신민이 재난을 당했을 경우 쉽게 도시를 버리고 떠날 것이기 때문이다. 그러므로 귀족국가에서는 토지와 농장을 신민들에게 임대하지 말고 팔아야 한다. 단, 매년 수확물 중에서 일정한 세금을 정부에 납입한다는 조건부로 해야 한다(『정치론』 제8장 8-10절).'

11절부터 16절까지는 최고회의체의 기초와 귀족국가의 법률에 대해 설명한다. '회의체의 구성원은 중간 정도 크기의 국가에서는 대략 5천 명은 되어야 한다. 무엇보다도 통치권이 점차 적은 수의 사람들에게 옮겨 가는 일을 막고, 국가 규모가 커짐에 따라 귀족 수도 늘리는 방법을 강구해야 한다. 귀족 간에 평등성이 유지될 수 있도록 하며, 여러 회의에서 정무를 신속하게 처리하고 공동의 이익을 위해 노력한다. 귀족이나 회의체의 힘이 인민의 힘보다 크지만, 그로 인해 인민에게 어떤 손해도 입혀서는 안 된다. 귀족국가의 가장 중요한 법률은 귀족과 평민 간의 수적 비율을 정하는 것이다. 이 양자 간의 비율은 평민 수의 증가에 비례하여 귀족 수도 증가하도록 해야 하며, 그 비율은 대략 50대 1 정도이다. 귀족은 일정한 가문에서만 선발되며, 이를 법률로 정해서는 안 된다. 왜냐하면 죽어 없어지는 가문도 있고,

에 한해 귀족 중에서만 선출하며, 사령관의 권한은 길어도 1년 이상 지속할 수 없고 재선은 불가하다(*Political Treatise*, Ch.8, Sec.9, pp.99-100).

또 선출에서 제외된 가문에게는 불명예가 될 것이며, 무엇보다도 귀족의 지위가 상속된다면 이 국가의 형태에 모순되기 때문이다. 통치권이 특정 가문에 머무를 수도 있겠으나 귀족의 권리는 명시적 법률에 의한 것은 아니며 그 밖의 다른 사람들이 법률적으로 권리를 보유하는 한, 국가의 형태는 유지되고 귀족과 평민 간의 비율 또한 언제나 지켜질 것이다. 30세에 도달하지 않은 사람은 귀족 후보자 명부에 등록할 수 없도록 법률로 정한다면, 사람 수가 적은 가문에서 통치권을 보유하는 일은 없을 것이다. 또한 모든 귀족이 공무를 경시하는 일이 없도록 일정한 시기에 특정 장소에서 회합을 갖도록 정해야 한다(『정치론』 제8장 11-16절).'

17절부터 23절까지는 회의체의 임무와 구성, 호법관의 선출과 자격 요건 등에 대해 설명한다. '회의체의 임무는 법률을 제정하거나 폐지하며, 동료 귀족과 관리를 선출하는 것이다. 최고권을 보유한 상태에서는 국가의 일상 업무는 정해진 법규에 따라 일정 기간 다른 사람에게 위임할 수 있다. 어떤 나라는 회의체의 지도자나 수장을 선출하기도 하지만 귀족국가의 일반적 요구는 아니며, 그렇게 해서는 군주국가로의 길을 예비하는 셈이 된다. 국가의 통치권은 개별 구성원이 아니라 회의체 전체에 속하므로 마치 하나의 정신이 신체를 지배하는 것과 같이, 법으로 모든 귀족을 구속할 필요가 있다. 공공복리를 위해 유익한 방법은 최고회의체 아래에 일정 수의 귀족으로 구성되는 또 다른 회의체를 부속시켜 두는 것이다. 이들 귀족의 임무는 최고회의와 관리들에 의해 국가의 법이 침해되는 일이 없이 유지되도록 감독하는 것이다. 그들은 직무에 관한 법률을 위반한 관리들을 법정에 소환하여 단죄할 수 있는 권력을 가지고 있는데, 스피노자는 이를 호법관(護法官)이라고 부른다. 호법관은 다른 관직에 취임할 수 없도록 종신직으로 선출해야 하며, 장기 재임을 방지하기 위해 피선 자격을 60세 이상의 원로원 의원 경력이 있는 사람으로 한정한다. 호법관에 대한 귀족의 비율은 귀족에 대한 평민의 비율과 같도록 1대 50으로 한다. 호법관이 안전하게 임무를 수행할 수 있도록 군대 병력의 일부를 제공하며, 이 군인들은 호법관의 명령에 복종해야 한다(『정치론』 제8장 17-23절).'

24절부터 25절까지는 호법관의 보수와 임무, 호법관 회의체에 대한 감독, 그리고 호법관 회의체의 운영 및 의결 방식에 대해 설명한다. '호법관과 관리의 보수는 정기적 급여보다는 직무 수행과 관련하여 수당으로 지급하도록 한다. 이는 그들이 국가 업무를 잘못 처리하였을 때는 반드시 자기에게 큰 손해가 되도록 하려는 것이다. 호법관의 임무는 국가의 법이 침해되는 일 없이 유지되도록 감독하는 데 있기 때문에 다음과 같은 수당이 제공되어야 한다. 즉 전국의 모든 가장은 매년 일정액, 즉 4분의 1온스의 은화를 호법관단(團)에 지불하도록 한다. 새로 뽑힌 귀족은 선임과 동시에 호법관단에 상당한 금액, 즉 20 또는 25 파운드의 은화를 지불하도록 한다.* 호법관 회의체가 직무를 방기할 경우, 원로원 의장은 최고회의의 주의를 촉구하며 최고회의의 의견을 청취할 수 있도록 한다. 만일 원로원 의장이 호법관의 직무 방기에 대해 침묵할 경우, 최고재판소 의장이 이 문제를 다루며, 또 재판소 의장이 침묵할 경우, 임의의 귀족이 이 문제를 다루어 호법관 의장과 원로원, 최고재판소 의장에게 침묵한 이유를 설명하도록 요구해야 한

---

* 회의에 출석하지 않은 귀족에게 부과된 벌금 역시 호법관團에 제공되며, 죄를 지은 관리에게 물린 벌금의 일부도 호법관단에 제공된다(*Political Treatise*, Ch.8, Sec.25, p.106).

다. 국가의 근본법이 지속되도록 하기 위해 다음과 같은 규정을 설치한다. 누군가 최고회의에서 근본법의 특정 조항, 예컨대 군사령관의 임기 연장, 귀족 수의 축소 등에 관해 문제를 제기할 경우, 그를 반역자로 기소하여 사형을 선고하고 재산을 몰수하는 한편, 이를 영원히 기억하고 알리기 위해 기념비를 세운다. 그 밖에 일반 국법의 안정성을 확보하기 위해 어떤 법률도 호법관 회의의 4분의 3 또는 5분의 4 이상의 동의를 얻지 않고서는 폐지 또는 제정할 수 없도록 한다(『정치론』 제8장 24-25절).'

　26절부터 28절까지는 호법관단의 권리, 관리 선임 방식, 그리고 호법관 회의 의장의 권리와 임무 및 선출 방식에 대해 설명한다. '호법관단은 최고회의를 소집하고 이 회의에서 결정할 모든 안건을 제출하는 권리를 갖는다. 호법관들에게는 최고회의에서 가장 상석이 주어지지만 투표권은 인정되지 않는다. 모든 일을 결정하고 관리를 선임할 때 모든 귀족이 동등한 권한을 갖도록 하며, 베니스 인들이 지켜온 방식과 같이 관리를 임명할 때 회의체에서 약간 명을 추첨으로 먼저 선출하고, 이 추천된 사람들이 차례로 관직 후보자를 지명하게 하며, 지명된 후보자의 선임에 대한 찬반의사를 모든 귀족으로 하여금 무기명 비밀투표로 표명하게 한다. 호법관 회의와 그 밖의 회의에서도 무기명 비밀투표 방식이 지켜져야 한다. 호법관 회의를 소집하고 이 회의에서 결정할 안건을 제출할 권리는 호법관 회의 의장에게 주어진다. 의장은 10명 또는 그 이상의 호법관들과 상설회의를 개최한다. 이는 관리에 대한 시민의 진정이나 비밀 고발을 청취하고, 필요하다면 피고인을 구류하고, 만약 지체되면 위험 발생의 소지가 있다고 그들 중 누군가 판단했을 경우에는 정해진 시기가 아니더라도 긴급회의를 소집하기 위해서다. 호법관 회의 의장과 회의 참석자들은 최고회의가 호법관들 중에서

선출한다*(『정치론』제8장 26-28절).'

  29절부터 30절까지는 원로원의 임무, 원로원 의원 수와 임기, 선출 방식 및 자격 요건에 대해 설명한다. '원로원은 최고회의체에 부속된 제2 회의체 이다. 원로원의 임무는 여러 가지 정무를 수행하는 데 있다. 예를 들면, 법 률을 공포하고, 도시의 방비를 법규에 따라 정비하며, 군대에 대하여 훈령 을 발한다. 또한 신민에게 세금을 부과하고, 세입의 지출을 결정하며, 외국 사절을 응대하고, 그들 자신의 사절을 어느 곳에 파견할지를 결정하는 일들 이다. 그러나 사절을 선임하는 일은 최고회의의 임무이어야 한다. 무엇보다 중요한 것은 귀족이 최고회의에 의해서만 국가 관직에 취임하도록 하는 것 이다. 전쟁이나 평화에 관한 결정 등과 같이 현재의 사태에 변경을 가하는 일은 최고회의에 제안해야 한다. 새로운 세금을 부과하는 권한 또한 원로원 에는 없고 최고회의에 속한다. 원로원 의원 수를 정하는 데에는 다음 사항 을 고려해야 한다. 즉 모든 귀족이 원로원 의원의 직위를 얻는 데서 동등한 희망을 갖도록 하며, 또한 임기가 끝난 원로원 의원이 오래지 않아 다시 그 직위에 재임할 수 있도록 하여 국가 경영의 숙련도를 높이고, 원로원 의원 직이 지혜와 덕이 뛰어난 인물로 충원될 수 있도록 한다. 따라서 50세에 미 달한 자는 원로원 의원직에 취임시키지 않아야 하며, 귀족의 12분의 1인 4 백 명을 1년 임기로 선출하고, 임기 종료 후 2년이 경과했을 때는 동일인이 다시 임명될 수 있도록 하는 내용을 법률로 규정한다(『정치론』제8장 29-30절).'

---

* 호법관 회의 의장과 회의 참석자들은 종신이 아닌 임기제이며, 연장은 불가하고, 3~4 년이 지난 뒤가 아니면 그 직책을 다시 맡을 수 없다. 그들에게는 앞서 말한 바와 같 이 몰수한 재산과 벌금의 일부가 제공된다(*Political Treatise*, Ch. 8, Sec. 28, p. 108).

31절부터 34절까지는 원로원 의원의 소득과 금법 사항, 원로원의 운영 방식 등에 대해 설명한다. '원로원 의원의 소득은 전쟁 시기보다 평화 시기에 이익이 더 많이 생기도록 정해져야 한다. 이는 그들로 하여금 전쟁을 피하고 평화를 옹호하게 하기 위해서다. 그런 뜻에서 수출이나 수입 상품에 대한 관세의 1~2 퍼센트를 그들에게 제공하도록 한다.* 원로원 의원 중의 어떤 사람이 상인인 경우, 그에게 관세를 면제하는 혜택을 주어서는 안 된다. 다음 사항은 반드시 법으로 규정해야 한다. 즉 현재 원로원 의원과 직전에 원로원 의원이었던 사람은 군사상 직무에 취임하지 못하고, 전시에만 군에 설치되는 사령관이나 대장직에는 현재 원로원 의원이나 과거 2년 이내에 원로원 의원으로 재직한 사람의 자식이나 손자를 임명해서는 안 된다. 원로원에는 최고회의에 의해 선출된 약간 명의 호법관이 투표권 없이 출석하여 원로원에 관련된 법률이 올바르게 지켜지고 있는지 여부를 감독하고, 원로원에서 최고회의에 제안 사항이 있을 경우 최고회의를 소집한다. 원로원 의원은 모든 대회의체와 마찬가지로 일정한 시기에 회합을 갖지만, 그 중간에도 국무는 수행되어야 하므로 원로원 의원 중에서 약간 명을 뽑아서 원로원이 폐회되고 있는 동안 국무를 대리하도록 한다. 이들의 임무는 필요에 따라 원로원을 소집하고, 국무에 대한 결정을 실행하며, 원로원과 최고회의에 보내온 서신들을 읽고, 원로원에 제출된 사안에 관해 협의하는 일이다(『정치론』 제8장 31-33절).'

---

* 호법관이나 원로원 의원에게 많은 보수를 제공한다 할지라도 그것은 평화를 위해 지불하는 비용이기도 하거니와, 귀족국가는 부유한 귀족 계급이 국비의 대부분을 납부하고 있기 때문에 신민에게 주는 부담 문제는 해결된다(*Political Treatise*, Ch.8, Sec.31, p.110).

'원로원 의원은 1년 임기로 선출되고, 네 개나 여섯 개의 부서로 나뉘도록 한다. 그중 제1 부서는 최초 2개월 또는 3개월간 원로원에서 가장 상석을 차지하고, 그 기간이 지나면 제2부서가 제1부서의 자리를 차지한다. 이와 같이 각 부서는 교대로 정해진 기간 동안만 가장 상석을 차지한다. 그리고 처음 수개월 동안 상석을 차지했던 부서는 다음 수개월 동안 가장 아랫자리 에 앉도록 한다. 또 각 부서는 의장과 부의장을 선출하며, 제1부서의 의장 이 처음 수개월 동안 원로원 의장이 되고, 다른 부서의 의장들도 앞의 순서 에 따라 원로원 의장이 된다. 다음은 제1부서에서 약간 명을 추천이나 투표 로 선출하여 폐회 기간 동안 의장, 부의장과 함께 원로원 일을 맡는다. 단, 그 부서가 원로원의 가장 상석을 차지하고 있을 때에만 그렇게 하고, 그 기 간이 지나면 제2부서에서 같은 방식으로 약간 명이 선출되어 자기 부서의 의장, 부의장과 함께 원로원 일을 맡는다. 이렇게 해서 차례로 다른 부서로 순환하는 방식으로 원로원 일을 맡는다. 추천이나 투표로 2개월 또는 3개 월 임기로 선출되는 사람들—스피노자가 집정관이라고 부르는—은 최고회 의에서 선출될 필요가 없다. 그 집정관들은 원로원이나 원로원에 출석하고 있는 호법관이 선출하는 것으로 충분하다(『정치론』제8장 34절).'

35절부터 36절까지는 집정관의 수와 임무, 의결 방식 등에 대해 설명한 다. '집정관의 수는 정확하게 결정할 수는 없지만, 쉽게 매수당하지 않을 정 도로 많아야 한다. 집정관의 임무는 그들 중 일부가 필요하다고 판단했을 때 원로원을 소집하고, 원로원에서 결정할 안건을 제출하고, 원로원을 산 회하고, 국무에 관한 결정을 실행하는 일이다. 집정관들은 원로원에 제출 할 의안과 원로원이 해야 할 일에 관하여 협의하고, 그것에 관하여 그들 전 체 의견이 일치되었을 때에는 원로원을 소집하여 그 문제를 설명하고 의견을 진술하며 정해진 규칙에 따라 투표를 진행한다. 그러나 집정관의 의견이 나뉘어 있는 경우, 원로원에서는 제출된 문제에 관하여 집정관의 다수가 찬성하는 의견을 진술한다. 만약 그 의견이 원로원과 집정관의 과반수 찬성을 얻지 못하거나 태도 표명을 유보하거나 반대표가 많을 경우, 집정관들 사이에서 다음으로 찬성표를 많이 얻은 의견을 진술하고 이를 무기명 비밀투표로 표결한다. 만약 어떤 의견도 원로원 의원들의 과반수 찬성을 얻지 못할 경우, 원로원은 이튿날까지 또는 단시일 동안 휴회한다. 이때 집정관이 다수의 찬성을 얻을 수 있는 다른 의견을 찾지 못했거나, 찾긴 했어도 원로원의 과반수가 이에 찬성하지 않을 경우에는 각 원로원 의원의 의견을 청취한다. 그러나 제출된 안건의 어느 것에 대해서도 원로원의 과반수가 찬성하지 않을 경우에는 각 의견에 관해 재투표를 실시한다. 만약 찬성표가 유보자의 표나 반대표보다 많을 경우 그 의견은 채택되지만, 유보자의 표가 반대표나 찬성표보다 많을 경우에는 호법관들이 원로원과 합류하여 함께 투표한다. 이때 찬성표와 반대표만 계산하고 유보자의 표는 제외한다(『정치론』 제8장 35-36절).'

37절에서 41절까지는 재판관의 수와 임무 및 임기, 선출과 소득에 대해 설명한다. '귀족국가에서는 특정한 재판관의 수를 필요로 하지 않지만, 군주국가에서와 마찬가지로 재판관이 매수당하지 않을 정도로는 많아야 한다. 왜냐하면 그들의 임무는 부정을 저지르지 못하도록 방지하고, 귀족이든 평민이든 사람들 사이에 일어난 분쟁을 해결하며, 법률을 어기고 죄를 범했을 때는 귀족이건 호법관이건 원로원 의원이건 상관없이 형벌을 내려야 하기 때문이다. 다만 통치하에 있는 도시 간 분쟁은 최고회의에서 해결한다. 재판관의 임기에 관해서는 어떤 국가에서나 같은 원칙이 적용되며,

매년 그들 일부가 해임되어야 한다는 것도 같다. 그들 모두가 각각 다른 씨족에서 선출되어야 하는 것은 귀족국가에서는 문제가 되지 않는다고 해도, 친족인 두 사람이 동시에 재판관 자리를 차지하지 않도록 할 필요가 있다. 이러한 조치는 다른 여러 회의체에서도 지켜야 하지만, 최고회의체에서는 선거를 하는 데 다음 사항을 법률로 금하면 충분하다. 누구도 친족을 추천하지 말 것이며, 친족이 다른 사람으로부터 추천을 받았을 때에는 투표를 하지 못하게 할 것이며, 또 관리 지명을 위한 추첨에서 친족인 두 사람이 동시에 제비뽑기를 하지 못하게 할 것 등이다. 재판관은 최고회의에 의해 귀족, 즉 입법자 중에서 선출해야 한다. 재판관의 소득은 민사 사건의 판결에서 패소자 측으로부터 일정 비율의 부담금을 거둬들이며, 형사 사건의 판결에서는 그들이 몰수한 재산이나 물린 벌금을 제공받는다. 재판관이 하는 일에 관하여 조사하고 판단하고 적법성 여부를 결정하는 권한을 가진 호법관단에 평민은 상소할 수 있다(『정치론』 제8장 37-41절).'

42절부터 46절까지는 총독 파견, 각 회의체의 서기관 및 재정관 선임, 그리고 종교의 자유 등에 관하여 설명하고 있다. '각 도시 또는 지방의 총독으로 파견할 사람은 원로원 의원 중에서 선임하되, 멀리 떨어진 지방으로 파견할 사람은 원로원 회의에 참석할 수 없으므로 원로원 의원 피선 연령에 도달한 사람 중에서 선임한다. 인접 도시에는 시민권을 부여하고 각 도시에서 20~40명―이 수는 도시의 크기에 비례해서 증감해야 함―을 뽑아 귀족에 편입시키고, 이들 중에서 3~5명을 매년 원로원 의원으로 선출하고 그 중 한 사람을 종신 호법관으로 선출할 필요가 있다. 그리고 이들 원로원 의원은 자기가 선출된 도시의 지방 총독으로 호법관과 함께 파견된다. 각 도시의 재판관은 그 도시의 귀족들 중에서 선출한다. 각 회의체의 서기관 및 사무관은 투표권을 갖지 않으므로 평민 중에서 선임해야 한다. 재정관 역시 평민 중에서 선임해야 한다. 종교에 관해서는, 귀족들이 여러 종파로 갈려 분열하거나 미신에 빠져 신민의 자유를 박탈하는 일이 없도록 『신학정치론』에서 규정한 가장 단순하고 보편적인 종교를 다 함께 신봉해야 한다. 표현의 자유는 허용하되 큰 집회를 갖는 일은 금지되며, 희망하는 만큼의 교회당 건립은 허용하되 일정한 한도의 크기를 갖고 일정한 거리를 두고 지어져야 한다. 국교를 위해 건립, 봉헌되는 교회당은 크고 훌륭해야 하며, 주요 제례를 행하는 일은 귀족이나 원로원 의원에게만 허용된다. 귀족은 교회의 사제로서, 또 국교의 옹호자 및 해석자로서 인정되어야 한다. 그러나 설교나 교회 재정 및 일상 업무를 위해서는 평민 중에서 약간 명을 원로원의 대리인으로 삼을 수 있도록 원로원이 선임한다(『정치론』 제8장 42-46절).'

스피노자는 『정치론』 제8장 46절에서 지금까지 귀족국가의 기초를 정하는 문제에서 특히 다음 두 가지 사항을 염두에 두었다고 밝히고 있다.

> 한편으로는 평민을 심의 과정이나 표결에서 제외하고(제8장 3, 4절), 다른 한편으로는 국가의 최고 권력을 전체 귀족에게 두되 집행권은 호법관단과 원로원에 속하게 하며, 원로원을 소집하고 공공의 복리에 관한 제반 의안을 제출하고 논의하며 실행하는 권리는 원로원 의원들 중에서 선임된 집정관에게 속하게 한다.
>
> In laying the foundations of the state it is these two rules that we have particularly followed, namely, that the commons should be debarred both from giving advice and from voting(see Sections 3 and 4 of this Chapter); and so sovereignty should be vested in the whole body of patricians, authority in the

syndics and the senate, and the right to summon the senate, to bring forward, discuss, and deal with matters pertaining to the public welfare should lie with consuls appointed from the senate.[195]

이에 덧붙여, 원로원이나 다른 회의체에서 서기관을 4년 내지 길어도 5년 임기로 선임하고, 거기에 같은 임기로 서기관보(補)를 배속시켜 업무의 일부를 분담하는 규정을 두고, 원로원에 수 명의 서기관을 두어 각각 다른 부서에서 일하게 한다면, 관료의 힘이 크게 작용하는 일은 결코 일어나지 않을 것이라고 스피노자는 말한다. 제8장 47절에서 그는 귀족국가의 기초에 관계되는 사항 외에 귀족의 복장이나 칭호, 재산 등에 관한 몇 가지 사항을 추가적으로 언급한다. 48절에서는 법률에 의하여 선서를 의무적으로 해야 하는 사람은 신에게보다 조국의 안녕과 자유 그리고 최고회의에 대해 선서할 때 이는 모든 사람에게 공통된 이해를 걸고 맹세를 하는 것이기 때문에 그만큼 거짓 선서를 하지 못하게 될 것이라고 말한다. 끝으로, 49절에서는 자유 국가에서 교육은 희망자 모두에게 가르치는 일을 허용하되, 그 비용은 국비보다는 희망자 자비로 하고 당사자 책임으로 할 때 학문이 최고도로 발전할 수 있다고 주장한다.

다음으로 제9장 귀족정의 두 번째 모델에 관하여 살펴보자. 귀족정의 첫 번째 모델이 수도의 이름을 따서 쓰는 귀족국가에 대해서 고찰했다면, 두 번째 모델은 여러 도시가 통치권을 공유하는 귀족국가에 대해 고찰한다. 스피노자는 후자가 전자보다 우수한 제도라고 생각한다. 여기서 스피노자는 이 두 귀족국가의 차이점과 장단점을 살펴보기 위해 첫 번째 귀족국가의 기초를 재검토하여 두 번째 모델에 부적합한 내용은 버리고 그 대신에 이 국가가 토대로 삼아야 하는 다른 기초로 대치하고자 하는 뜻을 밝히고 있다.

우선 각 도시는 국가 전체에 상당한 손실을 끼치지 않고는 다른 도시로부터 이탈할 수 없게 한다면 여러 도시들이 언제나 통일되어 있을 수 있다는 것이다. 또한 전체 인구 대비 귀족 수의 비율이라든지, 귀족으로 선출될 사람의 연령이나 조건 등에 관한 문제는 통치권이 한 도시에 있건 여러 도시에 있건 아무런 차이가 없지만, 최고회의에 관해서는 사정이 다르다는 것이다. 왜냐하면 특정 도시가 최고회의 개최지로 정해진다면 그 도시는 사실상 국가의 수도라고 할 수 있기 때문이다. 따라서 각 도시에서 교대로 회의를 열든지, 아니면 시민권이 없고 모든 도시에 동등하게 속해 있는 장소를 최고회의 개최지로 정하든지 해야 한다는 것이다. 그러나 수천 명의 사람이 이곳저곳에 모여야 하거나 종종 자신의 도시를 떠나야 하기 때문에 스피노자는 둘 다 난점이 있다고 본다. 이 문제를 어떻게 처리할 것인지, 또 여러 회의체를 어떻게 운용할 것인지의 문제에 관해 이 국가의 본성과 조직에서 도출하기 위해 그는 다음 사항을 고찰해야 한다고 본다. 그 하나는 국가의 모든 도시가 도성 안, 즉 자신의 사법 관할권 안에서는 그 자체의 힘에 상응하는 권리를 갖는다는 것이고, 다른 하나는 모든 도시가 한 국가의 구성분자로서 상호 결합하고 통일되어 있으되 각 도시는 다른 도시들보다 강력할수록 국가에 대해 더욱 많은 권리를 갖는다는 것이다. 따라서 모든 도시는 평등하게 평가되는 시민과는 달리 평등하게 평가될 수 없으며, 각 도시의 권리도 그 도시의 크기에 따라 평가해야 한다는 것이다(『정치론』제9장 2-4절).

여기서 여러 도시를 결합하여 하나의 국가를 형성하도록 해 주는 기관은 원로원과 재판소이다. 스피노자는 모든 도시를 결합하게 하면서도 독립을 유지하게 하는 방법에 대해 다음과 같이 설명한다. '각 도시의 귀족 수의 비율은 도시의 크기에 따라 정해야 하며, 귀족은 각각의 도시에서 최고의 권리를 가질 뿐만 아니라 각 도시의 최고회의에서도 최고의 권력을 갖는다. 즉 도시를 방어하고, 성벽을 확장하며, 조세를 부과하고, 법률을 제정하거나 폐지하는 일 등 일반적으로 도시를 유지하고 성장시키는 데 필요하다고 판단되는 일체의 일을 행하는 권한을 갖는 것이다. 국가의 공동업무를 처리하기 위해서는 원로원이 설치되어야 하는데, 이 원로원은 여러 도시 사이에 발생할 수 있는 분쟁을 해결하는 권한을 갖는다는 점을 제외하고는 귀족정의 첫 번째 모델과 아무런 차이가 없다. 수도가 없는 두 번째 모델의 귀족국가에서는 첫 번째 모델의 국가에서와는 달리 이런 분쟁을 최고회의에서 처리할 수 없기 때문이다(『정치론』 제9장 5절).'

이 국가에서 최고회의는 국가 형태 자체를 변경할 필요가 있거나, 원로원 의원들 스스로가 감당하지 못한다고 인정하는 곤란한 일에 처하는 경우를 제외하고는 소집될 필요가 없으므로 모든 귀족이 회의에 소집되는 일은 극히 드물다. '최고회의의 주요 임무는 법률을 제정하거나 폐지하고 국가의 관리들을 선출하는 데 있다. 국가의 법률이나 일반 법령은 한번 정해지면 변경할 수가 없지만, 새로운 법규를 정할 필요가 있거나 기존 법규를 변경하도록 요구되면 먼저 원로원에서 토의한다. 원로원 의견이 일치했을 때 원로원은 여러 도시에 사절을 파견하여 각 도시의 귀족에게 원로원의 의견을 전달한다. 여러 도시의 과반수가 원로원 의견에 동의하면 채택되고 그렇지 못하면 부결된다. 군사령관이나 외국에 파견할 사절의 선임뿐만 아니라 선전포고의 결정이나 강화 조건을 수락하는 문제에 관해서도 같은 절차가 적용된다. 그러나 다른 여러 관리들을 선출할 때에는 각 도시는 가능한

한 독립을 유지해야 한다. 또한 각 도시는 다른 도시들보다 강력할수록 더 많은 권리를 국가 안에서 가져야 하므로 각 도시의 귀족은 일정 수의 원로원 의원을 자기 도시의 시민 중에서 선출하며, 그 수는 귀족의 수에 대해 1대 12의 비율이다. 그리고 이들 의원을 각각 제1, 제2, 제3 등의 부서에 배치한다. 그 결과, 각 도시는 원로원의 각 부서 안에 도시 크기에 비례하여 원로원 의원들을 대표자로 갖게 된다. 그러나 각 부서의 의장과 부의장은 집정관 중에서 원로원 추천으로 선출하며, 그 수는 도시의 수보다 적어야 한다. 국가 최고 재판관의 선임에서도 같은 절차가 적용된다. 즉 각 도시의 귀족은 동료 중에서 귀족 수에 비례해서 재판관을 선출한다(『정치론』 제9장 6절).'

이렇게 한다면 각 도시는 관리 선임에 있어 가능한 한 독립적일 수 있으며, 또 각 도시는 자신의 힘에 비례하여 원로원과 재판소에서도 더 많은 권리를 지닐 수 있다는 것이다. 그러나 이것은 원로원과 재판소가 나라 일을 결정하고 분쟁을 해결하는 데 있어 제8장 33절과 34절에 규정된 것과 동일한 절차를 밟을 것을 전제로 하고 있다. 다음으로 각 도시는 국가 전체의 안전을 위해서 일정 수의 병사들을 도시의 크기에 비례하여 모집해야 하기 때문에 중대장과 연대장 역시 귀족 중에서 선출되어야 한다는 것이다. 조세는 원로원에서 신민에게 직접 부과해서는 안 되며, 원로원의 명령에 따라 공무를 수행하는 데 소요되는 경비는 신민이 아닌 도시가 과세 산정의 기준이 되어 도시의 크기에 비례하여 충당해야 한다는 것이다. 각 도시의 귀족은 그 도시의 분담금을 주민들로부터 임의의 방법으로—재산에 준하여 과세하든지, 더 공정한 방법으로 간접세를 부과하든지—징수할 수 있다고 한다. 원로원 의원에게는 일정액의 수당이 제공될 수 있으며, 이런 목적을 위해 국가 조직에 맞게 여러 도시를 좀 더 긴밀하게 결합시킬 수 있는 수단을 고안해 낼 수 있다는 것이다. 원로원과 재판소, 그리고 전체 국가 일반에 관해 제8장에서 설명한 내용은 이 국가에도 역시 적용된다(『정치론』제9장 7-9절).

이상의 논술에 입각하여 스피노자는 여러 도시가 통치권을 장악하고 있는 국가에서는 최고회의가 일정한 시기에 일정한 장소에서 소집될 필요가 없다고 본다. 그러나 원로원과 재판소는 촌락이나 투표권을 가지고 있지 않은 도시에 두어야 한다고 본다. 여기서 그는 개별 도시와 관련된 문제로 돌아간다. '각 도시의 최고회의가 도시나 국가의 관리들을 선출할 때나 결의를 할 때에 취해야 할 절차는 제8장 27절과 28절에서 말한 바와 같다. 다음으로 호법관 회의체는 도시의 최고회의에 부속되어야 하며, 이들 양자 간의 관계는 제8장의 호법관 회의체가 전체 국가의 회의체에 대한 관계와 동일하다. 그 임무 역시 도시의 관할 범위에 관해서는 제8장 호법관단의 임무와 동일해야 하며, 그들이 얻는 소득 역시 같다. 만약 도시 수가 적고, 따라서 귀족의 수가 너무 적어 한두 사람의 호법관밖에 선출할 수 없을 경우에는 회의체 구성이 불가능하기 때문에 사정에 따라 도시 최고회의가 호법관의 업무를 지원하는 재판관을 할당하든지, 아니면 호법관의 최고회의로 이관하여 취급한다. 이는 각 도시에서 약간 명의 호법관이 최고회의체에 부속된 제2 회의체인 원로원이 설치된 장소로 파견되어 법규가 침해되지 않고 유지되도록 감독하는 일을 해야 하기 때문이다. 이들은 원로원에서 투표권은 없으며 의석은 가지고 있다(『정치론』제9장 10절).'

각 도시의 집정관 역시 그 도시의 귀족에 의해 선출되며 그 도시의 원로원을 구성하는 것으로 나온다. 각 도시의 중요한 공무는 그 도시의 최고회의에 의해 수행되고, 전체 국가에 관한 것은 대(大)원로원에 의해 수행되기 때문에 집정관 수를 정하는 것은 불필요하며, 집정관의 수가 매우 적을 경우에는 공개 투표를 해야 한다고 주장한다.* 각 도시의 재판관은 그 도시의 최고회의가 임명하며, 재판관의 판결에 대해 시민은 국가 최고재판소에 항소할 수 있는 것으로 나온다. 그러나 피고가 분명히 설복했을 경우나 채무자가 인정했을 경우에는 항소하지 않는다. 다음으로 스피노자는 독립적이지 못한 도시들에 관하여 설명한다. 만약 이러한 도시가 국가의 한 주나 지역 안에 있고 그 주민이 같은 민족으로 같은 언어를 사용하고 있는 경우, 촌락과도 같이 이웃 도시의 일부로 간주되어야 한다는 것이다. 이는 독립적인 도시의 지배 아래에 놓이는 것을 의미한다. 그 이유는 귀족이 국가 최고회의가 아닌 각 도시 최고회의에 의해 선출되며, 귀족의 수는 도시의 사법적 관할 아래에 있는 주민의 수에 따라 달라지기 때문이라는 것이다. 그러므로 독립적이지 못한 도시 주민은 독립적인 도시의 인구 명부에 등록되고 그 통치 아래에 놓이게 되는 것이다. 전쟁의 권리에 의해 점령된 도시와 국가에 합병된 도시는 점령국의 연합세력으로 간주하여 은혜를 베풀어 복종하도록 해야 한다는 것이다. 그렇지 않으면, 시민권이 부여된 사람을 그곳으로 보내어 식민지로 만들고 그곳 원주민을 다른 곳으로 옮기게 하거나 그 도시를 완전히 파괴해 버리든가 해야 한다는 것이다(『정치론』제9장 11-13절).

이상이 귀족정의 두 번째 모델의 기초에 관한 설명이다. 여기서 스피노자는 여러 도시가 통치권을 공유하고 있는 이 두 번째 모델이 한 도시의 이름을 따서 쓰는 첫 번째 모델의 귀족정보다 우수한 제도라는 것을 다음과 같

---

* 스피노자에 따르면 규모가 작은 회의에서 비밀투표가 이루어질 경우 교활한 자는 각각의 투표를 누가 했는지를 쉽게 알아내어 기민하지 못한 사람을 다양한 방식으로 농락할 수 있기 때문에 공개 투표를 할 필요가 있다는 것이다(*Political Treatise*, Ch.9, Sec.11, p.125).

이 결론 내린다.

각 도시의 귀족은 인간적인 야심에 추동되어 도시나 원로원에서 자신의 권리를 유지하고 되도록 증대시키려고 노력할 것이다. 따라서 그들은 최선을 다하여 민중을 자기편으로 끌어들여 공포가 아닌 친애에 의한 통치를 하며 자신의 지지 세력을 늘리려 할 것이다. 왜냐하면 귀족의 수가 많아질수록 더 많은 원로원 의원을 그들 중에서 선출하게 되며, 따라서 더 많은 권리를 국가 안에서 확보할 수 있기 때문이다.

The patricians of each city, as human ambition goes, will be anxious to maintain, and if possible extend, their right both in the city and the senate. They will therefore endeavour as best they can to win popularity with the people, governing by kindness rather than by fear and increasing their own numbers, since the more numerous they are, the more senators they will appoint from their own council and consequently the more right they will have in the state.[196]

각 도시가 자신의 이익에만 힘을 기울이고 다른 도시들을 질시하며 종종 서로 대립하여 논쟁에 시간을 허비하는 경우가 있을지도 모르지만, 스피노자는 그것이 그다지 큰 문제는 아니라고 본다. 반면에 소수자가 자기들의 감정만 좇아 모든 일을 결정할 때 자유와 공공복리가 사라지게 된다는 사실을 환기시킨다. 인간의 지혜는 모든 문제를 단숨에 통찰하기에는 너무도 둔하며 오히려 협의하고 경청하며 토론함으로써 예리해지고, 또한 사람들은 여러 가지 수단과 방법을 탐색하면서 마침내 그들이 추구하고 모든 사람이 인정하는, 그러면서도 이전에는 그 누구도 생각해 본 적이 없는 방책을 찾아낸다는 것이다. 스피노자는 네덜란드의 사례를 들어 설명한다. 네덜란드에 백작이나 백작 대리인 또는 총독이 없었다면 그렇게 오랫동안 국가 상태가 지속되지 않았을 것이라고 반박하는 사람이 있다면, 그는 이렇게 대답할 것이라고 말한다. '네덜란드인들은 그들의 자유를 위해서 백작을 물러나게 했지만, 국가라는 신체에서 머리를 잘라내는 것만으로 충분하다고 판단했기에 새로운 제도를 만들려고 하지 않았다. 그들은 국가의 몸통을 이전의 그대로 방치함으로써 네덜란드 백작의 영지는 마치 머리 없는 몸통과도 같이 백작 없이도 유지되었으며, 통치 양식도 무어라 명명할 수 없는 상태로 지속되었다. … 실제로 통치권을 장악하고 있던 사람들의 수가 너무 적어서 민중을 다스리거나 강력한 반대파를 제압할 수 없었다. 그 결과, 반대파는 아무런 제재 없이 통치권을 장악한 세력에 대해 음모를 꾸몄고, 마침내 그들을 타도했다(『정치론』 제9장 14절).'

이는 요한 드 비트 체제가 반대파인 오라녜 공(公) 세력에 의해 타도된 것을 말한다. "네덜란드 공화국의 돌연한 붕괴*는 여러 가지 사안을 협의하는 데에 시간을 허비해서가 아니라 국가 조직의 결함과 통치자 수가 너무 적은 데에 기인한다"[197]는 것이다. 끝으로, 『정치론』 제9장 마지막 15절에서 스피노자는 다수의 도시가 통치권을 공유하고 있는 이 두 번째 모델의 귀족국가가 첫 번째 모델의 귀족국가보다 우수한 점을 다음 몇 가지로 요약하고 있

---

* 군주제를 지지하던 오라녜 公家가 1672년 군중을 선동하여 전쟁과 국정 위기의 책임을 공화국 지도자인 요한 드 비트 형제에게로 돌리고 이들을 살해하면서 네덜란드 공화국은 붕괴되었다.

다. 즉 국가 최고회의체 전체가 불의의 습격으로 점령당할 우려가 없다는 점, 강력한 시민을 두려워할 필요가 없다는 점, 그리고 더 많은 사람이 자유를 공유한다는 점이다(『정치론』 제9장 15절).

첫 번째 모델의 귀족국가에서처럼 국가 최고회의체 전체가 불의의 습격으로 점령당하지 않을까 하고 경계할 필요가 없다는 점이다. 왜냐하면 최고회의체의 소집 시기와 장소가 정해져 있지 않기 때문이다. 또한 이 국가에서는 강력한 시민을 그다지 두려워하지 않아도 된다는 점이다. 그 이유는 다수의 도시가 자유를 향유하는 국가에서는 국가 통치권을 장악하려는 사람이 한 도시를 수중에 넣은 것만으로 다른 도시들에 대해서까지 지배권을 획득했다고는 볼 수 없기 때문이다. 끝으로, 이 국가에서는 더 많은 사람이 자유를 공유한다. 왜냐하면 (첫 번째 모델의 국가에서처럼) 한 도시가 유일하게 지배하는 국가에서는 지배 도시의 이익에 부합할 때에만 다른 도시들의 복리(福利)를 고려하기 때문이다.

There is no need, as in the case of the first kind, to guard against the possibility of its entire supreme council's being overthrown by a sudden attack, because no time or place is appointed for its meeting. Moreover, powerful citizens are less to be feared in this type of state. For where freedom is enjoyed by a number of cities, it is not sufficient for someone's having designs on the sovereignty to seize just one city in order to hold dominion over the others. Finally, in this kind of state, freedom is shared by more of its members; for when one city has sole rule, regard is paid to the good of others only as far as it suits the ruling city.[198]

지금까지 귀족정의 두 가지 모델에 관하여 세밀하게 고찰한 후, 스피노자는 이들 국가가 어떤 원인에 의해 붕괴되거나 다른 국가 형태로 변화될 수 있는가의 여부를 탐구한다. 귀족국가가 붕괴하는 주요 원인에 대해 그는 마키아벨리의『로마사 논고』제3부 1장에서 서술한 내용을 인용하고 있다. 즉 '국가에는 사람의 신체와 마찬가지로 정화해야 할 불순물이 매일 쌓이기 때문에 때때로 제도적 개혁을 통하여 국가 건설의 토대를 이루었던 근본원리로 되돌아가게 해야 한다'[199]는 것이다. 적절한 시기에 개혁하지 않으면 화근이 점점 커져 끝내는 국가 자체를 파멸에 이르게 할 것이기 때문이다. 이러한 국가의 복원은 우연히 행해지는 경우도 있지만, 법률적 지혜나 탁월한 덕성을 지닌 사람에 의해 행해지기도 한다는 것이다. 스피노자는 이러한 문제가 대단히 중요하다고 본다. 국가적 해악에 대한 대책이 적절하게 강구되지 않는다면 국가는 존속한다고 해도 자기 힘으로 존속하는 것이 아니라 단지 행운에 의해 존속될 뿐이며, 반면에 이러한 해악에 대한 적절한 대책이 강구된 곳에서는 국가가 붕괴되는 경우가 있다고 해도 그것은 자신의 과오 때문이 아니고 피할 수 없는 운명 때문이라는 것이다.

이러한 국가적 해악에 대해 취할 수 있는 처음의 대책은 5년마다 최고권을 지닌 독재관을 한 달이나 두 달 임기로 선출하는 것이다. 이 독재관의 임무는 원로원 의원과 모든 관리들의 행위에 관하여 조사하고 판단하고 처분할 수 있는 권리를 보유함으로써 국가를 본래의 기초로 되돌리는 데 있다. 그러나 국가의 해악을 제거하고자 하는 사람은 그러한 대책을 강구함에 있어 국가의 본성과 조화를 이루도록 해야 하고 국가의 기본법에서 도출해야 한다는 것이다. 독재관의 권력은 절대적이므로 모든 사람에게 공포의 대상이 되지 않을 수 없으며, 특히 독재관을 정기적으로 선임하는 경우 이 직위를 얻고자 온갖 책동이 난무할 것이기 때문에 더욱 그러하다는 것이다. 이러한 이유로 스피노자는 로마인들이 독재관을 정기적으로 선임하지 않고 국가 위기 시에만 선임했다고 본다. 그럼에도 불구하고 독재관의 권력은 본질적으로 제왕적이기 때문에 아주 짧은 시기라고 해도 때때로 군주제로 전환될 수밖에 없고 공화국 헌법은 위험에 처하게 된다는 것이다. 더욱이 독재관을 정기적으로 선임하지 않을 경우, 한 독재관과 다음 독재관 사이의 중간 시기에 대해 아무런 판단도 할 수 없다는 것이다. 독재관의 권력이 상설적이거나 확고한 제도적 기반을 갖지 못함으로써 한 사람에게 독재권이 위임되어 국가 형태가 파괴된다면, 독재관 제도 자체는 물론, 결과적으로 공화국의 안전과 보존 또한 매우 불확실하게 될 것이라고 그는 전망한다(『정치론』 제10장 1절).

그러나 반면에 그는 국가 형태를 보존하면서 독재관의 권력이 상설화되어 있고 오직 악인들에게만 공포의 대상이 된다면, 독재관 제도와 관련된 해악이 제거될 수 없거나 개선될 수 없을 정도로 증대하는 일은 결코 없을 것이라고 본다. 앞서 그가 호법관 회의체를 최고회의체에 부속시켜야 한다고 했던 것도 이러한 조건을 만족시키기 위한 것이었다. 이렇게 한다면 독재관의 권력은 어떤 한 사람의 자연인의 수중에 있지 않고 정치기구에 속하게 된다. 이 기구는 많은 사람들로 구성되어 있기 때문에 그들 간에 권력을 분할한다든지 범죄를 책동한다든지 하는 일은 없게 된다는 것이다. 게다가 호법관은 국가의 다른 관직에 취임하는 일이 금지되어 있고, 군인에게 봉급을 지급하는 일도 없으며, 혁신의 위험보다는 현실의 안전을 선호하는 연배에 이른 사람들이므로 국가가 그들로부터 어떤 위협을 당하는 일은 없을 것이라고 보는 것이다. 또한 그들 조직은 상설화되어 있기 때문에 악을 초기에 저지할 수 있을 뿐만 아니라, 조직 구성원의 수가 충분히 많기 때문에 미움을 사지 않을까 하는 두려움 없이도 유력한 인사를 단죄할 수 있으며, 특히 표결은 무기명 비밀투표이고 판결은 호법관 전체 회의체의 이름으로 하기 때문에 소신껏 그렇게 할 수 있다는 것이다(『정치론』 제10장 2절).

로마에서 평민의 권리를 옹호하던 호민관 역시 상설직(職)이었지만, 한 귀족의 세력조차도 제어할 힘이 없었다는 점을 스피노자는 상기시킨다. 더욱이 그들은 공공복리를 위한 계획을 원로원에 제출해야만 했는데, 원로원은 종종 그들의 노력을 좌절시키는 방식으로 사실상 호민관을 통제할 수 있었다. 호민관들이 귀족에 대해 갖는 권위는 평민들의 지지에 달려 있었기 때문에 평민들을 모이게 할 때에는 회의 소집이라기보다 반란을 일으키는 것 같이 보였다. 이런 폐해는 제8장과 9장에서 묘사한 귀족국가에서는 볼 수 없는 현상이라고 스피노자는 말한다. 그에 의하면 호법관단의 권위는 오직 국가 형태를 보존하는 데 있기 때문에 법률이 파기되거나 죄를 범하고서도 이익을 얻게 되는 경우를 방지한다. 그러나 법률로 금할 수 없는 여러 가지 악덕—예컨대, 빈둥거리며 지내는 사람들이 빠져들기 쉬운 악덕—이 증식하는 경우는 방지할 수가 없으며, 그로 인해 종종 국가 붕괴가 초래되기도 한다는 것이다. 왜냐하면 평화시에는 인간이 공포로부터 해방되므로 야만인은 차츰 문명인이 되고 문명인은 다시 유약하고 무기력한 인간이 되어 상호간에 덕으로써가 아니라 호사와 사치로써 남보다 돋보이려고 하기 때문에 조국의 풍습을 경멸하고 타국의 풍습을 익혀 감으로써 타국의 노예화되어 간다는 것이다(『정치론』 제10장 3-4절).

이러한 해악을 막고자 사치를 금지하는 법을 제정하려는 많은 시도가 이루어졌지만 헛수고에 그쳤다. 왜냐하면 법을 위반한 자에게 어떤 불이익도

가할 수 없는 법은 그 누구에게도 진지하게 받아들여지지 않을 것이기 때문에 실효성이 없는 것이다. 인간은 언제나 금지된 것을 열망하며 거부당한 것을 원하는 습성이 있기 때문에 그러한 법률은 인간의 욕망과 정욕을 억제하기는커녕 도리어 자극하게 된다는 것이다. 향연이나 게임, 장식 등은 과도할 때에만 나쁜 것이고, 이러한 사치는 개인 재산과 관련해서 판단할 문제이기 때문에 일반 법률로 금지할 수 있는 성질의 것은 아니라고 보는 것이다(『정치론』 제10장 5절). 여기서 스피노자는 다음과 같이 결론 내린다.

평화시에 만연한 이러한 악덕은 결코 직접적으로 금해서는 안 되며, 오직 간접적인 수단에 의해서만 금해야 한다. 즉 대부분의 사람이 지혜롭게 살기를 갈망할 것이라고 말하진 않겠지만―이는 불가능한 일이기 때문에―공화국의 큰 이익에 도움이 되는 감정에 의해 인도되도록 하는 국가의 기초를 설정해야 한다. 따라서 우리의 주요 목표는 부유한 사람들이 절약할 수 없다면, 적어도 이득에 대한 열망을 갖도록 해야 한다. 왜냐하면 인간의 보편적이고 지속적인 감정인 탐욕이 명예욕과 결부될 경우 대부분의 사람은 자기의 재산을 올바른 방법으로 증대하여 영예로운 직위를 얻으려고 하고 극단적인 불명예를 피하려고 노력할 것이 틀림없기 때문이다.

…those vices that are prevalent in time of peace, and which we are now discussing, should never be directly prevented but only by indirect means, that is, by laying such a foundation to the state that most men―I won't say will be eager to live wisely, for that is impossible―will be guided by such feelings as will conduce to the greater good of the commonwealth. So our chief objective should be this, that the wealthy, if they cannot be thrifty, should at any rate be eager for gain. For there is no doubt that if this love of gain, which is universal and constant, is nourished by desire for glory, most men will direct their main efforts to increasing their wealth by means that are not discreditable, so as to gain office and avoid utter disgrace.[200]

앞서 제8장과 제9장에서 설명한 두 가지 귀족국가의 기초를 검토해 보면, 이러한 결론이 바로 귀족국가의 기초로부터 도출된다는 사실을 알게 될 것이라고 스피노자는 말한다. 두 국가에서의 통치자 수가 많기 때문에 대부분의 부자들에게는 정치에 관여할 수 있는 길과 국가의 관직을 얻을 수 있는 길이 모두 열려 있다는 것이다. 파산한 귀족은 귀족계급에서 제외하도록 규정하고, 부득이한 불행으로 재산을 상실한 귀족에게는 그것을 다시 보충해 주도록 규정한다면 모든 사람은 자기 재산을 보존하기 위해 최선을 다할 것이라고 보는 것이다. 또한 귀족과 관직에 오를 후보자에게는 특별한 복장을 착용하게 하여 서로 구별되도록 법률로 정한다면, 외국의 복장을 갈망하거나 조국의 풍습을 경멸하는 일은 없어질 것이라고 보는 것이다. 이 외에도 각국은 그들 풍토와 민족의 기질에 부합하는 다른 여러 가지 방법들을 고안해 낼 수 있지만, 무엇보다 신민이 법률적 강제에 의해서가 아니라 자발적으로 의무를 수행할 수 있도록 배려해야 한다는 것이다(『정치론』제10장 7절).

오직 공포에 의해서만 통치하는 국가는 악덕으로부터 자유로울 수는 있겠지만 유덕한 국가는 되지 못한다는 것이 스피노자의 관점이다. 인간은 자신이 남에게 이끌려서가 아니라 원하는 대로 자유의지에 따라 살고 있다고 생각할 때에만 자유에 대한 사랑과 재산을 증대하려는 욕구, 그리고 국가의 명예로운 직위를 얻으려는 희망에 의해서 스스로를 제어할 수 있다는 것이다. 그는 조상(彫像)이나 개선식(凱旋式) 및 그 밖의 덕행을 하도록 하는 자극제는 자유의 상징이라기보다는 예속의 상징이라고 본다. 왜냐하면 덕에 대한 보상은 자유인이 아닌 노예에게나 용인되는 것이기 때문이다. 스피노자 또한 인간이 자극에 의해 고무된다는 점은 인정하지만, 처음에는 위대한 사람들에게 주어지던 것이 뒤에 가서는 시기심이 커짐에 따라 큰 재산을 가진 것밖에는 내세울 것이 없는 쓸모없는 자들에게까지 이 상(賞)이 주어지면서 선량한 사람들을 크게 분개하게 한다는 것이다. 따라서 미덕으로 널리 알려진 사람에게 국가 법령에 의해 지나친 명예를 부여하게 되면 평등은 지속될 수가 없으며, 평등이 사라지면 공공의 자유 역시 필연적으로 사라지게 된다는 것이다(『정치론』 제10장 8절).

이상의 내용을 전제로 스피노자는 이러한 종류의 국가가 내적 원인에 의해 붕괴될 수 있는가의 여부에 대해 고찰한다. 한 국가가 영속적일 수 있으려면, 일단 올바르게 제정된 헌법이 침해되는 일 없이 유지되는 국가여야 한다는 것이다. 헌법이란 국가의 영혼이기 때문에 헌법이 유지되면 국가도 유지된다. 그러나 헌법은 이성과 인간의 공통된 감정을 따르는 경우에만 파괴되지 않는다. 그렇지 않고 이성만을 따르면 무기력해지고 쉽게 파괴된다. 앞서 살펴본 두 귀족국가의 근본법(헌법)은 이성과 인간의 공통된 감정에 합치하므로 그러한 종류의 국가라면 영속적일 수 있다는 것이다. 말하자면 그러한 국가는 내적 원인에 의해서가 아니라 피할 수 없는 운명에 의해서만 파괴된다는 것이다(『정치론』 제10장 9절).

이러한 주장에 대해 다음과 같은 반박의 가능성을 스피노자는 인정한다. '앞장에서 제시한 국가의 헌법은 이성과 인간의 공통된 감정에 의해 지지되고 있다고 해도, 그러한 감정은 때로는 좀 더 강력한 반대 감정에 의해 압도될 수 있기 때문에 파괴될 수 있다. 국가가 아무리 잘 편제(編制)되어 있고 법체계가 잘 정비되어 있다 해도, 극한적 위기에 처하여 공포감에 사로잡힐 때에는 당장의 두려움을 피하려는 행동을 하게 되고 미래나 법률 같은 것은 고려하지 않게 된다. 모든 사람의 시선은 승전으로 이름을 떨친 자에게로 향하고 그를 초법적(超法的) 존재로 만들어 그의 지배권을 연장하고, 전체 국가를 그에게 위임하기에 이른다. 이렇게 해서 로마 제국도 멸망하게 되었다(『정치론』 제10장 10절).'

이러한 반박에 대해 그는 다음과 같이 답변한다. '먼저 제대로 편제된 공화국에서 그러한 공포는 정당한 이유가 없이는 일어나지 않는다. 따라서 그 같은 공포와 그에 따른 혼란은 인간의 통찰력으로는 피할 수 없는 원인에 따른 것이다. 다음으로, 위에서 기술한 바와 같은 국가에서는 어떤 한 사람이 모든 사람의 시선을 독차지할 정도로 명성을 떨칠 수는 없다. 오히려 그 사람에게는 강력한 지지를 얻는 여러 경쟁자가 반드시 있게 마련이다. 그러므로 공화국 안에서 공포에 따른 혼란이 야기된다고 하더라도 그 누구도 법률을 무시할 수 없으며, 또 불법적인 군사 정치를 하도록 누군가를 천거하지도 못한다. 그렇게 할 경우 즉각적으로 다른 후보자들과의 대립을 유발할 것이다. 그러한 갈등을 해결하기 위해서는, 일단 제정되고 모든 사람에 의해 승인된 헌법에 의지하여 국사(國事)를 기존 법률에 따라 질서를 잡아 나갈 필요가 있다(『정치론』 제10장 10절).' 결론적으로 스피노자는 다음과 같이 확언한다.

오직 한 도시가 통치권을 장악하고 있는 국가도 그러하거니와, 다수의 도시가 통치권을 장악하고 있는 국가는 특히 영속적이다. 다시 말해, 그 국가는 내적 원인에 의해 붕괴하거나 다른 형태로 변화될 수 없다는 것이다.

…while it is true that the state whose government is in the hands of one city only will be lasting, this is particularly true of the state whose government is in the hands of a number of cities; that is, it cannot disintegrate or be changed into any other form by any internal cause.[201]

민주정에 관하여

　　『정치론』 제11장은 민주정에 관하여 고찰한다. 이 마지막 장에서 스피노자는 우리가 민주정이라고 부르는 제3의 완전한 절대 통치 체제에 관하여 설명한다. 그의 체계 속에서 군주국가나 귀족국가, 특히 귀족국가는 시민의 자유가 최고도로 활성화된 민주국가에 도달하는 과도적인 국가이다. 그의 정치사상의 궁극적인 지향점은 민주주의 정치체제의 수립을 통한 자유의 영속화에 있으며, 민주정은 자유를 제도화하기 위한 장치로서 고안된 것이다. 1677년 2월 그의 갑작스런 죽음으로 말미암아 『정치론』은 미완성 유작이 되었지만, 그것이 궁극적으로 지향하는 민주정은 1670년에 출판된 그의 『신학정치론』 제16장부터 제20장까지의 내용과 긴밀히 연계되어 있다. 그뿐만 아니라 인간의 욕구라는 공통의 토대를 기반으로 한 그의 민주주의 정치이론은 『신학정치론』과 『에티카』 그리고 『정치론』에 이르는 과정을 총합적으로 정교하게 체계화시킨 것이라는 점에서, 『정치론』의 민주정에 관한 논의가 단지 4절에 그치고 있지만 그 핵심 내용을 간파할 수 없는 것은 아니라고 본다.

　　『정치론』 1절에서 스피노자는 민주국가와 귀족국가의 차이점을 설명하는 것으로부터 논의를 시작한다. 귀족국가에서 어떤 사람이 귀족이 되는 것은 오직 최고회의체의 의지와 자유로운 선택에 달려 있으므로 그 누구도 투표권이나 국가의 관직을 담당할 권리를 천부적으로 갖지 못하며, 또한 그 러한 권리를 법적으로 요구하지 못한다는 것이다. 반면, 민주국가에서는 국가의 시민인 부모에게서 태어난 사람이나 국토 안에서 출생한 사람, 공화 국에 공로가 있는 사람, 또는 다른 여러 가지 이유에서 법적으로 시민권이 허용된 사람 등은 최고회의에서의 투표권과 국가의 관직을 담당할 권리를 합법적으로 요구할 수 있으며, 범죄를 저지르거나 불명예스런 행위를 한 경 우를 제외하고는 이러한 요구를 거부할 수 없다는 것이다(『정치론』제11장 1절).

2절에서는 민주국가에 대한 좀 더 세부적인 논의가 이루어진다. 일정한 연령에 도달한 원로, 또는 장남으로서 법정 연령에 도달한 자, 또는 일정 금 액을 국가에 납부하는 자에게만 최고회의에서의 투표권과 국사(國事)를 담 당할 수 있는 권리를 부여하도록 법이 정할 경우, 비록 그 결과로 최고회의 체가 귀족국가의 그것보다 적은 수의 시민으로 구성된다 하더라도 그러한 국가는 역시 민주국가라고 불러야 한다는 것이다. 왜냐하면 그러한 국가에 서 국사를 담당하도록 지명되는 시민은 가장 적합한 인물이라고 해서 최고 회의에서 선출되는 것이 아니라 법률에 의해 정해지기 때문이라는 것이다. 이와 같이 가장 적합해서가 아니라 운이 좋아 부자가 된 사람이나 장남으로 출생한 사람이 정치에 참여하도록 법으로 정해진 이런 종류의 민주국가는 귀족국가보다 열등한 것으로 생각되기 쉽지만, 정치 실제나 인간 본성 일 반에 비추어볼 때 귀족국가의 경우에도 사태는 마찬가지일 것이라고 스피 노자는 본다. 귀족에게는 부유하거나 혈연관계에 있거나, 또는 친우관계에 있는 사람이 항상 가장 적합한 인물로 보일 것이기 때문이라는 것이다. 특히 과두정에서 귀족의 선임은 어떤 법률에도 구속받지 않는 소수 귀족의 의지에 전적으로 의존하기 때문에 그러한 귀족국가에서의 사태는 훨씬 더 나빠질 수 있다고 본다(『정치론』제11장 2절).

3절에서 스피노자는 민주정에 관한 자신의 의도가 "여러 종류의 민주정을 다루는 데 있는 것이 아니라, 국법에 복종하고 독립적이며 바람직한 삶을 영위하는 모든 사람들이 예외 없이 최고회의에서의 투표권과 국가의 관직을 담당할 권리를 갖는 그러한 국가를 다루는 데 있다"[202]고 밝히고 있다. 그가 '오직 자기 나라의 법에 복종하는 사람'이라고 말한 것은 다른 나라의 지배를 받고 있는 외국인을 제외하기 위한 것이라고 분명히 밝히고 있다. 국법에 복종하는 것에 덧붙여, 그가 '독립적인'이라는 말을 부가한 것은 남성이나 주인의 통제 하에 있는 여성이나 노예를 제외하기 위한 것이며, 또한 부모나 후견인의 통제 하에 있는 아이들과 미성년자도 제외하기 위한 것이라고 말한다. 끝으로 그가 '바람직한 삶을 영위하는 사람'이라고 한 것은 특히 범죄나 불명예스런 생활 방식으로 인해 평판이 나쁜 사람을 제외하기 위한 것이라고 말한다(『정치론』제11장 3절).

마지막 4절은 '여성이 남성의 지배하에 있는 것이 본성에 기인하는 것인가, 아니면 협약에 기인하는 것인가'라는 질문을 상정함으로써 시작한다. 만일 이것이 협약에 기인하는 것이라면 여성을 정치에서 배제해야 할 아무런 이유가 없다는 것이다. 그러나 경험에 입각해서 볼 때 그것은 여성의 나약함에 기인한다는 것이다. 왜냐하면 세상 어디에도 남성과 여성이 함께 지배하는 곳은 없지만, 세상 어디에서나 남성은 지배하고 여성은 지배받으며 양성이 조화롭게 생활하는 것을 목격할 수 있기 때문이라는 것이다. 그 옛날 여성이 통치했다고 전해지는 아마존 왕국은 나라 안에 남자가 머무르는 것을 용인하지 않았으며, 오직 여자아이만 기르고 남자아이가 태어나면 살해해 버린 여인왕국이었다는 것이다. 그런데 여성이 본성적으로 남성과 동등하고 정신의 힘이나 능력을 동등하게 부여받았다고 한다면, 그렇게 많은 민족 가운데 양성이 함께 지배하거나 혹은 여성이 남성을 지배하고, 남성이 여성보다 능력 면에서 열등하도록 교육을 받은 민족이 몇 정도는 있어야 하지만, 실제로는 어디서도 그런 사례를 찾을 수 없다는 것이다(『정치론』 제11장 4절). 이에 따라 스피노자는 다음과 같이 결론 내린다.

> 여성은 본성적으로 남성과 동등한 권리를 갖지 못하고, 필연적으로 남성 아래에 위치해야만 한다. 따라서 양성이 동등하게 지배한다는 것은 있을 수 없는 일이며, 더구나 남성이 여성에게 지배받는다는 것은 더더욱 있을 수 없는 일이다.
>
> …women do not naturally possess equal right with men and that they necessarily give way to men. Thus it is not possible for both sexes to have equal rule, and far less so that men should be ruled by women.[203]

나아가 인간의 감정을 고려해 볼 때, 남성은 대체로 정욕에 의해서만 여성을 사랑하고, 여성의 재능과 지혜를 그녀가 아름다운 경우에만 높이 평가하며, 또한 자신이 사랑하는 여자가 다른 사람에게 호의를 표시하는 것을 싫어한다는 것이다. 그 외의 여러 측면들을 생각해 보면 남녀 양성이 함께 지배하는 것은 반드시 평화를 크게 해치리라는 것을 쉽게 알 수 있다는 것이다. 여성과 남성의 권력관계에 대한 설명은 이것으로 충분하다는 말로써 『정치론』은 미완으로 끝나고 있다. 여성이 남성의 지배하에 있던 17세기 당시의 보편적 상황을 설명하면서 그 근본 원인이 여성의 나약함에 기인하는 것으로 보고 민주정에서의 여성 정치참여가 불가하다고 주장한 것은 그의 정치철학의 시대적 한계를 느끼게 한다. 근대적 사유의 선구자로서의 그가 지구상 인간의 반을 차지하는 여성을 배제하고서 어떻게 근대적 '개인'을 논할 수 있으며, 또한 여성의 자유를 배제하고서 어떻게 인간의 '자유'를 논할 수 있다는 말인가? 이러한 한계에도 불구하고 스피노자는 서양지성사에서 철학적 사색의 본질적인 단서를 제공한 인물로 평가받고 있다. 그의 사상은 독일 관념주의자들과 프랑스 계몽주의자들 그리고 사회주의자들에게도 많은 영향을 주었다.

그러면 여기서 본 절의 민주정과 관련하여 『신학정치론』에서의 논의를 개관해 보자. 스피노자는 군주정 · 귀족정 · 민주정의 세 가지 정체가 나름대로 합리적 근거를 지니고 있다고 보지만, 인간의 본성을 최대한 실현시킬 수 있는 이상적인 정체는 민주정이라고 보았다. 말하자면 민주정은 인민의 자유와 자연권을 보장하는 절대정체라는 것이다. 『신학정치론』 제16장에서 스피노자는 민주주의를 '전체로서의 권력을 행사하는 사회'[204]라고 정의한다. 최고권인 주권은 어떤 법에도 구속받지 않지만, 모든 사람은 주권의 의지에 절대적으로 복종해야 한다는 것이다. 하지만 민주주의에서는 비이성적인 명령에 대해 두려워할 필요가 없다고 스피노자는 말한다. 왜냐하면 인민의 다수가, 특히 공동체의 규모가 클 경우 이런 비이성적인 명령이나 의지에 동의한다는 것은 거의 불가능한 일일뿐더러, 비합리적인 욕망을 피하고 사람들을 이성의 통제 하에 둠으로써 평화와 조화 속에서 살아가도록 하려는 것이 민주주의의 목표이며 토대이기 때문이라는 것이다.[205] 『신학정치론』 제16장은 스피노자의 관심의 초점이 민주정에 있음을 명시적으로 밝히고 있다.

> 나는 민주주의가 가장 자연적이며 개인의 자유와도 가장 잘 공명하는 정부
> 형태라고 믿는다. … 민주주의는 내가 상세히 다룬 유일한 정부 형태다. 그
> 이유는 정부 형태를 통해 자유의 이점을 보여주려는 내 목적에 민주주의가
> 가장 잘 부합하기 때문이다.
>
> I believe it(democracy) to be of all forms of government the most natural, and
> the most consonant with individual liberty. … This(Democracy) is the only form
> of government which I have treated of at length, for it is the one most akin to
> my purpose of showing the benefits of freedom in a state.[206]

『신학정치론』 제18장 "고대 이스라엘 국가의 역사로부터 추론되는 몇 가지 정치 원리"에 대한 고찰은 본 절의 민주정과 관련하여 유익한 시사점을 제공한다. 여기서 스피노자는 민중이 주권을 보유했던 시기와 민중이 국가 형태를 민주정에서 군주정으로 변화시킨 이후의 시기를 비교하며 국가의 권리가 왕에게 위임될수록 신민은 불행하게 된다는 점을 강조한다. 즉 민중이 주권을 보유했던 시기에는 단 한 차례의 내전이 있었을 뿐이며, 또한 정복자가 피정복자에 대해 관용을 베풂으로써 그 내전은 완전히 종식되었고, 피정복자 역시 전력을 다해 이전의 위엄과 권력을 회복하려 했다는 점은 주목할 만한 것이라고 지적한다. 그러나 민중이 국가 형태를 민주정에서 군주정으로 변화시킨 후에는 내전이 끊이질 않았고 이전의 모든 전쟁 기록을 갱신할 정도로 매우 격렬한 양상을 보였다고 지적한다. 민중이 지배하는 시기 동안 법은 타락하지 않은 채 정확히 준수되었으며, 거짓 예언자

에게 기만당하지도 않았고, 평화가 지속된 기간도 훨씬 길었던 반면, 군주정 수립 이후 전쟁은 더 이상 평화와 자유를 위해서가 아니라 군주 개인의 영광을 위해 벌어졌고, 수많은 예언자가 한꺼번에 생겨나면서 거짓 예언자에게 기만당하는 일도 많아졌다는 것이다.[207]

이로부터 스피노자는 다음과 같은 몇 가지 사실을 도출해 낸다. "첫째, 법령을 공포하거나 정무를 집행할 수 있는 권력을 사제에게 부여하는 경우, 종교와 국가 모두에 심대한 해를 끼친다. 단지 요청이 있는 경우에만 사제가 온당하게 답하며, 관례적으로 인정되어 온 교리만을 사제가 설교하고 실천하게 한다면 나라의 안정은 훨씬 더 잘 보장된다. 둘째, 단순히 사변적이며 영향을 받기 쉽거나 분쟁의 소지가 있는 사안을 신권(神權 즉 종교재판)에 회부하는 것은 대단히 위험한 발상이다. 가장 전제적인 정부는 다양한 견해를 범죄로 다루는 정부이다. … 폭압적인 상황에서는 대중의 정념이 지배권을 획득하게 된다.* … 종교적 경건은 자비와 정의를 실천하는 행위에만 국한시키고 그 밖의 다른 문제는 각자가 자유롭게 판단하도록 내버려 두는 것이 국가가 가장 안전할 수 있는 방법이다. 셋째, 무엇이 합법이며 불법인가에 대한 결정권을 최고 권력인 주권자에게 부여하는 것이 국가와 종교 양자의 이익에 얼마나 필요한가를 알 수 있다. 넷째, 왕정에 익숙하지 않으며 완전한 법전을 가지고 있는 민족에게 군주정을 수립하는 것이 얼마나 재앙이 되는가를 알 수 있다."[208]

---

* 빌라도(Pontius Pilate)가 예수의 결백을 알았으면서도 십자가에 못 박도록 명령한 것은 바리새인들(Pharisees)의 情念에 굴복해서였다. 또한 바리새인들은 자기들보다 부유한 자들의 입지를 흔들어 놓기 위해서 종교문제를 선동하고 사두개교를 불경죄로 고소했다(A Theologico-Political Treatise, Ch. XVIII, p. 307).

『신학정치론』 제18장 마지막 부분에서 스피노자는 네덜란드의 자유주의를 옹호하며, '정체의 변화는 국가 붕괴의 위험을 초래할 것이므로 모든 국가는 반드시 자신의 정부 형태를 보존해야 한다'[209]는 말로써 간접적으로 요한 드 비트 체제를 지지하고 있다. 또한 『신학정치론』의 마지막 장인 제20장에서 그는 "인간의 정신을 통제하려고 시도하는 정부는 전제정부로 간주해야 한다"[210]며, '어느 누구도 판단하고 생각할 수 있는 자유를 포기할 수 없으며, 모든 사람은 파기할 수 없는 자연권에 의거한 자기 생각의 주인이기 때문에 엄청난 재앙이 따르는 경우가 아니고서는 오직 최고 권력자의 명령에 따라 말하도록 강요당할 수는 없다'[211]고 주장한다. 따라서 "가장 폭압적인 정부는 자신이 생각한 것을 말하고 가르칠 수 있는 자유를 개인에게서 박탈하는 정부이며, 가장 온건한 정부는 이러한 자유를 허용하는 정부이다."[212] 그는 국가의 궁극적 목표를 이렇게 요약하고 있다.

국가의 궁극적 목표는 공포에 의해 지배하거나 억누르거나 복종을 강요하는 것이 아니라, 그와는 정반대로 모든 사람이 공포에서 벗어나 가능한 한 안전하게 살 수 있게 하는 것이다. 다시 말해 그 자신이나 타인에게 해를 끼치지 않으면서 존재하고 활동할 수 있는 자연권을 강화하는 것이다. 국가의 목적은 인간을 이성적 존재에서 야수나 꼭두각시로 개조하는 것이 아니라, 그들로 하여금 심신을 안전하게 계발하고 이성을 자유롭게 사용할 수 있도록 하는 것이다.…국가의 진정한 목적은 자유다.

…the ultimate aim of government is not to rule, or restrain, by fear, nor to exact obedience, but contrariwise, to free every man from fear, that he may live in all possible security; in other words, to strengthen his natural right to exist and work—without injury to himself or others. No, the object of government is not to change men from rational beings into beasts or puppets, but to enable them to develop their minds and bodies in security, and to employ their reason unshackled;···the true aim of government is liberty.[213]

    스피노자는 국가의 진정한 목적을 개인의 자유 촉진에 있다고 본 철저한 자유주의자로서 사상과 표현의 자유를 억압하는 모든 법률을 부정했다. 그는 표현의 자유를 강조하며 그 핵심 내용을 다음과 같이 요약하고 있다. '첫째, 자신이 생각한 것을 표현할 수 있는 자유를 사람들에게서 박탈하는 것은 불가능하다. 둘째, 표현의 자유는 주권자의 권리와 권위를 침해하는 일 없이 모든 사람에게 부여될 수 있다. 셋째, 모든 사람은 공공의 평화를 해치는 일 없이 표현의 자유를 향유할 수 있다. 넷째, 모든 사람은 충성을 훼손하는 일 없이 표현의 자유를 향유할 수 있다. 다섯째, 사변적인 문제를 다루는 법률은 아무 효력도 발생하지 못한다. 여섯째, 표현의 자유는 공공의 평화, 충의(忠義), 주권자의 권리를 침해하는 일 없이 부여될 수 있을 뿐만 아니라 이들을 보존하기 위해서도 필요하다.'[214]

    또한 그는 민중들의 삶을 왜곡하는 억압적인 체제에서 벗어나는 길을 제시하려 한 평화주의자이기도 했다. 그에 의하면 "평화란 단순히 전쟁의 부재가 아니고 정신의 힘에서 생겨나는 덕성이다."[215] "진실로 평화를 어지럽히는 자는 자유국가에서는 억압될 수 없는 판단의 자유를 박탈하려는 자이다"[216]라고 그는 말한다. "형식적 동의가 신념보다 높게 평가되지 않으려면, 그리고 국가가 확고한 권력의 토대를 계속 유지해서 선동가에게 굴복당하지 않으려면, 반드시 판단의 자유를 인정해서 사람들의 견해가 아무리 다양하고 심지어 공개적으로 상충된다 해도 조화롭게 더불어 살아갈 수 있도록 해야 한다"[217]는 것이다. 『신학정치론』 제20장에서 그는 민주정이 인간의 본성과 가장 잘 조화를 이루는 최선의 정부 형태임을 밝히고 있다.

> 민주정이 최선의 정부 형태이며 반대가 가장 적다는 것은 명백하다. 왜냐하면 민주정은 인간의 본성과 가장 잘 조화를 이루기 때문이다. (16장에서 밝혔듯이, 가장 자연적인 정부 형태인) 민주정에서 모든 사람은 자신의 행위에 대한 국가권력의 통제에 복종하지만, 그 승인은 자신의 판단과 이성에 따라 이루어진다. We cannot doubt that such(democracy) is the best system of government and open to the fewest objections, since it is the one most in harmony with human nature. In a democracy(the most natural form of government, as we have shown in chapter XVI) everyone submits to the control of authority over his actions, but not over his judgment and reason.[218]

스피노자는 "국가가 이성에 기초하고 이성을 따를 때 가장 강력하고 독립적이 된다"[219]고 보았다. '대중을 분노케 한다면 국가로서의 자격이 없다'고 그가 말한 데서도 알 수 있듯이, 대중의 자율성과 능동성을 보장하지 못하는 국가는 이성적이지 못하고 덕이 없는 국가로서 부도덕과 무질서와 불복종을 초래할 수 있다고 보았다. 또한 국가를 가장 안전하게 하는 방도로서 그는 "종교의 권리가 오직 자선과 정의를 수행하는 일에만 속하도록 규정하고, 주권자의 권리는 종교적 영역과 세속적 영역 모두에서 인간의 행위와 관계가 있는 일에만 한정해야 하며, 모든 사람은 원하는 것을 생각할 수 있고 생각한 것을 말할 수 있도록 허용되어야 한다"[220]고 주장한다. 근대 국가의 태동기였던 17세기의 시대적 조건에서 이와 같은 주장은 실로 급진적인 것이었다.

지금으로부터 350년 전에 그는 이미 종교와 인종 및 문화의 경계를 초월하여 자유민주주의의 전 지구적 보편 혁명을 예견하고 정치(精緻)한 분석과 제도적 장치에 의한 민주정의 수립을 통하여 자유를 영속화하고자 했던 진정한 민주주의 이론가였다. 그에게 삶은 관념이 아니라 관계이며, 자유로운 삶이란 본성을 억압하지 않고 삶 자체를 긍정하는 이성을 따르는 삶이다. '지금 여기'에서의 주체적이고 능동적인 삶이 진정한 자유인의 삶이다. 자유인이 된다는 것은 '더 좋은 것을 보고 그것을 인정하면서도 더 나쁜 것을 따르는' 우리의 수동적 신체를 능동적으로 만드는 것이다. 태양에서 빛이 나오듯, 참된 인식에서 필연적으로 나오는 사랑의 정서에 힘입어 우리는 능동적으로, 또는 자유롭게 될 수 있다.

스피노자의 체계 속에서 이성의 요구들이 현실의 삶 속에 구현되려면 반드시 정치적 메커니즘을 통해야 하므로 공동의 법에 기초한 국가가 필요하게 되는 것이다. 스피노자에게 있어 국가는 자유민주주의 공화국이어야 한다. 독일 태생의 유대계 미국 정치철학자 레오 스트라우스(Leo Strauss)는 스피노자를 최초의 자유민주주의 철학자로서 근대 정체(政體)를 정초(定礎)한 인물로 평가한다. 스피노자가 공식적으로 조명 받게 된 것은 F. H. 야코비(Friedrich Heinrich Jacobi)가 『스피노자 학설에 대한 서한』(1785)에서 "스피노자 철학 외에는 진정한 철학이 없었다"[221]고 한 G. E. 레싱의 관점을 공개하면서였다. 스피노자에 대한 스트라우스의 다음 논평으로써 제3장 『정치론』을 마감할까 한다.

그(스피노자)가 선호하는 공화국은 자유민주주의 공화국이다. 그는 민주주의 자이며 자유주의자였던 최초의 철학자였다. 그는 자유민주주의, 특히 근대 정체를 정초한 철학자였다. 스피노자는 루소에게 직접적으로 영향력을 미침으로써 … 협의의 인간 이해관계보다는 인간의 존엄에 기반을 두는 근대 공화주의 버전에 대한 책임이 있다. 스피노자의 정치적 가르침은 모든 가능한 의무의 원천으로서의 만인의 자연권으로부터 출발한다. … 스피노자에게 있어 존재하는 모든 것은 자연적이다. 그에게 자연적인 목적이란 존재하지 않으며, 특히 인간에게는 그 어떤 목적도 자연적이지 않다.…인간의 목적은 자연적이지 않고 이성적이다.

The republic which he favors is a liberal democracy. He was the first philosopher who was both a democrat and a liberal. He was the philosopher who founded liberal democracy, a specifically modern regime. Directly and through his influence on Rousseau … Spinoza became responsible for that version of modern republicanism which takes its bearings by the dignity of every man rather than by the interest narrowly conceived of every man. Spinoza's political teaching starts from a natural right of every human being as the source of all possible duties. … for Spinoza everything that is, is natural. For Spinoza there are no natural ends, and hence in particular there is no end natural to man. … man's end is not natural, but rational.[222]

스피노자의 사상과
그 현대적 부활

Spinoza's Thought
and Its Up-to-date Revival

양자물리학이 진실로 말하고 있는 것은 우리가 우주에 끼칠 수 있는 영향력에 관한 것이다. 우리 세계와 우리 삶과 우리 몸은 양자적 가능성의 세계에서 선택된(상상된) 그대로이다. 우리가 이들 중 어떤 것을 바꾸고 싶다면, 먼저 새로운 방식으로 이들을 바라보아야 한다.

"Herein lies the key to understanding what quantum physics is really saying to us about our power in the universe. Our world, our lives, and our bodies exist as they do because they were chosen(imagined) from the world of quantum possibilities. If we want to change any of these things, we must first see them in a new way."

- GREGG BRADEN, *The Divine Matrix*(2007)

04 | 스피노자 사상의 특질: 근대성과 탈근대성의 접합

- 신앙과 이성의 분리
- 근대 자유민주주의론
- 실체와 양태의 필연적 관계성
- 인간적인, 너무나 인간적인: 네오휴머니즘의 탄생
- 현대 과학의 생명사상과의 접합

스피노자 사상의 특질은 그의 통섭적 사유체계에서 찾아볼 수 있다. 그의 사상은 근대적인 동시에 탈근대적이며, 전체 존재계에 대한 포괄적·직관적 통찰인 동시에 개체의 완전한 인식이고, 실체와 양태의 필연적 관계성에 대한 완전한 통찰이다. 신앙과 이성의 분리를 주장하면서도 두 영역의 조화를 강조한 그의 사상은 근대성의 정초를 대안적 방식으로 제시한 것이라는 평가를 받고 있다. … 스피노자가 최초의 자유민주주의 철학자로 평가받는 것은 그의 정치적 자유 개념이 소극적 의미의 자유를 주장한 홉스나 로크와는 달리 공화주의적이고 적극적인 의미를 지녔기 때문일 것이다. … 스피노자의 실체와 양태의 필연적 관계성에 대한 관점은 21세기 새로운 문명의 표준 형성에 중요한 시사점을 제공한다. … 신과 인간 본성에 관한 정치(精緻)한 분석을 통하여 가장 근원적인 의미에서 인간과 신이 소통하는 세상을 구가하고자 했던 스피노자, 그는 진정한 의미에서의 혁명가이자 네오휴머니즘의 구현자이다. … 현재의 세계자본주의 네트워크가 생태적으로나 사회적 또는 정치적으로 지속가능하지 않다는 것은 주지의 사실이다. 이제 우리 인류는 생명에 대한 새로운 철학적·과학적 성찰을 통하여 지구의 재조직화를 단행해야 할 시점에 와 있다.

― 본문 중에서

신앙과 이성의 분리

스피노자 사상의 특질은 그의 통섭적 사유체계에서 찾아볼
수 있다. 그의 사상은 근대적인 동시에 탈근대적이며, 전체 존재계에 대한
포괄적 · 직관적 통찰인 동시에 개체의 완전한 인식이고, 실체[신 또는 자연]와
양태[우주만물]의 필연적 관계성에 대한 완전한 통찰이다. 이러한 스피노자 사
상의 역설적 특질은 그가 방법론에서는 수학과 기하학 등 자연과학의 원리
를 중시하면서도, 세계관에서는 직관적 체험을 존중하여 일원론적 범신론
[理性主義的 汎神論 또는 理神論]을 펼친 데서 잘 드러난다. 종교적 심성의 소유자
이면서 탈종교적 태도를 견지하였던 그는 참된 선(善)을 애구(愛求)하며 진정
한 자유와 지고의 행복을 목표로 대안적 관점을 발전시켰다. "스피노자의
파격은 무엇보다도 근대성의 정초를 대안적 방식으로 제안하고 있다는 사
실에 있다"[1]고 한 네그리의 말이 시사하듯, 스피노자의 통섭적 사유체계는
근대성과 탈근대성의 접합을 보여준다. '공감(empathy)'이 인간을 이해하는
새로운 패러다임으로 떠오르고 있는 21세기의 인류에게 그는 대안적인 통
섭학의 기본 틀과 더불어 공존의 대안사회 마련에 유익한 단서를 제공한다.

본 절에서는 스피노자 사상의 근대성을 명료하게 보여주는 신앙과 이성의 분리에 대해 살펴보기로 한다. 『신학정치론』제15장 첫머리에서 스피노자는 신앙의 문제를 다루는 신학이 이성과 별개의 사안임을 알지 못하는 사람은 성서가 이성에 종속되어야 하는가 아니면 이성이 성서에 종속되어야 하는가, 다시 말해 성서의 의미가 이성에 일치해야 하는가 아니면 이성이 성서에 일치해야 하는가를 놓고 논쟁을 벌인다며, 양쪽 모두 완전히 잘못된 견해라고 말한다. 두 입장 모두 이성과 신앙이 별개의 사안임을 인지하지 못한 채 이성이나 성서가 서로에게 쓸데없는 참견을 할 것을 우리에게 요청하고 있기 때문이라는 것이다.[2] 『신학정치론』제14장에서는 신앙의 문제를 다루는 신학과 이성적 토대에 입각한 철학이라는 두 학문 영역의 목적과 기초에 대해 알고 있는 사람에겐 둘 사이의 간극이 넓다는 것은 논란의 여지가 없을 것이라고 말한다.

신앙의 문제를 다루는 신학과 철학 사이에는 어떤 연관이나 친화성도 존재하지 않는다. … 철학의 목적은 진리 이외의 다른 것일 수 없으며, 신앙의 목적은 오직 복종과 경건이다. 철학은 자연에서 구해야만 하는 공리에 기반을 둔 반면, 신앙은 역사와 언어에 기반을 두고 오직 성서와 계시에서 구해야만 한다.

… between faith or theology, and philosophy, there is no connection, nor affinity. … Philosophy has no end in view save truth: faith … looks for nothing but obedience and piety. Again, philosophy is based on axioms which must be sought from nature alone: faith is based on history and language, and must be sought for only in Scripture and revelation.[3]

『신학정치론』 제15장은 신학이 이성에 종속되지 않으며 이성도 신학에 종속되지 않음을 분명히 보여준다. 그것은 우리로 하여금 성서의 권위를 받아들일 수 있도록 하는 이성에 대한 정의를 보여준다. 여기서 스피노자는 마이모니데스(Maimonides)와 R. 예흐다 알파카(Jehuda Alpakhar)라는 두 사람의 견해를 비판적으로 검토하고 있다. 마이모니데스는 성서가 이성에 일치해야 한다고 공개적으로 주장한 최초의 바리새인이었다. 마이모니데스의 견해에 대해서는 『신학정치론』 제7장에 잘 나타나 있다. 성서의 참된 의미는 성서 자체로부터 확증할 수 없으며 성서에서 구해져서도 안 되고 오직 이성에 일치해야만 한다는 마이모니데스의 주장에 대해, 스피노자는 그것이 유해하고 무익하며 불합리한 것이라고 일축한다. 만일 마이모니데스의 견해가 옳다고 한다면 일반 대중은 성서를 이해하기 위해 철학자의 권위와 진술에 의지해야만 할 것이고, 결국 철학자의 성서 해석에 오류가 없다고 가정해야 할 것인데 실제로는 그렇지 못하다는 것이다.[4]

반면, 알파카는 이성이 성서에 종속되고 성서에 완전히 굴복해야 한다고 주장했다. 성서가 명시적으로 확언하고 교리 형태로 가르치는 것은 무엇이든지 성서 자체의 권위에 의거해서 절대적으로 참된 것으로 받아들여야 한다는 알파카의 주장에 대해, 스피노자는 알파카가 마이모니데스의 오류를 피하고자 했지만 정반대의 오류에 빠지고 말았다고 본다. 스피노자는 두 가지 예로써 알파카의 견해를 요약한다. 그 하나는 성서가 신의 단일성을 분명히 가르치고 있으며(「신명기(申命記)」6:4), 신의 복수성을 명백하게 주장하는 구절은 어디에도 없지만 성서 여러 구절에서 신 스스로 복수로 발언하며 예언자가 신을 복수로 표현한 것은 단지 수사에 불과할 뿐 실제로 복수의 신이 있다는 것을 의미하는 것은 아니므로 그 표현은 모두 은유적으로 설명되어야 한다는 것이다. 이는 신의 복수성이 이성과 모순되기 때문에 그런 것이 아니라 신은 오직 하나라고 성서에 명백하게 나와 있기 때문이라는 것이다.[5]

다른 하나는 「신명기」(4:15)에 나와 있듯이 신은 영적(靈的 incorporeal)이라고 성서에서 확언하고 있기 때문에 이성이 아닌 오직 성서에 근거하여 신이 육체를 갖지 않는다고 믿어야 한다는 것이다. 따라서 신에게 손, 발 등 신체를 귀속시키는 모든 구절은 오직 성서에 근거한 은유적인 해석이라는 것이 알파카의 견해이다. 이러한 견해에 대해 스피노자는 성서가 성서 자체를 통해 설명되어야 한다는 것이 맞는 말이긴 하지만, 거기서 참된 의미를 도출해 내려면 반드시 판단력과 이성을 사용해야 한다고 본다.[6] 스피노자 역시 『에티카』에서 신이 육체적이라는 것을 부정하지만,[7] 그것은 성서가 아닌 이성적 판단에 의거한 것이라는 점에서 알파카와 차별화된다. 스피노자의 관점에서 이성적 판단을 신뢰하지 않는 것은 경건이 아니라 어리석음의 소치일 뿐이다. 알파카의 주장은 성서가 확언하거나 부정하는 것은 무엇이든지 진실로 수용하거나 아니면 거짓으로 거부해야 한다는 것이다. 이성에 완전히 등 돌리지 않으면 종교와 신앙이 지탱될 수 없다고 생각하는 것으로 비쳐질 수도 있는 이러한 주장을 스피노자는 매우 불합리하다고 본다.[8]

십계명과 「출애굽기」(34:14), 「신명기」(4:24) 등 그 밖의 많은 구절에서 보듯, '다른 신에 대한 불관용'을 성서가 분명히 말하고 가르치고 있으며, 알파카의 주장대로라면 불관용 또한 진리로 받아들여야 할 것이지만, 이러한 교리는 이성과 모순된다는 것이 스피노자의 주장이다. 앞서 『에티카』에서 살펴보았듯이, 스피노자의 경우 신이 인간과 마찬가지로 감정에 의해 지배된다고 상상하는 것은 신에 대한 참된 인식과는 거리가 먼 것이다. 참된 인식은 전체적이며 필연적이고 능동적인 통찰과 이해로서만 접근할 수 있는 영역이다. 스피노자의 관점에서 신에 대한 사랑은 이성의 명령에 따라 추구할 수 있는 최고의 선이고 보편성을 띠므로 질투나 시기심의 감정으로 더럽혀질 수 없다.[9] 따라서 불관용이라는 성서의 교리는 이성에 반한다는 것이다.

알파카나 스피노자의 관점과는 별개로, 여기서 '다른 신에 대한 불관용'은 두 가지 측면에서 고찰할 수 있다. 그 하나는 단순히 다른 종교에 대한 불관용의 의미이고, 다른 하나는 신에 대한 인식론적 문제와 결부된 것으로 짚신이나 나막신 수준의 물신(物神) 경배에 대한 불관용의 의미이다. 물론 후자는 은유적인 해석이다. '신 또는 자연'의 필연적 법칙성을 인식하지 못하면 사물을 자기중심적으로 보게 되고 질투·번민·공포·조소(嘲笑)·후회 등의 감정에 사로잡히게 되므로 참된 자유와 행복을 달성할 수가 없다. 신에 대한 참된 인식이야말로 자유와 필연의 조화적 원천이며 자아실현의 핵심 기제인 까닭에 실체인 신[神性, 一心, 참본성]* 이외의 '다른 신'에 대한 불관용이 운위되는 것이다. 다른 종교에 대한 불관용은 용납될 수 없겠지만, 후자의 은유적인 해석을 따른다면 '다른 신', 즉 물신에 대한 불관용은 용납될 수 있을 것이다.

스피노자에 따르면 신학이 이성에 봉사할 의무나, 이성이 신학에 봉사할 의무는 없으며 각자 고유의 영역을 갖는다는 사실은 논란의 여지가 없다. 이성의 영역은 진리와 지혜이며, 신학의 영역은 경건과 복종이라고 스피노자는 말한다. 이성의 힘은 이해나 판단 능력이 없이도 복종만 하면 축복받을 수 있다고 하는 신앙의 영역에까지 확장될 수 없다는 것이다. 신학은 복

---

* 우주의 실체는 의식이므로 신은 곧 내재적 본성인 신성, 즉 참본성[一心]이다.

종 이외의 그 어떤 명령도 금하기 때문에 이성에 반해 생각하거나 행동할 의사도 능력도 없다는 사실을 말해 준다.[10] 신앙의 문제를 다루는 신학과 이성의 관계를 스피노자는 다음과 같이 간명하게 요약한다.

> 신학은 신앙의 교리를 복종에 필요한 한에서만 규정하며, 교리의 정확한 진리성을 결정하는 것은 이성에 맡긴다. 왜냐하면 이성은 정신의 빛이고, 이성 없이는 모든 사물은 꿈이고 환영일 뿐이기 때문이다.
> Theology ⋯ defines the dogmas of faith ⋯ only in so far as they may be necessary, for obedience, and leaves reason to determine their precise truth: for reason is the light of the mind, and without her all things are dreams and phantoms.[11]

스피노자에 의하면 신학은 성서가 의도한 목표, 즉 복종의 방식과 계획 혹은 경건과 신앙의 참된 교리를 나타내는 한에서 계시를 의미한다. 신학은 진실로 신의 말씀이라 불릴 수 있으며, 이 말씀은 성서의 특정 글귀에만 있는 것은 아니기 때문에[12] 신학의 가르침과 삶의 원칙을 고려하여 이해된 신학은 이성과 일치함을 발견할 수 있다는 것이다. 그리고 신학의 목표와 목적에 대해 잘 살펴보면, 그것이 이성과 조금도 모순되지 않으며 모든 사람에게 보편타당함을 이해하게 된다는 것이다. 말하자면 신학과 이성은 각자 고유의 영역을 가지면서도 서로 모순되지 않고 일치할 수 있다는 것이다. 성서의 진정한 의미는 철학의 토대인 자연 일반의 역사로부터가 아니라 성서 자체의 역사로부터 구해야 함을 스피노자는 『신학정치론』 제7장에서 증명한 바 있다. 설령 이성과 모순되는 사례가 성서에서 발견된다 해도 사람들이 그것에 대해 알지 못하고 자비에 손상을 끼치지 않으면 신학이나 신의 말씀과는 아무런 관련이 없기 때문에 누구든지 자신이 원하는 대로 견해를 피력할 수 있다는 것이다. 요약하면, 성서가 이성에 맞추어져서도 안 되고, 또한 이성이 성서에 맞추어져서도 안 된다고 확실하게 결론 내릴 수 있다.[13]

여기서 스피노자는 '인간이 오직 복종에 의해서만 구원받을 수 있다는 신학의 근본 원리를 이성이 증명할 수 없다면 왜 우리는 그것을 믿어야 하는가?' 하는 질문에 봉착할 수 있다고 본다. 만일 우리가 이성의 도움 없이 이러한 원리를 맹목적으로 받아들인다면 그것은 어리석은 행동에 지나지 않을 것이고, 반면에 이러한 원리를 이성을 통해 입증할 수 있다면 신학은 철학의 일부분이 되어 그것으로부터 분리할 수 없게 된다는 것이다. 이에 대해 스피노자는 "신학의 근본 원리는 이성에 의해 탐구될 수 없으며, 그 누구도 그러한 방식으로 입증하지 못했기 때문에 계시가 필연적이었다는 관점을 확고히 견지할 것"[14]이라고 답한다. 성서의 권위는 예언자의 권위에 의존하기 때문에 수학적 논증을 통해 입증하려는 시도는 완전히 오류에 빠지게 된다는 것이다. 다만 성서의 계시를 '도덕적 확신을 가지고(with moral certainty)' 받아들이기 위해서는 우리의 이성을 사용해야 한다는 것이다.[15]

성서의 권위가 의존해 있는 예언자의 권위는 예언자 자신의 확신에 기초해 있으며, 예언자의 확신은 다음의 세 가지 요소, 즉 분명하고 생생한 상상과 증표 그리고 올바르고 선한 것을 향한 마음으로 이루어졌다. 첫 번째 요소인 생생한 상상은 오직 예언자에게만 유효하다. 따라서 계시에 관한 우리의 확신은 나머지 두 요소, 곧 증표와 가르침에 토대를 두어야 하는데, 이는 모세(Moses)의 분명한 가르침이기도 하다. 「신명기」 18장에서 모세는 신의 이름으로 참된 증표를 제시한 예언자에게 복종하라고 민중에게 명한다. 스피노자에 의하면 성서 안에서 발견되는 참된 교리와 이를 확증해 주는 증표야말로 우리가 성서나 예언자의 글을 신뢰하는 유일한 논거이며, 무엇보다도 예언자가 가르치는 도덕성이 이성과 명백하게 일치한다는 점에서 이러한 신뢰성이 더욱 강화된다는 것이다.[16]

스피노자는 선한 행위만이 성령을 증거한다고 보았으며, 바울(Paul) 역시 「갈라디아서」(Gal. 5:22)에서 선한 행위를 성령의 열매로 지칭한다. 신학과 이성, 종교와 도덕의 조화 가능성이 여기에 있다. 자신들과 다르다는 이유로, 그리고 같은 종교적 교리를 신봉하지 않는다는 이유로 정직한 사람과 정의를 사랑하는 사람을 박해하는 자를 그는 예수 그리스도의 진짜 적(敵)이라고 보았다. 정의와 자비를 사랑하는 사람은 사랑한다는 바로 그 사실에 의해서 신실하다는 것을 알 수 있으며, 그런 신실한 사람을 박해하는 자는 모두 예수의 진짜 적이라는 것이다.[17] 이는 「요한일서」2장 3, 4절에 "우리가 하나님의 계명을 지키면 이로써 우리가 하나님을 진정으로 알게 됨을 아는 것이요, 하나님을 알고 있다고 하면서 계명을 지키지 아니하는 자는 거짓말하는 자이며 그 사람 속에는 진리가 없나니"[18]라고 한 구절에서도 분명히 드러난다. 또한 「요한일서」4장 8절에서 "사랑하지 아니하는 자는 하나님을 알지 못하나니, 이는 하나님이 사랑이시기 때문이라"[19]고 한 것도 같은 맥락에서 이해될 수 있다.

행함이 없는 거짓된 믿음으로 타 종교를 배척하며 이방인을 박해하는 자야말로 유일신인 하나님의 진짜 적임을 스피노자는 설파한다. 그가 인용하고 있는 「야고보서」2장 18절에서 "너는 믿음이 있고 나는 행함이 있나니, 행함이 없는 너의 믿음을 내게 보이라 그러면 나는 행함으로 내 믿음을 네게 보이리라"[20]고 한 것도 성서의 진수가 행함이 없는 공허한 믿음에 있는 것이 아니라 사랑의 실천에 있음을 말하는 것이다. 스피노자가 말하는 유일신이란 그 존재성이 다른 어떤 것에도 의존하지 않고 그 자체로서 존재하므로 유일하며 필연적 존재성을 띠는 실체를 뜻한다. 스피노자는 '자기원인'으로서의 실체를 신과 동일시하고, 신을 자연과 동일시했다. 따라서 타종교를 배척하며 특정 종교와 관련지어 이름 붙인 유일신과는 본질적으로 다른 것이다. 특정 종교에 귀속되는 유일신이란 짚신이나 나막신 수준의 물신(物神)에 지나지 않으며, 이러한 물신을 숭배하는 것이야말로 신이 그토록 경계하는 우상숭배에 빠지는 것이다.

스피노자에 따르면 성서 전체의 근본 교리는 단 하나의 교리로 수렴되는 경향이 있다. 즉 정의와 자비를 사랑하며 참된 삶의 모범인 유일신이 존재한다는 것, 신은 없는 곳이 없이 실재하며(無所不在) 만물에 대한 최고의 권리와 지배권을 지니므로 구원받기 위해서는 그에게 절대적으로 복종해야 한다는 것, 신에 대한 경배는 오직 정의와 자비 혹은 이웃에 대한 사랑에만 있다는 것, 그리고 신은 회개하는 자들의 죄를 용서한다는 것이다.[21] 여기서 신에게 절대적으로 복종한다는 것은 순천(順天)의 삶을 사는 것, 즉 사랑을 실천하는 것을 의미한다. 욕망이 명하는 대로 역천(逆天)의 삶을 사는 자는 파멸한다는 것이다. 우리가 불의(不義)를 피해야 하는 것은 그것이 단순히 도덕적 불선(不善)이기 때문이 아니라 영적 진화에 역행하는 것이기 때문이다. 회개하는 자들의 죄를 신이 용서한다는 것도 의인화된 표현이다. 이 우주는 오직 '참여하는 우주(participatory universe)'일 뿐, 심판하는 자와 심판받는 자, 용서하는 자와 용서받는 자가 따로 있는 것이 아니다. 회개를 통하여 자비심이 충만하면 카르마의 작용이 약화되어 미망에서 벗어나게 되므로 죄 또한 자연히 사(赦)해지게 되는 것이다.

스피노자는 신학과 성서의 전반적 근거를 수학적 증명으로 입증할 수 없다는 이유만으로 거부하는 것은 어리석은 짓이며, 우리의 판단 능력으로 그것을 승인하여 받아들일 수 있다고 본다. 그런데 신학과 철학을 상호 모순되는 것으로 보고 둘 중 어느 하나의 왕위를 박탈해야 한다고 생각하는 사람이 신학을 확고한 토대 위에 두기 위해 신학적 진리를 수학적으로 증명하려고 한다면 그러한 시도 자체는 비이성적이지 않다는 것을 그는 인정한다. 하지만, 이성을 타파하기 위해 이성을 불러내고 이성의 오류를 증명하기 위해 이성의 무오류성을 이용하려고 한다는 점에서 스피노자는 그러한 시도를 하는 사람들을 비난에서 완전히 면제시킬 수는 없다고 본다. 그들은 신학적 진리와 권위를 수학적으로 입증함으로써 자연적 이성의 권위를 박탈하려는 시도를 하지만, 실제로는 단지 신학을 이성의 영역으로 끌어들이는 것이며, 자연적 이성이 그 뒤를 받쳐주지 않으면 신학은 어떤 권위도 갖지 못한다는 사실을 입증하는 것이나 다름없다는 것이다.[22]

'이성을 유린한 죄를 범한 자를 보호해 줄 제단은 어디에도 없다'는 그의 말이 시사하듯, 스피노자에게 이성은 전체 진리 영역의 여왕이다. 그에게 있어 교회와 국가, 종교와 이성, 신학과 철학은 그 어느 쪽도 다른 쪽에 종속되지 않으며 각각은 상호 적대적이지 않은 독립 영역을 갖는다. 그의 『정치론』 제6장 40절에서 "어떤 교회도 공적 비용으로 세워서는 안 되며, 시민의 종교적 신념이 반란을 교사하여 국가의 기초를 전복하는 것이 아니라면 법이 관계해서는 안 된다"[23]고 한 것은 두 영역의 분리를 단적으로 보여주는 것이다. 이러한 그의 관점은 모든 것이 신학의 시녀에 불과했던 중세의 관점에서 완전히 탈피한 것으로 그의 사상의 근대성을 명료하게 보여준다.

그는 성서나 계시의 효용성과 필요성에 대해서도 중요하게 생각했다. 복종만이 구원의 길임을 이성으로는 인지할 수가 없지만 신의 특별한 은총으로 알 수 있다는 것을 오직 계시가 가르쳐 주었기 때문에 성서는 인류에게 엄청난 위안을 가져다주었다는 것이다. 이성의 지도하에 덕성을 체득할 수 있는 사람은 극소수인 반면, 대부분의 사람들은 이성의 도움 없이도 신에게 복종할 수 있기 때문에 성서 자체에서 복종의 증거를 찾아야만 인류의 구원이 가능하리라고 본 것이다.[24] 요컨대, 스피노자의 관심은 신학과 철학, 신앙과 이성의 분리 및 사상의 자유가 실제로는 신학과 철학 모두를 보장한다는 사실을 증명하는 데 있었다. 신앙과 이성의 분리를 주장하면서도 두 영역의 조화를 강조한 그의 사상은 근대성의 정초를 대안적 방식으로 제시한 것이라는 평가를 받고 있다.

근대 자유민주주의론

　　　　　레오 스트라우스가 스피노자를 최초의 자유민주주의 철학자로서 근대 정체(政體)를 정초(定礎)한 인물로 평가하는 데에는 그만한 이유가 있다. 그에 따르면 스피노자는 민주주의자이며 자유주의자였던 최초의 철학자로서 스피노자가 선호한 공화국은 자유민주주의 공화국이었다. 스피노자는 루소에게 직접적인 영향을 미침으로써 협의의 이해관계보다는 인간의 존엄에 기반을 두는 근대 공화국의 비전에 대한 책임이 있다고 스트라우스는 말한다.[25] 스피노자가 최초의 자유민주주의 철학자로 평가받는 것은 그의 정치적 자유 개념이 소극적 의미의 자유를 주장한 홉스나 로크와는 달리 공화주의적이고 적극적인 의미를 지녔기 때문일 것이다. 홉스는

'만인에 대한 만인의 투쟁 상태'인 자연 상태에서 이기적인 개인들이 자발적으로 자연권의 일부를 포기하고 국가를 형성하기 위해 상호 협력할 수 있음을 보여주긴 했지만, 그가 말하는 개인의 자유란 주권자가 통제하지 않는 사적 영역에 국한된 것이었다. 로크는 주권재민의 원칙에 입각하여 정치적 자유주의의 전통을 세우긴 했지만, 그의 자유방임주의(laissez-fairism)는 소극적 의미의 자유에 국한된 것이었다.

자연 상태에서 국가 상태로의 이행을 보여줌에 있어 스피노자는 특히 홉스의 『리바이어던』의 영향을 받은 것으로 보인다. 그러나 그에게 있어 자연 상태에서 국가 상태로의 이행은 기본적 안전은 물론 이성적 삶과 보편적 자유의 실현이라는 보다 적극적인 의미를 부여하고 있다는 점에서 홉스와 차별화된다. 또한 그가 추구하는 이상적 국가는 군주정이 아니라 민주정이며, 오직 민주정을 통해서만 자유를 보장받을 수 있다고 보았다. 로크의 경우 전제군주에 대한 절대 복종을 주장한 홉스와는 달리 절대 권력으로부터 개인의 자유와 권리를 옹호하고 민주국가론을 제창하긴 했지만, '최소의 정부가 최선의 정부(the least government is the best government)'라고 하는 자유방임주의를 낳음으로써 그의 자유주의는 소극적 의미에 국한된 것으로 이해된다. 그런 점에서 기본적 안전뿐만 아니라 합리적 질서의 유지와 이성적 자유의 실현이라는 보다 적극적 의미를 부여하는 스피노자의 정치적 자유 개념과는 차이가 있다.

스피노자에게 있어 자유란 단순히 천부적 인권의 형태로 주어진 것이 아니라 민주정이라는 정치공동체를 통해 형성된 것이다. 이성적 요구들을 일상의 삶 속에 구현될 수 있게 하는 것은 정치적 매개를 통해서만 가능하다는 것이다. 그가 추구하는 이성적 삶의 양태는 국가공동체적 삶 속에서 실현되는 것으로 나타난다. 그에 따르면 인간은 상호 도움이 없이는 비참하게 살아갈 수밖에 없을 것이기 때문에 안전하게 함께 살아가기 위한 협약에 반드시 도달해야만 한다.[26] 정치사회를 수립함에 있어 스피노자는 이성적 동기도 인정하지만, 공포에서 벗어나 안전하게 살고 싶어 하는 정념적 동기를 특히 강조한다. 사회계약을 통해 개인의 욕망과 능력을 상호 조율하고, 자연권을 개별적으로 행사하는 대신 조화 속에서 집단적으로 행사함으로써 국가가 필요로 하는 기본적 안전은 물론 합리적 질서의 유지와 보편적 자유의 실현을 도모할 수 있다는 것이다. 그에게 있어 이상적인 정체는 인민의 자율성과 능동성 그리고 언론의 자유가 보장되는 민주정이다.[27]

스피노자의 체계 속에서 민주국가는 시민의 자유가 최고도로 활성화된 국가이며, 군주국가나 귀족국가, 특히 귀족국가는 민주국가에 도달하는 과도적인 국가이다. 스피노자의 민주주의 정치이론은 『에티카』의 자연(神)과 인간 이해를 바탕으로 『신학정치론』의 문제의식을 심화하여 확장한 것이다. 그의 정치사상의 궁극적인 지향점은 민주주의 정치 체제의 수립을 통한 자유의 영속화에 있다. 민주정은 자유를 제도화하기 위한 장치로서 고안된 것으로 가장 자연적이고 개인의 자유와도 가장 잘 공명하며,[28] 인간의 본성을 최대한 실현시킬 수 있는 최선의 정체인 것으로 나타난다.[29] 그에게 있어 자유는 국가의 안전과 관계되고, 국가의 안전은 훌륭한 법률과 제도에 의해 보장된다. 시민의 덕성이 충만하고 정치 지도자가 절제와 지혜의 덕을 발휘하여 자신의 책무를 다할 때 시민의 자유는 부패와 전제주의를 차단하고 공적인 영역에서 보장될 수 있다. 그의 체계 속에서 덕과 법제도는 지복(至福)과 완전히 일치하며, 그런 점에서 도덕과 정치의 묘합을 읽을 수 있다.

스피노자에게 있어 자유란 단순히 법적·제도적 보장을 통해서가 아니라 신에 관한 적합한 인식을 통해, 다시 말해 자연의 합리적 질서에 대한 참된 인식을 통해 획득될 수 있는 것이었다. 자연의 필연적 법칙성을 이해함으로써 정념을 극복하고 적합한 관념을 근거로 정신의 능동성을 키워 나가는 것이 자유롭고 이성적인 공동체로 가는 길이다. 그에 따르면 우리가 억압과 공포와 부정한 의식에 사로잡히게 되는 것은 '신에 대한 지적 사랑'이 결여되어 있기 때문이다. 신에 대한 사랑은 자연의 필연적 법칙성에 대한 참된 인식에서 일어난다. 그에게 있어 신 또는 자연에 대한 인식은 정신의 최고선이며 최고 덕으로서 지성의 능력은 신에 대한 지적 사랑 속에서 절정에 달한다. 이성의 빛으로 자연의 필연적 법칙성을 규명하는 것, 그것이 바로 스피노자가 추구하는 긍정과 자유의 철학이다.

18세기에 들어 스피노자의 자유 개념은 루소의 이상국가론 형성에 직접적인 영향을 미쳤다. 루소를 '근대의 아버지'로 추앙케 한 불후의 명작 『사회계약론 Du contract social』(1762)에서는 '근대인은 전혀 노예를 갖지 않지만 그 자신이 노예'인 상황을 극복하고 공적인 '자유'를 확보하기 위해 '일반의지(volonté générale)'에 의한 불평등의 조정을 통하여 우리의 본성에 부합하는 이상국가론을 제시한다. 『사회계약론』의 중핵을 이루는 개념인 일반의지는 사회계약에 의해 성립된 공적인 인격의 의지로서 오직 공공의 이익을 지향하며, 인민 전체가 그 대상이고, 국가의 최고 의지로서 불가오류성을 띠는 것으로 나타난다. 그런 까닭에 일반의지에 복종하기를 거부하는 자는 누구라도 전체에 의하여 그것에 복종하도록 강제되어야 한다는 것이다. 이러한 일반의지는 개별적 특수의지의 총화에 불과한 '전체의지(volonté de tous)'와는 구별된다.[30]

루소에 따르면 "각 개인이 자신을 전체와 결합하면서도 여전히 자기 자신에게만 복종하며, 이전과 마찬가지로 자유로울 수 있는[31] 것은 일반의지의 최고 지도하[32]에 있기 때문이라는 것이다. 이는 공공의 이익을 중심축으로 치자와 피치자 간에 완전한 일체감이 형성될 때에만 가능한 것이다. 스피노자의 경우에도 자유는 이성의 지도하에 욕망을 절제하면 할수록 증대되며, 이는 오직 국가 안에서만 가능하고 이성의 명령에 따라 정해진 법률이 있어야만 가능하다는 점에서 정치공동체적 개념이다. 루소 이상국가의 현저한 특징은 그것이 가지고 있는 유기적 성격으로 그 속에는 개인과 국가, 자유와 권력이 완전히 조화를 이루는 것으로 나타난다. 루소는 공공의 이익이 방기되지 않고 모든 사람의 이익으로 간주되어 자유로워질 수 있는 방안으로 전체 인민을 주권자로 하는 직접민주정치를 제시했다. 일반의지에 의한 직접민주정치는 치자와 피치자 간의 자동성의 원리에 기초하여 오직 공공의 이익만을 추구하는 까닭에 권력과 자유가 조화를 이룰 수 있다는 것이다. 그는 주권의 본질이 일반의지라고 보아 일반의지에 입각한 직접민주주의적 공화제를 제창했다.[33] 루소의 자유 민권 사상은 프랑스 대혁명 지도자들의 사상적 지주가 되었고, 독일 이상주의 철학자들과 그 이후의 사상 전개에 지대한 영향을 끼쳤다.

스피노자의 자유 개념은 칸트·피히테·셸링·헤겔 등 독일 이상주의 철학에도 깊은 영향을 주었다. 독일 이상주의는 계몽주의의 근본 원리인 합리적 비판주의와 과학적 자연주의가 회의주의와 유물론의 경향을 노정시킨 데 따른 계몽주의의 위기 상황에서 발생한 것이다. 독일 관념론의 다양한 형태들—칸트의 선험적 관념론, 피히테의 주관적 윤리적 관념론, 셸링의 객관적 관념론, 그리고 헤겔의 절대적 관념론—이 보여주는 역동적 전개는 계몽주의의 위기를 극복하려는 시도로서 나타난 것이다. 칸트가 『순수

이성비판』(1781), 『실천이성비판』(1788), 『판단력비판』(1790)의 3대 비판서를 출판한 18세기 후반은 시대적으로는 계몽사상의 보급과 더불어 미국 독립 혁명과 프랑스혁명의 자유주의 이념이 널리 전파되던 시기였으며, 지성사적으로는 이성에 의한 역사의 진보라는 계몽주의적 믿음에 대한 회의가 일면서 낭만주의가 싹트기 시작한 시기였다.

자유주의자이며 민주주의 신봉자였던 이마누엘 칸트(Immanuel Kant)의 묘비에 새겨진 『실천이성비판 *The Critique of Practical Reason*』의 유명한 구절인 '별이 빛나는 하늘'과 '도덕법칙'[34]은 우주와 인간의 관련성과 두 가지 법칙의 관련성, 즉 자연법칙과 도덕법칙의 관련성을 표징하는 것이다. 자연법칙이 지배하는 존재의 세계는 순수이성의 인식 대상으로 과학의 세계이며, 그 세계에 대한 인식은 보편적이고 필연적이다. 반면, 도덕법칙이 지배하는 당위의 세계(가치의 세계)는 실천이성의 인식 대상으로 도덕의 세계이며, 도덕적 의지와 목적으로 구성된 이성체계의 영역이다. 자연법칙과 도덕법칙의 통일을 추구함에 있어 칸트는 스피노자와 마찬가지로 '이성(理性)'에 근거하였다. 인간의 지적 능력—칸트의 표현으로는 '선험적(先驗的) 인식의 원리를 주는 능력'[35]—을 통칭하는 '이성'이란 용어는 '이(理)'와 '성(性)'의 관계성, 즉 자연법칙과 도덕법칙의 관계성에 착안한 것으로 이러한 관계성을 이해하지 못하고서는 이성의 힘이 발휘될 수 없다고 보았다.[36]

칸트는 근대 서양 철학의 전통인 대륙 합리론과 영국 경험론을 인식론적으로 종합하여 인식 능력의 한계와 가능성을 근대 자연과학에 근거하여 밝히고자 했다. 대륙 합리론의 형이상학적 독단론과 영국 경험론의 회의주의를 극복하기 위하여 그가 시도한 사유 방식의 혁명적 전회(轉回)는 근대적 인간 주체의 존재 방식을 그 한계성을 직시하면서도 자율성과 능동성을 살려 기획한 것이다.[37] 주체가 대상으로 향하면 인식이 대상으로 인해 생겨나게 되어 '대상의 입장'이 되므로 피동적이 될 수밖에 없다. 그러나 대상은 그 자체로는 대상이 아니며 우리의 인식으로 인해 대상이 되는 것이므로 이 사실을 깨달으면 인식과 대상 모두에게 '대상'이란 것이 없다는 것을 알게 된다. 그리하여 대상이 주체로 향하면 종국에는 주체와 대상이 하나가 되는 경지에서 고도의 능동성과 자율성이 발휘될 수 있다는 것이다.[38] 그런 점에서 칸트의 인식론과 형이상학의 지향점은 스피노자와 일치하는 것으로 나타난다. 즉 그에게는 이성적인 것이 도덕적인 것이며 자연의 법칙을 따르는 것이었고, 자연을 이해하고 능동적으로 행동하고 사유함으로써 자유와 행복을 달성하는 것이 최고선(善)의 이상인 것으로 나타난다.

칸트가 독일 이상주의의 주관주의를 강조한 낭만주의자였다면, 피히테(Johann Gottlieb Fichte)는 이런 주관주의를 낭만주의 운동과 접맥시켜 철저하게 발전시켰고, 셸링(Friedrich Wilhelm Joseph von Schelling)의 경우 이상주의와 낭만주의 운동의 연계성은 더욱 더 명백한 것으로 나타난다. 독일 이상주의의 주관주의적 경향에 대한 반동은 '이성적 자유(rational freedom)'의 실현과 더불어 '이성국가(the Rational State)'*를 수립하고자 했던 헤겔에서 시작되었다. 헤겔은 칸트 철학을 계승하여 독일 이상주의 철학을 종합 집대성하였으며, 피히테의 주관적 관념론과 셸링의 객관적 관념론의 모순 대립을 통일하여 하나의 철학 체계로 종합·완성시켰다. 인류의 정신사를 송두리째 용해시켜

---

* 스피노자 역시 "국가가 이성에 기초하고 이성을 따를 때 가장 강력하고 독립적이 된다"라고 했다(*Political Treatise*, Ch.3, Sec.7, p.51: "···the commonwealth that is based on reason and directed by reason is most powerful and most in control of its own right").

근대 유럽의 정신사에 새로운 지평을 연 헤겔의 장대한 철학 체계는 18세기 합리주의적 계몽사상의 한계를 통찰하고, 역사를 개인적 행위들의 단순한 집적이 아니라 이성이라는 보편적 이념의 자기실현 과정으로 이해하여 새로운 역사철학을 정립했다. 그는 역사 발전 과정을 절대정신의 필연적 자기법칙성에 의한 자유의 자기실현화 과정으로 보고, 오직 한 사람만이 자유로운(only one is free) 고대의 전제군주 시대에서 소수의 사람들만이 자유로운(some are free) 그리스·로마 시대를 거쳐 모든 사람들이 자유로운(all are free) 근대 이성의 시대로 나아간다고 보았다.[39]

　이성에 대한 철저한 신뢰를 바탕으로 과학적·역사적·신학적·철학적 탐구의 결과로서 정립된 헤겔의 철학 체계에서 볼 때, 노예상태나 전쟁은 역사 발전 과정에서 의식의 자기교육과정이란 측면에서 불가피한 순간인 것으로 나타난다.[40] 역사 발전은 잠재되어 있는 본질의 현실화 과정(from potentiality to actuality)이요, 이념의 실재화 과정이며, 정신의 자기실현화 과정이다.[41] 헤겔의 주인과 노예의 변증법(the master-slave dialectic)은 '아(我 self)'와 '비아(非我 other)'의 두 대립되는 자의식(自意識 self-consciousness)에 관한 것으로, 그에게 있어 역사는 주인과 노예의 변증법의 역사에 불과하며, 그 최후의 단계에서는 대립을 이루는 특수적 자의식이 통합을 이루어 보편적 자의식이 되면서 정신은 자유를 현실로서 실감하게 된다. 주인과 노예 간의 '삶과 죽음의 투쟁(life-and-death-struggle)'은 헤겔 '이성국가'의 출현과 더불어 종식된다. 헤겔에게 있어 국가는 신적 이념이 지상에 구현된 것으로, 이 단계가 되면 일체의 모순과 대립이 지양되어 만인은 자유롭고 보편적으로 상호의존적이며 상호적 인식(mutual recognition)의 관계에 놓이게 된다. 그리하여 자유의 이념이 천상의 왕국에서가 아니라 지상의 왕국에서 그 스스로를 구체적 현

실태로 나타냄으로써 마침내 절대정신은 인간 존재 속에 실현된다.[42]

　주인과 노예의 변증법에 대한 논의를 통하여 볼 때 헤겔에게 있어 자유 혹은 부자유의 의식은 스피노자의 경우와 마찬가지로 단순히 개별체적인 의식이 아니라 사회적이요 역사적이며 정치공동체적인 의식이다. 이는 호모 이코노미쿠스(homo economicus)의 위치(locus)가 욕구의 체계로서의 시민사회이고, 자유의 위치가 '실체적 통일체(substantial unity)'[43]로서의 '이성국가'라는 점을 상기할 때 분명해진다. 욕구의 체계로 이루어진 시민사회의 영역에서는 자유와 욕구가 대치되어 조화로울 수 없기 때문에 국가로의 추이는 필연적이라는 것이다. 헤겔의 체계에서 시민사회의 상충적인 특수성은 개인의 사적(私的) 인격으로서가 아니라 사회적 계급이나 직업 단체의 매개적 기능을 통해서만이 정치적 통일체인 국가 속으로 통합될 수 있다. 그러나 헤겔의 사회적 계급 체계는 사회의 상당수를 차지하는 노동자 집단과 천민 집단을 제외시킴으로 해서 이 두 집단은 정신의 현실태인 국가로부터 소외되고 따라서 그들 자유의 이념 또한 실현 불가능하게 된다. 어쩌면 그것은 헤겔 철학의 한계라기보다는 중앙집권화된 통일국가를 이루지 못하고 수백 개의 약소 제후국으로 난립해 있던 당시 독일의 시대적 · 사회적 상황의 한계였는지도 모른다.[44]

　민주정을 최선의 정체로 본 스피노자와는 달리 헤겔은 국가권력을 입법권 · 통치권 · 군주권으로 삼분하고 동시에 세 권력을 입헌군주제의 정점이며 기점인 군주로 통합했다.[45] 헤겔이 구상한 것은 대의제 정부, 배심원에 의한 판결, 유대인과 반대자들에 대한 관용 등을 요체로 하는 제한된 입헌군주제였다. 이러한 국가 조직은 실체가 가장 진실한 의미에서는 곧 개체라고 하는 헤겔의 확고한 신념을 보여주는 것으로, 바로 이 전체성과 개체성이 조화를 이루는 국가 속에서 가족과 사회는 자체의 존립 기반을 마련하고, 나아가서는 자유의 이념 또한 실현된다는 것이다. "이성적인 것은 현실적인 것이고 현실적인 것은 이성적인 것이다"[46]라는 그의 명제가 말하여 주듯이, 근대 국가론의 아버지로 불리는 헤겔의 '이성국가론'은 당시 독일의 현실적 요구와 필요에 대한 화답이었다. 헤겔과 스피노자의 사상적 접합은 이들의 철학 체계가 자유의 개념을 중핵으로 삼고 있다는 데 있다. 헤겔이 대학 2학년이 되던 해에 프랑스혁명(1789)이 발발하자, 이를 환호하여 튀빙겐 교외 들판에 학우들과 함께 '자유의 나무' 한 그루를 심고서 나무 둘레에서 춤을 추면서 자유와 혁명을 찬양했다는 일화는 그가 얼마나 자유의 개념에 심취해 있었는지를 잘 말하여 준다.

방대하고도 정치(精緻)한 헤겔의 철학 체계가 면밀하게 다루고 있는 대립적인 범주들—예컨대, 존재와 당위, 주관과 객관, 개인과 공동체, 특수성과 보편성 등—의 역동적 통일성은 21세기 대안적인 통섭학의 기본 틀을 제시하고 있다는 점에서 스피노자의 통섭적 사유체계와 일맥상통하는 바가 있다. 헤겔이 '모든 철학의 출발은 스피노자를 따르는 것'이라고 말한 것은 철학을 진지하게 하기 위해서는 스피노자주의자가 될 수밖에 없다는 것이다. 헤겔의 비옥한 철학적 토양과 심원(深遠)한 관점은 오늘날까지도 학문을 추구하는 이들에게 많은 지적 영감을 불러일으켰다. "미네르바의 올빼미는 황혼이 질 무렵에야 비로소 날기 시작한다(The owl of Minerva spreads its wings only with the falling of the dusk)"[47]라고 한 그의 말은 행동하지 않는 많은 지성들로 하여금 자기반성을 촉구하게 했다. "칸트 이전의 모든 사상은 칸트로 흘러 들어와 독일 관념론이라는 호수에 고여 있다가 헤겔을 통해 흘러 나가 이후 모든 사상의 원천이 되었다"라는 말은 서양 사상사에서 헤겔의 독보적인 위치를 단적으로 나타낸 것이다.

이렇듯 스피노자의 자유 개념은 루소와 칸트 그리고 헤겔에게로 이어져 근대 자유민주주의의 철학적 토양을 비옥하게 하는 데 크게 기여했을 뿐만 아니라, 현대에 들어서도 자유민주주의의 한계를 극복하려는 탈근대적인 시도들에 의해 대안 개념으로 제시되고 있다. 스피노자 사상의 현대적 부활에 대해서는 본서 제6장에서 논의될 것이므로 더 이상 논급하지 않기로 한다. 다만 여기서는 스피노자가 나름대로 합리적 근거를 가지고 있다고 보는 세 가지 정체, 즉 군주정·귀족정·민주정 가운데 인민의 자유와 자연권을 보장하는 절대정체인 것으로 그가 규정하는 민주정에 대해 몇 마디 덧붙일까 한다. 스피노자에 따르면 민주주의 체제에서 인민의 다수가 비이성적인 명령이나 의지에 동의한다는 것은 사실상 불가능하며, 민주주의의 목표 또한 비합리적인 욕망을 피하고 이성의 통제 하에 평화와 조화 속에서 살아가는 것이기 때문에 민주주의가 자유의 이념에 가장 잘 부합한다는 것이다.[48]

자유를 보장하는 메커니즘으로서의 민주정에 대한 그의 옹호는 '고대 이스라엘 국가의 역사로부터 추론되는 몇 가지 정치 원리'에 대한 고찰에서도 분명히 드러난다. 민중이 주권을 보유했던 시기에는 법은 정확히 준수되었으며, 거짓 예언자에게 기만당하지도 않았고, 평화가 지속된 기간도 훨씬 길었다는 것이다. 스피노자의 자유민주주의론은 신앙과 이성의 분리에 기초하여 법령을 공포하거나 정무를 집행할 수 있는 권력을 사제에게 부여하지 말 것과, 종교적 경건은 자비와 정의를 실천하는 행위에만 국한시키고 그 밖의 문제는 각자의 자유로운 판단에 맡길 것, 그리고 합법과 불법에 대한 결정권은 최고 권력인 주권자에게 부여하는 것이 국가와 종교 모두의 이익에 부합하며, 국가의 안전과 개인의 자유가 동시에 보장될 수 있는 방법이라고 주장한다. 또한 왕정에 익숙하지 않으며 완전한 법전을 가진 민족의 경우 군주정의 수립은 커다란 재앙이 될 수 있다고 경고한다.[49]

스피노자에 따르면 국가의 목표는 모든 사람이 공포에서 벗어나 가능한 한 안전하게 살 수 있도록 하며, 심신을 안전하게 계발하고 이성을 자유롭게 사용할 수 있도록 하는 것이다. 스피노자는 철저한 자유주의자로서 국가의 진정한 목적은 개인의 자유 촉진에 있다고 보고 어느 누구도 생각하고 말할 수 있는 자유를 포기할 수 없다고 했다. 자신이 생각한 것을 말하고 가르칠 수 있는 자유를 개인에게서 박탈하는 정부야말로 가장 폭압적인 정부라는 것이다.[50] 특히 그는 표현의 자유를 강조하여 그러한 자유가 공공의 평화, 충의(忠義), 주권자의 권리를 침해하는 일 없이 부여될 수 있을 뿐만 아니라 이들을 보존하기 위해서도 필요하다고 강조한다. 국가가 이성적이지 못하고 덕이 없는 경우 대중의 자율성과 능동성을 보장하지 못함으로 해서 부도덕과 무질서와 불복종을 초래할 수 있다는 것이다. 또한 그는 평화주의자로서 평화를 전쟁의 부재가 아니라 정신의 힘에서 생겨나는 덕성으로 보고, 판단의 자유를 박탈하려는 자야말로 진실로 평화를 어지럽히는 자라고 단언한다.[51] 지금으로부터 350년 전 자유민주주의의 전 지구적 보편혁명을 예견하고 민주정의 수립을 통하여 자유를 영속화하고자 했던 스피노자, 그는 진정한 민주주의 이론가이자 자유민주주의 공화국의 제창자이다.

실체와 양태의
필연적 관계성[52]

　　'신 또는 자연(Deus sive Natura)'의 질서에 대한 참된 인식과 사랑
을 궁극적 지향점으로 삼고 있는 『에티카』는 실체(substantia)와 양태(modus)의
필연적 관계성에 대한 이해를 이론적 출발점으로 삼고 있다. 스피노자는
유대교적인 기독교 전통에서의 의인화된(anthropomorphic) 신 관념을 배격하
고,[53] 자연에 신적 권위를 부여함으로써 자연, 신, 그리고 실체가 동일 개념
임을 논증적으로 밝히고 있다. 『에티카』에서 그는 실체를 신과 동일시하고
신을 자연의 필연적인 인과 원리와 동일시하여 실체=신=자연을 정식화함
으로써 당시의 보수적인 철학과 종교계로부터 신을 모독한 무신론자로 격
렬하게 비난받았다. 그러나 그는 '신즉자연(神卽自然)'이라는 그의 철학적 신
념을 굽히지 않았으며, 나아가 실체와 양태의 관계적 본질을 규명하는 일에
천착했다. 그는 신을 '절대적으로 무한한 존재',[54] 즉 그 본질 속에 일체를 포
괄하며 필연적 존재성을 띠는 제1원인[55]이라고 정의했다. 그는 신적 본성의
필연성(necessitas)으로부터 신이 '자기원인(causa sui)'[56]이자 만물의 원인이라는
결론을 도출해 냈다.[57] 그의 관점에서 신은 유일하며,[58] "신 이외에는 어떤
실체도 존재할 수 없고 또한 파악될 수도 없다."[59] 이 유일 실체가 바로 유일
신이며 불생불멸의 참자아다.

　스피노자의 철학 체계에서 유일신은 만유의 근원을 지칭하는 대명사인
까닭에 특정 종교의 유일신으로 인식하거나 여러 실체로 구분하는 것은 의
인론적이고 목적론적이며 인간 중심적인 세계관에 기인하는 것으로 저차
원의 인식의 산물이다. 유일 실체인 신은 만물의 본질로서 내재해 있는 동
시에 만물화생(萬物化生)의 근본 원리로서 필연적인 자기법칙성에 의해 활동

하므로 신과 그 양태인 우주만물은 분리될 수 없다고 보는 것이다. 그에게 있어 자유란 유일 실체와 양태, 즉 신[전체성]과 우주만물[개체성]의 필연적 관계성에 대한 인식이다. 그는 "모든 개물(res particulares)이 신의 속성의 변용이거나 신의 속성을 특정한 방식으로 표현하는 양태에 지나지 않는다"[60]고 정의하고, 또한 "참된 관념은 자신의 대상과(cum suo ideato) 일치해야 한다"[61]고 주장으로써 실체와 양태, 사유[정신]와 연장[물체]의 분리 가능성을 차단했다. 그는 심신평행론(心身平行論)의 입장에서 데카르트의 사유적 실체(res cogitans)인 정신과 연장적 실체(res extens)인 물체를 유일 실체의 두 속성으로 파악함으로써[62] 그것들은 실체가 아니라 실체의 변용인 양태라고 보고 실체적 이원론과 심신 상호 작용설을 배격했다.[63]

유일 실체와 양태, 즉 신과 우주만물의 필연적 관계성은 대우주(macro-cosm)와 소우주(micro-cosm), 본체계[의식계]와 현상계[물질계], 전체[공동체]와 부분[개인]의 유비관계(analogy)로서 이해될 수 있으며, 이는 정치철학의 근본 과제가 되는 것이기도 하다. 스피노자는 유일 실체와 양태의 필연적 관계를 '능산적 자연(能産的 自然 natura naturans)'과 '소산적 자연(所産的 自然 natura naturata)'이라는 대(對)개념*으로 나타내고, 여기에 일원론적 범신론(monistic pantheism)의 정의를 부여했다. 그는 능산적 자연을 만물의 내재적 원인(causa immanens)인 유일 실체 즉 신으로 이해하고, 소산적 자연을 신적 본성의 필연성으로부터 생겨나는 모든 양태로 이해했다.[64] 그의 철학 체계에서 자연은 실체[體]인 동

---

* 이러한 對개념은 전성기의 스콜라 철학자들이 주로 쓰던 것이다. 16세기 이탈리아의 철학자·천문학자·수학자인 브루노(Giordano Bruno)는 이 對개념을 우주의 형상과 질료를 설명하기 위해 사용하였다.

시에 양태[用]이고, 능산적 자연[본체계]인 동시에 소산적 자연[현상계]이다. 실체와 양태는 이사(理事), 체용(體用)의 관계와도 같이 합일이다. 스피노자의 일원론적 범신론은 이러한 맥락에서만 이해될 수 있다.

스피노자에 의하면 능산적 자연으로서의 신은 능동적이며 창조적인 반면, 이 실체로부터 생겨나는 모든 양태는 소산적 자연으로서 피동적이며 일시적으로만 존재한다.[65] 스피노자의 철학 체계에서 실체와 양태, 즉 능산적 자연과 소산적 자연은 분리될 수 없는 하나이므로 주체와 객체의 이분법은 성립되지 않는다. 따라서 창조하는 주체도 없고 창조되는 객체도 없다. 이 우주에는 오직 필연적인 자기법칙성에 의해 스스로 생성되고 변화하여 돌아가는 '스스로(自) 그러한(然) 자', 즉 자연[신·실체]과 그 자연의 자기현현만이 있을 뿐이다. 능산적 자연과 소산적 자연은 생명의 본체와 작용의 관계와도 같이 생명의 순환을 이해하기 위한 하나의 방편으로 구분된 것일 뿐 실제로는 이분화될 수 없다. 만일 능산적 자연만이 신이고 실체이며 소산적 자연은 신이나 실체와는 분리된 양태라고 이해한다면, 스피노자의 자연, 신, 실체는 동일 개념일 수 없고 따라서 그가 『에티카』 제1부에서 제시한 서른여섯 개의 명제는 자기모순에 빠지게 된다.

스피노자의 일원론적 범신론은 미신을 제거하고 지성을 통해 합리적 질서를 파악함으로써 예속의 상태에서 벗어나 진정한 자유인의 삶을 구가하기 위한 것이었다. 스피노자는 만유에 편재해 있는 절대유일의 보편적 실재에 대한 참된 인식이야말로 진리의 중추를 틀어쥐는 것이며, 참된 자유와 행복을 추동해 내는 원천이 되는 것으로 보았다. 실체와 양태의 일원성을 이해할 때, 그리하여 사물의 전일성과 상호 연관성을 깨달을 때 자유롭게 된다. 스피노자가 신과 우주만물의 필연적 관계성을 능산적 자연과 소산적 자연으로 나타내고 이를 일원론적 범신론으로 통합한 것은 이 우주가 오직 필연적인 자기법칙성에 의해 스스로 활동하는 유일 실체와 그 실체의 자기 현현만이 있을 뿐임을 드러낸 것으로, 실체와 양태, 전체성과 개체성의 합일을 보여준다. 따라서 그의 기하학적 논증 체계에서 의인론적이고 목적론적이며 인간 중심적인 세계관은 거부된다.

스피노자가 영원하고 무한한 실체의 본성과 구조를 파악하고자 했던 것은 그의 철학의 목표가 지고(至高)의 영속적인 행복을 탐구하고 혼신을 다하여 그것을 추구하는 데 있었기 때문이다.[66] 그에게 있어 신 또는 자연에 대한 이해는 총체적 진리를 통찰하기 위한 것이며 참된 자유와 행복을 달성하기 위한 것이었다. 자연의 필연적 법칙성에 따른 생명 현상을 이해하고 인식할 수 있을 때, 다시 말해 유일 실체와 그 변용으로서의 양태[우주만물]가 생명의 본체와 작용의 관계로서 하나임을 알아 생명의 전일성과 자기근원성을 인식할 수 있을 때 지속적인 완전한 자유와 행복에 도달할 수 있다는 것이다. 이렇게 볼 때 부자유의 의식이란 전일적인 생명 현상에 대한 자각 부재에서 오는 것이다. 그가 지성에 기초한 참된 인식의 중요성을 역설하며 정신의 본성과 기원에 관한 면밀한 분석을 시도한 것도 이 때문이다.

스피노자의 체계에서 인간 정신을 구성하는 관념의 적합성[타당성]은 지성에 비례하며 신의 무한 지성에서 극대화된다.[67] 그는 인식의 세 단계를 표상지(表象知 또는 想像知, 一種知), 이성지(理性知, 二種知), 직관지(直觀知, 三種知)의 3종지(三種知)로 나타내고 있다.[68] '표상지'는 감각 및 상상에 의한 인식 단계로서 부적합한 관념이나 오류의 원인이 되는, 참되지 않은 인식이 나오는 원천이다. '이성지'는 이성 및 과학적 추론과 논증에 의한 인식 단계로서, 보편적인 공통 관념과 적합한 관념을 통한 사물의 원인 인식이며 보편타당성을 지닌다. '직관지'는 직관에 의한 최고의 인식 단계로서 사물의 본질 인식이며 총체적 진리를 통찰할 수 있는 참된 인식이 나오는 원천이다. 직관지의 단계에서 인간 정신은 신의 영원하고 무한한 본질에 관한 적합한 인식을 갖게되고[69] 사물의 필연성이 곧 신의 영원한 본성의 필연성 자체임을 인식함으로써[70] 지고의 자유와 행복을 달성할 수 있게 된다. 이러한 인식의 세 단계는 혼돈과 예속으로부터 참된 인식과 자유를 향해 나아가는 정신의 여정을 나타낸 것이다.

스피노자의 인식론은 우리가 직관지로 이행할수록 윤리적 효용성이 증대한다는 점을 네 가지 측면에서 제시한다. 첫째로 최고의 행복과 자유는 오직 신에 대한 참된 인식에 있으며 이러한 인식에 의해서 우리는 사랑과 도의심이 요구하는 것을 행하도록 인도된다는 것이다. 둘째로 우리 능력 밖의 모든 일에 관해서 평온한 마음으로 받아들이고 기다리며 인내할 수 있게 된다는 것이다. 셋째로 개인과 공동체의 조화적 관계를 인식하게 되고 상생의 삶을 추구하게 된다는 것이다. 넷째로 국가 공동체적인 측면에서 시민들이 자유롭게 최선의 것을 행하도록 리더십을 발휘하게 된다는 것이다.[71] 따라서 그에게 있어 자유는 자연의 필연적 법칙성에 대한 인식의 산물이며, 지식의 결함으로 인해 총체적 진리를 통찰할 수 있는 참된 인식에 이르지 못하면 고통과 부자유 상태에 빠지게 되는 것이다. 그에게는 이성적인 것이 도덕적인 것이며 자연의 법칙을 따르는 것이었고, 직관지로써 자연을 이해하고 능동적으로 행동하고 사유함으로써 자유와 행복을 달성하는 것이 최고의 인생이었다.

스피노자의 철학 체계에서 참된 인식은 '영원의 상(相) 아래에서'[72] 인식하는 것으로, 이는 사물을 특정한 시간과 장소에 연관시켜 존재하는 것으로 파악하는 것이 아니라 사물이 신(神) 안에 포함되어 있으며 신적 본성의 필연성으로부터 생겨나는 것으로 파악하는 것이다. 이는 곧 개체성을 초월하여 신의 필연적 법칙성을 인식하는 것이며, 이로부터 '신에 대한 지적 사랑(amor dei intellectualis)'이 생겨난다. 스피노자에 따르면 우리 내면에서 자유와 긍정의 메커니즘이 작동하게 되는 것은 신에 대한 지적 사랑이 충만할 때이며, 이러한 사랑은 최고의 인식 유형인 제3종의 '직관지'에서 일어난다. 직관지는 전체 존재계에 대한 포괄적 · 직관적 인식이며, 개체와 공동체의 조화적 인식이고, 실체와 양태의 필연적 관계성에 대한 완전한 인식이다. 신은 가장 적합한 관념이므로 오직 신에 대한 사랑 속에서만이 인간은 일체의 정념에서 해방되어 지속적인 완전한 행복에 도달할 수 있다.

스피노자에 의하면 실체[자연 · 신]나 사물 그 자체는 선도 악도 아니므로
[73] 도덕적 실재가 아니지만, 인간은 필연적으로 도덕적이다. 선/악은 완전/불완전과 마찬가지로 우리가 사물을 비교하는 데서 형성되는 개념에 지나지 않지만, '선악'이라는 말을 보존하는 것이 '인간 본성의 전형(naturae humanae exemplar)', 즉 이성적 인간과 연동되는 인간의 관념을 형성하는 데 유익하다고 본다.[74] 인간의 도덕적 성장에 도움이 되는 것은 선이고 방해가 되는 것은 악이며, 또한 도덕적 성장을 추구하는 자는 선인(善人)이고 그것에 역행하는 자는 악인이다. 정신의 최고선과 최고의 덕은 신을 인식하는 것이며,[75] 이러한 인식에 이르면 외물(外物)에 대한 예속에서 벗어나므로 이성에 의한 자기보존은 물론 공동체 전체의 보존 또한 가능해진다. 스피노자는 덕과 능력을 동일한 것으로 이해하며,[76] '이성의 명령(dictamina rationis)'에 따라 자기 본성의 법칙에 의해서만 행동하는 자를 일컬어 덕인(德人) 또는 '자유인(homo liber)'이라고 부른다. 스피노자의 체계에서 지복(至福)과 덕은 완전히 일치한다.[77]

스피노자는 인간의 기본적인 감정으로 기쁨과 슬픔 그리고 욕망의 세 가지를 들고 있으며, 그 밖의 모든 감정은 여기서 파생하는 것이라고 본다. 이 욕망이라는 감정의 근원에 잠재해 있는 자기보존의 노력[78]을 그는 '코나투스(conatus)'라고 부른다. 코나투스는 모든 것의 '현실적 본질'[79]이며, 거기에는 정념[수동 감정]과 이성이 혼용되어 있다. 자기보존은 무한경쟁을 통해서가 아니라 상호 협력을 통해서 공동의 행복을 추구할 때 이루어지는 것이다. 우리가 무엇을 추구하거나 회피하는 것, 또는 선택하거나 판단하는 것은 자기보존의 노력에 의해 추동되며 자기실현의 힘을 증대시키기 위한 것이다. 우리의 가치판단이 각자의 정념에 근거하면 절대적 기준이 없게 되므로[80] 이기주의와 결합하여 예속 상태에 놓이게 되지만, 신에 관한 적합한 인식에 근거하면 개인과 공동체의 조화력이 회복되므로 개인의 자기실현의 힘 또한 증대되게 된다. 『에티카』는 자연의 합리적 질서에 대한 참된 인식을 통해 정념을 극복하고 이성적인 타당한 관념을 근거로 정신의 능동성을 키워나가는 것이 자유이며 이상적인 공동체로 가는 길임을 보여준다.

스피노자에게 자유란 자연의 필연적 법칙성을 총체적으로 통찰할 수 있는 인식의 산물이다. 인간이 정념에 예속되면 자연의 필연적 법칙성을 인식하지 못하고 사물을 자기중심적으로 보게 되므로 고통과 부자유 상태에 빠지지만, 이성의 제어 하에 있게 되면 실체와 양태의 필연적 관계성을 인식하므로 자유롭게 되는 것이다. 그러나 인간의 이성은 단독의 힘만으로는 정념을 극복하거나 능동성을 발휘하는 데 한계가 있으므로,[81] 지성 계발을 통하여 삶에서 일어나는 모든 일들을 도덕적 성장에 필요한 하나의 과정으로 인식함으로써 감정에 대한 좀 더 큰 통제력을 지녀야 한다는 것이다. 그에 의하면 신은 가장 '적합한 관념'이므로 신[자연]에 대한 지적(知的) 사랑 속에서 신의 필연적 법칙성을 인식함으로써 지성의 능력은 절정에 달한다.[82] 그리하여 일체의 정념에서 해방되어 심신의 안정과 자유롭고 능동적인 삶을 통하여 지속적인 완전한 행복에 도달할 수 있다는 것이다.

자유란 우연성(contingency)이 아니라 덕 또는 탁월성이기 때문에 인간은 자유로워지는 만큼 자기 존재와 건전한 정신을 보존할 수 있어야 한다. 어떤 사람의 무기력함은 그 사람의 자유에 속하지 않는다. 그가 존재할 수 없다거나 이성을 사용할 능력이 없다는 이유로 그를 자유롭다고 할 수는 없으며, 인간 본성의 법칙에 따라 존재하고 행동할 수 있는 '힘(potestatem)'을 갖고 있는 한에서 그만큼 자유롭다고 할 수 있다. 따라서 인간이 자유로워질수록 이성을 사용할 능력이 없다든지 선 대신에 악을 택한다고는 더더욱 말할 수 없는 것이다.[83] 정신은 이성을 바르게 사용할 수 있을 때만 충분히 독립적일 수 있으며, 인간의 힘은 신체의 강건함보다는 정신의 강인함으로 평가되어야 한다. 그러므로 탁월한 이성을 지니고 그것을 따르는 인간은 오직 자기 본성에 따라 적절하게 이해된 원인에 의거해 행동을 결정할 것이기 때문에 가장 독립적이고 가장 자유롭다고 할 수 있다.

자유는 행위의 필연성을 제거하는 것이 아니라 오히려 부과하는 것이기 때문에[84] 필연성에 대한 인식이 곧 자유다. 인간이 느끼는 부자유의 의식은 참된 인식의 결여에서 오는 것이다. 말하자면 있는 그대로의 세계를 직시하지 못하고 자유와 필연을 분리시키는 인식의 빈곤 상태에서 오는 것이다. 자유란 오직 자기 본성의 필연성에 의해서만 존재하는 것이므로 그러한 인식의 빈곤 상태에서의 자유란 한갓 환각에 불과한 것이다. 신의 필연적 법칙성을 인식하면, 다시 말해 자유와 필연의 일체성을 깨달으면 지성의 능력이 절정에 달하므로 절대적으로 자유롭게 행동할 수 있게 되며, 그

때 비로소 인간은 완전히 자유롭게 된다. 따라서 주어진 상황을 거부하거나 거기에 맞서 저항하기보다는 긍정적으로 수용하고 자기 자신을 비춰보는 거울로 삼아야 하는 것이다.* 모든 행위가 신에게 바치는 제물이라고 생각하고 매순간 집중하여 정성을 다함으로써 카르마(karma 業)의 속박에서 벗어날 수 있기 때문이다.

끝으로, 스피노자의 실체와 양태의 필연적 관계성에 대한 고찰은 실체와 양태, 하늘과 우주만물의 일원성에 대한 이해를 바탕으로 생명의 전일성과 자기근원성, 근원적 평등성과 유기적 통합성에 대한 통찰력을 제고하고, 전일적 패러다임(holistic paradigm)으로의 전환을 촉구함으로써 생태적 지속성을 띤 지구생명공동체의 구현에 기여할 수 있다는 점에서 그 의의를 찾을 수 있다. 현재 인류 사회가 처해 있는 총체적인 인간 실존의 위기를 해결하고 공존의 대안사회를 마련하기 위해서는 무엇보다도 생존의 영적 차원의 중요성에 대한 인식이 필수적이다. 실로 『에티카』를 관통하는 '신즉자연(神卽自然)'은 우주적 생명을 표상한 것이라는 점에서 스피노자가 생존했던 당시는 물론이고 오늘날에도 여전히 매우 전복적(顚覆的)인 선언이다. 이상에서 볼 때, 스피노자의 실체와 양태의 필연적 관계성에 대한 관점은 21세기 새로운 문명의 표준 형성에 중요한 시사점을 제공한다.

---

* 주어진 상황을 긍정적으로 수용한다고 해서 인도의 카스트 제도와 같은 세습적인 계급제도를 합리화하려는 것은 결코 아니다. 카스트 제도의 문제점은 생명의 근원적 평등성과 유기적 통합성은 도외시한 채 배타적인 계급질서를 강조함으로써 지배권을 강화하고 인위적으로 영속화하기 위한 수단으로 이 제도를 악용한다는 데 있다. 그렇게 되면 불평등 상태는 영적 진화를 위한 학습 여건 창출이라는 본래의 의미를 상실하게 된다. 다시 말해 개별적 자의지(self-will)를 교화시키는 의식의 자기교육 과정과 연계된 것이라는 심오한 의미를 잃게 되는 것이다.

인간적인, 너무나 인간적인:
네오휴머니즘의 탄생[85]

본 절에서는 인간적인, 너무나 인간적인 스피노자의 면모를 그의 『에티카』에 함축된 에코토피아적 비전을 통하여 살펴보기로 한다. 여기서 '인간적인, 너무나 인간적인'이란 말은 네오휴머니즘(Neohumanism: 신인본주의 또는 신인문주의)을 표징하는 것이다. 근대의 휴머니즘은 인간성의 부활 내지는 인간의 지적·창조적 힘의 재흥(再興)이라는 의미가 담겨진 르네상스(Renaissance, 14~16세기)에서 시작되었다. 이는 중세 그리스도 교회가 신의 권위만을 강조함으로써 결과적으로 인간 권위의 심대한 훼손을 가져온 것에 대한 일종의 반동으로 볼 수 있다. 르네상스를 휴머니즘 사상 또는 휴머니즘 운동이라고 부르는 것은 이 때문이다. 르네상스는 중세의 봉건적 이데올로기의 붕괴 과정과 결부된 운동이라는 점에서 단순한 문예부흥 운동이 아니라 일종의 사회개혁 운동으로서 종교개혁(Reformation)과 불가분의 관계를 갖는다. 르네상스와 종교개혁을 기점으로 발하기 시작한 이성의 빛은 중세적 신 중심의 세계관에서 근대적 인간 중심의 세계관으로의 혁명적인 전환을 이룩했다. 근대적 사유의 특성은 정신·물질 이원론에 입각한 데카르트-뉴턴의 기계론적 세계관에 잘 함축되어 있다.

대개 16세기에 시작하여 17세기에 정점에 이른 근대 과학혁명은 기계론적 세계관에 힘입어 과학기술의 비약적 발전과 더불어 물질적 풍요의 혜택을 가져왔다. 그러나 기계론적 세계관에 입각한 합리적 정신과 과학적 방법은 모든 현상을 분할 가능한 입자의 기계적 상호작용으로 파악한 까닭에 정신까지도 물질화하는 결과를 초래함으로써 반생태적·반윤리적인 물질주의가 만연하게 되었다. 생태계 파괴, 무한경쟁, 생산성 제일주의, 공동체의식 쇠퇴와 같은 근대 산업문명의 폐해는 과학기술과 밀접한 관련을 지닌 '도구적 이성(instrumental reason)*의 기형적 발달을 극명하게 보여주는 것이다. '도구적 이성'은 목적의 타당성이나 가치를 중요시하는 대신 목표 달성의 효과성·효율성을 강조하는 서구 물질문명의 몰가치적(value free) 정향을 대변하는 개념으로 '도구적 합리성(instrumental rationality)'은 근대적 합리성의 허구성을 여실히 보여준다.[86] 이처럼 근대의 휴머니즘은 '도구적 이성'과 '도구적 합리성'의 발흥으로 인해 인간과 인간, 인간과 우주자연의 연대성 상실을 초래하고, 나아가 총체적인 인간 실존의 위기에 직면하게 했다.

신에 맞서는 인간 이성의 위대한 발견이 이루어졌음에도 근대는 진정한 인간학을 수립하지 못했다. 그것은 내재적 본성인 신성으로부터 자신을 분리시켰기 때문이다. 정신·물질 이원론에 입각한 근대 휴머니즘의 태생적 한계를 극복하기 위해 나타난 것이 네오휴머니즘이다. 네오휴머니즘은 18세기 후반 계몽주의에 반대하여 독일의 괴테, 훔볼트(Alexander von Humboldt), 하이네(Heinrich Heine), 헤르더(Johann Gottfried von Herder) 등을 중심으로 고대 그리스적 이상의 재흥을 통해 인성의 자연스러운 발전과 완성을 도모한 문예사조이기도 하다. 그러나 오늘날 네오휴머니즘의 사상적 배경이 되고 있

---

* '도구적 이성'은 프랑크푸르트학파의 중심인물로 근대 문명에 대해 독자적인 비판을 제시한 아도르노(Theodor Wiesengrund Adorno) 사상의 핵심 개념이다. 도구적 이성으로 계몽된 인간은 일체를 도구의 대상으로 파악하고 계측, 수량화하여 심지어는 人性까지도 物化시킴으로써 모든 것을 도구적 기능으로 환원시킨다는 것이다. 마찬가지로 프랑크푸르트학파의 대표적 인물인 호르크하이머(Max Horkheimer) 역시 이러한 도구적 이성에 대해 비판하고 있다. 이들의 공저인 Max Horkheimer and Theodor W. Adorno, *Dialectic of Enlightenment*(San Francisco: Stanford University Press, 2002)에서는 인류가 계몽이 진행됨에 따라 진정한 인간적인 상태에 들어간 것이 아니라 오히려 새로운 종류의 야만상태에 빠져들었다고 보고 있다.

는 근대 합리주의에 대한 비판에 기용되고 있는 과학적 방법론은 주로 현대 물리학이 제공한 것이다. 근대의 과학적 합리주의가 함축하고 있는 과도한 인간중심주의와 이원론적 사고 및 과학적 방법론은 20세기 들어 실험물리학의 발달로 그 한계성이 지적되고 전일적 패러다임으로의 대체 필요성이 역설되면서 서구 문명의 지양을 위한 새로운 패러다임, 즉 새로운 실재관의 정립에 관한 논의가 확산된 것이다.

네오휴머니즘은 이성 중심주의와 과학적 합리주의를 근간으로 한 휴머니즘이 처한 존재론적 딜레마를 해결하고자 나타난 시대 사조이다. 이분법의 해체(deconstruction)를 통하여 기존의 구조와 틀 및 형식을 타파하고 개성과 자율성, 다양성과 대중성을 중시하고 절대이념을 거부하는 탈이념적인 색채를 띤다. 그런 점에서 1960년대 후반에 등장한 포스트모더니즘(postmodernism)이나 그 사상적 배경인 포스트구조주의(post-structuralism)의 탈중심 이론과 깊은 연계성을 갖는다. 자크 데리다(Jacques Derrida), 미셸 푸코(Michel Paul Foucault), 장 프랑수아 리오타르(J. F. Ryotard), 질 들뢰즈(Gilles Deleuze), 자크 라캉(Jacques Lacan), 롤랑 바르트(Roland Barthes) 등의 포스트구조주의자들은 휴머니즘을 배태한 근대 자유주의의 사상적 토대를 형성한 인식의 주체, 사유의 주체로서의 이성적이고 합리적인 자아의 진리관을 거부하고 주체를 해체시킴으로써 이성과 비이성, 주체와 객체의 명확한 구분이 사라지게 함으로써 네오휴먼 시대를 열었다.

포스트구조주의는 자본주의나 사회주의와 같이 명확한 형태를 갖춘 사상적 조류라고 보기는 어려우며 포스트구조주의자들 사이에서도 통일된 견해를 수립하기란 쉽지 않다. 그럼에도 포스트구조주의자들의 해체주의는 데카르트의 합리적 절대자아로부터 실증주의와 실존철학에 이르기까지 서구적 근대의 도그마에 대한 근본적이고도 종합적인 비판과 이성의 자기 성찰을 담고 있으며 생태정치학적 담론과도 동일한 맥락으로 연계되어 있어 시사하는 바가 크다. 절대 권위나 가치에 대한 급진적인 비판을 의미하는 포스트구조주의자들의 주체의 해체는 탈중심적이고 탈이념적인 정치이론을 낳으며 인문사회과학 전반에 커다란 영향을 미치고 있다. 데리다, 푸코와 같은 포스트구조주의자들의 다원적이고 탈중심적인 경향은 네오휴머니즘의 사상적 배경을 이루며, 포스트모더니즘의 해체현상을 이론적으로 조명해 준다. 근대 합리주의의 비합리성을 비판하고 이분법의 해체를 강조하고 있다는 점에서 네오휴머니즘과 생태정치학적 담론의 입장은 다르지 않다.[87]

네오휴머니즘의 사상적 스펙트럼이 비록 다양하긴 하지만 특기할 만한 점은 근대의 휴머니즘에 결여되어 있는 영성(spirituality)을 강조한다는 점이다. 네오휴머니즘은 인도의 철학자이자 경제사회 이론가인 사카르 (Prabhat Ranjan Sarkar)가 만든 용어로 그의 『지성의 해방 *The Liberation of Intellect: Neohumanism*』에서 잘 설명되고 있다. 한마디로 개인의 정서와 충성심을 전 지구, 나아가 전 우주로까지 확장하고 승화하여 영적 일체성을 지니게 하는 과정을 나타낸다. 사카르는 1955년에 사회적·영적 조직인 '아난다 마르가' (Ananda Marga 지복의 길)를 창설하고, 1959년에 글로벌 자본주의의 폐해를 지적하며 대안 경제 모델로 '프라우트(Prout: Progressive Utilization Theory)'[88]를 제시했다. 지역공동체, 협동조합, 경제민주주의, 그리고 영성에 기반을 두고 생태적이며 영적인 시각을 제공하는 대안 모델 '프라우트'는 '인간이 다른 존재들과 조화를 이루며 자신의 육체적, 정신적, 영적 잠재능력을 최대한 발휘하는 삶을 살 수 있도록 여건을 조성하는 것'[89]을 목표로 삼는다. 이는 곧 네오휴머니즘이 지향하는 목표이기도 하다. 사카르의 다음 말은 오늘날의 신자유주의를 넘어설 수 있는 열쇠로서의 네오휴머니즘의 진수를 보여준다.

> 인류 사회를 위한 가장 훌륭한 복지는 세계정부를 수립하거나, 아난다(모두가 한 가족의 구성원)를 이룩하고자 열망하는 사람들이 자신의 삶을 오직 건설적인 활동과 이기심 없는 봉사에 바칠 때 성취될 것이다. 그들은 흔들림 없는 사명감으로 마음에 한 점의 숨은 이기적 동기 없이 사회에 대한 봉사를 계속해 나가야 할 것이다.[90]

네오휴머니즘은 인간의 기본적인 본성을 이해하는 데에서 나온다. '오직 인간 본성의 법칙에 따라 존재하고 행동할 수 있는 힘을 보유하는 한에서 인간은 자유롭다'[91]라고 스피노자는 말하였다. 근대 철학이 새로운 면모를 갖추어 가던 17세기에 이미 스피노자는 실체와 양태의 필연적 관계성에 기초한 일원론적 범신론을 주창함으로써 생명의 전일성과 자기근원성을 본질로 하는 네오휴머니즘의 새벽을 열었다. 인간의 삶은 감각적 경험(sensory experience)의 영역, 감각의 영역을 포괄하면서 초월하는 정묘(精妙)한 정신의 영역, 그리고 감각과 이성의 영역을 포괄하면서 초월하는 인과의 궁극적인 '영(spirit)'의 영역으로 이루어져 있으며,[92] 이러한 인식의 세 단계에 조응하는 앎의 양태로 스피노자는 표상지·이성지·직관지를 들고 있다. 궁극적 실재인 신성(神)과 만나게 되는 것은 직관지 단계에서이다. 이 단계에 이르면 개인과 공동체의 조화력이 회복되므로 궁극적인 자유와 행복을 달성할 수 있게 된다.

네오휴머니즘은 인간이 육체적·정신적·영적인 실체라는 자각에 기초하여 편협하고 왜곡된 인간중심주의에서 벗어나 이 우주의 역동적 그물망에 대한 이해를 전제로 하는 까닭에 새로운 인간관·우주관의 정립과 맥을 같이 한다. 말하자면 패러다임 전환(paradigm shift)을 내포하는 것이다. 우리가 경험하는 사회적인 감정들은 자기중심적으로 사물을 보는 우리의 불완전한 인식에서 비롯되는 것인 까닭에 제3종의 인식인 '직관지' 단계로 이행하면 자연히 극복된다. 우주만물이 '제1원인'인 신의 자기현현임을 이해한다면, 생명의 전일성과 자기근원성을 자연히 알게 되므로 부자유와 고통에서 해방된다. 근대의 휴머니즘이 실천적인 사랑의 흐름으로 전개되지 못하고 지적인 관념의 영역에 머물렀던 것은, 정신·물질 이원론의 휴머니즘 토양에선 영성이 배태될 수 없었고 따라서 영적 일체성이 발휘될 수 없었기 때문이다.

네오휴머니즘은 '직관지' 또는 '만사지(萬事知)'에 기초하여 생태계를 '살아 있는 시스템(living systems)', 즉 네트워크로 인식한다. 생태적 이상향을 뜻하는 용어로 널리 사용되고 있는 에코토피아(ecotopia: ecology+utopia)는 이 세계를 복합적인 관계적 그물망으로 보는 오늘날의 생태학이나 양자역학(quantum mechanics)의 관점을 반영하여 우주만물의 근원적 평등성과 유기적 통합성에 기초한 시스템적 세계관과 가치 체계를 바탕으로 한다. "상호배타적인 것은 상보적이다"라는 명제로 일반화된 닐스 보어(Niels Bohr)의 상보성 원리(complementarity principle)가 말하여 주듯, 이러한 근원적 평등성과 유기적 통합성 속에는 다양성과 소통성 그리고 공공성이 그 본질로서 내재해 있다. 데카르트-뉴턴의 기계론적 세계관이 본체계와 현상계의 상호 관통을 자각하지 못하고 정신과 물질을 분리시키는 반(反)생태적 사유의 전형을 보이고 있는 것에 대해, 현대 물리학과 서구 생태이론에서는 전일적 패러다임

(holistic paradigm)을 기용하여 비판적 분석을 내놓고 있으며, 한국에서도 서구 중심주의(Eurocentrism)을 넘어설 수 있는 대안적인 이론 체계의 필요성이 줄 기차게 제기되어 오고 있는 실정이다.

에코토피아적 비전은 근대 인간 중심(anthropocentric)의 시각을 넘어 전체 생물권(biosphere) 내지 생태권(ecosphere 생명권) 또는 우주권(cosmosphere)으로의 의식 확장을 통해 생태적 지속성(ecological sustainability)을 띤 지구공동체의 구 현과 맥을 같이 한다는 점에서 탈근대성을 내포하는 것으로 볼 수 있다. 우 리가 살고 있는 세계는 생물적 · 심리적 · 사회적 · 환경적 현상이 상호 연 결 · 상호 의존해 있는 까닭에 생태 패러다임에 근거한 생태적 통찰(ecological insight)이 필요한 것이다.[93] 에코토피아적 비전은 인간과 인간, 인간과 우주 자연의 연대성 회복에 초점을 두고 생태적 합리성에 기초한 분권화를 상정 함으로써 자율성과 평등성에 기초한 세계시민사회의 영역을 대상으로 빅 프레임(big frame) 체제에서 그랜드 네트워크(grand network) 체제로의 전환을 요구한다. 그리하여 생존의 영적 차원의 중요성을 인식하고 유기적 생명체 본연의 통합적 기능을 회복하게 함으로써 개인과 공동체가 조화적 질서를 이루는 생명 시대를 개창하는 것이다.

『에티카』는 자연[神]과 인간 이해를 바탕으로, 일원론적 범신론을 요체로 하는 까닭에 본질적으로 에코토피아적 비전이 함축되어 있다. 실체와 양 태, 신과 우주만물의 필연적 관계성은 전체[공동체]와 부분[개인]의 유비관계 로 이해될 수 있다. 이러한 관계성에 대한 인식에는 생태적 이상향의 요체 라 할 수 있는 생명의 전일성과 자기근원성에 대한 인식이 내재되어 있으 므로 본질적으로 생태적이며 영적(靈的)이다. 우주의 본질인 생명은 필연적 인 자기법칙성에 따라 스스로 생성되고 변화하여 돌아가는 '스스로(自) 그러한(然)' 자, 즉 자연이다. 현대 물리학에서 말하는 산일구조(dissipative structure)의 '자기조직화(self-organization)' 원리라는 것이 이것이다. 생명은 창조하는 주체도 없고 창조되는 객체도 없다. 생명은 본체[神]인 동시에 작용[만물]이며, 파동인 동시에 입자이다. 스피노자의 능산적 자연과 소산적 자연이라는 대(對) 개념은 유일 실체인 동시에 양태이며 본체인 동시에 작용으로 나타나는 생명의 전일적 과정과 조응해 있다.[94]

이러한 스피노자의 에코토피아적 비전은 근대 합리주의의 비합리성을 비판하는 서구의 탈근대 논의에 나타난 생명관과 상통하는 바가 있다. 아른 네스(Arne Naess)와 빌 드볼(Bill Devall) 및 조지 세션(George Sessions)의 심층생태론(deep ecology)은 생태 중심의(ecocentric) 가치에 기초하여 일체 생명이 동일한 내재적 가치(intrinsic value)를 지니며 인간과 비인간 모두가 평등하다고 보는 점에서 스피노자의 일원론적 범신론에 대한 논의와 맥을 같이 한다. 스피노자에 의하면 '신이 곧 자연'이므로 실체와 양태, 즉 능산적 자연과 소산적 자연은 분리될 수 없는 하나다. 따라서 자연은 실체인 동시에 양태이며, 실체와 그 변용으로서의 양태는 본체와 작용의 관계로서 합일이다. 심층생태론은 생명계를 '살아 있는 시스템'으로 인식한다는 점에서 인간 중심의 가치에 기초하여 자연의 도구적 존재성만을 인정하는 근대 서구의 표피생태론과는 질적으로 구별된다. 그런 점에서 심층생태론의 관점은 스피노자의 에코토피아적 비전과 상통하는 바가 있다.

생명은 전체성인 동시에 개체성이며, 우주의 본원인 동시에 현상 그 자체로서 본체계와 현상계의 양 세계는 상호 조응하며 상호 관통한다. 본체계가 시공 개념을 초월하여 일체가 '에너지'로서 접혀 있는 전일성의 세계[95]라면, 현상계는 무수한 사상(事象)이 펼쳐진 다양성의 세계로서 이 양 세계는 내재적 질서에 의해 하나의 고리로 연결되어 있다. 이 우주에는 오직 필연적인 자기법칙성에 의해 스스로 활동하는 유일 실체와 그 실체의 자기복제(self-replication)로서의 우주만물[양태]이 있을 뿐이므로 일체 생명은 자기근원적이며 전일적인 속성을 갖는다. 만유의 근원으로서의 유일 실체가 바로 유일신임에도 특정 종교의 유일신으로 인식하거나 여러 신(神)으로 구분하는 것은 저차원의 표상지(表象知)의 산물이다. 오늘날 전 지구적으로 대립과 갈등, 폭력과 테러가 만연한 것은 현상계의 배후에 작용하고 있는 신의 필연적 법칙성을 인식하지 못하고 소유 개념에 집착하여 사물을 자기중심적으로 보는 데서 오는 것이다.

그러나 제3종의 인식인 '직관지' 단계로 이행할수록 우주의 관계적 그물망 속에서 무한히 연쇄적으로 일어나는 인과의 원리를 전체적으로 통찰할 수 있는 참된 인식이 작용하므로 사리(私利)는 공리(公利)에 연결되어 조화적 질서를 형성할 수 있게 된다. 『에티카』에 함축된 에코토피아적 비전은 특히 인간의 감정에 주목하여 우리가 갖게 되는 감정의 원인이 무엇이며 왜 그것을 경험하는지를 명석판명하게 인식하고 지각할 때 부분적이고 우연적이며 수동적인 인지는 전체적이고 필연적이며 능동적인 통찰과 이해로 대체됨으로써 감정의 동요 또한 사라지게 됨을 보여준다. "우리가 감정을 더 잘 인식할수록 그만큼 감정은 우리의 통제 하에 있게 되고, 또 정신은 그만큼 감정의 영향을 덜 받는다"[96]는 것이다. 말하자면 감정 자체를 외적 원인의 사유로부터 분리시켜 참된 사유와 결합시키면, 사랑과 미움 등의 변덕스런 감정이 소멸될 뿐만 아니라 또한 그러한 감정에서 생겨나는 충동이나 욕망도 과도해질 수 없다는 것이다.[97]

이 세상의 모든 갈등과 부자유와 불행은 변하기 쉽고 소유할 수 없는 것에 대한 지나친 집착에서 오는 것이다. 말하자면 적합한 인식에 도달하지 못한 데에 기인한다. 인간 사회의 병리학적인 현상을 치료함에 있어 "감정에 대한 참된 인식에 근거하는 치료법보다 더 탁월한 치료법은 우리의 능력 속에 없다"[98]라고 스피노자는 역설한다. 우리가 적합한 인식에 도달하면 생태적 이상향은 자연히 실현된다. 인간의 존재 이유가 영적 진화(spiritual evolution)에 있으며 삶 자체를 참된 인식에 이르기 위한 정신의 여정으로 이해하고, 우리가 경험하는 모든 일들이 우연적인 것이 아니라 신적 질서에 따른 필연적인 것임을 통찰할 수 있을 때, 다시 말해 자유와 필연의 조화적 원리를 깨달을 수 있을 때 우리는 감정에 대한 참된 인식과 통제력을 지닐 수 있게 된다. 인과의 원리를 보여주는 카르마의 법칙이나 작용·반작용의 법칙은 신적 질서의 필연성을 함축한 것이다. 이러한 관점에 대해 운명론 내지는 숙명론이라고 비판을 제기한다면, 그것은 '직관지' 단계에 이르지 못한 자의 설익은 자기주장일 뿐이다.

스피노자의 관점에서 오늘날 전 지구적으로 종교 충돌·정치 충돌·문명 충돌이 만연한 것은 '자기원인'이자 만유의 원인인 신(실체·자연·진리)에 대한 참된 인식과 사랑이 결여된 데에 기인한다. 그러나 최고의 인식 단계인 '직관지'로 이행할수록 생명의 그물망 속에서 연기(緣起)하는 인과의 원리를 총체적으로 통찰할 수 있는 생태적 마인드(ecological mind)를 갖게 되므로 조화적 질서를 형성할 수 있게 된다. '신즉자연(神卽自然)'을 본질로 하는 스피노자의 철학 체계에서 생태적 마인드란 신에 대한 참된 인식과 사랑이며, 신에 대한 사랑은 이성의 명령에 따라 추구할 수 있는 최고의 선이고 보편성을 띠므로 질투나 시기심의 감정으로 더럽혀질 수 없다.[99] 참된 인식은 전체적이며 필연적이고 능동적인 통찰과 이해로서만 접근할 수 있는 영역이다.

"자기 자신과 자신의 감정을 명석판명하게 인식하는 사람은 기쁨을 느끼며,[100] 그 기쁨은 신의 관념을 동반하므로[101] 신을 사랑한다. 그리고 자기 자신과 자신의 감정을 더 많이 인식할수록 더욱 더 신을 사랑한다."[102] 우리의 인식이 제3종의 '직관지' 단계에 이르면 사랑은 소유 개념에서 탈피하여 영원불변한 신적 사랑을 향하여 움직이게 된다.[103] "인간에 대한 신의 사랑과 신에 대한 정신의 지적 사랑은 동일하다"[104]고 한 스피노자의 말은 천인합일의 이치를 함축한 것으로 생명의 전일성과 자기근원성에 기초한 에코토피아적 비전을 단적으로 보여준다. 신과 인간 본성에 관한 정치(精緻)한 분석을 통하여 가장 근원적인 의미에서 인간과 신[자연·실체]이 소통하는 세상을 구가하고자 했던 스피노자, 그는 진정한 의미에서의 혁명가이자 네오휴머니즘의 구현자이다. 그의 에코토피아적 비전 속에 함축된 네오휴머니즘은 21세기 새로운 문명을 여는 단초로서 작용하게 될 것이다.

현대 과학의
생명사상과의 접합

　　　　　스피노자 사상과 현대 과학의 생명사상[105]과의 접합에 대한 논의 배경은 20세기 이후 실험물리학의 발달로 주체와 객체의 이분법이 허구로 드러나면서 근대 과학의 합리주의에 기초한 데카르트-뉴턴의 기계론적 세계관이 현대 과학의 도전을 받게 된 것과 맥을 같이한다. 말하자면 근대 합리주의가 함축하고 있는 과도한 인간중심주의와 이분법적 사고 및 과학적 방법론이 실험물리학의 발달로 그 한계성이 지적되고 서구중심주의의 극복을 위한 새로운 전일적 실재관으로의 탈근대 논의가 확산된 데 따른 것이다. 이는 스피노자가 실체와 양태, 즉 능산적 자연과 소산적 자연, 본체계[전일성]와 현상계[다양성]의 필연적 관계성에 기초하여 생명의 전일성과 자기근원성을 본질로 하는 일원론적 범신론을 주창한 것과 일맥상통하는 것이다.

스피노자와 현대 과학의 사상적 접합은 과학관에 있어서의 두드러진 변화와 연계되어 있다. 데카르트 식의 환원주의적(reductionistic) 관점은 '부분을 이해하면 전체를 이해할 수 있다'라는 가정에서 출발하였으나 20세기를 거치면서 부분의 모든 것을 알고서도 전체를 파악하지 못하는 딜레마에 처하면서 부분과 전체의 상호작용 분석에 초점을 두는 전일적 관점으로 바뀌게 되었다. 그리하여 20세기 후반에 이르러 기계론적인 환원주의에 대한 반동으로 오늘날의 주류 학문인 생명공학, 나노과학 등의 이론적 토대가 되고 있는 복잡계(complex system) 과학이 나타나게 된 것이다. 복잡계 과학은 생명계뿐만 아니라 생명의 본질 그 자체를 네트워크로 인식한다. 네트워크 개념은 생태계뿐만 아니라 생명의 본질 그 자체를 과학적으로 이해하는 열쇠이며,[106] 전일적 실재관의 바탕을 이루는 것이기도 하다. 이러한 과학관에서 변화는 본질적으로 생태적이며 영적인 스피노자의 생명관과 상통한다.

현대 과학의 전일적 실재관을 보여주는 대표적인 예로는 양자역학(quantum mechanics)의 통섭적 세계관이나 '산일구조(散逸構造 또는 消散構造 dissipative structure)'의 '자기조직화(self-organization)' 원리를 들 수 있다. 우선 상호배타적인 것이 상보적이라고 보는 양자역학적 세계관은 부분과 전체의 유기적 통일성에 기초한 시스템적 사고(systems thinking)의 특성을 명징하게 보여준다. 양자물리학, 유기체생물학(organismic biology), 게슈탈트 심리학(Gestalt psychology), 생태학 등에서 찾아볼 수 있는 시스템적 사고의 핵심은 부분들이 상호작용하는 관계에 있고 전체의 본질은 부분의 단순한 합과는 다르다는 것이다. 양자역학적 세계관의 핵심은 인과론에 기초한 뉴턴의 고전역학의 틀을 벗어나 관찰자와 그 대상이 항상 연결되어 있고 그 경계 또한 고정된 것이 아니라고 보아 주체와 객체를 하나의 연속체로 파악함으로써 이 우주를 자기생성적 네트워크체제로 인식하는 것이다. 스피노자 역시 우주만물을 '제1원인'인 신의 자기현현으로 본다는 점에서 이 우주를 자기생성적 네트워크체제로 인식한다.

양자역학의 통섭적 세계관은 아(亞)원자 물리학의 '양자장(quantum field)' 개념에서 드러나듯, 물질이 개별적인 원자들로 구성된 실재가 아니라 장(場)이 유일한 실재이며 물질은 장이 극도로 강하게 집중된 공간의 영역에 의해 성립된다고 본다. 양자계가 근원적으로 비분리성 또는 비국소성(non-locality)[초공간성]을 갖고 파동인 동시에 입자로서의 속성을 상보적으로 지닌다고 보는 양자역학적 관점은 물질[色, 有]의 궁극적 본질이 비물질[空, 無]과 하나임을 밝힌 것이다. 소립자(素粒子 elementary particle)의 수준에서 물질은 어디에도 존재하지 않거나 또는 모든 곳에 존재하는 비국소성을 띠는 안개와도 같은 것으로 이러한 비국소성은 '양자장'이 작용하는 차원에서는 분리 자체가 근원적으로 불가능하기 때문에 위치라는 것이 더 이상 존재하지 않음을 시사한다. 스피노자의 철학체계에서도 실체와 양태는 생명의 본체와 작용의 관계로서 분리될 수 없는 하나이므로 주체와 객체의 이분법은 성립되지 않는다. 따라서 창조하는 주체도 없고 창조되는 객체도 없다.

실로 양자역학은 '마음의 과학' 그 이상도 이하도 아니기에, 진여(眞如)인 동시에 생멸(生滅)로 나타나는 마음의 구조를 이해하면, 파동인 동시에 입자로 나타나는 양자역학적 세계관을 이해할 수 있다. 모든 곳에 존재하거나 어디에도 존재하지 않는다는 '미시세계에서의 역설(paradox)'은 양자역학과 마음의 접합을 통해 살펴볼 수 있다. 일심의 경계는 상대적 차별성을 떠난 여실한 대긍정의 경계로서 긍정과 부정의 양 극단을 상호 관통하여 특정한 위치에 머무르지 아니하므로 자유자재한 '무주(無住)의 덕(德)'의 경계와 일치한다. 미시세계에서의 역설은 생명의 본체인 일심의 초공간성을 드러낸 것으로, 평등성지(平等性智)가 드러난 '무주의 덕'을 이해하면 역설의 의미 또한 이해할 수 있다. '무주의 덕'은 그 덕이 미치지 않는 곳이 없으므로 모든 곳에 존재한다고 할 수 있지만, 특정한 곳에 머무르지 아니하므로 어디에도 존재하지 않는다고 한 것이다. 미시세계에서의 파동과 입자의 이중성(wave-particle duality)은 자연이 불합리해서가 아니라 대립자의 역동적 통일성에 기초하는 '스스로(自) 그러한(然)' 자의 본질인 까닭이다. 이러한 이중성은 생명의 본질 자체가 본체[본체계]와 작용[현상계]을 상호 관통하는 완전한 소통성인 데에 기인한다.

현대 과학의 전일적 실재관을 보여주는 또 다른 대표적인 예로는 산일구조의 자기조직화 원리를 들 수 있다. 화학자이자 물리학자이며 사상가인 일리야 프리고진(Ilya Prigogine)은 일체 생명 현상과 거시세계의 진화, 그리고 세계의 변혁을 복잡계의 산일구조에서 발생하는 자기조직화로 설명한다. 그가 카오스 이론*에서 밝히고 있듯이 비평형(nonequilibrium)의 열린 시

---

* 비선형적, 비평형적인 복잡계를 다루는 카오스 이론은 일리야 프리고진이 복잡성의 과학을 체계화하고 부분적으로 논의되던 카오스 이론을 통합하여 복잡계 이론을 창시함으로써 1970년대 후반부터 활발하게 논의되기 시작했다. 이 이론은 역학계 이론이 모든 분야로 침투하는 계기를 마련함으로써 다양한 분야에서 학제적 접근을 통해 사고의 변혁과 학문적 진전을 이루는 계기를 제공하고 있다.

스템에서는 자동촉매작용(autocatalysis)에 따른 비선형 피드백 과정(non-linear feedback process)에 의해 증폭된 미시적 요동(fluctuation)의 결과로 엔트로피가 감소하면서 새로운 구조로의 도약이 가능하다는 것이다. 그렇게 생성된 새로운 구조가 카오스의 가장자리인 산일구조, 즉 새로운 창조가 일어나는 임계점이고, 그러한 과정이 자기조직화라는 것이다. 자기조직화란 불안정한 카오스 상태에서 자발적으로 질서가 창발되는 것이다. 따라서 카오스는 단순한 무질서가 아니라 오히려 진화를 가능하게 하는 조건으로 볼 수 있다. 자기조직화의 경계는 무수한 사상(事象)이 펼쳐진 '다(多)'의 현상계와 그 무수한 사상이 하나로 접힌 '일(一)'의 본체계가 상호 조응·상호 관통하는 '참여하는 우주(participatory universe)'의 경계이다. 복잡계에서 일어나는 변화는 분기(bifurcation)와 같은 현상 때문에 비가역적(irreversible)인 것이 특징인데 바로 이 비가역성이 혼돈으로부터 질서를 가져오는 메커니즘이라는 것이다.[107]

모든 생명체는 산일구조체로서 지속적인 에너지 유입에 의해서만 생존이 가능한 까닭에 독자적으로는 생존할 수 없다. '있음(being)'의 불변적 상태보다 '됨(becoming)'의 가변적 과정을 일반적인 것으로 인식한 프리고진의 과학적 세계관[108]은 전일적 과정으로서의 생명 현상을 파악할 수 있게 한다. 헤르만 하켄(Hermann Haken), 만프레드 아이겐(Manfred Eigen), 제임스 러브록(James Lovelock) 등에 의해 더욱 정교화된 자기조직화의 핵심 개념은 산일구조의 유기적, 시스템적 속성을 보여주는 것으로 복잡계 이론을 이해하는 키워드이다. 현대 과학자들에 의하면 자기조직화의 창발(emergence) 현상이 가능한 것은 분자가 갖고 있는 '정보-에너지장((information-energy field)'* 때문이며,

---

* 정보-에너지 의학에서는 자기조직화의 창발 현상을 가능하게 하는 '정보-에너지장',

이 정보-에너지장이 목적과 방향을 알고 필요에 따라 모여서 단세포 생물이 탄생하게 된다고 한다. '디바인 매트릭스(Divine Matrix)'라고도 불리는 이 미묘한 에너지(subtle energy)를 막스 플랑크는 '의식과 지성을 가진 정신(conscious and intelligent Mind)'이라고 명명했다.

현대 과학의 생명사상은 전체를 유기적으로 통찰하려는 세계관이자 방법론인 복잡계[네트워크] 과학의 특성에서 잘 드러난다. 전통 과학에서의 환원론적 분석과는 달리 복잡계 과학은 전일적 접근을 시도하는 핵심 분야로서 포스트 게놈시대(Post-Genome Era)의 새로운 패러다임 구축을 선도하고 있다. 복잡계 과학에서는 네트워크가 상호작용하며 스스로 만들어 내는 다양한 패턴을 '자기조직화'라고 부른다. 복잡계 생물학의 선구자 카우프만(Stuart Kauffman)은 생명의 본질적 특성이 자기조직화에 있는 것으로 보았다. 카오스의 가장자리에서 생명의 구성요소들은 상호작용에 의해 '기이한 끌개(strange attractor)'로 자기조직화된다는 것이다. 복잡계 이론을 이해하는 키워드가 되고 있는 자기조직화는 부분과 전체가 함께 진화하는 공진화(co-evolution) 개념을 이해하는 키워드이기도 하다. 이 우주가 자기유사성[자기반복성]을 지닌 닮은 구조로 이루어져 있다는 프랙털(fractal) 구조 또한 자기조직화의 원리에 기초해 있다는 점에서 우주만물[多]을 전일성[一]의 자기복제로 보는 일즉다·다즉일의 원리와 조응한다.

전체와 부분 간의 상호 피드백에 의한 자기조직화는 전체 속에 포괄된 부분이 동시에 전체를 품고 있을 때 가능하다. 이러한 질서를 양자물리학자

만프레드 아이겐의 효소의 자기조직화하는 원리[hypercycle], 그리고 루퍼트 쉘드레이크(Rupert Sheldrake)의 '형태형성장(morphogenic field)', 세 가지를 동일시한다.

데이비드 봄(David Bohm)은 부분이 전체를 포함하는 홀로그램적 비유로 설명하고, 현실세계 또한 홀로그램과 같은 일반 원리에 따라 구성되어 있는 것으로 보았다.[109] 만유의 개체성은 누가 누구를 창조한 것이 아니라 자기조직화한 것이라고 보는 현대 물리학의 관점이나, 주체와 객체를 하나의 연속체로 파악하는 양자역학의 통섭적 세계관은 이 우주를 자기생성적 네트워크체제로 보는 스피노자의 관점과도 일치한다. 생명은 필연적인 자기법칙성에 따라 스스로 생성되고 변화하여 돌아가는 '스스로(自) 그러한(然)' 자, 즉 자연이다. 이 우주에는 그러한 자연[신·실체]과 자연의 자기현현만이 있을 뿐임을 나타낸 것이 '자기조직화'이다. 이러한 생명의 전일적 본질을 알지 못하고서는 이분법의 환영(幻影)에서 벗어날 수가 없고, 따라서 지상의 평화란 공허한 말잔치에 지나지 않게 된다. 그러나 생명의 본체와 작용, 의식계와 물질계가 하나인 이치를 알면 파동과 입자의 이중성에 대한 규명도 자연히 이루어지고 홀로무브먼트(holomovement)*로서의 생명 현상 또한 파악할 수 있게 된다.

현대 물리학의 전일적 실재관의 특성은 이 우주가 부분들의 단순한 조합이 아니라 유기적 통일체이며 우주만물은 개별적 실체성을 갖지 않고 전일적인 흐름(holomovement) 속에서만 파악될 수 있다는 것이다. 데이비드 봄은 에너지, 마음, 물질 등 우주에 존재하는 모든 것이 초양자장(superquantum

---

* 데이비드 봄에 의하면 홀로무브먼트의 관점에서 우주는 그 자체가 거대한 홀로그램적 투영물로서 전자(electron)는 기본 입자가 아니라 단지 홀로무브먼트의 한 측면을 지칭한 것에 지나지 않는다. 물질을 잘게 쪼개어 더 이상 물질의 성질을 갖지 않는 경계에 이르면 전자는 입자인 동시에 파동으로 나타나므로 어느 한쪽으로 분류할 수 없게 되는 것이다. 이것이 곧 입자와 파동의 이중성이다.

field or superquantum wave)으로부터 분화된다고 보고 초양자장 개념에 의해 파동과 입자의 이중성(wave-particle duality)을 변증법적으로 통합하고자 했다. 그리하여 물질은 원자(atom)로, 원자는 소립자로, 소립자는 파동으로, 파동은 다시 초양자장으로 환원될 수 있다고 보았다. 그는 양자역학에 대한 표준 해석으로 여겨지는 코펜하겐 해석(Copenhagen Interpretation of Quantum Mechanics, CIQM)*의 확률론적인 해석에 반대하여 파동함수를 존재의 확률이 아닌 실제의 장(場)으로 인식하고, 발견되지는 않았지만 스스로의 내재적 법칙성에 따라 운동하는 전자가 반드시 있을 것이라고 가정한 '숨은 변수이론(hidden variable theory)'에 의해 결정론적인 해석을 내놓았다.** 스피노자 역시 우리의 인식 여부와는 상관없이 필연적인 자기법칙성에 따라 움직이는 차원이 실재하는 것은 분명하다고 보고 직관지(直觀知) 단계로 이행하면 자연히 알게 된다고 주장했다.

데이비드 봄의 양자이론은 과학과 의식의 접합을 추구한 것이라는 점에서 몸과 마음의 긴밀한 연결성을 강조한 양자의학(quantum medicine) 등 다양

* 코펜하겐 해석은 전자의 속도 및 위치에 관한 하이젠베르크(Werner Heisenberg)의 불확정성원리와 빛[전자기파]의 파동-입자의 이중성에 관한 보어(Niels Bohr)의 상보성원리(complementarity principle)가 결합하여 나온 것이다.
** 코펜하겐 해석에서는 양자(quantum)는 관측되기 전에는 불확정적이어서 존재인지 비존재인지를 알 수가 없고 관측하는 순간 비로소 파동 혹은 입자로서의 존재성이 드러난다고 본 데 비해, 봄의 양자이론에서는 파동은 관측되기 전에도 확실히 존재하며 파동이 모여서 다발(packet)을 형성할 때 입자가 되는 것이고 그 파동의 기원은 우주에 미만(彌滿)해 있는 초양자장이라고 본 점에서 코펜하겐 해석과는 해석상의 차이가 있다. 그러나 양자역학에 대한 코펜하겐 해석을 넘어서고자 하는 논의들—폰노이만, 윌러 등의 프린스턴 해석(PIQM), 아인슈타인을 필두로 한 앙상블 해석(EIQM), 에버렛(Hugh Everett)의 다세계해석(Many World Interpretation, MWI) 등—이 진행 중에 있으며 향후 과학사상의 발전을 추동하는 기제로서 작용할 것이다.

한 분야에서 폭넓은 호응을 얻고 있다.* 입자(물질)란 정확하게 말하면 입자처럼 보이는 파동(의식)일 뿐이다. 봄의 '숨은 변수이론'에 의해 '보이는 우주'[물질계, 현상계]와 '보이지 않는 우주'[의식계, 본체계]의 상관관계**가 밝혀지면 '보이는 우주'는 '보이지 않는 우주'가 물리적 세계로 현현한 것임을 알게 된다는 것이다.[110] 생명의 본체와 작용이 일심의 통섭적 기능에 의해 하나가 되는 '생명의 3화음적 구조(the triad structure of life)'***를 이해하면, 파동과 입자가 초양자장에 의해 통섭되는 양자역학적 세계관을 이해할 수 있게 된다. 스피노자의 용어로 표현하면, 실체[본체]와 양태[작용]가 '직관지'에 의해 통섭되는 일원론적 범신론을 이해할 수 있게 된다. 스피노자의 사상에서 실체와 양태의 일원성에 대한 인식이 진화의 요체인 것으로 드러나듯, 현대 물리학에서도 파동과 입자의 이중성에 대한 규명이 '자기조직화' 원리의 핵심과제인 것으로 드러난다.

생명의 전일적, 시스템적 속성이 오늘날 과학적으로 규명된 것은 과학과 영성[의식]의 불가분성을 보여주는 것으로 생명의 자기근원성과 진화의 핵심원리를 파악할 수 있게 한다는 점에서 그 의미가 크다. 과학과 의식의 통섭에 관한 논의가 획기적인 전기를 맞게 된 것은 현대 물리학의 '의식' 발견에

---

* 양자의학에서는 인간의 의식 활동을 뇌에서 일어나는 양자의 확률로 설명할 수는 없기 때문에 코펜하겐의 표준해석법인 불확정성원리는 인체에 적용될 수 없다고 본다.
** 첨단 이론물리학 중의 하나인 이러한 상관관계를 규명함으로써 데이비드 봄은 노벨 물리학상을 수상했다.
*** '생명의 3화음적 구조'라는 용어는 拙著, 『천부경·삼일신고·참전계경』(서울: 모시는사람들, 2006)에서 천부경 81자의 구조를 천·지·인[法身·化身·報身, 聖父·聖子·聖靈, 內有神靈·外有氣化·各知不移], 즉 생명의 본체-작용-본체와 작용의 합일이라는 세 구조로 나누면서 처음 사용한 것이다.

있다. 과학과 의식의 통섭 추구는 물리학자 아밋 고스와미(Amit Goswami)의 다음 말에서도 분명히 드러난다: "우리가 우리 자신의 의식을 이해할 때 우주 또한 이해하게 될 것이고, 우리와 우주 사이의 분리는 사라질 것이다."[111] 인간과 우주의 분리는 의식과 물질의 분리에 기인한다. 생명은 '드러난 질서(explicate order)'와 '접혀진 질서(enfolded or implicate order)'*[112]를 상호 관통하며 무수하게 펼쳐진 다(多)의 현상계와 하나로 접힌 일(一)의 본체계를 끝없이 연출하는 것이다. 스피노자 사상의 핵심은 바로 이 본체계와 현상계, 즉 실체와 양태의 필연적 관계성에 대한 완전한 인식을 통해 생명의 전일성과 자기근원성을 이해함으로써 지고의 자유와 행복을 달성하는 것이다.

과학과 의식의 통섭에 관한 논의가 본격적으로 이루어지기 시작한 것은 20세기 후반에 들어서이다. 복잡계인 생명계는 물리·화학적인 분석 방법만으로는 그 본질을 이해하는 데 한계가 있으므로 과학이 의식과의 통섭을 추구해야 할 필요성이 현대 물리학자들에 의해 제기된 것이다. 에너지 시스템인 생명계의 비밀이 과학과 의식의 통섭을 추구하는 현대 물리학자들에 의해 벗겨지기 시작하면서 창조론과 진화론 논쟁이 재연되고 있다. 창조론과 진화론 논쟁은 일체 생명 현상이 자발적인 자기조직화의 창발 현상임을 인식하지 못하고 주체와 객체의 이분법으로 무리하게 설명하려는 데서 오는 것이다. 일체 생명이 필연적인 자기법칙성에 따라 스스로 생성되

---

* '접혀진 질서'는 고도의 유기적 통일성을 띠는 전일성의 차원으로 만유의 바탕을 이루는 것이다. 그것은 우주의 창조적 에너지의 흐름, 즉 홀로무브먼트 그 자체로서 거기에는 과거, 현재, 미래의 모든 형태의 물질과 생명 그리고 의식, 에너지, DNA로부터 은하계의 크기와 모양을 결정하는 힘에 이르기까지 우주의 전 역사가 다 담겨져 있다 (David Bohm, *op. cit.*, pp.182-189).

고 변화하여 돌아가는 '스스로 그러한' 자인데, 누가 누구를 창조한다는 말인가! 창조주와 피조물의 이분법은 생명의 본체[一]와 작용[多]의 상호 관통에 대한 인식이 이루어지지 못한 데에 기인한다. 진화론 또한 생물학적 진화론만으로는 우주의 진행 방향인 영적 진화(의식의 진화)에 대해 설명할 수 없다. 창조론이나 진화론 문제의 본질은 보이는 물질세계가 전부라고 생각하는 왜곡된 인식에 있다.

이상에서 볼 때 스피노자 사상과 현대 과학의 생명사상과의 접합은 전일적 우주에 대한 명쾌한 통찰에서 드러난다. 즉 이 우주는 자기생성적 네트워크체제로 이루어져 있는 까닭에 창조주와 피조물이 따로 있는 것이 아니며, 생명의 '자기조직화' 원리는 주체와 객체의 이분법이 폐기된 창조성의 원리로서 생명의 전일성과 자기근원성을 본질로 삼는다는 것이다. 따라서 삶에서 일어나는 모든 현상을 통제하는 주체는 심판자로서의 신이 아니라 인간의 의식이다. 이처럼 새로운 우주론에서 우주는 서로 긴밀히 연결되어 있는 '에너지-의식의 그물망'인 까닭에 근대 과학이 물질을 근간으로 삼는 것과는 달리, 진동하는 파동을 근간으로 삼는다. 이러한 파동은 어떤 응결점에 도달하면 원자와 아원자 등으로 바뀌어 물질화되어 나타나 보이지만, 그 본질은 여전히 진동이다. 우리의 상념에 의해 진동이 시작되면 우주적 에너지의 바다에 녹아 있는 질료들이 응축되어 그 진동에 상응하는 형태의 다양한 사물이 생성되어 나오는 것이다. 의식의 질이 중요한 것은, 의식의 질이 높을수록 높은 진동수의 사물이 생성되어 나오고, 낮을수록 낮은 진동수의 사물이 생성되어 나오기 때문이다. 그것은 우주의 절대법칙이다.

현재 인류가 직면한 모든 문제는 세상과 분리되어 있다는 잘못된 믿음에서 오는 것이다. 지구와 지구에 사는 모든 생명체와 인간이 분리되어 있고 인간과 인간 또한 분리되어 있다고 믿는 데서 오는 것이다. 물질이란 마음의 습(habit)이 응결된 것으로 생각과 물질은 표현된 형태만 다를 뿐 모두 동일한 진동이다. 생각은 바꾸지 않은 채 세상을 바꾸려고 하는 것은 마치 실물은 그대로 둔 채 그림자를 바꾸려는 것과도 같이 비현실적이다. 전 지구적 위기에 대한 대부분의 해결책이 비현실적인 이유는 그 해결책이란 것이 문제를 일으킨 바로 그 세계관과 사고방식 및 가치체계에서 나온 것들이기 때문이다. 진실로 의미 있는 변화가 이루어지려면 세상을 바라보고 받아들이는 방식 자체를 바꾸어야 한다.[113] 현재의 세계 자본주의 네트워크가 생태적으로나 사회적 또는 정치적으로 지속가능하지 않다는 것은 주지의 사실이다. 이제 우리 인류는 생명에 대한 새로운 철학적·과학적 성찰을 통하여 지구의 재조직화를 단행해야 할 시점에 와 있다. 스피노자 사상과 현대 과학의 생명사상과의 접합*에 대한 고찰이 필요한 것은 이 때문이다.

---

* 스피노자의 체계에서 정신은 신체의 관념으로 정의된다(『에티카』제2부 정리11-13, 15-21; 제3부 정리3). '表象知'에서 '理性知'와 '直觀知'로의 이행은 인체의 약 70%를 차지하는 물의 물성이 고도화되어 인체의 전자운동이 활발해지고 진동수가 높아져 생명력이 고양되는 원리, 즉 세포 활성화(세포재생력) 원리와 같은 맥락에서 이해될 수 있다. 尹熙鳳 소장이 개발한 액티바(Activa) 첨단소재는 전자파의 파동 증폭으로 높은 에너지를 얻어 물 분자와의 공명 활성도를 높여 물의 물성을 고도화한다는 점에서 주목할 만하다. 액티바 生育光波의 효능과 액티바 소재의 다양한 활용 범주에 대해서는 拙著, 『새로운 문명은 어떻게 만들어지는가: 한반도發 21세기 과학혁명과 존재혁명』(서울: 모시는사람들, 2013), 89-96쪽 참조.

Spinoza's Thought
and Its Up-to-date Revival

참자아는 벨 수도 없고, 태울 수도 없으며, 젖게 하거나 마르게 할 수도
없다. 참자아는 영원불변하고 두루 편재하는 유일자이다.

"Beyond the power of sword and fire, Beyond the power of waters and
winds, the Spirit is everlasting, omnipresent, never-changing, never-
moving, ever One."

- *The Bhagavad Gita*

05 | 스피노자와 동양사상과의 대화

'한'사상은 스피노자 사상과 마찬가지로 근대 기계론적 세계관의 바탕을 이루는 정신·물질 이원론과 인간중심주의의 한계를 극복할 수 있게 할 뿐만 아니라 근대 휴머니즘의 대안으로서의 네오휴머니즘을 그 본질 속에 함축하고 있다. … 스피노자의 철학체계에서 실체와 양태의 관계와도 같이 푸루샤와 프라크리티는 필연적 관계성을 갖는다. 다만 스피노자의 경우 기하학적 논증 방식에 의해 양자의 일원성을 밝히는 데 초점을 두는 관계로 힌두사상에서처럼 생사윤회와 해탈 등을 포괄하는 생명의 순환이나 영적 진화에 대해 입체적으로 다루고 있지는 않다. … 연기의 진리에 대한 통찰을 통하여 얻은 지혜로 고(苦)를 소멸시키는 것이 붓다의 근본적인 가르침이라면, 스피노자 역시 '이성지'와 '직관지'로의 이행을 통해 실체와 양태의 일원성을 체득함으로써 지고의 자유와 영속적인 행복을 달성하는 것을 그의 가르침의 목표로 삼고 있다. … 장재의 기일원론은 우주만물을 신의 속성의 변용이라고 보는 스피노자의 일원론적 범신론과 일맥상통한다. … 스피노자가 실체와 양태의 필연적 관계성에 대한 본질적인 규명을 통하여 인간과 '신 또는 자연'이 소통하는 세상을 구가하고자 했다면, 동학은 하늘과 우주만물의 일체성에 대한 자각을 통하여 풀뿌리민주주의를 뿌리내림으로써 후천개벽의 새 세상을 열고자 했다.

– 본문 중에서

스피노자와 '한'사상

스피노자 사상과 동양사상의 근친성은 이들의 인식론과 형이상학적 사유체계에서 찾아볼 수 있다. 이들 사상은 모두 인식의 뿌리에 대한 이해와 연결되며, 인식의 뿌리는 참자아와 연결된다. 스스로가 누군지, 어떻게 해서 존재하게 되었는지를 알지 못하고서는 존재계에 대한 논의는 한갓 공론일 뿐이기 때문이다. 다시 말해 우주의 본질인 생명의 뿌리에 대한 이해가 없이는 그 어떤 논의도 실재성을 띨 수가 없기 때문이다. 그런 까닭에 영원하고 무한한 실체의 본성과 구조를 파악하는 형이상학 체계가 바탕이 되어야 하고, 지성에 기초한 올바른 인식론이 정립되어야 하며, 생명의 본체와 작용의 합일에 대한 완전한 인식을 통하여 생명의 전일성과 자기근원성에 대한 명료한 이해가 이루어져야 한다. 여기서는 특히 스피노자 사상과 우리 고유의 '한'사상,[114] 힌두사상, 화엄사상, 기일원론(氣一元論), 동학사상과의 대화를 통하여 차례로 고찰해 보기로 한다. 그러면 먼저 스피노자와 '한'사상과의 대화로부터 시작해 보기로 하자.

상고시대로부터 전승되어 온 우리 고유의 '한'사상의 핵심은 천 · 지 · 인 삼신일체(三神一體)를 의미하는 일즉삼(一卽三) · 삼즉일(三卽一) 또는 일즉다(一

即多)·다즉일(多卽一)*의 논리 구조 속에 잘 드러나 있다. 이러한 논리 구조는 '하나를 잡아 셋을 포함하고 셋이 모여 하나로 돌아감'이란 의미의 집일함삼(執一含三)·회삼귀일(會三歸一)[115]의 논리 구조와도 일치하는 것이다. 여기서 "삼일(三一)은 그 본체요, 일삼(一三)은 그 작용이다."[116] 말하자면 일즉삼·삼즉일의 원리인 집일함삼·회삼귀일은 생명의 작용과 본체라는 불가분의 관계로 분석될 수 있다. 생명의 본체인 '하나(一)'가 곧 천·지·인 삼신이요, 그 본체의 작용인 천·지·인 삼신이 곧 '하나(一)'이니 본체와 작용은 합일이다. 무수한 사상(事象)이 펼쳐진 '다(多, 三)'의 현상계[물질계]와 그 무수한 사상이 하나로 접힌 '일(一)'의 본체계[의식계]는 외재적(extrinsic) 자연과 내재적(intrinsic) 자연, 작용과 본체의 관계로서 상호 조응·상호 관통한다.

'한'은 전일(全一)·광명[桓] 또는 대(大)·고(高)·개(開)를 의미하는 것으로 공공성과 소통성을 그 본질로 한다. '한'은 천·지·인 삼신 일체의 사상이다. 삼라만상의 천변만화(千變萬化)가 모두 한 이치[理] 기운[氣]의 조화 작용인 까닭에 본체인 '하나(一)'와 그 작용인 우주만물[多, 三]은 상호 연관·상호 의존해 있으므로 주체와 객체의 이분법은 성립되지 않는다. 말하자면 '한'사상은 일체 생명이 전일적이고 자기근원적이며 근원적으로 평등하고 유기적으로 통합되어 있다고 보는 천인합일의 사상이다. 우주만물에 편재해 있는 '하나'인 참본성이 곧 하늘이요 신[神性]이니, 우주만물을 떠나 따로이 하늘이나 신이 존재하는 것이 아니다. 하늘이나 신은 생명의 본체를 일컫는 많은 대명사 중의 하나일 뿐이며 우주만물은 그 본체의 자기

---

* 삼라만상은 흔히 천·지·인 三神으로 나타내기도 하므로, '三'은 그 의미가 사실상 '多'와 같은 것이다.

266 | 스피노자의 사상과 그 현대적 부활

복제(self-replication)로서의 작용으로 나타난 것이므로 생명은 전일적인 흐름(holomovement)이라는 것이 '한'사상의 요체다. 이렇듯 '한'의 생명관에서는 생명의 본체와 작용을 분리시키는 신·인간 이원론은 성립될 수 없는 것으로 본다.

스피노자의 철학 체계에서도 실체[본체]와 양태[작용], 즉 능산적 자연과 소산적 자연은 분리될 수 없는 하나이므로 주체와 객체의 이분법은 성립되지 않는다. 양태로서의 우주만물은 실체의 자기현현으로 나타난 것이므로 실체와 분리되어서는 존재할 수도, 이해될 수도 없다. 따라서 창조하는 주체도, 창조되는 객체도 없다. 이 우주에는 오직 필연적인 자기법칙성에 따라 스스로 생성되고 스스로 변화하여 스스로 돌아가는 '스스로(自) 그러한(然) 자', 즉 자연[신·실체]과 자연의 자기현현만이 있을 뿐이다. 자연은 실체[능산적 자연]인 동시에 양태[소산적 자연]로서, 설명의 편의상 구분된 것일 뿐 이사(理事)·체용(體用)의 관계와도 같이 합일이다. '신이 곧 자연(神卽自然)'이라는 스피노자의 일원론적 범신론은 유대교적인 기독교 전통에서의 의인론적인 신 관념을 배격하고 생명의 전일성과 자기근원성을 요체로 삼고 있다는 점에서 '한'사상과 일맥상통한다.

'한'의 우주관은 스피노자의 우주관과 마찬가지로 이 우주를 자기생성적 네트워크체제로 인식한다. '한'사상의 특질은 생명의 본체와 작용이 하나라는 변증법적 논리구조 속에 잘 나타나 있다. 말하자면 모든 존재가 자기근원성을 가지므로 창조하는 주체도 창조되는 객체도 없으며 전 우주가 참여자의 위치에 있게 되는 '참여하는 우주'이다. 이 우주가 '참여하는 우주'라는 사실을 이해하지 못하고서는 부분과 전체가 함께 진화하는 공진화(co-evolution) 개념을 이해할 수 없으며 생명의 전일적 본질을 파악할 수도 없다.

실로 '한'사상은 현대 물리학이 밝혀낸 전일적 실재관의 원형을 보여준다. '한'사상은 인간 존재의 '세 중심축'―종교와 과학과 인문, 즉 신과 세계와 영혼의 세 영역(天地人 三才)―의 연관성에 대한 자각에 기초해 있는 까닭에 본질적으로 에코토피아적 지향성을 띤다. 따라서 '한'사상은 스피노자 사상과 마찬가지로 근대 기계론적 세계관의 바탕을 이루는 정신·물질 이원론과 인간중심주의의 한계를 극복할 수 있게 할 뿐만 아니라 근대 휴머니즘의 대안으로서의 네오휴머니즘을 그 본질 속에 함축하고 있다.

'한'사상은 천·지·인 삼재의 융화에 기초한 경천숭조(敬天崇祖)의 '보본(報本)'사상이다. 하늘을 숭경하고 조상을 숭배하는 우리 민족 고유의 '보본' 사상은 일즉삼·삼즉일의 원리를 생활화한 것이다. 우리 조상들은 박달나무 아래 제단을 만들고 소도(蘇塗)라는 종교적 성지가 있어 그곳에서 하늘과 조상을 숭배하는 수두교(蘇塗敎)를 펴고 법질서를 보호하며 살았다. 예로부터 높은 산은 하늘[참본성]로 통하는 문으로 여겨져 제천의식*이 그곳에서 거행되었다. 제천의식을 통하여 미혹함을 풀고 참본성을 회복함으로써(解惑復

---

* 상고와 고대의 제천은 천지의 주재자를 받들어 報本하는 신앙의 표현이었다는 점에서 잡귀를 숭배하는 미신적인 통상의 薩滿敎(샤머니즘)와는 확연히 구분된다. 敬天崇祖하며 민중을 지도하는 제사장인 巫人과 삼국시대 후기 이래 살만교의 일종으로 퇴화한 미신적 살만을 지칭하는 巫覡과는 분명히 다른 것이다. 우리 상고의 무속은 천·지·인 삼재의 융화에 기초한 심오한 사상적 배경을 가지고 있다는 점에서 홍익인간·광명이세의 건국이념과 경천숭조의 보본사상 그리고 당시 교육의 원천이 되었던 우리 고유의 풍류(風流, 玄妙之道)와 마찬가지로 '한'사상의 전형을 보여 준다. 우리 고유의 風流 속에는 유·불·선이 중국에서 전래되기 수천 년 전부터 3교를 포괄하는 내용이 담겨 있어 그 사상적 깊이와 폭을 짐작케 한다. 孤雲 崔致遠의 〈鸞郞碑序〉에는 신시시대와 고조선 이래 우리의 고유한 전통적 사상의 뿌리에 대한 암시가 잘 나타나 있다(『三國史記』新羅本紀 第4 眞興王 37년 봄 記事 참조).

本) 광명이세 · 홍익인간의 이념을 구현하고자 했던 것이다. 이처럼 하늘에 제사지내고 보본하는 소도의식을 통하여 천인합일 · 군민공락(君民共樂)을 이루어 국권을 세우고 정치적 결속력을 강화하며 국운의 번창을 기원했다. 이처럼 우리 조상들은 참본성을 따르는 것이 곧 천도(天道)[117]이며, 만유를 떠난 그 어디에 따로이 하늘이나 신이 존재하는 것이 아님을 알고서 경천(敬天) · 경인(敬人) · 경물(敬物)을 생활화해 왔던 것이다.

우주의 본질인 생명은 본체의 측면에서는 '하나(一)' 즉 유일신[一]이지만, 작용의 측면에서는 천 · 지 · 인 삼신이므로 '한'사상이 곧 삼신(三神 또는 三一) 사상이다. 여기서 삼신사상은 동양 사상과 문화의 원형인 마고(麻姑)의 삼신 사상, 즉 생명의 본체[一]와 작용[三]이 하나임을 의미하는 일즉삼 · 삼즉일의 원리에 기초한 천 · 지 · 인 삼신일체의 사상을 일컫는 것으로 '삼신할미[마고 할미]'* 전설과 함께 우리에게는 상당히 오래되고도 친숙한 사상이다. 삼신일 체는 그 체가 일신[유일신]이며 작용으로만 삼신이다. 우주 섭리를 도형화한 원방각(圓方角△)은 삼신일체의 의미를 함축한 것이다. 우주의 본원인 '하나 [유일신]'가 천 · 지 · 인 셋[三神, 즉 우주만물]으로 나뉘었다가 다시 그 근원인 '하 나'로 돌아가는 것이니, 생명은 전체성인 동시에 개체성이며 내재성인 동시 에 초월성이며 우주의 본원인 동시에 현상 그 자체로서 생(生) · 주(住) · 이 (異) · 멸(滅)을 포괄하는 전일적인 흐름이다. 스피노자가 "자유인은 결코 죽

---

* 여기서 '할미'는 '한어미', 즉 大母라는 뜻이다. '삼신할미'는 본체의 측면에서는 一神이 니 천 · 지 · 인 삼신이 神人인 麻姑에 투영된 것으로 볼 수 있고, 작용의 측면에서는 三神이니 역사 속에 나오는 신인으로서의 마고(麻姑) · 궁희(穹姬) · 소희(巢姬)—궁 희와 소희는 마고의 딸들임—를 일컫는 것으로 볼 수 있다. 三聖으로 일컬어지는 환 인 · 환웅 · 단군(天皇 · 地皇 · 人皇) 역시 역사 속에 나오는 신인으로서의 삼신이다.

음을 생각하지 않는다"[118]라며 죽음에 대한 성찰이 아니라 삶에 대한 성찰의 지혜를 강조한 것도 이러한 맥락에서 이해될 수 있다.

유일신은 보편적 실재인 참자아[靈]를 지칭한 것으로 우주 지성[性]인 동시에 우주 생명력 에너지[命]이며 우주의 근본 질료[精]로서 '하나(一)'의 진성(眞性)이 성(性) · 명(命) · 정(精) 셋으로도 표현되는 것이니, 이른바 제1원인의 삼위일체[三神一體]라고 하는 것이 이것이다. 삼신사상은 우리 민족의 근간이 되는 사상일 뿐만 아니라 모든 종교와 진리의 모체가 되는 사상이다. 천 · 지 · 인 삼신일체는 불교의 삼신불(三身佛: 法身 · 化身 · 報身), 기독교의 삼위일체(聖父 · 聖子 · 聖靈)와 마찬가지로—필자의 용어로 표현하면—'생명의 3화음적 구조(the triad structure of life)', 즉 본체-작용-본체와 작용의 합일을 나타낸다. 체(體) · 용(用) · 상(相)의 삼대(三大)로도 표현되는 이들 '생명의 3화음적 구조'는 진리의 정수(精髓)를 표징하는 것으로 본체계와 현상계를 회통하는 생명의 비밀을 푸는 마스터키이다. 생명의 본체를 하늘이라고 부르든, 유일신이라고 부르든, 도라고 부르든, 그 밖의 다른 어떤 이름으로 부르든, 그 하나인 본체가 스스로 작용하여 우주만물이 생겨나고 다시 그 근원으로 돌아가는 과정이 순환 반복되는 것이니, 생명의 본체와 작용—스피노자의 용어로 표현하면 실체와 양태—은 결국 하나다. 다시 말해 생명은 전일적이고 자기근원적이다.

환인씨(桓因氏)의 나라 환국(桓國, B.C. 7,199~3,898)이 열린 시기를 기점으로 지금으로부터 9,000년 이상 전부터 전해진 삼신사상의 가르침*은 생명의 본체

---

* 삼신사상의 가르침은 天神敎, 神敎, 蘇塗敎, 代天敎(부여), 敬天敎(고구려), 眞倧敎(발해), 崇天敎 · 玄妙之道 · 風流(신라), 王儉敎(고려), 拜天敎(遼 · 金), 主神敎(만주) 등

인 유일신[天]과 그 작용인 우주만물이 하나라는 일즉삼 · 삼즉일의 원리에 기초한 것이다. 본체계에서 나와 활동하는 생명의 낮의 주기를 삶이라고 하고 다시 본체계로 돌아가는 생명의 밤의 주기를 죽음이라고 한다면, 생명은 삶과 죽음을 포괄하는 전일적인 흐름, 즉 영성(靈性) 그 자체라는 것이 삼신사상의 가르침의 진수(眞髓)다. 스피노자의 체계에서도 실체는 분리 자체가 근원적으로 불가능한 절대 유일의 하나이므로 유일 실체 또는 유일신이며 만물은 그 양태로서 나타난 것이다. 우주만물이 유일신의 자기현현임을 알게 되면, 유일신에 대한 미망이 사라지고 생명의 전일성과 자기근원성을 자각할 수 있게 된다. 스피노자 사상과 '한'사상은 실체와 양태, 본체[眞如]와 작용[生滅]의 상호 관통에 기초한 생명사상이다. 『에티카』에 나타난 스피노자의 사상이 자유인의 삶을 향한 철학적 여정을 보여준 것이라면, 수천 년 동안 국가 통치 엘리트 집단의 정치대전이자 만백성의 삶의 교본이었던 우리 고유의 3대 경전—『천부경(天符經)』 · 『삼일신고(三一神誥)』 · 『참전계경(參佺戒經)』—에 나타난 '한'사상은 '역사적 현실' 속에 구현되었던 사상이다.

전일적 실재관의 원형이 마고의 삼신사상, 즉 '한'사상이고 그 사상적 맥이 이어져 환단(桓檀)시대에 이르러 핀 꽃이 천부(天符)사상이다. 천부사상은 천 · 지 · 인 삼신일체의 천도에 부합하는 사상이란 뜻으로 주로 『천부경』 · 『삼일신고』 · 『참전계경』의 사상을 의미한다. 생명의 본체와 작용의 상호 관통을 의미하는 일즉삼 · 삼즉일의 원리에 기초해 있는 까닭에 '한'사상 또는 삼신사상이라고도 한다. 신라 눌지왕(訥祇王) 때의 충신 박제상(朴堤上)이 지은 『부도지(符都誌)』에 따르면, 파미르 고원의 마고성에서 시작된 우

으로 불리며 여러 갈래로 퍼져 나갔다.

리 민족은 황궁씨(黃穹氏)와 유인씨(有因氏)의 천산주 시대를 거쳐 환인씨의 적석산(積石山) 시대, 환웅씨(桓雄氏)의 태백산(중국 陝西省 소재) 시대, 그리고 단군 고조선 시대로 이어지는 과정에서 전 세계로 퍼져 나가 천·지·인 삼신일체의 가르침에 토대를 둔 우리의 천부 문화를 세계 도처에 뿌리내리게 하였다.

당시 국가 지도자들은 사해(四海)를 널리 순행했으며, 천부에 비추어서 수신하고 해혹복본(解惑復本)을 맹세하며 모든 종족과 믿음을 돈독히 하고 돌아와 부도(符都)를 세웠다. 상고시대 조선은 세계의 정치적·종교적 중심지로서, 사해의 공도(公都)로서, 세계 문화의 산실(産室) 역할을 하였다. 오늘날까지도 세계 각지의 신화, 전설, 종교, 철학, 정치제도, 역(易)사상과 상수학(象數學), 역법(曆法), 천문, 지리, 기하학, 물리학, 언어학, 수학, 음악, 건축, 거석(巨石), 세석기(細石器), 빗살무늬 토기 등 거의 모든 분야에서 천부문화의 잔영을 찾아 볼 수 있다는 점에서 인류의 문화·문명사와 더불어 전일적 실재관의 원형을 이해하려면 지금으로부터 9,000년 이상 전부터 찬란한 문화·문명을 꽃피우며 전일적 패러다임을 구현하였던 우리 상고사와 그 중심축으로서 기능하였던 천부사상에 대한 이해가 필수적이다.

『천부경』은 유일신 논쟁을 침묵시킬 만한 난공불락의 논리 구조와 '천지본음(天地本音)'[119]을 담고 있다. 천부경은 본래 81(9x9)자가 모두 연결되어 있지만,[120] 필자는 천부경이 담고 있는 의미를 좀 더 명료하게 풀기 위하여 상경(上經)「천리(天理)」, 중경(中經)「지전(地轉)」, 하경(下經)「인물(人物)」[121]의 세 주제로 나누어 살펴보았다. 「천리」가 무시무종(無始無終)인 '하나(一)'의 본질과 무한한 창조성, 즉 생명의 본체인 '하나(一)'에서 우주만물(三)이 나오는 일즉삼의 이치를 드러낸 것이라면, 「지전」은 음양 양극 간의 역동적인 상호 작용으로 천지운행이 이루어지고 음양오행이 만물을 낳는 과정이 끝없이 순환 반복되는 '하나(一)'의 이치와 기운의 조화 작용을 나타낸 것이다. 「인물」은 우주만물의 근본이 '하나(一)'로 통하는 삼즉일의 이치와 소우주인 인간의 대우주와의 합일을 통해 하늘의 이치가 인간 속에 징험(徵驗)됨을 보여주는 것이다.[122]

이렇듯 『천부경』은 본체-작용-본체와 작용의 합일이라는 '생명의 3화음적 구조'를 지닌 생명경(生命經)이다. 천부경의 실천적 논의의 중핵을 이루는 '인중천지일(人中天地一)'은 천·지·인 삼신일체의 천도가 인간 존재 속에 구현된 것으로 본체와 작용의 합일의 정수를 보여준다. 이는 하늘의 기틀과 마음의 기틀, 땅의 형상과 몸의 형상, 그리고 사물의 주재함과 기(氣)의 주재함이 상호 조응하는 데서도 잘 드러난다.[123] 생명의 본체인 '하나(一)', 즉 하늘은 우리의 참본성[一心, 自性]이다. 천·지·인 삼신은 일심의 세 측면을 나타낸 것이다. 이러한 일심의 세 측면은 삼신일체로서 '회삼귀일(會三歸一, 三卽一)'의 이치에 입각하여 '하나(一)', 즉 유일신으로 돌아간다. 만유에 편재해 있는 '하나'인 참본성이 바로 절대 유일의 참자아, 즉 유일신이다. 이 세상의 모든 반목과 갈등은 일즉삼·삼즉일의 원리를 이해하지 못함으로 해서 생명의 본체와 작용이 하나임을, 다시 말해 생명의 전일성과 자기근원성을 깨닫지 못한 데서 오는 것이다. 참본성(性)이 곧 하늘(天)이요 신(神)임을 알지 못하고서는 인간의 자기실현은 불가능한 까닭에 모든 경전에서는 그토록 우상숭배를 경계했던 것이다.

생명은 영성 그 자체로서 분리할 수 없는 절대유일의 하나인 까닭에 본체의 측면에서는 유일신이지만, 작용의 측면에서는 천·지·인 삼신이다. 따라서 천·지·인 삼신이 곧 유일신이다. 천·지·인 삼신은 곧 우주만물을 지칭하는 것이니, 우주만물이 곧 유일신이다. 유일신은 에너지 시스템으로서의 생명계 전체를 표징하는 대명사이며, 생명의 순환을 이해하는 키워드이다. 우주의 실체는 의식이므로 유일신은 물질적 껍질로서의 우주만물이 아니라, 우주만물을 관통하는 하나인 참본성[一心, 순수의식, 근원의식, 전체의식, 보편의식]을 일컫는 것이다. 스피노자의 『에티카』에서는 기하학적 논증을 통해 유일 실체[유일신]와 양태(우주만물)의 일원성을 밝히는 관계로 『천부경』에서처럼 시작도 끝도 없는 생명의 순환을 통한 전일적인 생명의 역동적 본질이 생생하게 나타나 있지는 않다. 그러나 그는 실체와 양태의 관계적 본질에 대한 정치(精緻)한 분석을 통해 신 또는 자연의 필연적 법칙성에 대한 참된 인식과 더불어 자유롭고 이성적인 공동체로 가는 길을 제시한다.

『삼일신고』는 천·지·인 삼신일체에 기초한 삼일(三一)사상을 본령으로 삼고 삼신 조화의 본원과 세계 인물의 교화를 366자로 논한 것이다.[124] 삼일사상은 집일함삼(執一含三)과 회삼귀일(會三歸一),[125] 즉 일즉삼·삼즉일의 원리에 기초하여 우주만물(三)이 '하나(一)'라는 인식을 바탕으로 하고 있다. 이러한 삼일 원리의 특질은 성통공완(性通功完)이란 말 속에 잘 함축되어 있다.[126] 개인적 수신에 관한 '성통'은 홍익인간·광명이세의 구현이라는 '공완'을 이루기 위한 전제조건인 동시에 인간의 자기실현을 위한 필수조건이다. 사회적 삶의 완성도는 참본성이 열린 정도에 비례하는 까닭에 참본성을 통하지 않고서는 사회적 공덕을 완수할 수 없다는 뜻이다. 오직 한 뜻으로 우주만물이 '한생명'이라는 삼일의 진리를 닦아 나가면 삼진(眞性·眞命·眞精)으로 돌아가 천·지·인 삼신일체를 이루어 공덕을 완수하게 된다는 것이다.

성(性)이 곧 신(神)이요 천(天)임은 다음 구절에서도 분명히 드러난다. 즉,

"소리 내어 기운을 다하여 원하고 기도한다고 해서 '하나'(님)을 친견할 수 있는 것이 아니다"[127]라고 한 것은, 자성[참본성]에 대한 직관적 지각을 통해서만 이 내재적 본성인 신성이 발현될 수 있다는 의미이다. "자성에서 '하나'(님)의 씨를 구하라. 네 머릿골에 내려와 계시니라"[128]라고 한 것은 만유에 편재해 있는 '하나'인 참본성이 곧 하늘이요 신인 까닭에 참본성을 떠나 따로이 하늘이나 신이 존재하는 것이 아니라는 말이다. 스피노자 역시 제3종의 인식인 '직관지'에 이르지 않고서는 신에 대한 참된 인식이 이루어질 수 없다고 보았다. 신은 전체적이고 필연적이며 능동적인 통찰과 이해로서만 접근할 수 있는 영역인 까닭에 참된 인식으로의 길은 복본(復本: 참본성을 회복함)의 여정을 함축한다. 참본성이 곧 하늘이요 신임을 알지 못하고서는 경천(敬天)의 도를 바르게 실천할 수 없으므로 인간의 자기실현은 불가능하다.

『참전계경(治化經)』은 천부경의 '인중천지일', 삼일신고의 '성통공완'에 이르는 구체적인 길을 366사(事)로써 제시한 것이다.[129] 366사의 변증법적 특질은 성(誠)·신(信)·애(愛)·제(濟) 4인(因)과 화(禍)·복(福)·보(報)·응(應) 4과(果)의 인과관계로 이루어진 8강령의 논리 구조 속에 잘 드러나고 있다. 8강령의 4인(因)과 4과(果)의 인과관계가 말하여 주듯, 하늘에 죄를 짓는 것이란 도리에 위배함으로써 참본성에서 멀어지는 것이고, 복은 하늘의 이치와 사람의 도리에 순응해야 받는 것이다. 따라서 이화세계(理化世界)를 구현하기 위해서는 참본성을 자각함으로써 만유의 근본이 하나임을 아는 것이 필수적이다. 그러기 위해서는 정성을 다하는 삶을 살아야 한다.[130] 이는 곧 행위의 결과에 대한 집착을 버리고 오직 사람이 할 바를 다하며 하늘의 명을 기다리는 '진인사대천명(盡人事待天命)'의 자세를 견지하는 것이다. 참전계경의 가르침의 정수는 제345사에 나오는 '혈구지도(絜矩之道)'로 압축될 수 있다. '혈구지도'란 남을 나와 같이 헤아리는 추기도인(推己度人)의 도, 즉 내 마음으로 미루어 남의 마음을 헤아리는 것*으로 홍익인간 · 광명이세(光明理世)를 구현하는 요체다.

이상에서 볼 때 '한'사상[천부사상]에는 고금을 통하고 역사를 초월하며 민족과 종교의 벽을 뛰어넘는 보편성이 흐르고 있다. 생명은 본체의 측면에서는 절대 유일의 하나[유일신, 유일 실체]이니 '한'사상이라 한 것이고, 작용의 측면에서는 천 · 지 · 인 삼신[우주만물]이니 삼신사상이라 한 것이다. 이처럼 일즉삼 · 삼즉일의 원리에 기초한 '한'사상은 유일 실체와 양태의 일원성에 기초한 스피노자의 일원론적 범신론과 일맥상통한다. 이들 사상의 요체는 '하나(一)' 또는 유일 실체[유일신]에 대한 참된 인식을 통하여 본체계와 현상계, 전체성[공동체]과 개체성[개인]의 유비관계를 통찰하고 생명의 전일성과 자기근원성을 이해함으로써 소통 · 자치 · 자율에 기초한 조화로운 공동체를 달성하는 것이다. 일원론적 범신론과 '한'의 이념은 국가 · 민족 · 계급 · 인종 · 성 · 종교 등 일체의 장벽을 초월하여 평등하고 평화로운 이상세계를 창조하는 토대가 될 수 있다는 점에서 생태적 지속성을 띤 지구공동체의 구현에 기여할 수 있다.

---

* cf. 檀君八條敎 제2조: "하늘의 홍범은 언제나 하나이고 사람의 마음 또한 다 같게 마련이니 내 마음으로 미루어 남의 마음을 헤아리도록 하라. 사람의 마음은 오직 교화를 통해서만 하늘의 홍범과 합치되는 것이니 그리해야 만방에 베풀어질 수 있는 것이다(『桓檀古記』「檀君世紀」)."

스피노자와 힌두사상

힌두사상[131]의 뿌리와 그 전통을 논할 때 중요한 기준이 되는 것은 『베다』와 『우파니샤드』의 철학사상이다. 『베다』는 고대 인도에서부터 현대에 이르기까지 절대 권위를 가지는 인도 최고(最古)의 성전으로 힌두 정신의 뿌리가 되는 것이다. '지식'을 뜻하는 베다는 수세기에 걸쳐 스승이 제자에게 구전한 내용이 저술된 것으로 제작 연대는 정확히 알 수는 없으나 기원전 1500~1200년경으로 추정된다. 우파니샤드는 사제 간에 '가까이 앉음'이라는 뜻에서 그 사이에 전수되는 비밀스런 가르침을 의미하게 되었으며, 개개의 우파니샤드는 긴 세월에 걸쳐 여러 사람에 의해 편집, 정비된 것으로 그 성립 연대는 기원전 500년 무렵이다. 베다의 결론부이자 베다 사상의 정수라는 의미로 '베단타(Vedānta)'라고도 불리는 우파니샤드는 인도 사상에서 차지하는 그 자체의 중요성 때문에 보통 독립된 하나의 문헌으로 읽혀지고 있으며 인도의 철학과 종교 사상의 원천을 이루는데, 그 핵심 개념이 브라흐마(Brāhma 대우주)와 아트만(Ātman 소우주)이다.

이러한 베다와 우파니샤드의 철학적·종교적 권위를 인정하고, 브라흐마와 아트만, 삼사라(saṃsāra 生死輪廻)와 모크샤(mokṣa 解脱) 등을 공통된 주제로 다루며, 그 사상적 전통을 대표하는 것이 오늘날 6파 철학으로 불리는 상키야(Sāṃkhya), 요가(Yoga), 니야야(Nyāya), 바이쉐쉬카(Vaiśeṣika), 미맘사(Mīmāṃsā), 베단타의 여섯 학파이다. 우선 상키야 학파는 25제(諦),[132] 즉 25개의 원리로 정신적·육체적 활동을 설명하는데, 그 가운데 가장 근본이 되는 것이 푸루샤(Puruṣa 정신)와 프라크리티(Prakṛti 물질)*이다. 푸루샤는 현상세계

---

* 프라크리티를 구성하는 사트바, 라자스, 타마스라는 세 요소가 상호 평형관계에 있을

저 너머에서 프라크리티의 활동을 관조하는 인식의 주체, 즉 '아는 자'이며, 프라크리티는 사트바(Sattva: 善性·밝고 고요한 기운), 라자스(Rajas: 動性·활동적이고 격정적인 기운), 타마스(Tamas: 暗性·어둡고 무거운 기운)라는 세 가지 구나(guṇa: 기운 또는 성질)로 이루어진 질료인(質料因)이다.* 이러한 물질의 세 성질이 불멸의 영혼을 육체 속에 가두어 놓는 것이다.[133] 이러한 사실을 알고서 물질 차원의 세 기운을 초월한 사람은 생로병사에서 벗어나 불멸에 이르게 된다.[134]

"움직이는 것이든 움직이지 않는 것이든, 존재하는 모든 것은 '밭'과 '밭을 아는 자'의 통합에서 비롯된 것이다."[135] 여기서 '밭'은 곧 프라크리티이고, '밭을 아는 자'는 푸루샤이다. 여기서 '밭'은 질료와 아직 물질로 나타나지 않은 에너지까지도 포괄한다. 물질계는 생명의 본체인 '영(Spirit)' 자신의 설

때에는 정지 상태에 있지만, 푸루샤의 관조를 機會因으로 하여 라자스의 활동이 일어나면 프라크리티의 평형상태가 깨지고 진화의 과정은 시작된다. 이때 프라크리티에서 최초로 생기는 것은 사트바를 그 지배적인 성품으로 하는 붓디(buddhi)이다. 과거의 무수한 전생을 통하여 얻은 기억 능력과 분별 능력을 지닌 붓디로부터 물질적 세계가 전개된다. 근원적 사유 기능인 붓디로부터 라자스를 그 지배적인 성품으로 하여 자아의식인 아함카라(aham-kara)라 불리는 개체화의 원리가 전개된다. 아함카라로부터 사트바의 힘이 지배적이 되면 내적 감각기관인 의근(意根 manas)과 다섯 가지 감각기관인 눈·귀·코·혀·몸과 다섯 가지 작용기관인 입·손·발·항문·생식기가 산출된다. 아함카라로부터 타마스의 힘이 지배적이 되면 다섯 가지 감각대상인 色, 聲·香·味·觸의 본질을 이루는 미세한 물질이 방출되고 이들의 배합에 의해 다섯 가지 물질적 원소인 흙·물·불·바람·공간이 생긴다. 여기서 프라크리티, 붓디, 아함카라, 의근과 다섯 가지 감각기관과 다섯 가지 작용기관, 다섯 가지 감각대상과 다섯 가지 물질적 원소, 그리고 푸루샤를 합쳐 25諦라고 한다.

* 이러한 물질의 세 가지 성질의 분포도에 따라 인간의 성격이 각기 다르게 나타난다고 한다. 그리하여 깬 상태, 꿈꾸는 상태, 깊이 잠든 상태를 반복하며 물질 차원의 세 기운이 만들어내는 현상이라는 幻影에 미혹되어 육체의 차원에 머물며 온갖 행위를 하게 되는 것이다.

계도가 스스로의 에너지 · 지성 · 질료의 삼위일체의 작용으로 형상화되어 나타난 것이므로, 만유는 '물질화된 영(materialized Spirit)'이라는 점에서 '밭을 아는 자'와 '밭'은 분리될 수 없다. 마치 스피노자의 철학 체계에서 실체(신 · 자연)와 양태(우주만물)의 관계와도 같이 푸루샤와 프라크리티는 필연적 관계성을 갖는다. 다만 스피노자의 경우 기하학적 논증 방식에 의해 양자의 일원성을 밝히는 데 초점을 두는 관계로 힌두사상에서처럼 생사 윤회와 해탈 등을 포괄하는 생명의 순환이나 의식의 진화(영적 진화)에 대해 입체적으로 다루고 있지는 않다. 하지만 스피노자의 정치(精緻)한 철학 체계에 대한 이해는 힌두사상과의 대화를 통해 좀 더 확장되고 심화될 수 있다.

요가 학파는 교리체계에 있어 푸루샤와 프라크리티를 근본 원리로 수용한다는 점에서 본질적으로는 상키야 학파와 유사한 점이 많아 상키야 · 요가 학파라 불리기도 한다. 다만 상키야 학파가 푸루샤와 프라크리티에 의해 심신의 전개 과정을 세밀히 설명하는 데 비해, 요가 학파는 해탈의 경지에 도달하는 구체적인 실천법을 제시하고 있다는 점에서 차이점을 엿볼 수 있다. 『요가 수트라』에 의하면 요가 수행의 목적은 '마음작용의 정지(心止滅)'에 있으며, 이러한 상태에 이르기 위한 구체적인 실천 방법으로 8실수법(實修法)이라 불리는 여덟 가지 실천 체계를 제시하고 있다. 그것은 금계(禁戒 Yama), 권계(勸戒 Niyama), 좌법(坐法 Āsana), 조식(調息 Prānāyāma), 제감(制感 Pratyāhāra), 응념(凝念 Dhārana), 선정(禪定 Dhyāna), 삼매(三昧 Samādhi)이다.*136 스

---

* 여덟 가지 실천 체계 가운데 첫 다섯 단계는 주로 신체적 수련으로서 하타(Hatā) 요가라고 부르고, 나머지 세 단계는 정신적 수련으로서 라자(Rāja) 요가라고 부르는데, 이 양자는 단순히 이분법적으로 구별될 수 있는 것은 아니며 오히려 상호 보완적인 불가분의 관계를 맺고 있다.

피노자의 경우 혼돈과 예속으로부터 참된 인식과 자유를 향해 나아가는 정신의 활동을 인식의 세 종류로 나타내고, 최고의 인식 단계인 '직관지'의 단계에서 인간 정신은 신의 영원하고 무한한 본질에 관한 적합한 인식을 갖게 됨으로써 지고의 자유와 행복을 달성할 수 있게 된다. 그런 점에서 스피노자 철학 체계의 지향점 역시 해탈을 추구하는 것으로 볼 수 있지만, 요가 학파의 경우처럼 영적 진화와 관련된 구체적이고도 정밀한 실천법을 제시하고 있지는 않다.

니야야 학파는 고통의 근원이 사실 그대로의 세상을 인식하지 못하는 데서 기인하며 만유의 진상(眞相)을 인식하면 해탈을 얻게 된다고 보는 점에서 스피노자의 관점과 일맥상통한다. 니야야 학파는 바이쉐쉬카 학파와 유사한 점이 많아 니야야 · 바이쉐쉬카 학파라 불리기도 한다. 이들 학파는 베다의 종교철학적 전통과는 큰 관계가 없으며 힌두사상의 근간이 되는 아트만을 전제로 순수 철학적 입장에서 인도철학을 대표한다. 니야야 학파가 인식론이나 논리학과 밀접한 관련을 갖는 반면, 바이쉐쉬카 학파는 존재론이나 자연철학과 밀접한 관련을 갖는다. 미맘사 학파는 베다 문헌을 근거로 삼고 있다는 점에서 베단타 학파와 유사하여 미맘사 · 베단타 학파라 불리기도 한다. 베다는 제사를 거행하는 종교의례의 내용과 브라흐마와 아트만을 탐구하는 철학적 내용을 담은 부분으로 나눌 수 있는데, 종교의례와 철학사상에 관한 내용이 각기 체계적으로 연구되어 학파로 성립된 것이 미맘사 학파와 베단타 학파이다.

미맘사 학파가 베다의 제사의례와 관련된 행위편(Karma-kāṇḍa)을 탐구의 대상으로 삼는 데 비해, 베단타 학파는 베다의 철학적 가르침인 지식편(Jnāna-kāṇḍa)을 그 대상으로 삼는다. 궁극적인 지식은 브라흐마에 대한 지식이며, 브라흐마와 아트만이 동일하다는 것이 베단타 학파의 대표적 이론인 범아일여(梵我一如 Brahma-ātma-aikyma)의 사상이다.[137] 이러한 베단타 학파의 이론은 신에 대한 지식이 궁극적인 지식이며 실체와 양태가 동일하다고 보는 스피노자의 일원론적 범신론과 일맥상통한다. 베단타 학파는 우파니샤드의 철학적 가르침을 따르고 그것을 체계화시킨 학파로서 오늘날 인도의 대표적인 정통철학으로 인정받고 있다. 우파니샤드 외에도 『바가바드 기타』와 바다라야나(Bādarāyaṇa, B.C. 1세기경)의 『브라흐마 수트라』*는 베단타 학파의 철학 정신을 담고 있는 근본 경전이다. 이와 같이 베다와 우파니샤드의 철학사상은 6파 철학을 통해 더욱 정치(精緻)한 사상적 기반을 갖게 된다.

힌두사상의 진수는 힌두교 3대 경전인 『베다』와 『우파니샤드』 그리고 『바가바드 기타』에서 찾아볼 수 있다. 베다사상의 정수로 일컬어지는 우파니샤드에는 힌두사상의 골간을 이루는 기본 틀이 구축되어 있다. 즉 생명의 본체이자 현상계의 본질인 유일자 브라흐마, 개별 영혼인 아트만, 브라흐마와 아트만을 분리시키는 물질적 환영(幻影)인 마야(maya),** 마야로 인한 삼사라, 그리고 아트만이 마야의 미망과 삼사라의 구속에서 벗어나 다시 브라흐마에로 환귀(還歸)하는 모크샤, 이상의 다섯 가지이다. 스피노자의 경우

---

* 『브라흐마 수트라』의 주석서 가운데 대표적인 것이 샹카라(Śankara, 8세기경)의 『브라흐마 수트라 바샤(Brahma-sūtra-bhāṣya)』인데, ₩이 근간을 이루는 샹카라의 철학체계는 인도철학사상 가장 영향력이 큰 것으로 알려져 있다.
** 우리가 사실 그대로의 우주를 자각하지 못하는 것은 물질적 幻影인 마야의 장막이 우리와 이 세상을 분리시키고 있기 때문이다. 탐욕, 증오, 분노, 질투, 믿음, 이념, 견해, 지식 등 이 모든 것이 참 앎을 가로막는 마야의 장막이다. 이러한 사념의 장막은 靈性의 결여 때문에 생겨나며 이로 인해 삼사라(生死輪廻)가 일어나지만, 종국에는 마야의 미망과 삼사라의 구속에서 벗어나 참자아에로 환귀하게 된다.

유일 실체와 양태, 즉 신과 우주만물의 필연적 관계성에 대한 인식이 곧 자유라는 진리를 기하학적 논증 방식에 의해 천명하는 까닭에 힌두사상에서처럼 전일적인 생명의 역동적 본질을 생명의 순환을 통해 보여주지는 못하고 있다. 우파니샤드에서는 생명의 본체인 브라흐마와 그 작용인 아트만이 마치 숲[전체성]과 나무[개체성]의 관계와도 같이 분리 자체가 근원적으로 불가능하며 상즉상입의 구조로서 상호 연기(緣起)하고 있음을 원궤로써 생생하게 보여준다. 유일자 브라흐마와 브라흐마의 자기현현인 우주만물을 불가분의 하나, 즉 불멸의 음성 '옴(OM)'으로 나타내고 있는 것이다.

"불멸의 음성 '옴(OM)'은 과거요 현재요 미래이며, 시간을 초월한 존재 브라흐마이다. 일체 만물이 '옴'이다."[138] 이는 「요한계시록」(1:8)에서 "나는 알파와 오메가라 이제도 있고 전에도 있었고 장차 올 자요 전능한 자라"[139]고 한 것이나, 「요한계시록」(21:6)에서 "나는 알파와 오메가요 처음과 마지막이라"[140]고 한 것, 그리고 '한'사상에서 시작도 끝도 없는 영원한 '하나(一)'라고 한 것이나, 스피노자 철학체계에서 신[실체·자연]이라고 한 것과 맥을 같이하는 것으로 '옴', 브라흐마, '하늘'(님), '하나'(님), (유일)신은 모두 생명의 본체인 근원적 일자[궁극적 실제]를 달리 명명한 것이다. 일체 만물이 불멸의 음성 '옴'*이라고 한 것은 이 우주가 분리할 수 없는 거대한 파동의 대양[氣海]임을 나타내는 것인 동시에 브라흐마와 아트만이 생명의 본체[전체성]와 작용[개체

---

* 불멸의 음성 '옴'은 "태초에 말씀[하늘소리]이 계시니라…"고 한 「요한복음」(1:1)에서의 '말씀'이나, 우주자연의 오묘한 조화로서의 하늘음악을 노래한 『莊子』에서의 '天樂'은 모두 초형상·초시공의 소리의 오묘한 경계를 나타낸 것으로 '天地本音'이란 이를 두고 하는 말이다. 말하자면 우주 삼라만상의 기원과 천국의 조화성을 소리의 경계로서 나타내고 있는 것이다.

성의 관계로서 상호 관통하고 있음을 보여준다. 따라서 "브라흐마는 이 세상의 모든 것이며 아트만이 곧 브라흐마이다."[141] 스피노자의 용어로 표현하면 실체로서의 신이 양태로서의 우주만물이며 일체 만물이 곧 신이다.

브라흐마와 아트만, 대우주와 소우주가 하나인 것은 우주만물이 유일자 브라흐마[신]의 자기현현인 까닭이다. 브라흐마는 스스로 생성되고 변화하여 돌아가는 '스스로 그러한' 자, 즉 자연이고 실체이며 신이다. 창조하는 주체도 창조되는 객체도 없으므로 주체와 객체의 이분법은 성립되지 않는다. 브라흐마가 만유의 본질로서 내재해 있는 것을 두고 아트만이라고 부르는 것이니, 아트만이 곧 브라흐마이다. 이 우주는 각 부분 속에 전체가 내포되어 있는 거대한 홀로그램적 투영물인 까닭에 브라흐마가 없는 곳이 없고 아트만이 없는 곳이 없다. 우리가 물질이라고 지각하는 것은 특정 주파수대의 에너지 진동으로 99.99%가 텅 빈 공간으로 이루어져 있다는 사실을 알아차린다면, 안과 밖, 내재와 초월의 구분이 사라지므로 아트만과 브라흐마의 구분 또한 사라지게 된다. 따라서 힌두사상에서의 브라흐마와 아트만, 스피노자 철학 체계에서의 실체와 양태는 본체계[의식계]와 현상계[물질계], 전체성과 개체성의 유비관계를 설명하기 위해 편의상 그렇게 명명한 것일 뿐, 실제로는 분리될 수 없다. 공동체와 개인의 관계도 이러한 유비관계의 맥락에서 이해될 수 있다.

인간이 부자유스럽고 불행에 빠지게 된 것은 이러한 유비관계에 대한 인식이 결여되었기 때문이다. 신과 인간을 분리시키고, 유일신과 이방인의 신을 분리시키며, 국가·민족·인종·성(性)·종교를 분리시키고, 공동체와 개인을 분리시키는 것은 저차원의 인식의 산물이다. 각 종교에서 자신들만의 신을 인식하게 되는 것은 인간의 영적 진화의 수준이 상이한 데 기인한다. 영적으로 진화할수록 실체가 유일 실체이며 그것이 곧 만유의 유일신임을 자각하게 되므로, 생명의 전일성과 자기근원성을 깨닫고 분리의식에서 벗어나 지고의 자유와 행복 속에 있게 되며 생명과 평화의 길을 지향하게 된다. 오늘날 종교 충돌과 정치 충돌의 중핵을 이루는 유일신 논쟁은 영적 무지로 인해 유일 실체가 곧 만유의 유일신임을 자각하지 못한 데 기인하는 것으로 인류 의식의 현주소를 말하여 준다. 인간이 차별의식을 일으키며 집착하고 상호 논쟁을 일삼는 것은 생명의 본체인 유일자 브라흐마, 즉 유일신에 대한 진지(眞知)의 결여 때문이다. 만유의 본질로서 내재한 아트만이 곧 유일신이므로 유일신은 특정 종교나 집단의 전유물일 수가 없다.

힌두사상의 진수는 아름다운 영적인 시로 이루어진 인도인들이 애송하는 『바가바드 기타』 경전에도 잘 나타나 있다. 이 경전에는 베다의 제사 의식에 대한 가르침, 우파니샤드의 초월적인 브라흐마에 대한 가르침, 바가바타(Bhagavata) 종교의 유일신에 대한 가르침, 상키야의 가르침, 요가의 합일에 대한 가르침 등이 조화를 이루고 있다. 이 경전에서는 현상계와 본체계를 상호 관통하는 생명의 순환을 무한히 반복되는 브라흐마의 낮과 밤으로 묘사하고 있으며,[142] 현상세계의 구원에 관심을 두고 있기 때문에 창조하고 유지하며 해체하는 신성의 세 측면—브라흐마(창조의 신), 비슈누(Vishnu 유지의 신), 시바(Śiva 파괴의 신)*—가운데서 현상세계를 유지하고 지탱하는 비슈누적인 측면을 강조한다. 이는 스피노자가 '자유인은 결코 죽음을 생각하지 않

---

* 『바가바드 기타』 경전에서 창조하고 유지하며 해체하는 신성의 세 측면을 각각 브라흐마, 비슈누, 시바의 三神으로 명명한 것은 생명의 순환 과정을 상징적으로 의인화하여 나타낸 것이다. 말하자면 삼신이 따로 존재하는 것이 아니라 유일자 브라흐마의 세 기능적 측면을 나타낸 것으로 트리무르티(trimurti: 삼위일체)를 의미한다.

는다'며 삶에 대한 성찰을 강조한 것과 같은 맥락에서 이해될 수 있다. 그리하여 이 경전에서는 생성과 소멸을 초월한 무형의 차원, 우주가 소멸되어도 사라지지 않는 영원한 실재의 차원에 이르는 방법을 제시한다. 또한 브라흐마를 체험하는 초월적인 의식 상태인 사마디(samadhi) 또는 신과의 합일에 이르는 방법이 자세히 설명되어 있다.

이 경전에서 제시된 세 가지 해탈의 길은 영적인 지혜를 추구하는 '즈냐나 요가(Jnāna-yoga 지혜의 길)', 이기적인 욕망이 없는 '카르마 요가(Karma-yoga 행위의 길)', 그리고 신에게 헌신하는 '바크티 요가(Bhakti-yoga 헌신의 길)'이다. 지혜의 길과 행위의 길은 지행(止行)과 관행(觀行)[143] 또는 좌선(坐禪)과 행선(行禪)의 관계와도 같은 것으로 지행이나 좌선이 행위를 멈추고 자신의 내면을 들여다보는 것이라면, 관행이나 행선은 사심 없는 행위를 하는 것이다. 깨달은 자의 눈으로 보면 이 둘은 결국 하나이며 그 목표는 같은 것이다. 그러나 보통 사람들에게는 보이지 않는 진리를 찾는 것보다는 사랑과 헌신의 길을 가는 것이 좀 더 안전한 길일 수 있다.* 즈냐나 요가는 우주자연의 궁극적 원리에 대해 철저히 이해하고 올바르게 아는 것이다. 진리에 대한 충분한 자각이 없이는 완전한 행위가 일어나기 어렵기 때문이다. 그런 까닭에 『바가바드 기타』에서는 "어떤 물질적인 제물보다도 신성한 지혜를 제물로 바치는 것이 낫고, 모든 행위는 영적인 지혜와 깨달음에서 완결된다"[144]고 한다. 따라서 "아무리 죄 많은 사람일지라도 영적인 지혜의 배를 타면 죄악의 바

---

* 수행자를 세 부류로 나누어 하근기(下根機)의 사람에게는 布施를 설파하고, 중근기(中根機)의 사람에게는 持戒를 설파하고, 상근기(上根機)의 사람에게는 지혜를 설파하는 것과도 같은 맥락에서 이해될 수 있다.

다를 건널 수 있다"[145]는 것이다.

　카르마 요가는 행위의 결과에 대한 집착을 버리고 오로지 자신의 의무를 다하는 것이다. 이기적인 욕심에 사로잡히지 않고 순수한 마음으로 자신이 해야 할 일을 하는 것이다. '괴로움과 즐거움, 얻음과 잃음, 승리와 패배를 동일한 것으로 볼 수 있으면 어떠한 죄악에도 물들지 않는다'는 것이다.[146] 『바가바드 기타』 경전에서 비슈누 신의 화신으로 등장하는 크리슈나(Krishna)는 비탄에 잠겨 있는 아르주나(Arjuna)에게 이렇게 말한다. "그대의 의무는 행위의 결과에 집착하지 않고 해야 할 일을 하는 것이다. 행위의 결과에 대한 기대를 가지고 행위 해서도 안 되며 행위 자체를 포기해서도 안 된다."[147] 진정한 포기는 행위 자체를 포기하는 것이 아니라 행위의 결과에 대한 집착을 포기하는 것이라고 크리슈나는 말한다. 행위의 결과에 대한 집착을 버리고 쉼 없는 행위를 함으로써 종국에는 행위의 속박에서 벗어나 자유롭게 되는 것이다.

> 아르주나여, 행위의 길을 따르지 않고 완전한 포기가 일어나기는 매우 어렵다. 지혜로운 자는 순수하고도 헌신적인 행위의 길을 통해 곧 브라흐마에 이르게 될 것이다.
>
> But renunciation, Arjuna, is difficult to attain without Yoga of work. When a sage is one in Yoga he soon is one in God.[148]

　진정한 포기는 행위의 결과에 대한 집착을 포기하는 것이다. 행위의 결과를 기대하는 사람은 즐거움이나 괴로움, 또는 그 둘 다를 번갈아 맛본다. 그러나 행위의 결과에 대한 집착을 포기한 사람은 영원히 행위의 속박에서 벗어나게 된다.

…he who renounces the reward of his work is in truth a man of renunciation. When work is done for a reward, the work brings pleasure, or pain, or both, in its time; but when a man does work in Eternity, then Eternity is his reward.[149]

바크티 요가는 최고신을 절대적으로 믿고 귀의하는 것이다. 최고신에게 헌신함으로써 신의 은총을 받아 해탈할 수 있는 길을 열어 놓은 것은 특히 하층 카스트의 사람들에게 커다란 반향을 불러일으켰다. 바크티 요가의 핵심은 모든 행위가 신에게 바치는 제물이라고 생각하고 매 순간 집중하여 정성을 다함으로써 카르마의 속박에서 벗어나는 것이다. 헌신의 생활화를 통해 고차원의 주파수에 자신을 동조시킴으로써 내재적 본성인 신성을 발현시킬 수 있는 것이다. "무엇을 하든지, 무엇을 먹든지, 무엇을 주든지, 무엇을 베풀든지, 모든 행위가 나(신)에게 바치는 제물이 되도록 하라"[150]는 것이다. 행위자는 사라지고 행위만 남는 경지에서 바크티 요가는 완결된다. 최고신에 집중함으로써 의식의 고양을 통해 참본성인 신성이 발현됨으로써 참자아 아트만이 곧 브라흐마임을, 그리하여 생명의 전일성과 자기근원성을 자각하게 되는 것이다.

지혜의 길이든, 행위의 길이든, 헌신의 길이든, 모두 참자아로의 길이며 이는 곧 영적 진화의 길이다. 스피노자의 철학 체계가 이 경전에서처럼 영적 진화와 관련된 구체적이고도 정밀한 실천법을 제시하고 있지는 않은 만큼, 이 세 가지 해탈의 길은 그의 철학 체계에 대한 이해를 확장시키고 심화시키는 데 도움을 준다. 각자의 진화 단계에 맞는 길을 따라 쉼 없이 가노라면 종국에는 이들 길이 하나의 정점인 '참자아'에서 만나게 된다는 것을 알게 될 것이다. 이 경전에서 상호 보완적인 세 가지 길을 설파한 것도 영적 진화가 이루어지지 않고서는—스피노자의 용어로 표현하면 '직관지'에 이르지 않고서는—만유의 근원인 참자아를 파악할 길이 없기 때문이다. 참자아 아트만은 항상 존재해 왔으며 앞으로도 영원히 존재할 것이기에, "지혜로운 사람은 산 자를 위해서도 슬퍼하지 않고 죽은 자를 위해서도 슬퍼하지 않는다"라고 크리슈나는 말한다.

『바가바드 기타』는 『우파니샤드』와 마찬가지로 참자아 아트만에 대한 깨달음이 핵심 주제가 되어 있다. 그것을 깨닫기 위해서는 참자아 아트만이 곧 만유 속에 현존하는 보편적 실재인 유일자 브라흐마라는 사실을 알아야 한다는 것이다. 그러한 사실을 알지 못하고서는 자유로울 수도, 행복할 수도 없으며, 이 세상에 지혜의 빛을 발할 수도 없다. 『바가바드 기타』 경전의 참자아에 관한 구절은 스피노자의 실체 개념을 이해하는 데 도움이 될수 있다. "참자아는 벨 수도 없고 태울 수도 없으며, 젖게 하거나 마르게 할수도 없다. 참자아는 영원불변하고 두루 편재하는 유일자이다."[151] 절대유일의 참자아가 바로 스피노자가 말하는 유일 실체이며 유일신이고, 힌두사상에서 말하는 브라흐마이다. 특히 이 경전의 다음 구절은 무엇이 실체인가를 영과 육의 관계를 통해 명료하게 보여준다.

참자아 아트만이 어린이의 몸과 젊은이의 몸과 늙은이의 몸을 거쳐 가듯이 육체라는 허물을 벗은 다음에는 새로운 몸을 입는다.

As the Spirit of our mortal body wanders on in childhood, and youth and old age, the Spirit wanders on to a new body.[152]

이 세상 그 어떤 것도 브라흐마와 분리되어 존재할 수 있는 것은 없다. 물질적 환영(幻影)인 마야(maya)는 브라흐마의 창조 의지가 발현된 것이므로 브라흐마로부터 분리시킬 수 없다. 진실로 브라흐마를 깨닫기 위해서는 이 세상 모든 것을 브라흐마로 여기지 않으면 안 된다. 숭배하는 행위도 브라흐마이고, 바쳐지는 제물도 브라흐마이고, 타는 불길도 브라흐마이다. 일체 만유가 브라흐마에서 나와 브라흐마로 돌아가는 까닭이다. 이 우주 전체가 브라흐마의 무도장(舞蹈場)이며, 천변만화(千變萬化)가 브라흐마의 놀이이고, 만물만상이 브라흐마의 모습이다. '삼사라'가 일어나는 것은 물질세계에서의 삶 자체가 브라흐마의 놀이라는 사실을 깨닫지 못하고 자기에 대한 집착(我執)과 세상에 대한 집착(法執)에 사로잡힌 데에 기인한다. '나'의 생명이란 것이 사대(四大: 地·水·火·風)와 오온(五蘊: 色·受·想·行·識)이 연기(緣起)에 의해 일시적으로 결합된 것이며 객관 세계의 일체 법 또한 공(空)한 것임을 알게 되면 더 이상은 삼사라가 일어나지 않는다.

브라흐마와 아트만, 생명의 본체[실체]와 작용[양태]이 하나임을 자각하는 것이 곧 해탈이다. 참자아에 이르는 길은 수없이 많다. 재물을 제물로 바치든, 고행을 제물로 바치든, 경전 연구나 명상을 제물로 바치든, 또는 신성한 지혜를 제물로 바치든, 각기 나름의 방식으로 감각기관을 제어하는 훈련과 정성을 다하는 행위를 통해 참자아에 도달할 수가 있다. 지혜로운 자의 행위는 이기적인 욕망이나 집착에서 벗어나 있으므로 마치 연꽃잎이 물에 젖지 않는 것과 같이 악에 더럽혀지지 않는다. 『바가바드 기타』에서는 참자아를 평등성지(平等性智)의 발현으로 나타내고 있다. "물질 차원의 세 기운, 즉 사트바·라자스·타마스를 초월한 사람은 어떤 상태를 싫어하거나 갈구하지 않으며 밝으면 밝은 대로, 활동적이면 활동적인 대로, 어두우면 어두운

대로 놔둔다. 물질의 기운들이 활동하는 것을 바라보며 아무런 영향을 받지 않고 흔들리지 않는 상태로 머문다. 그는 괴로움과 즐거움을 같은 것으로 보며, 황금과 돌과 흙을 하나로 여긴다. 칭찬을 들어도 기뻐하지 않고 비난을 받아도 불쾌해 하지 않는다. 명예와 불명예를 같은 것으로 보며, 친구와 적을 똑같은 마음으로 대하고 이기적인 행위를 도모하지 않는다."[153]

모든 행위는 프라크리티[밭]가 지닌 물질의 세 성질—사트바, 라자스, 타마스—의 변화에 따라 일어나며 프라크리티[밭]가 모든 행위의 원인이자 결과이며 행위자이고, 푸루샤[밭을 아는 자]는 프라크리티의 활동을 관조하는 인식의 주체, 즉 '아는 자'라는 사실을 아는 것이 궁극적인 완성에 이르는 최고의 지혜이다.[154] 이 '밭'에서 욕망과 증오, 쾌락과 고통, 의지력과 지성, 용기 같은 것들이 다양한 형태로 나타나는데, 이것이 바로 '밭'의 변화이다.[155] "사트바는 행복에 집착하게 하고, 라자스는 활동으로 내몰며, 타마스는 지혜를 가려 미혹에 빠지게 한다."[156] "지혜는 밝은 기운에서 생기고, 탐욕은 활동적인 기운에서 생기며, 태만과 미망과 무지는 어두운 기운에서 생긴다."[157] 물질세계의 온갖 행위는 프라크리티의 세 가지 기운이 어우러져 나타난 것으로 참자아인 푸루샤는 이 세 기운이 만들어 내는 현란한 유희를 단지 바라보고 체험할 뿐이다. 이처럼 존재하는 모든 것이 '밭'과 '밭을 아는 자'의 통합에서 비롯된 것임을 알면, 다시 말해 에너지와 질료 그리고 지성의 삼위일체의 작용으로 생겨난 것임을 알면 유일자 브라흐마와 하나가 되는 경지에 이른다.

행위자는 참자아가 아니라 물질적인 기운이다. 이 우주는 넘실거리는 파동의 대양—춤 그 자체일 뿐, 춤추는 자가 따로 있는 것이 아니다. 행위자가 따로 없으므로 산 자를 위해서도, 죽은 자를 위해서도 슬퍼할 이유가 없는 것이다. 죄는 어두운 기운이 만들어 낸 기운의 조화 작용일 뿐, 죄를 지은 행위자가 따로 있는 것이 아니므로 '죄는 미워하되 사람은 미워하지 말라'고 한 것이다. 살인자가 자신을 죽이는 자라고 생각하는 것, 피살인자가 죽임을 당하는 자라고 생각하는 것, 이 모두 영적 무지(spiritual ignorance)에서 비롯된 것이다. 참자아는 죽일 수도 없고 죽을 수도 없기 때문이다. 자신이 불생불멸의 영원한 존재라는 사실을 깨닫게 되면 다른 사람을 죽이거나 죽일 수 있다는 생각은 하지 않게 된다. 『이샤 우파니샤드 *Isa Upanishad*』에서는 말한다. "이 세상 어디서나 하나 됨을 볼 수 있다면, 어떻게 슬픔이나 미혹에 빠질 수 있겠는가?"[158]

스피노자와 화엄사상

화엄사상[159]은 『화엄경(華嚴經)』[160]을 소의경전(所依經典)으로 하여 정립된 사상이다. 『화엄경』은 한역된 이래 동아시아 사상사에 심대한 공헌을 해 왔으며, 중국에서는 6세기에 화엄종(華嚴宗)이 성립되었다. 중국 화엄종의 초조(初祖)는 두순(杜順, 557~640)이며, 제2조는 당대의 교학을 집대성한 지엄(智儼, 602~668)이고, 제3조는 지엄의 문하에서 의상(義湘, 625~702)과 함께 수학한 중국의 법장(法藏 또는 賢首, 643~712)으로 화엄교학을 실질적으로 체계화했으며 현수종(賢首宗)이라고 불리는 화엄종을 대성시켰다. 지엄의 문하에서 화엄학을 배워 670년 귀국하여 해동(海東) 화엄종의 초조(初祖)가 된 의상의 화엄사상은 삼국통일기에 원효의 화쟁사상(和諍思想)*과 더불

---

* 원효의 화쟁사상은 『大乘起信論』의 一心, 二門, 三大의 개념에 근거하여 화엄학적 이

어 획기적인 교학 발전과 대중화를 통해 삼한일통(三韓一統)의 통섭적 불교 사상을 대표하는 양대 산맥으로서 삼국통일에 부응하는 정치적·사회적 및 정신적 통합과 안정을 이룩하고, 당시 불교의 최대 논쟁이었던 중관사상(中觀思想)과 유식사상(唯識思想)을 회통하는 불교사상의 통섭을 이룬 것이었다는 점에서 높이 평가된다.

신라가 삼국통일을 완수한 문무왕 16년(676) 의상은 왕명에 의해 영주 부석사(浮石寺)를 창건하여 화엄의 근본 도량을 이루었고, 화엄종을 강론하여 신라 화엄사상의 주류를 형성하였으며, 미타신앙을 통하여 일승사상의 대중화운동을 전개했다. 또한 전국에 전교십찰(傳敎十刹)을 건립하여 사상적 통일을 도모하고 화엄종을 통일신라 전역에 전파함으로써 화엄 교종을 확립하는 데 힘썼다. 나아가 신라 골품제 사회에서 평등과 조화의 화엄사상으로 화엄종단을 이끌었으며, 지통(知通)이나 진정(眞定)과 같은 낮은 신분의 제자들을 중심인물로 키워 냈다. 그리하여 오진(悟眞)·지통·표훈(表訓)·진정·진장(眞藏) 등 '의상십철(義湘十哲)'로 불리는 의상 문하 10대 제자와 화엄 십찰(十刹)을 중심으로 화엄사상의 대중적 실천화가 이뤄짐으로써 국론통일과 민족통합에 크게 기여했다. 이후 의상의 화엄사상은 신림(神琳)과 법융(法融) 등에 의해 신라 교학을 주도하게 됐고, 고려 불교에서도 균여(均如)·의천(義天) 등에 의해 교학의 중심이 됐으며, 선(禪) 위주의 조선 불교에서도 화엄경의 강학이 지속될 만큼 화엄사상은 우리나라 불교 교학의 중심이 되었다.[161]

본 절에서는 스피노자의 철학 체계에 대한 이해를 확장하고 심화하는 방

론체계로 정립된 것이다.

안의 일환으로 스피노자와 우리나라 화엄종의 초조(初祖)로 알려진 의상의 화엄사상과의 대화를 시도해 보기로 한다. 화엄학의 대가인 의상의 화엄일승사상(華嚴一乘思想)은 '큰 수레'란 뜻인 일승(一乘)이 말하여 주듯 삼승(三乘: 聲聞乘, 緣覺乘, 菩薩乘)*이 설하는 각각의 중생 제도의 가르침을 뛰어넘어 일체 중생을 불승(佛乘, 一乘)의 경지로 안내하는 강한 실천성을 띤 일승원교(一乘圓教)의 사상이다. 화엄에서 가르치는 일즉일체(一卽一切)·일체즉일(一切卽一)·일즉십(一卽十)·십즉일(十卽一)의 논리는 우주법계의 만물이 중중제망(重重帝網)의 그물망으로 끝없이 상호 연결되어 서로가 서로를 비추는 상즉상입(相卽相入)의 구조로 연기(緣起)하는 까닭에 우리가 현재 살고 있는 생사의 세계를 떠나 따로이 열반이 있는 것이 아니며[162] 바로 이 티끌 속에 시방세계가 있다는 현실긍정관(現實肯定觀)에 적극적인 의미를 부여한다. 스피노자의 일원론적 범신론(monistic pantheism)이 함축한 긍정과 자유의 철학 역시 같은 맥락에서 이해될 수 있다.

화엄일승사상의 이론적 기초는 성기사상(性起思想)과 법계연기(法界緣起)이다. 성기사상은 『화엄경』「보왕여래성기품(寶王如來性起品)」에 근거한 것으로

---

* 三乘이란 깨달음에 이르는 세 가지 실천법, 즉 聲聞乘, 緣覺乘, 菩薩乘을 말한다. 여기서 乘이란 붓다의 가르침이 중생을 실어 열반의 언덕에 이르게 한다는 비유적인 뜻에서 한 말로서 성문승과 연각승을 小乘, 보살승을 大乘이라고도 하지만, 三乘은 궁극적으로 一乘으로 나아가기 위한 방편이라고 『法華經』에는 나와 있다. 말하자면 '會三歸一'이다. 성문승은 四聖諦(苦·集·滅·道) 八正道(正見·正思·正語·正業·正命·正精進·正念·正定)를 닦아 아라한의 경지에 이르는 것이고, 연각승[獨覺乘]은 十二緣起를 觀하여 一切法의 인연을 아는 것이며, 보살승은 四無量心(慈·悲·喜·捨), 四攝法(布施·愛語·利行·同事), 六波羅密(布施·持戒·忍辱·精進·禪定·般若) 등을 닦아 위로는 보리를 구하고, 아래로는 중생을 구제하고 교화·제도하여 佛乘(一乘)의 경지에 이르는 것이다.

모든 존재는 여래의 성품이 발현된 것이라고 본다. 삼신(三身)이 원융한 비로자나 법신불이 우주 법계에 그 빛을 두루 비추이며 평등무차별성을 드러내는 동시에 만물만상이 비로자나불의 현현 아닌 것이 없으니 이것을 여래성연기(如來性緣起 또는 如來出現) 혹은 줄여서 성기(性起)라고 한다. 『화엄경』은 범부 중생이 그대로 부처임을 깨우쳐 주고 있는데, 의상은 이를 법성성기(法性性起)라 하여 '예로부터 부처(舊來佛)'라 하였다. 화엄사상은 연기와 성기에 의해 '하나(一)'에서 다함이 없는 제법상(諸法相)이 생겨나고 다시 그 '하나(一)'로 돌아가는 것을 보여준다. 일즉다(一卽多)요 다즉일(多卽一)이다. 이는 곧 스피노자가 말하는 실체와 양태, 즉 생명의 본체인 신과 그 작용인 우주만물의 일원성을 표징한다. 의상의 화엄일승사상은 연기(緣起)된 제법상의 차별상이 그 실체가 있는 것이 아니므로 본래의 '하나(一)'로 돌아가 융합되어야 한다는 성기취입(性起趣入)적 성격이 강조되고 있다. 일체의 제법은 연(緣)을 따라 이루어지는 까닭에 일정한 자성(自性)이란 것이 없다. 법성은 무분별이므로 일체 제법은 본래 중도에 있는 것이다. 양변을 모두 인정하면서 그 융합으로서의 중도도 인정하는 것, 다시 말해 개별성이 유지되면서도 융섭되는 중도 융합의 차원이 의상이 말하는 중도(中道)의 개념이다.

법계연기는 하나와 전체, 티끌과 시방세계, 찰나와 무량겁, 초발심과 정각(正覺), 그리고 생사와 열반이 상즉상입의 구조로 상호 연기(緣起)하고 있음을 보여준다. 의상이 중(中)과 즉(卽)의 이론으로 파악한 법계연기론은 현상과 본체, 초월과 내재, 개체와 전체가 중도 융합의 차원에서 미묘하게 조화되고 있음을 나타낸 것이다. 화엄교학의 중추를 이루는 법계연기설은 차별적인 현상계인 사법계(事法界), 평등무이(平等無二)한 본체계인 이법계(理法界), 본체와 현상[작용]이 원융한 이사무애법계(理事無碍法界), 현상계의 만유가 원융자재하고 상즉상입하여 원융무애한 세계를 끝없이 연기론적(緣起論的)으로 펼쳐 보이는 사사무애법계(事事無碍法界)의 4법계에서 살펴볼 수 있다. 화엄학에서는 특히 사사무애법계를 중중무진(重重無盡)의 법계연기라고 일컫는데, 이러한 화엄무진연기(華嚴無盡緣起)의 구체적 설명이 십현연기(十玄緣起 또는 十玄門)와 육상원융(六相圓融)이다. 십현연기는 진여법계(眞如法界)가 인연 따라 움직여 차별의 현상을 이루고 이 현상이 연기(緣起)해서 원융무애(圓融無碍)한 것을 나타낸다는 것이다. 육상원융은 모든 존재가 갖추고 있는 총상(總相), 별상(別相), 동상(同相), 이상(異相), 성상(成相), 괴상(壞相)의 육상(六相)이 원융무애한 관계에 놓여 있어 하나가 다른 다섯을 포함하면서도 또한 여섯이 그 나름의 개별성을 잃지 않음으로써 법계연기가 성립한다는 것이다. 그러나 제법상이 아무리 복잡하게 뒤얽혀 있어도 전체적으로는 조화와 균형을 유지하게 된다고 보는 것이 법계연기의 논리이다.[163]

모든 존재가 여래의 성품[眞性]이 발현된 것이라고 보는 성기사상은 세계가 불변하는 실체[신·자연]와 실체의 절대적 본성에서 도출되는 변화하는 양태로 이루어진다고 보는 스피노자의 사상과 일맥상통한다. 우주만물에 편재해 있는 '하나'인 참본성이 곧 하늘이요 신(神)이니 우주만물을 떠난 그 어디에 따로이 하늘이나 신이 존재하는 것이 아니다. 따라서 생명은 본체의 측면에서는 분리 자체가 근원적으로 불가능한 절대유일의 하나이니 유일신이지만, 작용의 측면에서는 우주만물로 현현하는 것이니 다신(多神)이다. 유일신과 유일신의 자기현현으로서의 '다신'은 일(一)과 다(多), 이(理)와 사(事), 정(靜)과 동(動), 공(空)과 색(色)이라는 불가분의 관계로서 상호 관통한다. 그것은 본체계와 현상계, 의식계와 물질계의 유비관계로서 설명될 수 있다. 스피노자가 실체와 양태의 일원성에 기초한 일원론적 범신론을 주창한 것은 이러한 유비관계에 대한 인식에 기초한 것이다. 만물의 제1원인인 하늘의 진성(眞性)은 성(性)·명(命)·정(精) 셋으로 나타내기도 하는데, 여기서 '성'은 우주 지성이고, '명'은 우주 생명력 에너지[至氣]이며, '정'은 우주의 근본 질료다. 말하자면 참본성인 하늘은 우주 지성인 동시에 우주 생명력 에너지이며 또한 우주의 근본 질료로서 지성·에너지·질료는 제1원인의 삼위일체로 설명될 수 있다. 물질세계는 '영(Spirit)' 자신의 설계도가 스스로의 에너지·지성·질료의 삼위일체의 작용으로 형상화되어 나타난 것이다.

부분과 전체, 생멸과 진여, 찰나와 무량겁, 생사와 열반이 상즉상입의 구조로 연기하고 있음을 보여주는 법계연기는, '신은 사물 존재의 작용인(causa efficiens)이자 사물 본질의 작용인'[164]이므로 모든 개물(個物)은 신의 속성의 변용이라고 보는 스피노자의 일원론적 범신론과 일맥상통한다. 이 우주는 자기생성적 네트워크체제로 이루어진 까닭에 본체계와 현상계가 둘이 아니다. 한마디로 진속원융무애(眞俗圓融無碍)다. 따라서 "연기(緣起)를 보는 자는 진리[法]를 보고, 진리를 보는 자는 연기를 본다."[165] 연기법은 일체가 무상(無常), 무아(無我), 고(苦), 무자성(無自性), 공(空)임을 밝히려는 것이다. 초전법륜(初轉法輪)에서 설해진 사법인(四法印), 즉 제행무상(諸行無常), 제법무아(諸法無我), 일체개고(一切皆苦), 열반적정(涅槃寂靜)*은 연기의 진리를 잘 설명해 준다.

---

* 제행무상이란 모든 것이 인연에 따라 생멸하므로 일체가 무상하다는 것이다. 이는 현상이라는 幻影에 미혹되는 것을 경계한 것이다. 제법무아란 그 어떤 것에도 '나'라고 할 만한 실체가 없다는 것이다. 모든 것은 다른 것과의 연관 속에서만 존재할 수 있을 뿐, 독립적으로 존재할 수는 없기 때문이다. 일체개고란 일체가 무상하고 '나'라고 할 만한 실체가 없음에도 영원한 것으로 착각하고 '나'라는 것에 집착하기 때문에 괴로움이 따른다는 것이다. 열반적정이란 무상과 무아의 이치를 깨달을 때, 만유의 실상이 空함을 깨달을 때 해탈한다는 것이다.

'이것이 있으므로 저것이 있고, 저것이 있으므로 이것이 있다'[166]라고 하는 연기의 진리는 상호 연관과 상호 의존의 세계 구조를 명징하게 드러내는데, 『화엄경(華嚴經)』에서는 이를 인드라망(網)으로 비유한다.* 스피노자의 철학 체계에서는 실체와 양태의 필연적 관계성으로 나타난다. 일체의 고(苦)는 근본적인 무명(無明 avidya)에서 비롯되며, 연기의 진리에 대한 통찰을 통하여 얻은 지혜로 고(苦)를 소멸시키는 것이 붓다의 근본적인 가르침이라면, 스피노자 역시 일체의 괴로움은 영적 무지에서 비롯된다고 보고 이성지(理性知)와 직관지(直觀知)로의 이행을 통해 실체[능산적 자연]와 양태[소산적 자연]의 일원성을 체득함으로써 지고의 자유와 영속적인 행복을 달성하는 것을 그의 가르침의 목표로 삼고 있다.

의상의 화엄일승사상을 도인(圖印)의 형태로 나타낸 『화엄일승법계도(華嚴一乘法界圖)』(이하 법계도로 약칭)**는 화엄사상사 전체를 통해서도 매우 중시되는 작품으로 법계연기사상의 진수를 보여준다. 그는 법(法)으로부터 시작해서 불(佛)로 끝나는 화엄일승 법계연기의 핵심을 210자로 압축하여 일승법계의 연기 구조를 중도적 바탕에서 상징적인 반시(盤詩) 형식의 법계도인(法界圖印)의 형태로 치밀하고도 특색 있게 전개시켰다. 그가 이 법계도를 저술한 목적은 '이름과 상(相)에만 집착하는 뭇 중생들이 무명(無名)의 참된 원천

---

* 『화엄경』에서 인드라網으로 비유하는 내용을 보면, 帝釋天宮에는 그물코마다 보석이 달려있는 무한히 큰 그물이 있는데, 서로의 빛을 받아 서로 비추는 관계로 하나만 봐도 나머지 전체 보석의 영상이 보이게 된다는 것이다. '이것'이 곧 다른 '모든 것'임을 뜻한다는 것이다.
** 『華嚴一乘法界圖』는 『華嚴一乘法界圖章』, 『華嚴法界圖』, 『一乘法界圖』, 『法界圖』, 『海印圖』 등으로도 불린다.

으로 돌아가게 하기 위해서'였다고 한다. 참된 원천으로 돌아가 '나'가 사라지면 만유가 '나' 아닌 것이 없게 되므로 생명의 전일성과 자기근원성을 깨달아 해탈하게 된다는 것이다. 스피노자의 철학 체계 역시 본체계[실체]와 현상계[양태]의 필연적 관계성에 기초하여 생명의 전일적 본질을 깨닫는 것이 곧 자유와 행복으로 가는 길임을 보여준다. 이러한 그의 철학 체계는 모든 것이 다른 것과의 연관 속에서만 존재할 수 있을 뿐, 전체와 분리된 개체로서의 '나'라고 할 만한 실체가 없음에도 영원한 것으로 착각하고 '나'라는 것에 집착하기 때문에 괴로움이 따른다는 연기(緣起)의 진리와 본질적으로 상통하는 측면이 있다.

의상은 중국 화엄종의 제2조이자 그의 스승인 지엄의 문하에서 화엄의 정수를 체득하고 이를 독창적으로 체계화하여 지엄이 입적하기 3개월 전인 668년 7월 15일 『화엄일승법계도』를 완성하여 그의 인가를 받았다.* 또한 그는 훗날 중국 화엄종 제3조로서 화엄교학을 실질적으로 체계화한 법장(法藏 또는 賢首, 643~712)과 동문수학하며 깊은 교분을 맺었는데, 법장은 의상의 학식과 덕망을 흠모하여 의상이 귀국한 후에도 그의 학덕을 칭송하는 서신과 함께 자신의 저서를 보내어 가르침을 청한 것으로 『삼국유사(三國遺事)』 「의상전교(義湘傳敎)」에는 나와 있다.[167] 고려 초 균여(均如)의 『일승법계도원통기(一乘法界圖圓通記)』[168]에 의하면 의상은 화엄의 진리에 대해 자신이 쓴 책을 불사른 후 타지 않고 남은 210개의 글자를 가지고 게송(偈頌)을 짓고 법계

---

* 『華嚴一乘法界圖』의 완성 시기를 670년으로 보는 설도 있으나 의상의 스승인 지엄이 입적한 해가 668년이므로 법계도가 완성된 해를 670년으로 볼 경우 스승의 인가를 받지 못한 것이 되므로 668년으로 보는 것이 타당하다.

도를 만들었다고 전해진다.[169] 이 법계도는 일승(一乘)의 진리 세계의 모습이 마치 보살의 만행이 꽃처럼 피어나 이 세상을 장엄하게 하는 것과도 같다는 의미에서 이름 붙여진 것으로 난해하고도 방대한 『화엄경』의 근본정신과 대의를 평이하고도 간결하게 요약했다는 점에서 그 탁월성을 인정받고 있다. 의상은 이 법계도를 중시하여 제자들에게 인가의 표시로 수여했다고 한다.

의상의 화엄일승사상을 도인(圖印)의 형태로 나타낸 법계도는 『화엄경』의 진수와 진리를 증득(證得)하는 과정을 원융무이(圓融無二)한 법성(法性)을 펼쳐 보이는 것에서 시작하여 불승(佛乘)의 경지에 이르기까지의 깨달음의 과정을 54각(角)의 굴곡으로 나타내고 그 과정에서 초발심과 보살행의 중요성을 강조한다. 법계도 원문은 법계도시(法界圖詩: 大義 및 圖印)와 이에 대한 의상의 해석인 석문(釋文)으로 구성돼 있다. 석문은 다시 총괄적인 '도인'의 의미를 해석한 총석인의(總釋印意)와 개별적인 '도인'의 형상을 해석한 별해인상(別解印相)으로 구성돼 있고, 별해인상은 다시 '도인'의 글 형상을 설명한 설인문상(說印文相), 문자의 형상을 해석한 명자상(明字相), 그리고 문장의 뜻을 풀이한 석문의(釋文意)로 구성돼 있다. 법계도 원문의 대부분은 별해인상으로 이루어져 있다. '석문의'에 의하면 법계도는 7언(言) 30구(句)의 게송으로 구성되어 있는데, 처음 18구는 진리의 실재를 서술한 자리행(自利行)에 대해, 다음 4구는 진리의 공덕을 서술한 이타행(利他行)에 대해, 그리고 그다음 8구는 진리를 증득하는 수행 방편과 얻는 이익에 대해 설명한다.[170] 화엄종의 종지(宗旨)인 일승법계연기(一乘法界緣起)의 요체를 밝히고 있는 이 법계도의 전문은 다음과 같다.

법성(法性)은 원융하여 두 가지 상(相)이 없고, 모든 법은 부동(不動)하여 본래 고요하다. 이름도 상도 없이 일체가 끊어지니, 지혜를 증득해야 알 수 있지 그 외의 경지로는 알 수 없다. 진성(眞性)은 깊고 깊어 지극히 미묘하여, 자성에 얽매이지 않고 인연 따라 이룬다. 하나 속에 일체가 있고 일체 속에 하나가 있으니, 하나가 곧 일체이며 일체가 곧 하나다. 한 티끌 속에 시방(十方)세계 머금고, 모든 티끌 속에도 또한 그러하다. 무량겁(無量劫)이 곧 일념이며, 일념이 곧 무량겁이다. 구세(九世)와 십세(十世)*가 상즉(相卽)하면서도 조금도 뒤섞이지 않고 따로 이룬다. 처음 발심할 때가 곧 정각(正覺)이요, 생사와 열반이 항상 함께한다. 이(理)와 사(事)가 명연(冥然)하여 분별이 없으니, 모든 부처와 보현보살의 대인의 경지로다. 여래(如來)가 해인삼매 중에 여의(如意) 진리 나타내니 불가사의 법이로다. 중생을 이롭게 하는 감로법이 허공에 가득하니, 중생은 근기 따라 이익을 얻는다. 그러므로 수행자가 근본자리로 돌아가 망상을 쉬지 않고서는 아무것도 얻지 못한다. 무연대비(無緣大悲)의 여의주를 취할지니, 분수 따라 근본으로 돌아갈 인연을 얻는다. 다함이 없는 보배 다라니로써 온 법계 장엄하니 참된 보전(寶殿)이로다. 마침내 참된 중도의 자리에 앉으니, 예로부터 부동(不動)하여 불(佛)이라 한다.[171]

법계도는 법·계·도의 세 부분으로 나뉘어 설명된다. 법은 법성(法性)을 가리키고, 계는 연기(緣起) 현상을 가리킨다. 도인(圖印)으로 작성된 210자의 법성게(法性偈)는 법(法)으로부터 시작해서 불(佛)로 끝나기까지의 연기(緣起) 과정이 계(界)로 나타나고 있으므로 법계는 근본적인 불법이 연기하여 사상(事相)을 만드는 과정을 일컫는 것이다. 의상이 법계도를 도인(圖印)의 형태로 나타낸 것은 석가여래의 가르침이 포괄하는 삼종세간(三種世間), 즉 기세간(器世間) · 중생세간(衆生世間) · 지정각세간(智正覺世間)이 해인삼매(海印三昧)에 의해 드러나는 것을 표현하기 위한 것이라고 법계도 '총석인의'에는 나와 있다. 말하자면 법계도는 불법이 포괄하는 모든 세계의 진리를 상징한다. 여기서 기세간은 물질세계, 중생세간은 중생세계 즉 수행의 세계, 지정각세간은 불보살계(佛菩薩界) 즉 깨달음의 세계를 상징하며, 흰색 바탕(白紙: 기세간]에 검은 색의 글씨(黑字: 중생세간)로 게송을 적고 붉은 색의 선(赤畵: 지정각세간)으로 게송의 진행 방향을 나타내고 있다.[172]

법계도의 인문(印文)이 한 길(一道)로 나 있는 것은 여래(如來)의 일음(一音)을 상징하는 것이라고 법계도 '설인문상'에는 나와 있다. 이 한 길이 중앙의 법(法) 자에서 시작하여 다시 중앙의 불(佛) 자에 이르기까지 54회의 굴곡을 이루는 것은 중생의 근기에 따라 가르침의 방편이 달라지는 것을 나타낸 것이며, 이 한 길에 시작과 끝이 없는 것은 원융자재(圓融自在)한 법계연기의 실상을 보여주는 것으로 그 뜻이 원교(圓敎)에 해당된다.[173] '도인'에 사면사각(四面四角)이 있는 것은 사섭법(四攝法: 布施 · 愛語 · 利行 · 同事)과 사무량심(四無量心: 慈 · 悲 · 喜 · 捨)을 나타낸 것으로 삼승(三乘)에 의해 일승(一乘)을 드러낸 것이니 이는 인상(印相)이 가지고 있는 뜻과 같다. 또한 글자 가운데 시작과 끝이 있는 것은 수행하는 방편을 나타낸 것으로 인과가 다르기 때문이라고 법계도 '명자상'에는 나와 있다. 글자 가운데 굴곡이 있는 것은 삼승의 근기에 차별이 있기 때문이며, 시작과 끝의 두 글자 '법'과 '불'이 중앙에 위치한 것은 인과의 두 층위를 나타낸 것으로 인과의 본성이 중도(中道)임을 나타내 보인 것이다.*[174]

---

* 중도의 뜻은 이해하기 어렵긴 하지만 六相의 방편으로써 그 뜻을 풀이할 수 있다. 육

법·계·도의 세 부분으로 이루어진 법계도의 법이 곧 법성(法性: 法性性起)을 가리킴은 우주의 실체가 의식임을 나타낸 것이고, '법성은 원융하여 두 가지 상이 없다'는 것은 그 실체가 유일 실체라는 것이다. 이는 스피노자가 유일 실체[유일신]와 유일 실체의 절대적 본성에서 도출되는 변화하는 양태, 즉 신[神性]과 우주만물의 일원성을 설파한 것과 맥을 같이 한다. 세존[釋迦世尊]의 탄생게(誕生偈)로 잘 알려진 '천상천하유아독존(天上天下唯我獨尊)'의 '아(我)' 역시 분리 자체가 불가능한 절대 유일의 하나인 까닭에 '유아(唯我)'라고 한 것이다. 참자아인 '유아'가 곧 유일 실체이며 유일신이므로 다른 어떤 것에도 비길 데 없이 존귀한 것이다. 태어나지도 죽지도 않으며 세상사에 물들지도 않는, 생명의 본체인 참자아를 지칭하여 '유아', 유일신, 유일 실체 등으로 명명하는 것이다. 원효(元曉)가 '만법유식(萬法唯識)', 즉 일체 현상이 오직 의식의 작용일 뿐이라고 한 것은 이 우주에는 심판자가 따로 있는 것이 아니라 자기 자신이 심판자임을 나타낸 것으로 우주의 실체가 의식임을 말하여 준다. 따라서 참자아인 '유아'는 '유식(唯識)', 즉 참본성이다.* 붓다가

상이란 總相·別相·同相·異相·成相·壞相이다. 總相은 근본 印이며 別相은 印에 의지해 그 印을 원만케 하는 굴곡들로서 이 둘은 각각 圓敎와 三乘에 해당한다. 굴곡은 다 다르지만 하나의 같은 印을 이루므로 同相이라 하며, 굴곡이 하나씩 늘어나는 상이므로 異相이라 한다. 印을 이루므로 成相이라 하며, 각각의 굴곡이 따로 무엇을 만들지 않으므로 壞相이라 한다. 이들 六相은 일치하거나 분리되지 않고, 동일하거나 상이하지 않으므로 항상 중도에 있게 된다. 이처럼 중도의 뜻은 모든 존재가 갖추고 있는 육상이 원융무애한 관계로서 하나가 다른 다섯을 포괄하면서도 또한 여섯이 각각의 개별성을 잃지 않으므로 법계연기가 성립하는 六相圓融의 대통합의 의미로 새길 수 있다.

* 참본성은 내면의 하늘을 지칭하는 것으로 一心[神性, 靈性], 순수의식, 우주의식, 근원의식, 전체의식, 보편의식 등으로 명명되기도 한다.

신이 아니라 신성을 설파한 것은 이 때문이다. 실로 인간이란 지구에 살고 있는 의식에 지나지 않는다.

법성은 원융하여 상(相)을 벗어나 있으므로 성기(性起)는 곧 불기(不起)이다. 생겨남과 생겨나지 않음이 다르지 않은 것은 늘어나거나 줄어듦이 없기 때문이다. 이는 마치 허공에 새가 날거나 날지 않거나 두 가지 모두 허공에는 차이가 없는 것과도 같다.[175] 성기(性起)는 단순히 화엄불교의 존재론 내지 세계관을 묘사한 것이라기보다는 수행과 긴밀히 연계돼 있다. 여래의 성기 광명(性起光明)이 중생을 이익 되게 하는 것은 마치 눈먼 장님이 태양 빛은 못 보지만 그 햇빛의 이익은 얻는 것과도 같이, 눈 먼 중생이 여래의 지혜의 빛은 못 보지만 지혜 햇빛의 이익은 얻어서 번뇌와 고통의 근본을 끊게 하는 것이다.[176] 일체 제법은 자성(自性)에 얽매이지 않고 인연 따라 이루는 무주실상(無住實相)이며, 법성은 분별이 없으므로 일체 제법은 본래 중도에 있는 것이다. 의상이 말하는 중도의(中道義) 개념은 개별성이 유지되면서도 융섭되는 중도 융합의 차원으로 여실한 대긍정·대통합의 의미를 함축하고 있다. 법계도는 진리를 증득(證得)하는 깨달음의 과정을 단계적으로 논하며 주체적 수행을 통한 참본성의 회복이라는 복본(復本)적 성격을 강조함으로써 조화적 통일을 지향하는 강한 실천성을 띤 사상적 특색을 보여준다는 점에서 '직관지'로의 이행을 강조하는 스피노자의 철학 체계에 대한 이해를 확장시키고 심화시킬 수 있게 해 준다.

또한 법계도에서 "하나가 곧 일체이며 일체가 곧 하나"라고 한 것이나, "이(理)와 사(事)가 명연(冥然)하여 분별이 없다"라고 한 것은 유일 실체와 양태의 필연적 관계성, 즉 생명의 본체[본체계]와 작용[현상계]의 합일에 기초한 스피노자 철학 체계의 핵심 내용과 일맥상통한다. 의상의 화엄사상을 일승원교(一乘圓敎)라고 부르는 것은 일(一)과 원(圓)이 상즉상입의 관계로 연기(緣起)하는 법계연기의 실상을 보여주기 때문이다. '하나가 곧 일체'이니 원음(圓音)이라고 하는 것이고, '일체가 곧 하나'이니 일음(一音)이라고 하는 것이다. '하나가 곧 일체'인 것은 법신불의 자기현현으로 만물만상이 생겨나는 까닭이며, '일체가 곧 하나'인 것은 모든 존재가 여래의 성품이 발현된 것인 까닭이다. 의상이 중(中)과 즉(卽)의 이론으로 파악한 법계연기론은 진(眞)과 속(俗), 이(理)와 사(事), 정(淨)과 염(染), 공(空)과 색(色), 일(一)과 다(多) 등의 상호 대립하는 범주들이 각각 체(體)와 용(用)이라는 불가분의 관계로서 상호 관통하며 역동적 통일성을 이루고 있다. 이는 본체와 작용, 내재와 초월, 전체와 개체가 중도 융합의 차원에서 미묘하게 조화되고 있음을 나타낸 것으로, 일체 중생을 일승의 경지로 안내하는 강한 실천성을 띤 일승원교의 사상적 특색을 보여준다.

진리에 대한 이해를 통하여 있는 그대로의 우주를 관조할 수 있을 때, 그때 우리 마음은 이미 해방된 것이다. 스피노자가 '이성지'와 '직관지'로의 이행을 강조한 것은 사실 그대로의 우주를 관조하는 '자유심'을 획득함으로써 자유롭고 행복해지기 위한 것이었다. '유일신'이나 '알라'를 특정 종교의 신으로 인식하는 것, 다시 말해 보편자인 신을 종교의 성벽 속에 가두고 학대하는 것은 우리의 인식이 '표상지' 단계에 머물러 있기 때문이다. 오늘날 만연한 종교 충돌, 정치 충돌은 인간의 가학적(加虐的) 성향이 역(逆)으로 인간을 학대하고 벌하는 분노의 신, 파괴의 신의 모습으로 부메랑이 되어 돌아온 것이다. 사실 그대로의 우주를 관조한다는 것은 우리의 마음이 해방된 것을 뜻한다. 해방된 마음속에는 더 이상은 '군림하는 신'은 존재하지 않는다. 붓다는 이러한 방식으로 인간을 신으로부터 해방시켰다. 스피노자 역시 전체 존재계에 대한 포괄적·직관적 인식을 통해 의인론적이고 목적론적이며 인간중심적인 신관(神觀)에서 벗어나 현상계와 본체계를 회통시킴으로써 인간과 신이 소통하는 세상을 구가하고자 했다. "갔다갔다 하지만 그곳이 바로 본래 그 자리요, 왔다왔다 하지만 그곳이 바로 떠난 그 자리이니, 오고 감이 따로 없다(行行本處 至至發處)"[177]라고 한 경구에서 보듯 의상은 스피노자와 마찬가지로 본체계와 현상계를 회통시킴으로써 생명의 전일성에 대한 인식을 확연히 보여준다.

스피노자와 기일원론

우주의 본질인 생명은 흔히 기해(氣海) 또는 '파동의 대양'이라고도 불린다. 기일원론(氣一元論)은 만유의 생성·변화·소멸 자체를 모두 일기(一氣)의 조화(造化) 작용, 즉 '일기'의 화현(化現)인 것으로 보는 유기론(唯氣論)이다. 이러한 '일기'의 개념은 '자기원인'이자 만물의 원인인 스피노자의 유일 실체 즉 신 개념과 접합해 있으며, 기일원론은 모든 개물(個物)을 신의 속성의 변용이라고 보는 스피노자의 일원론적 범신론(monistic pantheism)과 일맥상통한다. 기의 명칭은 일기(一氣)·태허(太虛)·태화(太和)·원기(元氣)·지기(至氣)·혼원일기(混元一氣)·신기(神氣)·담일청허지기(湛一淸虛之氣)·우주의 창조적 에너지 등으로 다양하게 명명되며, 이기론(理氣論)에서 말하는 이(理) 개념까지도 포괄하는 개념이다. 기일원론은 성리학(性理學)의 이기론(理氣論)에서 이기(理氣)의 일원성을 강조하는 이기일원론(理氣一元論) 또는 주기론(主氣論)과 본질적으로 상통하는 측면이 있다. 본 절에서 필자는 기일원론을 이기론(理氣論)과 엄격히 구분하는 기계론적 관점은 가급적 지양하기로 한다.

기일원론의 자연철학은 전국시대(戰國時代, B.C. 475~221)로까지 거슬러 올라
간다. 전국시대의 장자(莊子 Chuang Tzu, 이름은 周)는 『장자』「지북유(知北游)」편
에서 사람이 도를 닦아 덕을 몸에 지니면 도의 관점에서 사물을 직시하게
되어 종국에는 "생과 사가 동반자이며, 만물이 하나이고 하나의 기운(一氣)
이 천하를 관통하고 있음"[178]을 알게 된다고 했다. 이는 곧 평등성지(平等性智)
의 나타남으로 생명의 전일성과 자기근원성에 대한 자각이다. 상호 연관과
상호 의존의 세계 구조를 이해하면 만물을 하나로 평등하게 보는 '도추(道
樞)' 또는 '천균(天鈞)'의 경지에 이르게 된다는 것이다. 그래서 성인은 일기(一
氣)를 귀하게 여긴다는 것이다. 또한 『장자』「대종사(大宗師)」편에서는 '도(道)
는 의심할 바 없이 실재하되, 무위무형(無爲無形)이며 체득할 수는 있어도 볼
수가 없고, 자본자근(自本自根)하여 천지가 있기 이전에 옛날부터 본래 존재
하였으며 천지를 생성한 것'[179]으로 나와 있다. 자생자화(自生自化)하는 이 도
가 곧 일기(一氣)이다.

이기론(理氣論)이 본격적으로 전개된 것은 송대(宋代, 960~1279)에 들어서이
다. 만당(晚唐) 시기 한유(韓愈)와 이고(李翺)에 의해 싹트기 시작한 신유학(Neo-
Confucianism)의 맹아는 송대에 들어 성리학(性理學)[180]의 이기론(理氣論)으로 그
사상 체계가 형성되게 된다. 상공업의 발달에 따른 시민계급의 분출로 촉
발된 사회구조적인 변화에 부응하여 송대에는 경세제민(經世濟民)의 실용주
의적인 경학이 제창되어 경문의 자유로운 해석이 이뤄짐과 동시에 초월적
인 형이상학의 연구도 활기를 띠게 되었다. 이처럼 유학은 새로운 생명력
을 얻어 신유학인 성리학으로 거듭남으로써 송(宋)·원(元)·명(明) 약 700년
에 걸쳐 노장(老莊)·불교를 압도하는 세력을 형성했다. 북송(北宋)시대 성리

학의 비조(鼻祖)인 주돈이(周敦頤, 호는 濂溪, 1017~1073)는 송대에 이르러 본격화된 유가철학에서의 새로운 경향의 철학 운동, 즉 유학을 좀 더 철학적으로 체계화하면서 유가철학 외부의 도가사상과 불교사상의 철학적 요소를 비판적으로 흡수하는 철학운동의 선두주자로 평가되었으며, 당시 소옹(邵雍, 호는 康節, 1011~1077), 장재(張載, 호는 橫渠, 1020~1077), 정호(程顥, 호는 明道, 1032~1085), 정이(程頤, 호는 伊川, 1033~1108) 등도 그러한 새로운 경향을 대표하는 이들이었다. 이들 5인은 흔히 북송오자(北宋五子)로 불린다.

'북송오자'로부터 시작되어 남송(南宋)시대 주자(朱子, 이름은 熹, 1130~1200)에 이르러 비판적으로 종합되고 체계화된 성리학은 성(性)이 곧 이(理)라는 '성즉리(性卽理)' 사상을 바탕으로 하고 있다. 인간 본성과 천리(天理: 제1원리), 즉 성(性)과 이(理)를 주요 개념으로 설정한 것이다. 송대 성리학은 우주에 대한 관심에서 출발하였다. 우주의 생성과 인륜의 근원을 태극도라는 하나의 그림으로 나타내고 그것을 249글자로 논한 주돈이의 『태극도설(太極圖說)』은 『주역(周易)』「계사전(繫辭傳)」에 나오는 "역유태극 시생양의(易有太極 是生兩儀)", 즉 "역(易)에 태극이 있으며, 태극이 양의(兩儀: 陰陽)를 낳는다"고 하는 문구의 사상을 발전시킨 것으로 우주만물의 생성 과정을 태극-음양-오행-만물로 나타낸다.* 여기서 태극도(圖)는 생명의 순환도(循環圖)를 나타낸 것이다. 주자에 이르면 태극과 음양오행은 이(理)와 기(氣)의 관계로 해석된다. 『태극도설』은 이기(理氣)철학의 근본 원리를 밝힌 글로 간주되면서 주자는 이 글에

---

* 태극의 動靜에 의해 음양이 생겨나지만 음양 내에도 태극은 존재한다. 음양의 二氣에 의해 水・火・木・金・土의 五行이 생성되고 음양오행에 의해 만물이 생겨나지만 오행 및 만물 내에도 태극은 존재한다. 말하자면 태극은 없는 곳이 없이 실재하는 유일 실체다. 朱子에 이르러 태극은 理로 해석된다.

대한 정치(精緻)한 해석을 통하여 자신의 이기철학 이론을 완성시켰다. 소옹의 상수(象數) 학설에 기초한 우주관과 자연철학 또한 주자에게 지대한 영향을 미쳤다. 주돈이의 태극도가 상학(象學)만 있고 수학이 없었는데 비해 소옹의 우주론은 상학에 수학을 갖춘 상수지학(象數之學)이어서 송학의 유기체적 우주관을 주돈이보다 더 진전되게 설명할 수 있었다.

성리학에서의 기일원론은 장재의 태허설(太虛說)에서 비롯된다. 장재의 기(氣)의 우주론과 『서명(西銘)』 사상은 주자의 우주론과 심성 수양론 수립에 커다란 영향을 끼쳤다. 주자가 『서명해(西銘解)』에서 '정자(程子: 程顥·程頤 형제)* 학파는 대체로 서명(西銘)으로 개시(開示)하였다'고 했을 정도로 정자 학파에게 준 영향이 컸다. 이정(二程: 程顥·程頤)이 북송 초기 신유학의 우주론적 경향을 전환시켜 인간 자신과 도덕의 문제에 본격적인 관심을 갖고 체계적인 연구를 하게 된 데에는 그들의 외숙이었던 장재의 기론(氣論)의 영향이 컸던 것이다. 정자의 제자 양시(楊時)가 『서명』의 주장이 묵자의 겸애와 같다고 의문을 제기하자, 정이는 '이일분수(理一分殊: 理는 하나이지만 그 나뉨은 다 다름)**를 설명한 것이라며 묵자의 겸애와 다르다고 하였다. 만물은 개별의 이(理)를 구유하고 있으며 그 개별의 '이'는 보편적인 하나의 '이'와 동일하다는 '이일분수'라는 명제는 정이와 주자에 의해 확립되어 성리학의 근본이념으

---

* 정호·정이 형제에 의해 본궤도에 진입하게 된 신유학은 두 개의 주요 학파로 분류되는데, 그 하나는 동생 정이 계통으로 주자가 완성한 程朱學 또는 理學이고, 다른 하나는 형 정호 계통으로 陸九淵(호는 象山)이 계승하여 王陽明(이름은 守仁)이 완성한 陸王學 또는 心學이다.

** 만물은 개별의 理를 구유하고 있고 그 개별의 理는 보편적인 하나의 理와 동일하다는 '理一分殊'라는 명제를 朱子는 존재 일반으로까지 확충시켰다.

로 자리 잡게 되었다. 장재의 태허설(太虛說)에서 비롯된 기일원론은 명대(明代) 중기의 나흠순(羅欽順), 명말(明末) 청초(清初)의 왕부지(王夫之)를 거쳐 청대 중기의 대진(戴震) 등으로 이어졌다. 여기서는 스피노자의 철학 체계에 대한 이해를 확장시키고 심화시키는 방안의 일환으로 스피노자와 장재의 기일원론과의 대화를 시도해 보기로 한다.

장재의 기일원론적 우주론의 토대는 주돈이나 소옹과 마찬가지로 『주역』 「계사전」에 나오는 "역유태극 시생양의(易有太極 是生兩儀)"라는 문구이다. 이 문구를 해석함에 있어 정이와 주자는 태극과 음양오행 및 만물의 관계를 이(理)와 기(氣)의 관계로 본다. 장재에게 있어 태극과 양의는 하나로서 모두 기(氣)의 본체인 '태허(太虛)' 즉 '일기(一氣)'이다. 다시 말해 '태허양의(太虛兩儀)', 즉 '태허'가 음양[兩儀]이며 만물인 것이다. 그런 까닭에 장재는 『정몽(正蒙)』[181] 「태화편(太和篇)」에서 "허공(虛空)이 곧 기(氣)인 줄 알면 유(有)와 무(無), 은미(隱微)함과 드러남, 신(神)과 화(化), 성(性)과 명(命)이 하나로 통하여 둘이 아님을 깨닫게 된다. … 만약 허(虛)가 기(氣)를 낳을 수 있다면, 허는 무궁하고 기는 유한하여 체(體)와 용(用)으로 엄격히 구분되는 것이니, 이는 '유는 무에서 생겨난다(有生於無)'고 하는 노자(老子)의 자연이론에 빠지는 것으로, 이른바 유와 무가 하나로 혼융된 이치를 알지 못하는 것이다"[182]라고 했다. 따라서 '태극이 양의를 낳는다'고 할 경우 본체와 작용의 묘합(妙合)을 놓칠 수 있다는 것이다. 장재의 관점에서 볼 때 '이'와 '기'의 존재 양태를 떨어져 있지도 않고 섞여 있지도 않은 '불리부잡(不離不雜)'의 관계로 보는 주자의 경우에도 이기(理氣)의 묘합 구조를 놓치는 것이다. 기(氣)의 입장에서 보면 본체와 작용은 하나일 뿐이라고 「신화편(神化篇)」에서는 말한다.[183]

또한 「태화편」에서는 무형무감(無形無感)의 지정(至靜)한 상태인 기(氣)의 본체를 태허 또는 태화(太和)라고 하고, 우주의 생멸 현상을 기(氣)의 취산(聚散)으로 설명하였다. 즉 기가 흩어지면 무형으로 돌아가 태허[實有·眞有]가 되고, 기가 모이면 형체를 가진 사물[假有]이 된다는 것이다. 하지만 '태허일기(太虛一氣)'가 만물이 되더라도 본성을 잃지는 않는다고 본다. 본체계와 현상계를 회통하는 생명의 비밀이 바로 여기에 있다. 장재는 '태허일기'가 스스로의 작용으로 만물이 되고 다시 '태허일기'로 돌아가는 생명의 순환을 필연적이라고 보았다. "태허에는 기가 없을 수 없고 기는 모여서 만물이 되지 않을 수 없으며, 만물은 흩어져 다시 태허가 되지 않을 수 없다. 이러한 오고가는 생명의 순환은 모두 필연적인 것이다."[184] 복본(復本: 참본성을 회복함)하면—스피노자의 용어로 표현하면 직관지(直觀知)에 이르면—전체 존재계에 대한 포괄적·직관적 인식에 이르게 되므로 이러한 생명의 순환을 자연히 알게 된다.

다시 말해 본체계와 현상계의 양 차원을 관통하는 원리가 내재된 '직관지', 즉 일심(一心)의 경계에 이르면 생명의 전일성과 자기근원성을 체득하게 되는 것이다. 일심의 경계는 장재가 말하는 일기(一氣) 즉 태허의 경계이며, 이는 곧 스피노자가 말하는 신(神)의 경계이다. 장재의 철학체계에서 기(氣)의 본체인 태허는 '자기원인'이자 만물의 원인인 스피노자의 유일 실체 즉 신과 조응하며, 태허의 작용성인 기(氣)는 스피노자의 신의 속성[延長과 思惟]과 조응하고, 만물은 스피노자의 양태와 조응한다. 말하자면 장재의 체계에서 일기(一氣)의 세 측면인 태허·기(氣)·만물은 스피노자의 체계에서 신(神)의 세 측면인 실체·속성·양태와 조응하며, 또한 이는 천(天)의 세 측면인 천·지·인[人物], 성부·성자·성령과도 조응하고, 일심(一心)의 세 측면인 법신·화신·보신과도 조응하는 것으로 이 모두 본체-작용-본체와 작용의 합일(體·用·相)이라는 '생명의 3화음적 구조'로 나타낼 수 있다.* 따라서 태허·기·만물의 일원성은 실체·속성·양태의 일원성과 조응관계에 있으며, 그런 까닭에 장재의 기일원론은 우주만물을 신의 속성의 변용이라고 보는 스피노자의 일원론적 범신론과 일맥상통한다. 마찬가지로 천·지·인의 일원성, 성부·성자·성령의 일원성, 법신·화신·보신의 일원성과도 조응관계에 있다.

그렇다면 장재의 기일원론은 성리학의 이기론(理氣論)과는 본질적으로 다른 것인가? 여기서 『대승기신론(大乘起信論)』의 일심이문(一心二門)에 대한 고찰은 기일원론과 '이기론'의 접점을 찾을 수 있게 해준다. 성리학에서 우주의 본질인 생명의 본체와 작용의 관계를 '이'와 '기'의 관계로 나타낸 것은 『대승기신론』에서 일심[생명]의 본체와 작용의 관계를 진여문(眞如門)과 생멸문(生滅門)의 이문(二門)으로 나타낸 것과도 같다. 『금강삼매경론(金剛三昧經論)』에서는 이 이문(二門)이 그 체가 둘이 아니므로 모두 '일심법(一心法)'이라고 한다.[185] 『대승기신론』에서는 우리의 제8식(第八識)[186]이 본래는 진여한 마음을 그 본바탕으로 하고 있으나 무명(無明)의 바람이 일어 여러 형태의 생멸을 짓게 된다고 한다.[187] 그러나 마음의 생멸이 무명에 의해 이루어지고 또한 생멸하는 마음은 본각(本覺)을 따라 이루어지므로 '심체무이(心體無二)',

---

* 여기서 一氣, 神, 天, 一心은 모두 생명의 본체를 지칭하는 대명사로서 같은 것이다. 생명의 본체는 절대유일의 하나이므로 흔히 유일신—9,000년 이상 전부터 내려온 우리 고유의 『天符經』에서는 '하나'(님), 『三一神誥』에서는 一神이라고 함—으로 명명된다. 유일신은 보편적 실재인 참자아[靈]를 지칭한 것으로 우주 지성[性]인 동시에 우주 생명력 에너지[命]이며 우주의 근본 질료[精]로서 '하나(一)'의 眞性이 性·命·精 셋으로도 표현되는 까닭에 제1원인의 삼위일체[三神一體]라고도 하며 다양한 호칭의 대명사를 갖게 되는 것이다.

즉 마음의 본체가 둘이 아니라는 것이다.[188]

『대승기신론』에서 일심에 대한 해명을 목적으로 진여문과 생멸문의 이문(二門)을 설정했듯이, 성리학에서의 '이'와 '기' 역시 생명의 전일성을 규명할 목적으로 본체와 작용이라는 툴(tool)을 사용한 것이다. 마치 강을 건너기 위해 나룻배라는 툴을 사용하는 것처럼. 그러나 언덕에 오르기 위해서는 나룻배라는 툴을 버려야 하듯, 진리의 언덕에 오르기 위해서는 본체와 작용이라는 툴을 버려야 한다. 본체와 작용, 실체와 양태라는 툴은 '진리의 달'을 가리키는 손가락일 뿐, 진리 그 자체가 아니다. 기일원론과 이기론 또한 우주의 본질인 생명을 설명하는 툴에 불과한 것이다. 그럼에도 그 툴에 집착하면 부질없는 공론만 일삼게 된다. 기일원론과 이기론은 '이'와 '기'의 혼융된 이치를 알지 못하고 생명의 본체와 작용을 분리시키는 언어세계[상대계]에서의 구분일 뿐, 본질적으로 다른 것이 아니다. '일심이문'의 진리를 체득할 수 있을 때, 기일원론과 이기론은 소통할 수 있을 것이다.

장재의 기(氣)의 우주론이 심성론으로 전개되는 것은 다음 구절에서 찾아볼 수 있다. 즉 "태허와 기가 합해져서 성(性)이라는 이름이 있게 되고, 성과 지각(知覺)이 합해져서 심(心)이라는 이름이 있게 된다"[189]라고 한 것이 그것이다. '태허일기'가 그 자체에 내재하는 운동 원리와 필연적 법칙에 따라 구체적 형상을 이루면 그 '태허일기'가 사라지는 것이 아니라 만물의 본질로서 내재하게 되는데, 그것을 '성(性)'이라고 부르는 것이다. 그런 까닭에 '태허일기'는 만물이 되더라도 본성을 잃지 않는 것이다.[190] 장재의 기일원론에서 '이(理)'란 기(氣) 자체에 내재하는 법칙과 조리(條理)를 뜻한다. 장재는 기가 모여 형체를 이루면 '기질지성(氣質之性)'을 구유(具有)하게 되지만, 복본(復本)하면 '천지지성(天地之性)'이 있게 된다고 보아 기질의 편벽을 변화시키는 수양의 중요성을 강조하였다.[191] 또한 그는 『서명』에서 천지만물이 동일한 기화(氣化)로 생겨난 것이므로 천지가 만물을 양육하는 덕을 본받으면 만물의 본성이 곧 천지의 성(性)이며 만물이 나와 동류임을 알게 된다고 보았다. 스피노자 역시 자연의 합리적 질서에 대한 참된 인식을 통해 정념을 극복하고 지성 계발을 통하여 정신의 능동성을 키워 나가는 것이 자유이며 이상적인 공동체로 가는 길임을 보여준다.

장재의 '기일원(氣一元)' 사상은 정통 계보인 정주학(程朱學)의 그늘에 가려 제대로 조명 받지 못하다가 중국 공산화 이후 중국철학자들에 의해 대표적인 유물론자로 간주되었다. 그 기준이 되는 것이 '이'와 '기' 개념이다. '이' 개념을 강조하면 관념론이고 '기' 개념을 강조하면 유물론이라는 것이다. 장군매(張君勱)를 비롯한 현대 신유가 계열의 철학자들은 장재 기론의 이중 구조, 즉 유물론적 자연관과 관념론적 심성론에 주목하여 장재를 유물론자로 단순 도식화하는 것을 비판한다.[192] '신즉자연(神卽自然)'을 주창한 스피노자의 일원론적 범신론 역시 마르크스주의자인 앙드레 토젤(André Tosel) 등에 의해 유물론과 연결시키려는 시도가 이루어지기도 했지만, 오히려 스피노자 사상이 독일 관념론 철학에 지대한 영향을 미쳤음은 주지의 사실이다. 스피노자의 형이상학 체계와 인식론, 심리학과 윤리학 및 도덕철학[정치철학]을 총체적으로 통찰한 사람이라면 그 누구도 그를 유물론자로 단순 도식화하지는 못할 것이다. 유심론[관념론]과 유물론, '이'와 '기'의 이원론은 언어세계에서의 분별지(分別智)의 산물이다. 근본지(根本智, 直觀知)로 돌아가면 만물이 결국 하나임을 알게 된다. 상대계에서의 이원론은 생명의 전일성과 자기근원성을 규명하기 위한 툴(tool), 그 이상도 이하도 아니다. '진리의 달'을 가리키는 손가락을 진리 그 자체로 오인해서는 안 된다. 물질과 정신이 하나가 된 마음이 곧 일심이니, 일심의 원천으로 돌아가지 않고서는 언어도단(言語道斷)의 경지를 결코 이해할 수 없다.

오늘날 장재의 기론(氣論)은 중국 근세철학의 삼대 조류의 사상적 연원인 것으로 재조명되고 있다. 송명대(宋明代) 이(理)학자와 명말 청초 이래의 기론자(氣論者) 모두 자신들의 사상적 연원을 장재에 두고 있으며, 육구연(陸九淵)·왕양명(王陽明)의 심학 또한 이론 체계 정립에 있어 그에게서 심대한 영향을 받았다. 이 세 조류는 각각 성(性), 기(氣), 심(心)에서 장재의 사상을 계승하였다.[193] 스피노자 역시 오늘날 재조명되고 있다. '철학자가 되기 위해서는 스피노자주의자가 될 수밖에 없다'는 명제가 말하여 주듯 그의 비옥한 철학적 토양은 근대와 탈근대의 경계를 가로질러 우주의 본질인 생명을 궁구하는 많은 이들에게 긍정적인 에너지와 희망을 공급해 준다. 장재의 기론과 스피노자의 일원론적 범신론은 본체계와 현상계의 회통을 규명함으로써 생명의 전일성과 자기근원성을 확연히 드러내 보이고 있다는 점에서 우주론과 심성론 및 인식론의 전개과정에 심대한 영향을 끼쳤다. 또한 패러다임 전환(paradigm shift)과 더불어 대안사회를 모색하는 오늘의 우리에게 이들의 사상은 많은 시사점을 제공한다.

한편 조선의 성리학[194]은 16세기에 들어 전성기를 맞이하면서 이기론(理氣論) 중심으로 발달하였다. 당시의 철학적 조류는 이언적(李彦迪, 호는 晦齋, 1491~1553)을 선구자로 원리적 문제를 중시하는 주리론(主理論 또는 理氣二元論)과 서경덕(徐敬德, 호는 花潭, 1489~1546)을 선구자로 경험적 세계를 중시하는 주기론(主氣論 또는 理氣一元論)의 두 계통으로 나누어졌다. 이언적의 뒤를 이어 이황(李滉, 호는 退溪, 1501~1570)이 대성하였고, 서경덕의 뒤를 이어 이이(李珥, 호는 栗谷, 1536~1584)가 대성하였다. 이처럼 16세기 후반 성리학은 퇴계와 율곡에 의해 전성기를 맞이하게 되었고, 이들은 조선 성리학의 양대 산맥을 이루며 도덕적인 인간과 사회의 구현을 목표로 학리상(學理上)의 논쟁도 활발히 전개해 나갔다. 율곡은 주로 이기론과 심성론의 관점에서 퇴계와 입장을 달리하면서 기호학파와 영남학파가 분화되게 되었다. 이후 서경덕 계통은 임성주(任聖周)·최한기(崔漢綺)·최제우(崔濟愚, 호는 水雲) 등으로 이어졌지만, 조선시대 성리학에서의 최대 논쟁은 퇴계와 율곡을 각각 중심으로 한 주리론과 주기론의 대립이었다. 여기서는 스피노자와 율곡의 이기일원론과의 대화를 시도해 보기로 한다.

중국의 성리학과 구분되는 조선 성리학의 독자성은 심성론에 대한 정치(精緻)한 철학적·형이상학적 탐구에 있다. 성리학의 심성정론(心性情論)에 대한 학리상의 논쟁인 사단칠정논변(四端七情論辯)의 핵심은 도덕 심성과 도덕 실천이며, 이러한 논변을 계기로 이기심성론에 대한 논구가 본격화됨으로써 주자학이 조선의 성리학으로 토착화되는 기반이 조성되었다. 사단칠정의 이기론적 해석에 있어 퇴계와 율곡의 차이는 이들이 활동했던 시대적·사회적 배경과 관련이 있다. 퇴계가 활동하던 때는 기묘사화와 을사사화로 사림이 박해를 받는 처지에 있었던 반면, 율곡이 활동하던 때는 사림이 중앙 관계(官界)의 주도권을 잡고 있었으며 사회정치적 위기가 만연한 상황이었다. 퇴계 성리학이 도덕 감정인 사단과 도덕과 무관한 감정인 칠정을 구분하여 사단의 확장에 의해서만 도덕의 실현이 가능하다고 보는 순수 도덕주의의 입장을 견지했다면, 율곡 성리학은 사단과 칠정을 이기론상으로 한 가지라고 보고 이들 모두를 포용하면서 천리(天理)를 실천하고자 하는 현실주의의 입장을 견지했다. 율곡의 '기발이승일도설(氣發理乘一途說)'이나 '이통기국설(理通氣局說)'은 단순한 형이상학적 문제가 아니라 그의 개혁사상의 철학적·인식론적 근거가 되는 것이었다. 스피노자 역시 근대국가가 태동하던 격랑의 시기에 철학적 사변에 머물지 않고 정치 현안에 응답하며 개개의 인간 본성에 주목하여 전복적인 새로운 방향을 정초(定礎)하였다.

율곡의 심성론은 사단(惻隱之心·羞惡之心·辭讓之心·是非之心)과 칠정(喜·怒·哀·樂·愛·惡·慾)의 이기론적 해석에 있어 '이(理)도 발하고 기(氣)도 발한다는 퇴계의 '이기호발설(理氣互發說)'을 정면으로 부정하는 데서 시작한다. 율곡에 의하면 사단과 칠정은 분리되지 않으며 칠정 가운데 인욕(人欲)이 섞이지 않은 천리(天理)를 사단이라 하고 천리와 인욕를 겸한 것을 칠정이라 하는 것이므로 사단을 주리(主理)라고 하는 것은 옳지만 칠정을 주기(主氣)라고 하는 것은 잘못되었다는 것이다. 사단과 칠정이 '주리'와 '주기'로 이분될 수 없는 것은 '이(理)'의 본연지성(本然之性)과 '이(理)'·기질이 묘융(妙融)된 기질지성(氣質之性)이 이분될 수 없는 것과도 같은 것이다. 그리하여 율곡은 사단을 칠정 속에 포함시켜 '기발이승일도설'을 주장했다. 말하자면 퇴계는 "사단은 이(理)가 발하여 기가 따른 것이고, 칠정은 기가 발하여 이(理)가 탄 것"이라고 한 데 반해, 율곡은 "사단과 칠정 모두 기가 발하여 이(理)가 탄 것(氣發而理乘之)"이라고 했다. 기(氣)가 발하여 이(理)가 타는 '기발이승' 하나의 길밖에 없다고 보는 것이 '기발이승일도설'이다. 사단과 칠정을 이기론적으로 해석한 율곡의 독창적인 심성론은 예속과 자유, 감정과 지성을 대조시키며 진정한 자유인의 삶과 지고의 행복을 추구하는 스피노자의 철학 체계에 대한 이해를 확장시키고 심화시킬 수 있게 해 준다.

율곡의 '기발이승일도설'은 '이무위 기유위(理無爲氣有爲)'라는 이기(理氣) 개념에 근거하여[195] 이(理)는 무위이므로 작용력·발용력이 없고, 유위인 기(氣)가 발하여 이(理)가 그 기의 작용에 타는 것이다. '기발(氣發)'과 '이승(理乘)'

은 동시적이며 공간적으로도 이합(離合)이 없다는 점에서 '이'를 '기' 자체에 내재한 법칙과 조리(條理)라고 보는 기일원론과 접합해 있으며, 만물을 신의 속성의 변용이라고 보는 스피노자의 일원론적 범신론과 상통하는 측면이 있다. 퇴계가 주자에게서 '이기호발'의 논거를 찾은 것에 대해, 율곡은 "만약 주자가 참으로 '이(理)'와 기(氣)의 상호 발용으로 각각 그 작용이 나온다'라고 했다면, 이는 주자도 또한 잘못된 것이다[196]"라고 했다. 이(理)는 그 자신은 발하지 않지만 기발(氣發)의 원인이고 기의 주재인 것이다. 이는 태극음양론 에도 마찬가지로 적용된다. 율곡은 음양을 기(氣)로, 동정(動靜) 작용을 기발 (氣發)로, 태극을 이(理)로 보고, "음양이 동정함에 태극이 거기에 탄다"[197]라 고 하여 '기발이승'을 말하고 있다.

또한 율곡은 인심도심(人心道心)을 '기발이승'의 구조로 보아, 이(理)가 본 연지기(本然之氣)를 탄 것이 도심이고, 이(理)가 소변지기(所變之氣)를 탄 것이 인심이라 하였다.[198] 말하자면 도의를 위해 발한 마음은 순선(純善)인 천리 의 도심이고, 감각적 욕망을 위해 발한 마음은 천리와 인욕을 겸하여 선악 이 있는 인심으로[199] 그 이름은 다르지만 인심도심의 근원은 한 가지 마음 이다.[200] 율곡은 성혼(成渾, 호는 牛溪)과의 사단칠정논변 과정에서 인심도심과 사단칠정의 관계에 대해 체계적인 이론을 정립하였다. 그는 사단칠정과 도 심인심의 개념적 범주가 다르다고 보아 도심과 인심은 나누어 설명이 가능 한 반면, 사단은 칠정 속에 포함되므로 나누어 설명할 수 없다고 했다. 그런 까닭에 사단을 도심이라고 하는 것은 옳지만, 칠정을 인심이라고만 하는 것 은 잘못된 것이며 인심도심이라고 해야 한다는 것이다. 율곡은 감각적 욕 망에 바탕을 둔 인심과 도덕적 본성에 바탕을 둔 도심이 고정불변한 것이 아니라 그 전개 과정에서 서로 바뀔 수 있다는 '인심도심종시설'(人心道心終始

說)'이라는 견해를 피력함으로써 뜻을 성실하게 하는 수양 공부를 통해 천리에 부합하는 본연의 기(氣)를 회복[201]할 것을 강조했다. 스피노자 역시 인간의 감정이라는 요소에 주목하여 인간사의 조화로운 측면과 추악한 측면을 모두 예리하게 간파하고 정념의 예속에서 벗어나는 것을 목표로 한 윤리설을 제시함으로써 이상적인 공동체의 가능성을 통찰하였다.

율곡의 '이통기국설'은 '이무형 기유형(理無形氣有形)'이라는 이기(理氣) 개념에 근거하여[202] 이(理)는 무형이므로 언제 어디에서든 통하고, 기(氣)는 유형이므로 언제 어디에서든 국한된다는 것이다. 따라서 이(理)는 시공의 제약을 받지 않는 보편성을 지니며, 기(氣)는 시공의 제약을 받는 국한성[특수성]을 지니게 되는 것이다. 율곡의 '이통기국'*은 정주(程朱)의 '이일분수(理一分殊)'라는 명제를 좀 더 정밀하게 발전시킨 것이다. '이일분수'란 이(理)는 하나이지만 그 나뉨은 다 다르다는 것으로 각각의 나뉨 속에 하나의 이(理)가 공유되는 것이다. 말하자면 하나인 본체[理]와 다양한 작용[氣]이 결국 하나라는 것으로 이기(理氣)의 묘합 구조를 나타낸 것이다. 이처럼 율곡 성리학은 이기지묘(理氣之妙)의 구조로 일관해 있다는 점이 특징이다. '이기지묘'란 일체 존재가 '하나이면서 둘(一而二)이고 둘이면서 하나(二而一)'인 이기의 묘합 구조로 이루어져 시간적으로 선후가 없고 공간적 이합(離合)이 없는 것을 말한다. 본체계와 현상계의 상호 관통을 표징하는 '이기지묘'의 혼융된 구조는 스피노자의 실체와 양태, 즉 신과 우주만물의 일원성을 확연하게 보여준다.

『율곡전서(栗谷全書)』「답성호원(答成浩原)」에서는 '이일분수'를 본연자(本然

---

* 율곡의 '理通氣局'은 불교 화엄사상의 '理事'·'通局'이나, 莊子의 '道無所不在說(도가 없는 곳이 없다는 說)'과도 상통하는 바가 있다.

者)와 유행자(流行者)로 나누어 설명한다. "본연자는 이일(理一)이고, 유행자는 분수(分殊)이다. 유행의 이(理)를 버리고 따로이 본연의 이(理)를 구함은 진실로 불가하다. 만약 이(理)에 선악이 있는 것으로써 이(理)의 본연을 삼으려 한다면 이 또한 불가하니 '이일분수' 네 글자를 마땅히 체구(體究)해야 한다." [203] '이일'이란 우주의 본질인 생명의 본체를 말함이고 '분수'란 그 작용을 말한 것으로 '이일분수'란 생명의 본체와 작용이 본래 하나임을 나타낸 것이다. '이통(理通)', 즉 '이가 통함'이란 이(理)가 기(氣)를 타고 유행(流行)하여 천차만별의 현상으로 나타나지만, 본말(本末)도 없고 선후도 없는[204] 이(理) 본연의 묘함은 그대로인 것을 말한다. "청(清) · 탁(濁) · 수(粹) · 박(駁) · 찌꺼기 · 재 · 거름 · 더러운 것 속에 이르기까지 이(理)가 없는 곳이 없어 각각의 성(性)이 되지만, 이(理) 본연의 묘함은 손상됨이 없이 그대로 자약(自若)하다. 이를 일러 이통(理通)이라 한다."[205]

> 기(氣)의 작용은 만 가지로 다른데 그 근본이 하나일 수 있는 것은 이(理)의 통함 때문이며, 이(理)의 본체는 하나인데 그 작용이 만 가지로 다를 수 있는 것은 기(氣)의 국한성, 즉 기의 편(偏: 치우침) · 전(全: 온전함), 청(淸: 맑음) · 탁(濁: 탁함)의 차별상에 따른 국한성 때문이다.…이(理)와 기(氣)는 떨어질 수 없는 묘합 구조인 관계로 유행 변화하는 기를 탄 이(理)는 만수지리(萬殊之理)로 전개될 수밖에 없다.[206]

'이통기국'에 대한 율곡의 탁월한 통찰은 스피노자의 실체와 양태의 묘합 구조에 대한 이해를 심화시키고 나아가 스피노자의 형이상학 체계와 인식론 전반에 대한 이해를 확장시키고 심화시킬 수 있게 해준다. 『삼일신고』

에서는 "사람과 만물(人物)이 다 같이 세 가지 참됨(三眞)을 받으니, 가로대 성품(性)과 목숨(命)과 정기(精)이다. 사람은 이 세 가지를 온전하게 받으나 만물은 치우치게 받는다(人物 同受三眞 曰性命精 人全之 物偏之)"라고 하여 '전(全)'과 '편(偏)'의 의미를 대비시키고 있다. 기(氣)는 운동 변화하는 가운데 천차만별의 현상으로 나타나 그 제약을 받으므로 본말(本末)이 있고 선후가 있으니, 이것이 '기국(氣局)'이다.[207] 율곡에 의하면 "인성이 물성이 아닌 것이 '기국'이고, 사람의 이치가 곧 사물의 이치인 것이 '이통'이다."[208] 이는 마치 "모나고 둥근 그릇이 같지 아니하지만 그릇 속의 물은 하나이고, 크고 작은 병이 같지 아니하지만 병 속의 공기는 하나"[209]인 것과도 같은 것이다. 한마디로 '이'의 통합과 '기'의 국한됨이 묘합 구조를 이룬 것이 '이통기국'이다. 율곡은 '이통'과 '기국', 이일(理一)과 분수(分殊)를 통체일태극(統體一太極)과 각일기성(各一其性)으로 설명하고 있다. "천지의 이(理)가 곧 만물의 '이'이고, 만물의 '이'가 곧 사람의 '이'인 것이 '통체일태극'이고, 비록 이(理)는 하나이지만 사람의 성(性)이 사물의 성이 아니고, 개의 성이 소의 성이 아닌 것이 '각일기성'이다."[210]

『율곡전서』「천도책(天道策)」에서는 기일분수(氣一分殊)에 대해서 말하고 있다. '이일분수'가 이(理)를 중심으로 한 체용(體用) 일체의 논리로서 이기(理氣)의 묘합 구조를 밝힌 것이라면, '기일분수'는 기(氣)를 중심으로 한 체용 일체의 논리로서 이기(理氣)의 묘합 구조를 밝힌 것이다. 율곡은 천지만상을 동일기(同一氣)와 각일기(各一氣)로 설명한다. "일기(一氣)가 운화(運化)하여 흩어져 만수(萬殊)가 되니, 나누어 말하면 천지만상이 각각 하나의 기(各一氣)이고, 합하여 말하면 천지만상이 같은 하나의 기(同一氣)이다."[211] '동일기'로서의 기일(氣一)과 '각일기'로서의 분수(分殊)가 묘융된 것이 '기일분수'다. 율곡의 '이통기국'은 '이일분수'와 '기일분수'를 유기적으로 통찰한 것으로 이는 '통(通)'의 속성을 지닌 이(理)와 '국(局)'의 속성을 지닌 기(氣)가 혼륜무간(渾淪無間)하여 떨어질 수 없다는 그의 이기지묘(理氣之妙)의 관점을 분명히 한 것이라는 점에서 '이통'과 '기국', '이일'과 '분수', '동일기'와 '각일기' 등 율곡이 사용하는 이분법은 단지 이해를 돕기 위한 하나의 방편일 뿐, '하나이면서 둘(一而二)이고 둘이면서 하나(二而一)'인 이기(理氣)의 묘합 구조를 벗어나지 않는다.

이기지묘의 관점에서 '이일분수'와 '기일분수'를 유기적으로 통찰한 율곡의 '이통기국'은 앞서 살펴본 장재의 기론(氣論)에 대한 이해를 심화시킬 수 있게 해준다. 시간적 선후와 공간적 이합(離合)이 없는, 다시 말해 본체계와 현상계를 회통하는 '기발이승', '이통기국'의 묘합 구조는 '여기가 거기이고 그때가 지금(Here is there and then is now)'이라는 오늘날의 양자역학(quantum mechanics)적 관점과도 일치하며, 생명을 전일적인 흐름으로 보는 현대 물리학의 전일적 실재관과도 맥을 같이 한다. 우리의 육체 또는 우리가 물질이라고 지각하는 것이 기실은 특정 주파수대의 에너지 진동으로 99.99%가 텅비어 있다는 사실을 이해한다면, 다시 말해 물질의 공성(空性)을 이해한다면, 그리하여 정신·물질 이원론의 허구성을 간파한다면 안과 밖, 본체계와 현상계의 구분은 실로 없는 것이다. 다만 비가시적인 세계를 설명하고 이해하기 위한 방편으로 용어를 만들어 사용하고 있을 뿐이다. 필자가 본 절서두에서 기일원론을 '이기론'과 엄격히 구분하는 기계론적 관점은 가급적 지양하고자 한 것도 '진리불립문자(眞理不立文字)'이기 때문이다.

율곡의 이기묘합의 이기일원론은 그의 개혁사상의 철학적 바탕을 이루어 사회 전 분야에 걸쳐 변법(變法)과 경장(更張)을 강조함으로써 지치주의(至治主義)의 이상정치를 꿈꾸었던 조광조(趙光祖, 호는 靜菴)의 맥을 이어 부국안

민의 이상적인 왕도정치를 구현하고자 했다. 비록 그의 개혁안이 당시의
정치적 상황과 조건이 성숙되지 못하여 실효를 거두지는 못했다고 할지라
도 그의 제도개혁론은 조선 후기 실학사상에 커다란 영향을 미쳤다는 점에
서 실학의 선구로서의 의의가 있다. '기발이승', '이통기국'으로 대표되는 그
의 이기론과 심성론은 정치(精緻)한 형이상학적 · 철학적 해석과 그의 탁월
한 현실 감각 및 실학 정신의 결정(結晶)이었다는 점에서 총 아홉 번 장원급
제하여 '구도장원공(九度壯元公)'으로 불렸던 그의 이름이 허명(虛名)이 아니었
음을 보여준다. 실로 장재의 기론과 스피노자의 일원론적 범신론은 율곡
의 이기지묘(理氣之妙)의 관점 속에서 그 숨겨진 진면목이 드러난다. 이렇게
볼 때 장재 이후 지금까지 중국과 우리나라를 통틀어 거의 천년에 걸쳐 이
루어진 '이기(理氣)' 논쟁은 진지(眞知)에 이르기 위한, 다시 말해 생명의 본체
[理, 神]와 그 작용[氣, 우주만물]이 하나임을 밝히기 위한 동북아 '브레인스토밍
(brainstorming)'의 의미가 담긴 것인지도 모른다.

스피노자와 동학사상

스피노자 사상과 동학사상[212]의 공통점은 이들의 통섭적
사유체계에서 찾아볼 수 있다. 스피노자가 실체와 양태의 필연적 관계성에
대한 본질적인 규명을 통하여 인간과 '신 또는 자연(Deus sive Natura)'이 소통하
는 세상을 구가하고자 했다면, 동학은 하늘과 우주만물의 일체성에 대한 자
각을 통하여 풀뿌리민주주의를 뿌리내림으로써 후천개벽의 새 세상을 열
고자 했다. 스피노자 철학 체계를 관통하는 신과 우주만물의 필연적 관계
성은 유일 실체로서의 능산적 자연과 신적 본성의 필연성으로부터 생겨나

는 양태로서의 소산적 자연이라는 대(對)개념으로 나타나며 일원론적 범신론(monistic pantheism)으로 통합된다. 이 우주에는 스스로 활동하는 유일 실체와 그 실체의 자기현현만이 있을 뿐이므로 전체성과 개체성, 의식과 제도, 공동체와 개인은 유비관계로서 이해될 수 있다. 우리가 직관지(直觀知) 또는 만사지(萬事知)로 이행할수록 윤리적 효용성이 증대하여 개인과 공동체의 조화적 관계를 인식하게 된다. 스피노자의 '신즉자연(神卽自然)'이나 동학의 '인내천(人乃天)'은 우주적 생명을 표상한 것이라는 점에서 오늘날에도 여전히 매우 전복적인 선언이다.

동학의 생명사상은 생명의 본체인 하늘(본체계)과 그 작용인 우주만물(현상계)이 상호 의존 · 상호 관통하는 관계에 있다고 본다. 말하자면 삼라만상의 천변만화(千變萬化)가 모두 한 이치 기운(一理氣)의 조화 작용,[213] 즉 지기(至氣, 混元一氣)의 화현이라고 보는 것이다. 이는 앞서 살펴본 기일원론(氣一元論)과 접합해 있으며 스피노자의 일원론적 범신론과도 일맥상통한다. 이러한 본체와 작용의 상호 관통에 기초한 생명사상은 영성과 이성, 도덕과 정치의 묘합에 기초한 통섭적 사유체계를 그 본질로 하는 까닭에 천 · 지 · 인 삼재의 연관성 상실을 초래한 근대 서구의 정치적 자유주의를 치유할 수 있는 묘약을 함유하고 있다. 이처럼 생명의 유기성과 상호 관통에 기초한 평등무이(平等無二)의 통섭적 세계관은 비분리성 · 비이원성에 기초해 있는 까닭에 본질적으로 공공성과 소통성을 함축하며 에코토피아적 지향성을 띤다. 동학 정치철학의 궁극적인 지향점은 아래로부터의 민중에 기초한 근대적 민족국가 형성을 통해 평등하고 평화로운 생태적 이상향을 구현하는 것이다. 그것은 후천개벽에 의한 무극대도(無極大道)의 세계, 즉 소통성 · 자율성 · 평등성에 기초한 도덕공동체이다.

『에티카』와 동학의 통섭적인 사상적 스펙트럼은 정치철학의 근본과제가 되는 본체계와 현상계, 공동체와 개인의 유비관계에 착안하여 생명의 전일성과 자기근원성을 강조한다. 스피노자가 신과 우주만물의 필연적 관계성을 능산적 자연과 소산적 자연으로 나타내고 이를 일원론적 범신론으로 통섭한 것은 이 우주가 오직 필연적인 자기법칙성에 의해 스스로 활동하는 유일 실체와 그 실체의 자기현현만이 있을 뿐임을 드러낸 것으로 실체와 양태의 합일을 보여준다. 따라서 의인론적이고 목적론적이며 인간 중심적인 세계관은 거부된다. 동학의 경우에도 실체인 하늘은 만유의 본질로서 내재하는 동시에 만물화생(萬物化生)의 근본 원리로서 작용하므로 특정 종교의 하늘(님)이 아니라 만인의 하늘이며, 경배해야 할 초월적 존재가 아니라 마음이 곧 하늘인 것으로 나타난다. 또한 사람만이 아니라 만유가 다 하늘을 모시고 있으므로 스피노자의 일원론적 범신론과 일맥상통한다. 생명의 전일성과 자기근원성에 대한 이들의 인식은 미신을 제거하고 지성을 통해 합리적 질서를 파악함으로써 자유롭고 행복한 삶을 구가하기 위한 것이었다.

동학의 핵심 키워드인 '시천주(侍天主)'의 '시(모심)'는 내유신령(內有神靈)·외유기화(外有氣化)·각지불이(各知不移: 각기 알아서 옮기지 않음)[214]의 세 가지 뜻으로 풀이되고 있다. 내유신령과 외유기화, 즉 안으로 신령[신성, 영성, 참본성, 일심]이 있고 밖으로 기화의 작용이 있다는 것은 우주의 본질인 생명을 본체와 작용의 양 차원에서 관찰한 것이다. '자기원인'이자 만물의 원인인 하늘은 만물의 본질로서 내재하는(內有神靈) 동시에 만물화생의 근본 원리로서 작용(外有氣化)하므로 하늘과 만물은 분리될 수 없다. 말하자면 생명의 본체[본체계]와 작용[현상계], 내재와 초월의 합일[215]을 밝힌 것이다. '신령'과 '기화'의 양 차원을 관통하는 원리가 '불이(不移, 不動地, 一心)'이고, '불이'의 요체가 수심정기(守

心正氣)*이다. 따라서 '신령'과 '기화', 즉 생명의 본체[靈]와 작용[氣]이 합일임을 알기 위해서는 수심정기를 요체로 하는 '불이'의 단계에 도달해야만 한다. 이처럼 수심정기는 각 개인의 내면적 수양에 기초한 자각적 실천 수행으로서 지벌(地閥)이나 문필이 군자나 도덕의 기준이 될 수 없음[216]을 분명히 한 것으로 만인이 동귀일체(同歸一體)하여 무극대도의 이상세계를 건설하는 요체가 된다.

동학에서는 천인합일의 대공(大公)한 경계인 만사지(萬事知)에 이르면 본래의 참본성이 회복되어 '삼경(三敬: 敬天 · 敬人 · 敬物)'의 삶을 자각적으로 실천하게 되므로 무극대도의 조화적 공동체를 이룰 수 있다고 본다. 여기서 '만사지'는 스피노자의 직관지(直觀知)와 마찬가지로 최고의 인식 단계로서 도덕 공동체를 이루는 바탕이 되는 것이라는 점에서 의식과 제도의 통섭, 개인과 공동체의 조화, 도덕과 정치의 묘합 등에 관한 정치철학적 기제로서 이해될 수 있다. 동학의 통섭적 사유체계가 수심정기를 요체로 하는 '불이(不移)'를 '신령'과 '기화'의 양 차원을 관통하는 원리로 제시한 것은 '양천주(養天主)' 도덕의 실천적 측면을 강조한 것이다. '불이'의 경계에 이르지 않고서는 '신령'과 '기화', 즉 본체계와 현상계의 회통을 알 수가 없고 생명의 유기성을 자각할 수도 없으므로 상생의 삶을 자각적으로 실천할 수도 없는 것이다. 수심정기를 강조한 이유가 여기에 있다. '시'의 세 측면인 신령 · 기화 · 불이는 스피노자의 실체 · 속성[延長과 思惟] · 양태, 장재의 태허 · 기(氣) · 만물과 조

---

* 동학을 창도한 水雲 崔濟愚는 1863년 8월 14일 죽음을 예감하고서 세 살 아래의 海月 崔時亨에게 도통을 전수하고 시 한 수와 함께 '守心正氣' 넉 자를 내렸다. 수심정기란 본래의 진여한 마음을 지키고 기운을 바르게 하는 것, 다시 말해 참본성의 자리를 지키는 것인 동시에 우주 '한생명'을 자각적으로 실천하는 公心의 발현을 일컫는 것이다.

응하며, 천・지・인, 성부・성자・성령, 법신・화신・보신과도 조응하는 것으로 모두 본체-작용-본체와 작용의 합일(體・用・相)이라는 '생명의 3화음적 구조'를 나타낸다. 우주 만물은 모두 간 것은 다시 돌아오고 돌아온 것은 다시 돌아간다는 자연의 이법을 수운(水雲) 최제우(崔濟愚)는 '무왕불복지리(無往不復之理)', 즉 '가고 돌아오지 않음이 없는 이법'이라고 했다.[217]

　여기서 불이(不移)는 곧 불이(不二)이며 이는 일심의 경계를 뜻한다. 우주의 실체는 의식이며, 본체와 작용의 합일을 표징하는 '불이', 양태[만물, 人物], 성령, 보신 등은 모두 본체계와 현상계 양 차원의 합일을 추동하는 핵심 기제로서 일심의 경계를 나타낸 것이다. 물질적 껍질로서의 우주만물은 가유(假有) 즉 가상(假相)에 지나지 않으며, 실유(實有, 眞有) 즉 실상(實相, 眞相)은 우주만물을 관통하는 하나인 참본성, 즉 일심[보편의식, 근원의식, 순수의식, 전체의식]이기 때문이다. 하늘(天), 신(神), 실체, 일기(一氣), 일심 등으로 명명되는 생명의 본체가 그 스스로의 작용으로 만유를 형성하고 만유의 본질로서 내재해 있는 것을 두고 '성(性)'이라고 부르는 것이니, 이 '성'이 바로 만유의 실체[眞相], 즉 참본성이며 일심이다. 이러한 '생명의 3화음적 구조'를 이해하면 우주의 본질인 생명의 전일성과 자기근원성을 자연히 이해할 수 있게 되므로 공공성과 소통성, 자율성과 평등성이 발휘될 수 있게 된다. 유사 이래 모든 철학과 사상, 종교와 과학의 진수가 바로 '생명의 3화음적 구조'에 담겨 있음을 필자는 천부경 81자를 궁구하다가 알게 되었다.

　해월(海月) 최시형(崔時亨)은 「천지이기(天地理氣)」에서 "천지, 음양, 일월, 천만물의 화생(化生)한 이치가 한 이치 기운의 조화 아님이 없다. 나누어 말하면 기(氣)란 천지 귀신 조화 현묘를 총칭한 이름이니 도시 한 기운이다"[218]라고 하였다. 만물이 화생하고 움직이는 조화 작용의 원천인 천지 이치(理)와 기운(氣)의 전일적 관계를 「천지이기」에서는 명료하게 설명한다. "처음에 기운을 편 것은 이치요, 형상을 이룬 뒤에 움직이는 것은 기운이니, 기운이 곧 이치이다.…기(氣)란 조화의 원체(元體) 근본이고, 이(理)란 조화의 현묘함이니, 기운이 이치를 낳고 이치가 기운을 낳아 천지의 수(數)를 이루고 만물의 이치가 되어 천지 대정수(大定數)를 세운 것이다."[219] 한마디로 기운이 곧 이치(氣則理)이고 이치가 곧 기운(理則氣)이다. 이는 스피노자의 실체와 양태의 일원성과 일맥상통하며, 기일원론(氣一元論)과 이기론(理氣論)의 접점을 찾을 수 있게 한다. 이치와 기운이 체(體)와 용(用), '신령'과 '기화', 내재와 초월의 관계로서 하나임을 알아야 '불이(不移)'의 경계에서 무극대도의 생태적 이상향이 열릴 수 있다. 따라서 '천지이기'를 알지 못하고서는 우주의 본질인 생명을 논할 수 없다. 생명이 곧 영성(靈性)임을 알 수 없다는 것이다.

『에티카』에서는 기하학적 논증을 통하여 능산적 자연과 소산적 자연, 즉 실체와 양태의 합일을 보여주는 관계로 『해월신사법설(海月神師法說)』에서처럼 전일적인 생명의 역동적 본질이 생생하게 나타나 있지는 않다. 그러나 인간 정신을 구성하는 관념의 적합성이 지성에 비례하며 우리가 적합한 관념을 늘려 갈수록 인식 및 이해의 수준이 높아져서 종국에는 '직관지'에 도달할 수 있다고 보았다. 이 단계에 이르면 '인간에 대한 신의 사랑과 신에 대한 정신의 지적 사랑은 동일'[220]하게 된다. 이는 곧 천인합일의 이치를 함축한 것으로 에코토피아적 비전의 정수를 보여준다. 신과 인간 본성 및 감정에 관한 정치(精緻)한 분석을 통해 가장 근원적인 의미에서 인간과 신[자연·실체]이 소통하는 세상을 구가하고자 했던 스피노자, 그는 진정한 의미에서의 혁명가이자 네오휴머니즘의 구현자이다. 그에게 있어 신에 대한 인식과 사랑은 자유와 행복을 달성하기 위한 전제조건이자 최고선이며 최고 덕으로서 총체적인 통찰과 이해로서만 접근할 수 있는 영역이다. 그의 체계에서 지복(至福)과 덕은 완전히 일치한다는 점에서 정치와 도덕의 묘합을 읽을 수 있다.

『해월신사법설』은 만유의 근원적 평등성과 유기적 통합성을 바탕으로 하늘과 우주만물의 필연적 관계성을 요체로 하는 까닭에 본질적으로 에코토피아적 비전이 함축되어 있다. 에코토피아적 비전의 정수가 담겨 있는 해월의 '삼경'사상은 일체 생명이 동일한 내재적 가치(intrinsic value)를 지니며 인간과 비인간 모두가 평등하다고 보는 점에서 서구의 탈근대 논의에 나타난 생명관과 일맥상통하는 바가 있다. 근대 인간 중심의 시각을 넘어 전체 생태권으로의 의식 확장을 통해 만인이 '시천주'의 자각적 주체이고 만유가 다 하늘을 모시는 영적 주체라는 평등무이의 세계관을 설파했다는 점에서 동학의 휴머니즘은 근대 서구의 휴머니즘과는 분명 차별화된다. 이러한 그의 사상은 이성과 영성의 분리에 기초한 근대 휴머니즘의 태생적 한계를 치유하는 묘약을 제공한다. 특히 해월의 '경물'에 대한 논의는 인간 중심의 가치에 기초하여 도구적 이성과 도구적 합리성을 근간으로 자연의 도구적 존재성만을 인정하는 근대 서구의 가치관과는 단적으로 구별된다. 실로 가장 근원적인 의미에서 하늘과 사람과 만물이 소통하는 세상을 구가하고자 했던 해월, 그는 진정한 의미에서의 혁명가이자 네오휴머니즘의 구현자이다.

특히 해월은 천지개벽의 도수(度數)에 따른 후천 곤도(坤道) 시대의 도래와 맥을 같이 하여 부화부순(夫和婦順)을 동학의 제일 종지[221]로 삼아 음양의 조화를 강조하고 부인 수도를 도의 근본으로 삼았다. 여성과 남성, 아이와 어른이 동일하지 않다고 하는 것은 기연(其然)적 차원에서의 관찰일 뿐, 불연(不然)적 차원에서 보면 모두가 똑같은 하늘이다. 통섭적 세계관을 바탕으로 하는 불연기연(그렇지 아니함과 그러함)의 논리는 체(體)로서의 불연과 용(用)으로서의 기연의 상호 관통에 대한 논리로서[222] 본체계와 현상계의 회통을 그 본질로 하는 까닭에 각지불이의 단계에 이르면 불연이 곧 기연임을 알게 되므로 하늘과 사람과 만물의 필연적 관계성에 대한 자각이 이루어져 여성이나 남성, 아이나 어른 모두가 똑같은 하늘임을 알게 되는 것이다. 이러한 해월의 여성관은, 여성의 나약함을 이유로 들어 여성이 남성의 지배하에 있을 수밖에 없으며 민주정에서의 여성의 정치참여가 불가하다고 주장한 스피노자의 여성관[223]과는 대조적이다.

　동학의 생명사상은 공공성과 소통성, 자율성과 평등성의 원리에 기초하여 조화적 공동체를 이루는 정치철학적 기제가 된다. 해월은 '성경외심(誠敬畏心)'과 '대인접물(待人接物)'이 지극한 성인에 이르는 길이라고 말한다.[224] 정성을 다해 공경하고 하늘의 이치에 어긋나지 않도록 두려워하는 마음으로 사람을 대하고 물건을 접함에 있어 하늘 대하듯 하면 지극한 성인에 이를 수 있다는 것이다. 그것은 경천(敬天)·경인(敬人)·경물(敬物)의 자각적 실천을 통해 참자아의 자각적 주체가 됨으로써 가능한 것이다. 하늘을 공경하고 사람을 공경하고 만물을 공경함에까지 이르러야 도덕의 극치에 이르고 천지기화(天地氣化)의 덕(德)에 합일될 수 있다는 것이다. 그것은 수심정기를 요체로 하는 '불이(不移)'의 경계에서 '신령'과 '기화', 즉 생명의 본체[하늘]와 작용[우주만물]이 하나임을 알아 상생의 삶을 자각적으로 실천하는 것이다. 해월이 수심정기를 강조한 것은 단순히 개인의 도덕적 인격의 완성을 위한 것이 아니라 만인이 동귀일체하여 후천개벽의 새 세상을 열기 위한 것이었다. 하늘과 사람과 만물의 일체성은 인간 존재의 '세 중심축(天地人 三才)'의 통합성에 대한 자각에서 필연적으로 도출된다. 이러한 생명의 유기성에 대한 자각은 상생의 삶을 실천하는 전제조건이라는 점에서 정치철학의 근본과제가 되는 것이기도 하다.

'정치적 매개만이 이성적 요구들을 일상의 삶 속에 구현될 수 있게 한다'[225]는 알렉상드르 마트롱(Alexandre Matheron)의 말에 스피노자나 해월은 동의했을 것이다. 최초의 자유민주주의 철학자이자 근대 정체(政體)를 정초(定礎)한 스피노자가 추구하는 이성적 삶의 양태는 '개인적 고독 속에서보다는 국가 공동체적 삶 속에서' 더 자유로운 것으로 나타난다. 국가가 필요한 것은 기본적 안전뿐만 아니라 합리적 질서의 유지와 이성적 자유의 실현이라는 보다 적극적인 의미에서이며, 인민의 자율성과 능동성 그리고 언론의 자유가 보장되는 민주정을 이상적인 정체로 보았다.[226] 한편 해월은 부패하고 무능한 조선왕조에 맞서 만백성이 주인이 되는 세상, 모두가 참자아의 자각적 주체가 되는 삶을 설파하며 생명의 소중함을 일깨웠다. 그의 생명사상은 공공성과 소통성, 자율성과 평등성의 원리에 기초한 접포제(接包制)의 실시를 통해 국가를 만인의 공공재로 생각하게 하는 계기를 마련하고 근대적 민중의 대두를 촉발시킴으로써 근대 민족국가 형성의 사상적 토대를 구축하며 나아가 무극대도의 조화세계 건설에 주안점을 두고 있다.

'철학을 도발한 철학자'[227]로 일컬어지는 스피노자의 파격과 천재적 광기 그리고 불굴의 야성은 우리가 진정한 자유인의 삶을 추구할 수 있도록 영감을 불러일으키고 긍정적인 삶의 에너지를 공급해준다. 네덜란드 유대교단으로부터 유대교 비판과 신성 모독죄로 파문을 당하면서 처절한 고독과 빈곤과 정적 속에서 암살 위협에도 시달렸던 그의 삶은, 사도난정(邪道亂正)이라는 죄목으로 교수형에 처해지기까지 지명수배범처럼 '최보따리'로 관군에게 쫓기는 삶을 살았던 '조선의 영혼' 해월의 삶과 유사한 측면이 있다. 이들에게서 삶은 관념이 아니라 하나의 존재 방식이다. 이들은 '삶 속에 있는 선지자'로서 모든 허위와 정념과 죽음을 넘어선 삶을 볼 수 있게 한다.[228] 스피노자 체계의 실존적 함의를 이해하고 해석하는 데는 많은 어려움이 따르는 것으로 알려져 있다. 방대하면서도 정치(精緻)한 철학 체계로 정평이 나 있는 『에티카』와 전일적인 생명의 역동적 본질을 생생하게 보여주는 『해월신사법설』은 '공감(empathy)'이 인간을 이해하는 새로운 패러다임으로 떠오르고 있는 21세기의 인류에게 대안적인 통섭학의 기본 틀과 더불어 공존의 대안사회 마련에 유익한 단서를 제공한다.

이상에서 우리는 스피노자 사상과 우리 고유의 '한'사상, 힌두사상, 화엄사상, 기일원론, 동학사상과의 대화를 시도해 보았다. 이들 동양사상과의 대화는 스피노자의 정치(精緻)한 철학 체계에 대한 이해를 확장시키고 심화시키는 한편, 그 속에 내재된 심원(深遠)한 의미가 좀 더 명료하게 드러날 수 있게 해 주었다. 스피노자의 관점에서 '자기원인'이자 만물의 원인인 신을 알지 못하고서는 삶의 심연(深淵)과 마주할 수가 없다. 왜냐하면 신을 알지 못한다는 것은 만물의 자기근원성을 알지 못한다는 것이고 이는 곧 우주의 본질인 생명의 전일성을 알지 못하는 것이기 때문이다. 있는 그대로의 우주를 직시하지 못하는 인식의 빈곤 상태에서 의지의 자유란 한갓 환각(幻覺)에 불과한 것이다. 그런 까닭에 스피노자는 인간에게서 해방된 신, 신에게서 해방된 신인류의 탄생을 염원하며 인간과 신이 소통하는 세상을 구가하고자 했다. 태양에서 빛이 나오는 것과도 같이 자연의 합리적 질서에 대한 참된 인식에서 나오는 '신에 대한 사랑'의 정서는 그 어떤 의미에서도 신에 대한 복종의 정서와는 다르다. 만유의 실체인 신에 대한 복종은 곧 의식의 자기분열을 의미하는 것이기 때문이다.

산업사회의 정치 · 경제 논리와 문화적 정체성이 '정보화혁명'으로 구심력을 상실하고 네트워크가 모든 것을 지배하는 사회로 이행되고 있는 문명의 대전환점에서 우리는 인식과 존재의 혁명적 전환을 위한 묘약(妙藥)을 '오래된 미래'인 동양적 지혜의 정수(精髓)와 스피노자 사상과의 대화를 통하여 탐색할 수 있었다. 윤리적 실천의 측면에서 동양사상에서 강조하는 수행을 통한 복본(復本)의 과정은 스피노자의 '직관지'에 이르는 과정과 조응해 있다. 특히 동양사상에서 공통적으로 기용하는 생명의 순환도(圖)는 본체계와 현상계의 회통을 통해 생명의 역동적 본질을 생생하게 보여줌으로써 스피노자의 유일 실체와 양태의 일원성에 대한 이해를 심화시킨다. 스피노자의 '신즉자연'은 '군림하는 신'의 지위가 영구적으로 박탈된 것임을 표징하는 동시에 생명의 전일성과 자기근원성을 함축한다. 이성의 명령을 따르는 자유인의 삶은 생명의 전일적 본질과 상호의존성에 대한 인식을 전제로 한다. 이러한 스피노자의 인식이야말로 존재혁명을 추동하는 기제가 되는 것이다. 오늘날 스피노자가 부활할 수밖에 없는 이유가 여기에 있다.

스피노자 사상에서의 '파격'은 사상과 자유의 발전을 위한 다른 길을 예견하고 건설할 수 있게 하는 살아있는 파격이다.…근대 초창기에는 '변종'인 것처럼 보였던 스피노자의 사고 툴이 오늘날에는 근본적으로 대안적인 것이 되고 구체적으로 혁명적인 것이 되었다.

"The 'anomaly' in the thought of Spinoza…is a living anomaly that anticipates and can construct a different path for the development of thought and liberty.…Spinoza's tools for thinking, which seemed 'abnormal' at the start of the modern era, have today become…radically 'alternative,' concretely revolutionary."

- Antonio Negri, *Spinoza for Our Time: Politics and Postmodernity*(2013)

06 | 스피노자 사상의
현대적 부활

- 알렉상드르 마트롱(Alexandre Matheron)
- 질 들뢰즈(Gilles Deleuze)
- 안토니오 네그리(Antonio Negri)
- 피에르 마슈레(Pierre Macherey)
- 에티엔 발리바르(Étienne Balibar)

스피노자의 철학은 현대에 들어서도 많은 사상가들과 철학자들의 사유 속에 면면히 이어져 오고 있다. '스피노자의 현재성'은 스피노자 연구의 르네상스에 기인하는 것으로 특히 1960년대 이후 프랑스의 철학적 흐름 및 운동과의 맥락 속에서 그 의미가 파악될 수 있다. … 스피노자의 사상과 철학이 오늘날에도 여전히 유효한 것은 21세기 대안문명 건설의 단초가 거기에 내재해 있기 때문일 것이다. … 마트롱은 현자의 '현세적' 활동이 '부르주아적인' 자유 국가와 인간 상호적인 이성적 삶이라는 과도기적 단계를 넘어 훨씬 더 광범위한 메타-역사적 기획에 복속된다고 본다. 그것은 '정신들의 코뮤니즘'을 세우는 것이다. …들뢰즈는 스피노자의 삶의 방식과 사유 방식이 비현실적인 환영(幻影)들에 맞서 적극적이며 긍정적인 삶의 이미지를 보여준다고 말한다. 오직 이러한 관점에서만 스피노자의 기하학적 방법은 충분히 이해될 수 있고 의미를 지닐 수 있게 된다는 것이다. … 네그리는 스피노자의 민주주의가 '전체로서의 다중(integra multitudo)'이라는 양적인 의미와 존재론적으로 특징지어지는 '비소외'라는 질적인 의미를 동시에 갖는다고 본다. …마슈레는 대결의 문제 설정을 통해 사상의 연쇄과정을 통찰함으로써 철학적 반성 작업 및 해석을 위한 조건을 마련한다. …발리바르는 스피노자의 독창성이 대중 자체를 탐구와 반성, 역사적 분석의 주요 대상으로 삼았다는 데 있다고 본다.

— 본문 중에서

스피노자가 '변종' 또는 '별종'의 철학자로 일컬어지게 된 것은 그의 철학 체계가 근대성과 탈근대성, 종교성과 탈종교성의 접합이라는 특질을 함유하고 있기 때문일 것이다. 그러한 접합적 특질에 따른 그의 폭넓은 사상적 스펙트럼은 근대 이후 오늘에 이르기까지 다양한 분야에 걸쳐 광범한 영향을 미쳐 왔으며 또한 다양한 해석상의 도전에 직면하게 했다. 18세기 후반 스피노자 철학을 극찬한 레싱의 관점을 야코비가 공개하면서 공식적으로 조명 받기 시작한 스피노자는 19세기에 들어서는 특히 독일 관념론과 사회주의에 지대한 영향을 미쳤다. 19세기 말과 20세기 초 스피노자 학파의 전성기가 열린 후 스피노자 연구는 얼마간 소강상태를 보였는데, 프랑스의 경우 1930년대 이후 1950년대까지는 거의 연구가 이루어지지 못했다. 그럼에도 스피노자의 철학은 알프레드 화이트헤드(Alfred North Whitehead)의 『과정과 실재 Process and Reality』(1929)와 모리스 메를로퐁티(Maurice Merleau-Ponty)의 『지각의 현상학 Phénoménologie de la perception』(1945) 속에 재구성되어 나타났다.

1960년대 말 이후 스피노자 연구는 양적인 측면에서뿐만 아니라 질적인 측면에서도 비약적인 발전이 이루어졌다. 특히 프랑스의 스피노자 연구는 주로 좌파적인 성향을 띠며 1960년대 말부터 본격화되어 괄목할 만한 수준의 성과를 거두면서 스피노자 르네상스가 열렸다. 이들 연구의 특징을 도식적으로 구분하기란 매우 어렵지만 대개 다음 세 시기로 구분해 볼 수 있다. 첫 번째 시기는 스피노자 연구가 활성화되면서 알렉상드르 마트롱(Alexandre Matheron), 질 들뢰즈(Gilles Deleuze), 마르샬 게루(Martial Gueroult) 등의 기념비적 저작을 통해 현대적인 스피노자 연구의 기반이 마련된 1960년대에서 1970년대까지이고, 두 번째 시기는 스피노자 연구가 조직화되면서 안토니오 네그리(Antonio Negri), 피에르 마슈레(Pierre Macherey), 에티엔 발리바르(Étienne Balibar), 앙드레 토젤(AndréTosel) 등으로 대표되는 강한 실천지향적 성격의 연구가 이루어진 1980년대에서 1990년대 초반까지이며, 세 번째 시기는 마슈레 자신의 연구에서 보듯 철저한 문헌학적 연구와 학문적 주석에 기초하여 스피노자 철학의 현재성을 검토하기 시작한 1990년대 중반에서 현재에 이르는 시기이다.[229]

1960년대 말 이후 스피노자 연구의 르네상스는 20세기 후반 프랑스 철학을 주도한 흐름인 구조주의(또는 포스트구조주의 post-structuralism)* 운동과 긴밀하게 결부되면서 구조주의 운동의 철학적 기초를 제시하고 그 쟁점을 부각시키는 역할을 했다. 프랑스의 인류학자 클로드 레비스트로스(Claude Lévi-Strauss)가 문화체계를 이루는 요소들의 구조적 관계라는 관점에서 문화체계

---

* 구조주의와 포스트구조주의는 시기적으로 겹쳐 있기 때문에 명확하게 구분하기란 쉽지 않다. 구조주의는 20세기 초 페르디낭 드 소쉬르(Ferdinand de Saussure)의 언어학 강의에서 시작되어 클로드 레비스트로스로 계승되고 1960년대에 들어 조르주 캉길렘(Georges Canguilhem), 루이 알튀세르(Louis Pierre Althusser), 자크 데리다, 미셸 푸코, 장 프랑수아 리오타르, 자크 라캉, 롤랑 바르트, 들뢰즈 등의 참여로 활기를 띠면서 프랑스 사상계를 지배했다.

를 분석한 데서도 알 수 있듯이, 구조주의는 어떤 요소도 고립되어 있지 않으며 구조적 관계에서 차지하는 위치에 따라 그 의미가 결정된다고 보고 체계 전체를 연구 대상으로 구조적 상호관계에 초점을 두고 상호 기능 작용을 설명하는 방법이다. 구조주의가 구조를 선험적·보편적인 것으로 생각하며 필연을 사유하고 결정론과 합리주의에 닿아 있다면, 포스트구조주의는 구조의 역사성과 상대성에 착안하여 다원화되고 탈중심화된 역동적인 형태를 띤다. 그러나 구조주의나 포스트구조주의는 자본주의나 사회주의와 같이 명확한 형태를 갖춘 사상적 조류라고 보기는 어려우며 포스트구조주의자들 사이에서도 통일된 견해를 수립하기란 쉽지 않다. 그럼에도 포스트구조주의는 포스트모더니즘과 맞물려 서구적 근대의 도그마에 대한 근본적이고도 종합적인 비판과 이성의 자기성찰을 담고 있으며 근대성을 대안적인 형태로 제시한 스피노자의 사상과도 동일한 맥락으로 연계되어 있어 그 시사하는 바가 크다.[230]

자크 데리다(Jacques Derrida), 미셸 푸코(Michel Paul Foucault), 장 프랑수아 리오타르(J. F. Ryotard), 자크 라캉(Jacques Lacan), 롤랑 바르트(Roland Barthes), 들뢰즈 등의 포스트구조주의자들은 근대 자유주의의 사상적 토대를 형성한 인식의 주체, 사유의 주체로서의 이성적이고 합리적인 자아의 진리관을 거부하고 주체의 해체를 통해 주체와 객체의 명확한 구분이 사라지게 함으로써 포스트모던 시대를 열었다. 근대사회의 이원화된 지배구조 속에서 '구성된 주체'는 능동이 아니라 피동이며, 자유가 아니라 충동이고, 상상에 의한 가상적 주체일 뿐이므로 그러한 주체는 해체되어야 하는 것이다. 이러한 주체와 객체의 이분법의 해체는 실체와 양태의 일원성에 기초한 스피노자의 관점과도 일맥상통한다. 스피노자 역시 오직 인간 행위가 능동인 경우에만 자유이고 현실적 주체인 것으로 보았다. 실증주의와 실존철학이 주로 자연학과 인간학에 몰두하며 신의 절대성을 기반으로 한 종래의 형이상학적 진리관을 해체시키려 했다면, 해체주의는 거의 모든 분야에서 이성의 절대성을 기반으로 한 종래의 형이상학적 진리관을 해체시키려 했다. 말하자면 신의 절대성·중심성이 허구인 것처럼 이성의 절대성·중심성 또한 허구인 까닭에 '존재의 형이상학'은 해체되어야 한다는 것이다. 절대성과 중심성이 허구인 것은 그 자체 속에 분리성이 내재되어 진리와 멀어졌기 때문이다.[231]

스피노자 연구는 20세기 프랑스 철학의 세 가지 흐름, 즉 빅토르 쿠쟁(Victor Cousin)과 멘 드 비랑(Maine de Biran) 이래 앙리 베르그송(Henri Bergson)까지 지속된 유심론적·종교적 성향의 철학, 20세기 초 이에 대한 반발로 등장한 장 폴 사르트르(Jean Paul Sartre)와 메를로퐁티(Maurice Merleau-Ponty)를 중심으로 한 비판적·관념론적 철학, 그리고 오귀스트 콩트(Auguste Comte)에서 시작해 20세기 중반의 바슐라르(Gaston Bachelard)와 캉길렘, 알튀세르, 푸코 등으로 이어지는 개념적·과학적 성향의 철학, 이들 세 가지 흐름 사이의 갈등과 투쟁 속에서 세 번째 흐름의 입장의 편에 서서, 국수주의적인 유심론 철학의 입장 및 코기토적 주체의 전통을 복원하려는 비판적·관념론적 입장에 대항하는 개념적 수단을 제공하고 철학적 뒷받침을 해 온 것으로 평가된다.[232]

이렇듯 스피노자의 철학은 현대에 들어서도 많은 사상가들과 철학자들의 사유 속에 면면히 이어져 오고 있다. '스피노자의 현재성'은 스피노자 연구의 르네상스에 기인하는 것으로 특히 1960년대 이후 프랑스의 철학적 흐름 및 운동과의 맥락 속에서 그 의미가 파악될 수 있다. 1960년대 말 스피노자 연구사의 '영웅적 시기'이자 '스피노자주의'가 등장한 이 시기에 오늘날 스피노자 연구의 새로운 지평을 연 프랑스의 철학자 알렉상드르 마트롱은 그의 주저(主著)인 『스피노자 철학에서 개인과 공동체 *Individu et Communautéchez Spinoza*』(1969, 1988)를 출간했다. 본 장에서는 스피노자 사상의 현대적 부활을 마트롱, 들뢰즈, 네그리, 마슈레, 발리바르에서 찾아보기로 한다. 그러면 먼저 『스피노자 철학에서 개인과 공동체』에 나타난 마트롱의 스피노자 독해에서부터 시작해 보기로 하자.

알렉상드르 마트롱

안토니오 네그리는 '스피노자의 현재성'이 마트롱과 들뢰즈에 의한 스피노자의 재발견에 힘입은 바 크다고 말한다. 스피노자의 사상과 철학이 오늘날에도 여전히 유효한 것은 21세기 대안문명 건설의 단초가 거기에 내재해 있기 때문일 것이다. 방대하면서도 정밀한 체계로 이루어진 마트롱의 『스피노자 철학에서 개인과 공동체』는 다음 세 가지 측면에서 스피노자 해석의 새로운 지평을 연 것으로 평가된다. 그 첫째는 스피노자의 존재론에 관한 것이고, 둘째는 스피노자의 정념 이론과 윤리학에 관한 것이며, 셋째는 스피노자의 정치론에 관한 것이다.[233] 이들 세 측면은 마트롱의 저서 제1, 2, 3부에서 각각 다루고 있는 내용들이며, 마지막 제4부는 내적 통일에 기초하여 '해방된 개체성과 현자들의 공동체'에 대한 논의와 더불어 영원한 삶의 토대와 전개를 보여준다. 여기서는 마트롱의 스피노자 독해에 대한 고찰을 통하여 스피노자 사상의 현재성을 탐색해 보기로 하자.

제1부에 나타난 마트롱의 스피노자 독해는 '실체에서 인간 개체로'라는

제목이 말해주듯 스피노자의 존재론에서 개체론에 초점을 두고 있다. 분리 상태에서 연장의 외적 통일로, 나아가 사유의 내적 통일로의 의식의 진화[靈的 進化] 과정을 마트롱은 '초보적 개체성과 경쟁적 우주', '복합적 개체성과 조직된 우주', '의식적 개체성과 내면화된 우주'로 각각 나타내고 있다.[234] "무한지성은 자기 자신의 수준에서는 아무 변질도 겪지 않지만, 다른 수준에서는 무한히 많은 '가장 단순한 정신들(mentes simplissimae)'로 쪼개진다. 자기 자신과 세계에 대해 의식하지 못하며 자신이 잘 알지 못하는 대상[자기 신체]의 실존에 집요하게 집착하는 이 단순 정신들은, 보존 충동의 어두운 밤에 심지어 서로를 알아보지도 못하며 서로 투쟁할 뿐이다."[235] 그러나 마트롱은 이러한 분리가 완벽하지 않으며, '가장 희미한 단계의 개체성에서조차 정신적 우주의 삶을 특징짓는 것은 빛[진리]을 향한 거대한 열망'[236]이기 때문에 궁극적으로는 내적 통일을 실현할 수 있게 된다는 것이다.

서구의 이분법에 익숙한 사람에게는 스피노자 철학에서 유일 실체에 대한 강조가 개체성의 약화로 비쳐질 수도 있다는 점에서 마트롱이 실체가 아닌 개체성을 출발점으로 삼은 것은 의미가 없는 것은 아니다. 헤겔의 '주인과 노예의 변증법'에서도 '개체성(individuality)'은 실현된 자유의 영역을 표징하는 개념으로 나타난다. 다만 그것은 전체와 분리된 개체성이 아니라 주관성과 객관성의 변증법적 통합으로서이다. 그러나 스피노자 철학체계의 본질을 꿰뚫은 자에게는 우선 순위에 있어 '실체냐 개체성이냐'하는 것은 문제의 본질에서 벗어난 것이다. 왜냐하면 유일 실체가 곧 개체성이기 때문이다. 실체냐 개체성이냐 하는 순간, 이분법의 함정에 빠지게 된다. 전체성과 개체성은 마치 바닷물과 파도의 관계와도 같이 하나의 진리를 본체와 작용의 양 측면에서 관찰한 것이다. 스피노자 철학체계에서 실체와 속성과 양태의 구분은 설명의 편의상 설정한 논리적 단계일 뿐 실제로는 분리 자체가 근원적으로 불가능하다.

스피노자의 사유와 동양적 사유의 근친성을 알아차린 사람에게는 실체냐 개체성이냐의 문제는 발생하지 않는다. 현대 물리학의 전일적 실재관과도 상통하는 동양적 사유는 물질의 공성(空性)에 대한 이해를 바탕으로 우주의 실체가 물질적 껍질이 아니라 의식이라는 사실을 분명히 인식하고 있기 때문이다. 스피노자의 유일 실체[신·자연]는 우주만물의 본질로서 내재해 있는 까닭에 유일 실체가 없는 곳이 없으니 범신론이라고 한 것이다. 일즉다(一卽多)요 다즉일(多卽一)이다. 유일 실체가 만유의 본질로서 내재해 있는 것을 두고 '성(性)' 또는 참본성이라고 부르는 것이니 참본성은 하나이다. 하나인 참본성[一氣]이 만유를 관통하고 있는 것이다. 우주의 실체는 의식이므로 하나인 참본성은 곧 참자아이다. 유일 실체[신]가 모든 개체의 참자아[大我]이다. 이 대아(大我)가 자기복제로서의 작용을 통해 무수한 소아(小我)로 나타난 것이 우주만물이니,* 신과 우주만물은 분리될 수 없다. 거시 은하계로부터 미시 원자세계에 이르기까지 전 우주는 자기유사성의 패턴, 즉 프랙털(fractal) 구조로 이루어져 있는 것이다.

스피노자의 범신론에 대한 해석은 그의 신 개념만큼이나 논쟁적이다. 스

---

* 전체성인 참자아(spiritual self)가 자기복제로서의 작용을 통해 개체성인 물질적 자아(corporal self)의 형태로 현현하는 것은 앎을 존재로서 체험하기 위한 것으로 이는 영적 진화와 관계된다. 비존재와 존재, 영성과 물성이 하나임을 알기 위해서는 앎을 존재로서 체험하지 않으면 안 된다. 정신은 오직 물질을 통해서만 스스로를 구현할 수 있는 까닭이다. 이분법은 앎의 원을, 삶의 원을 완성시키기 위한 방편일 뿐, 진정한 앎은 이원성을 넘어서 있다. 이러한 사실을 알지 못한 채 선과 악의 진실게임에 빠져들면 '삼사라(samsara 生死輪廻)'가 일어난다.

피노자가 무신론자인가 아니면 '신에 취한 자'인가 하는 해석상의 문제는 '신을 어떻게 인식할 것인가'라는 인식론상의 문제와 결부된다. 스피노자는 유대교적인 기독교 전통에 있어서의 의인화된 신 관념을 배격한다는 점에서 전통적 의미의 신관에서 보면 그는 무신론자이다. 그러나 '자기원인'이자 만물의 원인이 신이라는 스피노자의 관점에서 보면 그는 '신에 취한 자'이다. 마찬가지로 마트롱이 게루나 들뢰즈처럼 범신론적 관점과의 단절을 선언한 것은, '스피노자 철학을 유일 실체의 철학으로, 그래서 모든 소가 검게 보이는 무구별의 철학으로 바라보았던 전통적 의미의 범신론적 관점과의 단절'[237]이다. 이러한 범신론은 제1종의 '표상지' 단계의 인식의 산물이다. 필자가 인식하는 스피노자의 일원론적 범신론은 만물이 개별의 이(理)를 구유하고 있지만 그 개별의 '이'는 보편적인 하나의 '이'와 동일하다는 '이일분수(理一分殊)'라는 명제와 일맥상통한다.* 또한 이일(理一)과 분수(分殊)를 통체일태극(統體一太極)과 각일기성(各一其性)으로 명쾌하게 설명한 율곡의 관점과도 일맥상통한다. 말하자면 보편성과 특수성, 전체성과 개체성의 합일에 기초한 것으로 물질 일변도의 사고로는 결코 이해할 수 없는 영역이다.

　마트롱이 스피노자의 실체와 개체성에 대해 거의 1백쪽에 걸쳐 장황하게 설명하고 있지만, 단 몇 줄로 명쾌하게 설명한 동양적 사유의 정수에 가 닿지는 못하고 있다. 어쩌면 그것은 서양의 '분석적'인 사고방식의 한계인지도 모른다. 스피노자의 철학 체계에 대한 해석상의 문제는 대부분이 이분법

---

*　"천지의 理가 곧 만물의 理이고, 만물의 理가 곧 사람의 理인 것이 '統體一太極'이고, 비록 理는 하나이지만 사람의 性이 사물의 性이 아니고, 개의 性이 소의 性이 아닌 것이 '各一其性'이다(『栗谷全書』卷10, 書2「答成浩原」)."

적인 경계 저 너머에 있는 그의 철학 체계 전반에 대한 포괄적이고도 심층적인 이해가 결여된 데서 오는 것이다. 개체성이 실재성을 지니려면 전체와 분리되어서는 안 된다는 것이 스피노자 사상의 핵심이다. 자기 보존의 노력이 실효를 거두려면 전 우주가 상즉상입(相卽相入)의 구조로 상호 연기(緣起)하고 있음을 직시해야 한다. 말하자면 이 우주가 '상호 긴밀히 연결되어 있는 에너지-의식의 그물망'임을 인식할 수 있어야 한다. 스피노자가 코나투스(conatus) 학설을 제시한 것도 '사물의 필연성이 곧 신의 영원한 본성의 필연성 자체(제2부 정리44 보충2 증명)'임을 명료하게 인식할 수 있을 때, 다시 말해 개체성과 전체성의 불가분성(inseparability)을 인식할 수 있을 때 자기보존은 물론 궁극적인 자아실현 또한 가능한 것임을 알려주기 위한 것이었다.

제2부에 나타난 마트롱의 스피노자 독해는 분리를 표상하는 '소외된 개체성과 자연 상태'에 관한 것이다. 마트롱은 『에티카』에 나타난 자연 상태가 삼중의 모순, 즉 정념적 삶 자체의 내적 모순, 이성과 정념 사이의 모순, 이성의 요구들 자체의 내적 모순을 안고 있으며 바로 이 모순 때문에 자연 상태는 극복된다고 본다. 우선, 정념적 삶 자체의 내적 모순은 인간 개체가 대개 수동적이며 외적 원인들에 예속되어 있는 관계로 소외된 상태에서 다른 개인들과 더불어 갈등적 공동체에 참여한다는 사실에서 오는 것으로 이를 5장 '정념적 삶의 토대와 전개'에서 다루고 있다. 다음으로, 이성과 정념 사이의 모순은 어떤 인간이든 공통 관념을 소유하고 있지만, 이성의 발달은 정념적 삶에 의해 속박된다는 사실에서 오는 것으로 이를 6장 '이성의 상대적 무력함'에서 다루고 있다. 마지막으로, 이성의 요구들 자체의 내적 모순은 자연 상태에서는 이성이 충분히 계발될 수 있는 조건들이 충족될 수 없다는 사실에서 오는 것으로 이를 7장 '이성적 삶의 토대'에서 다루고 있다.[238]

그리하여 마트롱은 이 세 가지 모순, 특히 첫 번째 모순을 바탕으로 자연 상태에서 정치사회로의 필연적인 이행을 이해할 수 있다고 본다.

마트롱은 그가 제2부에서 제시한 정교한 정념 이론을 통해 정념의 원천을 지향 대상에 두는 전통 정념론과, 개체적 본질의 실재성을 바탕으로 한 코나투스에 두는 스피노자의 이론을 대비시키며 스피노자 감정론의 근대성을 명료하게 보여준다.[239] 스피노자 감정론의 근대성을 이해함에 있어 그 핵심 개념인 주체와 대상의 관계는 칸트의 혁명적 사유방식에 잘 나타나 있다. 칸트는 합리론의 형이상학적 독단론과 경험론의 회의주의를 극복하기 위하여 주체가 대상으로 향하는 것이 아니라 대상이 주체로 향하는 '코페르니쿠스적 전회(轉回)'를 시도하였다.[240] 칸트의 관점에서 볼 때 데카르트를 비롯한 합리론자들은 경험을 배제하고 판명한 실체와 인식을 추구했기 때문에 독단에 치우쳤으며, 로크를 비롯한 경험론자들은 '주체가 대상을 향한다'는 대상 위주의 관점이었기 때문에 인식의 확장을 가져오지 못하고 회의주의에 빠지게 되었다는 것이다. 사유방식의 혁명으로 지칭되는 이 시도는 우리의 인식이 대상에 따라서 규정되는 것이 아니라 대상이 우리의 인식에 따라서 규정되는, 인식 주체의 능동성과 자율성을 상정한 것으로 칸트 인식론과 형이상학의 바탕을 이루는 것이다. 마치 지구가 스스로 움직여 태양 주위를 돌듯이, 인식하는 선험적 주관(統覺 apperceptionl)의 규범적 작용이 먼저 일어나 대상으로서의 세계를 규정한다는 것이다.[241]

주체가 대상으로 향하면 인식이 대상으로 인해 생겨나게 되어 '대상의 입장'이 되므로 피동적이 될 수밖에 없다. 그러나 대상은 그 자체로는 대상이 아니며 우리의 인식으로 인해 비로소 대상이 되는 것이므로 이러한 사실을 깨달으면 인식과 대상 모두에 '대상'이란 것이 없다는 것을 알게 된다. 그리하여 대상이 주체로 향하여 종국에는 주체와 대상이 하나가 되는 '대립이 없는 입장'에서 고도의 능동성과 자율성이 발휘될 수 있는 것이다. 칸트의 인식론과 형이상학의 지향점이 여기에 있다는 것은 분명하다. 왜냐하면 그가 말하는 최고선(善)의 이상은 행복이 도덕성과 엄밀한 비례관계를 이루는 것을 의미하기 때문이다.[242] 한편 스피노자의 철학 체계에서도 인식이 결핍되면 관념은 참이지도 않고 적합성을 띨 수도 없으며 그 대상 또한 마찬가지다. 관념이 참인 것의 기준은 관념과 그 대상의 일치이다(제1부 공리 6). 관념이 무한 지성에 속할 경우, 관념은 연장에 속하는 그 대상과 완전히 일치할 수밖에 없다는 점에서 신 안에 있는 모든 관념은 그 대상과 완전히 일치하므로 관념은 모두 참이라는 결론이 나온다. 따라서 스피노자의 인식론과 형이상학의 지향점 역시 능동성과 자율성이 발휘될 수 있는 '대립이 없는 입장'에 있다는 것은 분명하다.

또한 마트롱은 스피노자 감정론의 독창성과 현대적 함의를 밝혀냄에 있어 인간 상호간의 감정 모방 기제에 주목한다. 그것은 공통의 인간 본성에 기인하는 타인과 우리의 유사성에서 오는 것이다.[243] 이러한 유사성은 인간이 지향하는 가장 고차원적 욕구가 적대적 경쟁보다는 유대감이라는 점을 이해할 수 있게 한다. 이러한 '유사성의 윤리'는 개인과 공동체의 불가분성을 함축하며, 인간 상호관계의 토대가 되는 권력 경쟁의 다양한 양상인 복합 정념들을 극복할 수 있게 함으로써 인간 해방의 계기를 내포한다. 스피노자의 감정론은 다윈식 적자생존 대신에 '공감(empathy)'이 인간을 이해하는 새로운 패러다임으로 떠오르고 있는 오늘날 재음미될 수 있다는 점에서 그 현대적 함의를 읽을 수 있다. 특히 마트롱은 스피노자의 감정론 가운데 사회성의 토대로서 명예에 대한 야망에 주목하여, '야망은 인간 공동체의 접합제'이며 '구조를 최적의 현실화 수준에 근접시키는 구조의 변이'[244]라고 말한다. 영예의 추구는 이기주의냐 이타주의냐의 양자택일이 아니라 양자가 일치하는 시원적 장소에 위치해 있다는 점에서 개인주의와 공동체주의의 이원성을 극복할 수 있는 계기를 마련한다는 것이다. 그러나 이성적 삶의 토대에서 현실적 전개로의 이행을 가능하게 하고 이성의 요구들이 일상의 삶 속에 구현될 수 있게 하는 것은 오직 정치적 매개뿐이다.[245]

제3부에 나타난 마트롱의 스피노자 독해는 외적 통일을 표상하는 '정치사회와 지도된 소외'에 관한 것이다. 여기서는 정치사회 조직이 윤리적 이행의 필수적 계기가 되며, 국가의 제도들을 통해 정념들은 교화되고 조정된다. 특히 자유 국가는 사회에도 유용하고 이성과도 양립할 수 있는 정념들을 길러내는 적절한 조건을 갖춘 국가이다. 이성은 혼자 힘만으로는 추동력을 발휘할 수 없기 때문에 그 자신과 양립 가능한 정념들을 필요로 하며, 정치사회 조직을 통하여 정념적 인간들 간의 상호작용이 일어난다. 마트롱에게 있어 '사회체의 정념이론'[246]으로서의 정치이론은 이러한 상호작용이 수용할 수 있는 '자가조절적 평형의 형태'를 탐구하는 것이다. 그는 자유 정체들이 정치적으로 흠잡을 데 없으며, 외적 개입을 고려치 않는다면 이 정체들의 자가조절 메커니즘은 아주 잘 짜여 있고 지배적인 풍습에도 잘 적응되어 있으므로 이 정체들에는 영원이 약속되어 있다고 본다. 신정(神政)이 국가를 야만의 수준에서 안정시켰듯이 이 정체들은 국가를 문명의 수준에서 안정시킨다는 것이다.[247] 마트롱의 저서 『스피노자 철학에서 개인과 공동체』에 나타난 그의 스피노자 연구는 처음으로 정치 문제를 스피노자의 '진정한 철학적 문제'로 제기했다는 점[248]에 그 의의가 있다. 스피노자 자신도 『신학정치론』과 『정치론』에서 사회를 떠나서는 이성의 진보란 아예 불

가능하다고 언급하고 있다.[249]

마트롱은 자유 정체들에 대해 철학적 관점에서 두 가지 물음을 제기한다. 즉 '자유국가는 사람들이 외적으로는 마치 이성의 통치를 받는 양 행동하도록 조건을 형성하는가?' 그리고 '자유 국가가 사람들에게 마련해 주는 지각장(知覺場)은 이성의 발달에 유리하게 작용하는가?'가 그것이다. 마트롱은 첫 번째 물음에 대한 답변이 당연히 긍정적이라고 보고 세 가지 측면에서 그 근거를 제시한다. 그 첫째는 가장 완전하고도 강한 의미에서의 화합, 다시 말해 욕망들의 수렴이 지배하는 데 필요한 모든 조건들이 구비된다는 것이다. 상업적 계약에서나, 정치적 경쟁에서나, 종교적 전도에서나, 신의와 성실이 규칙이 된다는 것이다. 둘째는 이로 인해 모든 차원에서의 교환이 비상하게 확산된다는 것이다. 반전의 위험이 없는 긍정적 상호성의 여러 사이클들이 펼쳐질 것이며, 정념적 감사가 규칙이 될 것이고, 분노와 복수심은 예외가 된다는 것이다. 셋째는 긍정적 상호성의 이 상이한 사이클들은 결코 불변적이지 않다는 것이다. 교역에서든 엘리트 선별에서든, 자유 국가의 시민은 경솔하게 상대방을 선택하기에 앞서 반성하는 습관을 지니게 되고 따라서 숙고해서 신중하게 결정하는 법을 익히게 된다는 것이다.[250]

다음으로 자유 국가는 시민들이 타인과 맺는 관계를 조직하는 방식을 통해 시민들에게 신의의 규칙, 감사의 규칙, 상대방 선택에서의 신중함의 규칙을 이행하는 성향을 심어준다는 점에서 마트롱은 두 번째 물음에 대한 답변 역시 긍정적이라고 보고 두 가지 측면에서 그 근거를 제시한다. 그 첫째는 긍정적 감정이 부정적 감정보다 전반적으로 우세하기 위해 필요한 모든 조건이 구비되므로 모든 영역에서 인간 행동은 악의 관념보다는 선의 관념을 훨씬 더 많이 따르게 된다는 것이다. 둘째는 각 개인의 의식은 다양하고

끊임없는 대조 작업이 이루어지는 극장이 될 것이므로 '(현재의) 더 작은 선보다 (미래의) 더 큰 선을, 더 큰 악보다 더 작은 악을 선호하는 법' 등을 성공적으로 배우게 된다는 것이다. 따라서 자유 국가의 시민은 사적인 삶의 협소한 영역을 넘어서는 모든 일에 대해서는 그들이 개인적으로 어떤 결론을 내리든 외적 행위에서는 이성의 요구들을 따를 수밖에 없다는 것이다. 이성에 부합하게 행동한다는 것이 오직 이성의 명령 하에서만 행동한다는 것은 아니지만, 후자의 비중이 부단히 증가하기 위한 지반은 이미 준비된 셈이므로 이성의 발달에 유리하게 작용할 수 있다는 것이다.[251]

따라서 자유 국가에서는 그 어떤 고통이나 증오보다도 더 강력한 사랑, 바로 철학자가 접근할 수 있는 신을 향한 사랑을 계발할 수 있다는 것이다. 이로써 이성을 향한 궤적은 전부 그려졌다고 마트롱은 말한다. 자유 국가의 문화적 환경은 이성의 요구를 충족시키는 데 필요한 '정념적 원군'을 공급해 줄 뿐만 아니라, 지적 진보의 외적 조건 역시 창출한다. 그러나 마트롱은 가장 중요한 지점이 아직 남아 있다고 본다. 자유 국가의 시민인 이 완벽한 '부르주아'는 철저하게 소외된 상태로 머물러 있다는 것이다. 비록 그가 평균적인 인간 유형보다 도덕적으로 우월하다 해도 이는 오직 소외가 적절하게 관리되는 한에서만 그렇다는 것이다. 하지만 희망적인 것은 그가 유리하게 정비된 환경을 이용하여 진정한 자유에 접근할 수 있다는 점이다.[252] 그것은 바로 해방된 개체성과 완전한 공동체의 영역인 '영원한 삶'에 능동적으로 참여하는 것이다.

제4부에 나타난 마트롱의 스피노자 독해는 내적 통일을 표상하는 '해방된 개체성과 현자들의 공동체'에 관한 것이다. 여기서는 제3종의 인식인 '직관지'를 통해 교유하는 완전한 공동체로서의 코뮤니즘과 영원한 삶을 다룬

다. 우선 개인적인 영원한 삶의 토대는 '신에 대한 지적 사랑'이다. 제3종의 인식은 우리에게 신을 필연적으로 사랑하게 하며, 이 사랑은 완전하기 때문에 필연적으로 불변이고, 다른 모든 형태의 사랑과 근본적으로 구별된다.[253] 인간 상호적인 영원한 삶의 토대는 '신에 대한 지적 사랑'이 가능케 하는 완전한 교유이다. 마트롱은 신에 대한 사랑이 인간들 사이에 어떤 유형의 관계를 수립하는지를 알기 위해서는, 먼저 이 사랑이 신과 인간 사이에 어떤 유형의 관계를 수립하는지를 검토해야 한다고 본다. 즉 '우리가 신을 사랑하듯 신도 우리를 사랑할 수 있을까?'라는 것이다. 신의 활동 역량은 불변이므로 신은 기쁨도 슬픔도 느끼지 않는다. 따라서 신에게 기쁨이나 사랑이라는 감정은 슬픔이나 미움과 마찬가지로 낯설다. 인간이 행하는 어떤 것도 신에게 감정을 불러일으키지 못하기 때문에 우리가 신을 사랑하는 그 대가로 신이 우리를 사랑하게 할 방법은 없는 것이다. 하지만 신은 '자기원인'의 관념이 수반하는 무한한 지복을 영원히 향유한다. 신이 자기 자신에 대해 가지는 관념은 신의 본성에서 도출되는 모든 관념을 필연적으로 포함하므로 신은 자기 자신을 사랑하면서 자신이 산출하는 개체들 모두를 필연적으로 사랑하는 셈이 된다.[254]

마트롱은 신에 대한 우리의 지적 사랑을 '우리 정신의 핵심을 구성하는 영원한 관념이 원인으로서의 신의 관념을 동반하면서 자신의 본질과 신체의 본질을 영원하게 응시하는 활동'[255]이라고 규정한다. 신에 대한 정신의 지적 사랑은 신이 자기 자신을 사랑하는 무한한 사랑의 일부이다.[256] 신에 대한 정신의 지적 사랑과 인간에 대한 신의 사랑은 동일하다.[257] 이 경우 주체와 대상은 일체가 된다. 따라서 "우리가 신을 사랑함을 의식할수록, 우리는 신의 사랑을 받고 있음을 더욱 의식하게 된다. 물론 신의 관점에서 볼 때

바뀌는 것은 전혀 없지만, 우리의 행복은 이에 달려 있다."[258] 이러한 천인합일의 이치를 깨달으면 타인과 내적으로 소통할 수 있게 된다. 마트롱은 각 개인들이 제3종의 인식으로 다른 모든 개인들과 우리 자신을 인식하게 되면 다음의 네 등식이 성립된다고 본다. 즉 신에 대한 우리 자신의 사랑=타인에 대한 우리 자신의 사랑=사람들에 대한 신의 사랑=우리에 대한 타인의 사랑=신에 대한 타인의 사랑이 그것이다. 영원한 삶의 수준에서는 타인이 우리에게 불러일으키는 사랑이 타인이 우리에게 품는 사랑과 같다는 것이다. '신을 매개로 한 완전한 우애야말로 영혼들의 명실상부한 융합'[259]이라고 마트롱은 말한다.

우리의 적합한 관념들 모두가 영원한 진리이고 그것들이 우리를 불멸케 하지만, 현실의 우리 정신은 적합한 관념들만으로 이루어지지는 않는다. 우리 정신에는 영원한 부분과 사멸하는 부분이 있다. 우리가 제3종의 인식으로 우리 자신을 인식할 때, 다시 말해 우리가 적합한 관념들을 더 많이 가질수록 우리의 개인적인 영원한 삶을 의식적으로 향유할 것이며, 신체와 함께 사멸하는 부분의 비중은 그만큼 더 작아진다.[260] 스피노자와 마찬가지로 마트롱은 우리가 살아가는 현실사회에서 정신들이 전혀 영원하지 않다 해도, 지성이 높아지는 데 필요한 균형 잡힌 다채로운 지각장을 마련하고 또한 자기 신체가 가능한 한 가장 많은 이미지를 동시에 형성하며 많은 활동을 조화롭게 수행할 수 있도록 자유 국가는 분명 사태를 개선시킬 것이라고 본다.[261] 완전성은 능동성에 비례하므로[262] 우리 정신의 영원한 부분은 그것이 아무리 작다 하더라도 신체와 함께 사멸할 수밖에 없는 부분보다는 완전하다는 것[263]이 우리에게는 궁극적인 위안이 될 수 있다는 것이다.

인간 상호적인 영원한 삶의 전개는 가능한 한 '가장 많은 정신들이 최대한 서로를 계몽시킴으로써 서로를 최대한 영원하게 만드는 것'[264]과 맥을 같이 한다. 그러기 위해서는 긍정적 상호성, 신의, 신중함, 감사, 정직, 시민법에 대한 완전한 복종을 이행함으로써 '관대함'의 덕을 실행하는 외적 조건들이 필요하다. 마트롱은 현자의 '현세적' 활동이 '부르주아적인' 자유 국가와 인간 상호적인 이성적 삶이라는 과도기적 단계를 넘어 훨씬 더 광범위한 메타-역사적 기획에 복속된다고 본다. 그것은 '정신들의 코뮤니즘'을 세우는 것이다.[265] '신의 사랑' 안에서 개별적인 영혼들이 상호 침투하게 되면, 존재의 관계성에 대한 깊은 이해와 통찰을 통하여 호모 폴리티쿠스(Homo Politicus 정치적 인간)는 호모 레시프로쿠스(Homo Reciprocus: 상호 의존하는 인간)·호모 심비우스(Homo Symbious: 공생하는 인간)로 재탄생하게 된다. 스피노자 사상의 현재성은 정치(精緻)하고도 방대한 그의 철학 체계 속에 나타난 신, 자연, 인간 그리고 자유와 행복에 대한 그의 주장이 지속적으로 의미가 있는 것들이며, 그의 사상으로부터 오늘날에도 우리가 많은 것을 배울 수 있기 때문이다. 그런 점에서 우리는 확실히 스피노자주의자일 수 있다.

오늘날 '데카르트주의자(Cartesian)' 혹은 '라이프니츠주의자(Leibnizian)' 혹은 '아리스토텔레스주의자(Aristotelian)'라는 것이 무엇을 뜻하는지 분명하지 않다. 그러나 중요한 의미에서, 우리는 확실히 스피노자주의자(Spinozist)일 수 있다. 신, 자연, 인간 그리고 자유와 행복에 대한 그의 주장은 지속적으로 의미가 있는 것들이다. 또한 우리는 종교, 정치학, 형이상학 그리고 도덕 철학에 대한 그의 사상으로부터 여전히 많은 것을 배울 수 있다.[266]

질 들뢰즈

　　1960년대 말부터 본격화된 프랑스의 스피노자 연구는 주로 좌파적인 성향을 띠며 주목할 만한 성과를 거두면서 스피노자 르네상스를 열었다. 이러한 스피노자 연구의 르네상스는 특히 1960년대 말 이후 마트롱이나 들뢰즈, 또는 네그리나 마슈레, 발리바르 등에 의한 스피노자의 재발견에 힘입은 바 크다. 이들의 실천 지향적 연구는 스피노자의 철학을 현대의 제반 문제를 해결하기 위한 이론적 및 실천적 도구로 삼음으로서 '스피노자의 현재성'을 부각시켰다. 이들의 연구는 1990년대 이후 국내에서 스피노자 철학에 대한 관심을 불러일으키는 계기를 마련하였으며 공존의 대안사회 마련에 유익한 단서를 제공할 수 있을 것이라는 희망을 갖게 했다. 들뢰즈가 그의 저서 『스피노자: 실천철학 *Spinoza: Philosophie pratique*』(1970)에서 그려내는 '선악을 넘어서 있는 삶의 이미지(the image of a life beyond good and evil)'[267]는 이분법의 해체를 통해 포스트모던 시대를 열고자 했던 그의 의지를 잘 보여준다. 여기서는 들뢰즈의 스피노자 독해에 대한 고찰을 통하여 스피노자 사상의 현재성을 탐색해 보기로 하자.

　들뢰즈는 스피노자의 삶의 방식과 사유 방식이 비현실적인 환영(幻影)들에 맞서 적극적이며 긍정적인 삶의 이미지를 보여준다고 말한다. 오직 이러한 관점에서만 스피노자의 기하학적 방법은 충분히 이해될 수 있고 의미를 지닐 수 있게 된다는 것이다. 그러나 사람들은 환영(幻影)에 만족할 뿐만 아니라 삶을 증오하고 부끄러워한다. 이러한 자들이야말로 '죽음에 대한 숭배를 다양화하고 폭군과 노예, 성직자와 판관과 전사의 결합을 도모하며, 언제나 삶을 내몰아 망가뜨려 결국에는 삶을 죽게 만들고, 법칙 · 소유물 · 의무 · 지배 등으로 삶을 뒤덮거나 질식케 하는 자기파괴적 인간'[268]이라고 스피노자는 진단한다. 이처럼 스피노자에게 있어 삶을 모욕하고 파괴하는 모든 방식, 모든 형태의 부정성에는 두 가지 원천이 있다고 들뢰즈는 말한다. 그 하나는 외부로 향해 있는 것으로 원한과 양심의 가책이 그것이고, 다른 하나는 내부로 향해 있는 것으로 증오와 죄의식이 그것이다. 스피노자의 관점에서 이들 원천은 인간의 의식에 연결되어 있는 까닭에 오직 새로운 의식, 새로운 비전과 새로운 삶의 욕구에 의해서만 소진될 수 있다는 것이다.[269]

들뢰즈는 『에티카』의 기하학적 방법이 교수의 지적인 설명의 방법이라기보다는 발명의 방법이며, 매우 중대한 광학적 교정(optical rectification) 방법이라고 본다. 인간이 다소 왜곡되었을 때 그러한 왜곡은 기하학적 방식으로 그 원인들에 연결시킴으로써 교정될 수 있으며, 그러한 광학적 기하학(optical geometry)이 『에티카』 전체를 관통하고 있다는 것이다. 『에티카』를 사유의 용어로 읽을 것인지 아니면 능력의 용어로 읽을 것인지의 문제와 관련하여, 그것은 사유의 용어도 능력의 용어도 아닌, 오직 삶의 용어로만 읽을 수 있을 뿐이라고 들뢰즈는 말한다. 증명은 사물을 보고 관찰하는 '정신의 눈(the eyes of the mind)',[270] 즉 제3의 눈으로서 요구하거나 설득하려는 목적을 갖고 있지 않으며 모든 허위와 정념과 죽음을 넘어선 삶을 볼 수 있게 한다는 것이다. 그러한 전망을 위해서는 삶을 통찰하고 삶과 하나가 되는 덕목들, 즉 겸손, 검소, 순수, 검약 등이 요구된다. 스피노자는 희망도, 용기조차도 믿지 않았으며, 오직 기쁨과 전망만을 믿으며 영감을 불러일으키고 일깨우고 보여주려고 했을 뿐이다.[271]

"그 어떤 철학자도 스피노자보다 더 존경받지 못했고 또 스피노자보다 더 모욕과 증오의 대상이 된 적이 없었다"[272]고 들뢰즈는 말한다. 이처럼 스피노자에 대한 양 극단의 엇갈린 평가가 내려진 이유를 알기 위해서 그는 스피노자주의를 스캔들의 대상으로 만들었던 실천적 논제들로부터 출발하고 있다. 그 논제들은 삼중의 평가절하(devaluation)를 함축하고 있다. '의식(consciousness)'에 대한 평가절하, '가치들(values)'에 대한 평가절하, '슬픈 정념들(sad passions)'에 대한 평가절하가 그것이다. 들뢰즈에 따르면 이 세 가지는 스피노자 생존 당시 이미 사람들이 그의 사상을 유물론(materialism), 배덕주의(背德主義 또는 비도덕주의 immoralism), 무신론(atheism)으로 비난했던 이유들이다.[273]

첫 번째는 의식에 대한 평가절하이다. 이로 인해 스피노자는 유물론자로 간주되었다. 스피노자가 철학자들에게 제안한 새로운 모델은 신체이다. 우리는 의식과 의식의 명령에 대해서, 의지와 의지의 결과에 대해서, 신체를 움직이고 신체와 정념들을 지배하는 온갖 수단에 대해서 말하지만, 우리는 신체가 무엇을 할 수 있는지조차 알지 못한다(『에티카』제3부 정리2 주석)는 것이다. 들뢰즈는 스피노자의 가장 유명한 이론적 논제 중의 하나인 평행론(parallélisme)에 대해 언급한다. 그 요체는 정신과 신체 사이의 실제적인 인과성을 부인할 뿐만 아니라 어느 한쪽의 우월성을 전혀 인정하지 않는다는 것이다. 들뢰즈에 따르면 평행론의 실천적 의미는 의식에 의한 정념들의 지배 기획으로서의 도덕이 기초해 있는 전통적인 원리의 전복에 있다. 신체가 능동적일 때 정신은 수동적이고, 정신이 능동적일 때 신체는 수동적이라는 역관계의 규칙이 운위되어 왔지만, 『에티카』에서는 반대로 정신에서 능동인 것은 신체에서도 마찬가지로 필연적으로 능동이며, 신체에서 수동인 것은 정신에서도 필연적으로 수동이라는 것이다(『에티카』제3부 정리2 주석).[274]

스피노자가 신체를 모델로 제안할 때 의미하는 바는, 신체는 우리가 그것에 대해 갖는 인식을 넘어선다는 것, 사유 역시 우리가 그것에 대해 갖는 의식을 넘어선다는 것을 보여주는 것이라고 들뢰즈는 말한다. 신체에 우리의 인식을 넘어서는 것들이 있는 것과 마찬가지로 정신에도 이에 못지않게 우리의 의식을 넘어서는 것들이 있다는 것이다. 따라서 주어진 우리의 인식 조건들을 넘어 신체의 능력을 파악하고, 주어진 우리의 의식 조건들을 넘어 정신의 능력을 파악할 수 있는 것은 하나의 동일한 운동에 의해서이다. 우리가 신체의 능력들에 대한 인식을 획득하고자 하는 것은, 유사한 방식으로 의식을 벗어나는 정신의 능력들을 발견하여 그 능력들을 비교할 수 있기 위해서라는 것이다.[275] 들뢰즈는 평행론의 요점을 다음과 같이 정리한다.

> 요컨대, 스피노자에 의하면 신체라는 모델은 연장과의 관계에서 사유에 대한 평가절하를 의미하는 것이 아니다. 그러나 더욱 중요한 것은 사유와의 관계에서 의식에 대한 평가절하를 의미하는 것이다. 이는 무의식의 발견, 즉 신체의 미지(未知)와 마찬가지로 근원적인 사유의 무의식의 발견이다.
>
> In short, the model of the body, according to Spinoza, does not imply any devaluation of thought in relation to extension, but, much more important, a devaluation of consciousness in relation to thought: a discovery of the unconscious, of an unconscious of thought just as profound as the unknown of the body.[276]

의식의 본성은 결과들을 받아들이되 그 원인들을 알지 못하므로 대상에 의해 좌우되며 결과들에 구속되게 된다. 들뢰즈는 우리가 사물을 인식하는 조건들과 우리 자신에 대해 의식하는 조건들 때문에 부적합한 관념들을 가질 수밖에 없다고 본다. 따라서 어린아이들이 행복하다든가 최초의 인간이 완전하다든가 하는 것은 결코 생각할 수 없다는 것이다. 또한 완전하고 행복한 아담이라는 신학적 전통에 그 누구도 스피노자보다 더 강력하게 반대하지는 못했다고 보는 것이다. 아담이 자신을 행복하고 완전하다고 상상할 수 있었던 것은 삼중의 환상이 작용하기 때문이라는 것이다. 즉 '목적인의 환상(the illusion of final causes)', '자유 명령의 환상(the illusion of free decrees)', '신학적 환상(the theological illusion)'이 그것이다. 목적인이라는 환상은 의식이 결과만을 받아들이기 때문에 결과를 작용의 목적인으로 간주함으로써 사물들의 질서를 전도시키는 무지를 범하게 되는 것을 말한다. 자유 명령이라는 환상은 의식이 자신을 제1원인으로 간주함으로써 신체에 대한 자신의 지배력을 발동하는 것을 말한다. 신학적 환상이란 의식이 자신을 제1원인으로 상상할 수 없는 곳에서 지성과 의지를 지닌 신을 내세우는 것을 말한다.[277]

의식은 자신을 구성하는 삼중의 환상과 분리할 수가 없다. 의식은 두 눈 뜨고 꾸는 꿈일 뿐이라는 것이다. "어린아이가 자유의지로 젖을 욕구한다고 믿는 것, 성난 아이가 자유의지로 복수를 원한다고 믿는 것, 겁쟁이가 자유의지로 도망친다고 믿는 것, 술 취한 자가 자유로운 결단에 의해 지껄인다고 믿는 것"[278] 등이 모두 그러하다. 인간이 자신의 행동은 의식하지만 그렇게 결정하는 원인은 모르기 때문에 스스로를 자유라고 믿지만, 정신의 결단이란 충동에 지나지 않으며 신체 상황의 변화에 따라 변한다는 것이다. 들뢰즈는 스피노자나 니체와 마찬가지로 의식은 정보의 가치, 그것도 필연적으로 혼란스럽고 절단된 정보의 가치만을 가질 뿐이며 더 중요한 활동은 무의식이라고 말한다.[279] 스피노자가 인식의 세 단계를 설정하고 '표상지(상상지)' 단계에서 '이성지'와 '직관지' 단계로의 이행을 강조한 것은 이 때문이다. 들뢰즈 역시 의식은 순수하게 '이행적(transitive)'[280]이라고 말한다. 그러한 이행을 통한 의식의 진화 없이는 자유란 한갓 충동에 불과한 것일 뿐이기 때문이다. 이처럼 의식에 대한 평가절하로 인해 스피노자는 종종 유물론자로 비난받기도 했다.

두 번째는 가치들에 대한 평가절하이다. 모든 가치들, 특히 선악에 대한 평가절하로 인해 『에티카(윤리학)』의 저자 스피노자는 아이러니하게도 비도덕론자로 간주되었다. 스피노자에 따르면 선과 악은 없으며 오직 '좋음'과 '나쁨'만이 있을 뿐이다. 그는 선악이라는 가치를 평가절하하며 선악이라는 가치들에 반대하여 좋음과 나쁨이라는 존재 양태들의 질적 차이로 대신했다. 들뢰즈에 따르면 '금단의 열매'가 문제가 되는 것은 아담이 먹을 경우 그 것이 그를 중독시키게 된다는 것이다. 신은 단지 그에게 과일의 섭취에 따른 자연적 결과를 드러냈을 뿐인데, 아담은 원인들을 모르기 때문에 신이 그에게 어떤 것을 도덕적으로 금지한다고 생각한다는 것이다. 우리가 악이나 질병, 죽음의 범주 아래에 두는 모든 현상들은 나쁜 만남, 중독, 관계의 해체와 같은 형태들이다.[281] 들뢰즈는 가치들의 환상이 의식의 환상과 하나라고 보고, 도덕과 윤리학의 차이를 다음과 같이 설명한다.

> 도덕은 신의 심판이며, 심판의 체계이다. 그러나 윤리학은 심판의 체계를 전복시킨다. 가치들(선-악)에 반대하여 존재 양태들의 질적 차이(좋음-나쁨)로 대체된다. 가치들의 환상은 의식의 환상과 구별될 수 없다. 의식은 결과를 기다리고 받아들이는 데 만족하기 때문에 자연 전체를 잘못 이해한다. 그런데 도덕화하기 위해 필요한 것은 이해하지 못하는 것이고, 우리가 법칙을 이해하지 못할 때 "해야만 한다"라는 도덕적 당위의 형태로 나타난다.

Morality is the judgment of God, the system of Judgment. But Ethics overthrows the system of judgment. The opposition of values (Good-Evil) is supplanted by the qualitative difference of modes of existence (good-bad). The illusion of values is indistinguishable from the illusion of consciousness. Because it is content to wait for and take in effects, consciousness misapprehends all of Nature. Now, all that one needs in order to moralize is to fail to understand. It is clear that we have only to misunderstand a law for it to appear to us in the form of a moral "You must."[282]

들뢰즈에 따르면 법칙은 그것이 도덕적인 것이든 사회적인 것이든, 우리에게 어떠한 인식도 제공하지 않으며 어떠한 것도 인식하지 못하게 한다. 최악의 경우 그것은 인식의 형성을 방해한다. 이를 들뢰즈는 '폭군의 법칙(the law of the tyrant)'이라고 부른다. 최선의 경우라고 해도 그것은 인식을 준비하고 인식을 가능하게 할 뿐이다. 이를 들뢰즈는 '아브라함의 법칙 또는 그리스도의 법칙(the law of Abraham or of Christ)'이라고 부른다. 이 양 극단 사이에는 그들 존재의 양태 때문에 인식을 할 수 없는 사람들에게 인식을 대신해주는 법칙이 있을 수 있다. 이를 들뢰즈는 '모세의 법칙(the law of Moses)'이라고 부른다. 그러나 어떤 경우에도 인식과 도덕 사이의 본질적인 차이는 계속해서 드러난다고 그는 말한다. 스피노자가 설명하는 신학의 비극과 그것의 유해성은 단순히 사변적인 것이 아니라 본질적으로 서로 다른 두 질서들의 실천적인 혼동에 기인한다는 것이다. 적어도 신학은 성서가 인식의 기초라고 생각하며, 이로부터 도덕적이고 창조적이며 초월적인 신에 대한 가정이 나온다. 그러나 이는 존재론 전체를 혼란에 빠뜨릴 수 있다고 보는 것

이 들뢰즈의 관점이자 스피노자의 관점이기도 하다.[283]

> 명령을 이해해야 할 것으로 오인하고, 복종을 인식 자체로 오인하며, 존재를
> 당위로 오인하는 오랜 오류의 역사가 존재한다. 법칙은 언제나 선악이라는
> 가치의 대립을 결정하는 초월적 심급(審級)이지만, 인식은 언제나 좋음과 나
> 쁨이라는 존재 양태들의 질적 차이를 결정하는 내재적 능력이다.
> …the history of a long error whereby the command is mistaken for something
> to be understood, obedience for knowledge itself, and Being for a Fiat. Law
> is always the transcendent instance that determines the opposition of values
> (Good-Evil), but knowledge is always the immanent power that determines the
> qualitative difference of modes of existence (good-bad).[284]

세 번째는 슬픈 정념들에 대한 평가절하이다. 스피노자는 혼돈, 탐욕, 미
신 등의 복합체로서의 슬픈 정념을 평가절하하고 기쁨을 옹호함으로써 무
신론자로 간주되었다. 그는 공포를 종교의 이름으로 가장하면서 인간들을
예속화하는 것을 신랄하게 비판했다. 스피노자의 모든 저작에서는 세 가지
유형의 인물들에 대해 언급한다. 슬픈 정념에 사로잡힌 인간, 슬픈 정념들
을 이용하고 자신의 권력을 공고히 하기 위해 그러한 정념들을 필요로 하
는 인간, 그리고 인간의 조건과 인간의 정념 일반에 대해 슬퍼하는 인간이
그것이다. 들뢰즈는 노예, 폭군, 성직자가 도덕주의적 삼위일체를 이룬다
고 본다. 에피쿠로스(Epicurus)와 루크레티우스(Lucretius) 이후로 그 누구도 스
피노자만큼 폭군과 노예의 뿌리 깊은 내밀한 관계를 더 분명히 보여준 사람
은 없었다고 그는 평가한다. 폭군과 노예를 결합시키는 것은 삶에 대한 증

오이며 삶에 대한 원한이다. 그러나 스피노자의 삶의 철학은 우리를 삶으로부터 분리시키는 모든 것, 삶을 거역하는 모든 초월적 가치들을 고발한다. 삶을 위조하는 모든 것, 삶을 폄하하는 모든 가치들을 고발한다는 것이다.[285]

들뢰즈에 따르면 슬픈 정념들에 대한 스피노자의 비판은 변용 이론에 뿌리를 두고 있다. 『에티카』는 변용 능력만을 고려하는 행동학이며 능동과 수동이라는 두 가지 종류의 변용을 구분한다. 슬픈 정념들은 우리의 행위 능력을 감소시키거나 방해하는 반면, 기쁜 정념들은 우리의 행위 능력을 증가시키고 도움을 준다. 우리의 행위 능력이 점차 증가되어 전화와 변환의 지점에 이르면 능동적인 기쁨으로 나타나게 된다. 슬픈 정념은 우리 능력의 가장 낮은 정도를 나타낸다. 우리가 우리의 행위 능력으로부터 최대한 분리되고 소외되어 있으며, 미신에 대한 환상과 폭군에 대한 신비화에 사로잡힌 순간을 나타낸다. 그래서 스피노자는 슬픈 정념들의 위상을 평가절하하며 기쁨의 윤리학을 옹호한 것이다.[286]

> 『에티카』는 필연적으로 기쁨의 윤리학이다. 오직 기쁨만이 가치가 있으며, 오직 기쁨만이 능동과 능동의 지복 가까이로 이끈다. 슬픈 정념은 언제나 무능력에 속한다.
>
> The Ethics is necessarily an ethics of joy: only joy is worthwhile, joy remains, bringing us near to action, and to the bliss of action. The sad passions always amount to impotence.[287]

들뢰즈는 『에티카』가 제기하는 삼중의 실천적 문제들을 다음과 같이 요약한다. 그 첫째는 "(자연 속에서의 우리의 위치로 인해 나쁜 만남들과 슬픔들을 가질 수밖에 없는데) 어떻게 기쁜 정념을 극대화시켜서 자유롭고 능동적인 감정으로 이행할 것인가?" 둘째는 "(우리의 자연적 조건으로 인해 우리의 신체, 우리의 정신, 그리고 다른 사물들에 대해 부적합한 관념들만을 가질 수밖에 없는데) 능동적인 감정들의 원천이 되는 적합한 관념들을 어떻게 형성할 수 있을 것인가?" 셋째는 "(우리의 의식은 환상과 분리될 수 없는데) 어떻게 자기 자신, 신, 그리고 사물들을 영원한 필연성에 따라 의식할 것인가?" 의식, 가치들, 그리고 슬픈 정념들에 대한 이상의 세 가지 실천적 논제들은 실체의 유일성, 속성들의 일의성(univocity), 내재성, 보편적 필연성, 평행론 등 『에티카』의 주요 이론들의 바탕을 이루는 것이다. 이 세 가지 실천적 문제들에 대한 답은 '이성지(理性知)'와 '직관지(直觀知)'로의 이행을 통한 의식의 진화에 있다. 이에 관한 구체적인 방법론은 본서 제5장에서 살펴보았다. 『에티카』의 전체 여정은 내재성 속에서 이루어진다. 그런데 내재성은 무의식 자체이며, 무의식의 정복이라고 들뢰즈는 말한다.[288]

상기 삼중의 실천적 논제들, 즉 의식 · 가치들 · 슬픈 정념들에 대한 평가절하와 관련하여, 스피노자 자신의 관점은 이를 해석하는 사람들에 의해 상당히 왜곡되게 이해되고 있음을 부인할 수 없다. 스피노자의 사상을 유물론, 비도덕주의, 무신론으로 비난했던 이유가 되는 이 세 가지 실천적 논제는 스피노자의 용어로 나타내면 제1종의 인식인 '표상지(表象知, 想像知)' 단계에서의 해석일 뿐이다. 우선, 의식의 평가절하와 관련하여, 스피노자는 의식 자체를 평가절하 한 것이라기보다는 의식의 이행을 논하고 있는 것이다. 심(心)에 입각하여 무심(無心)을 이루듯, 의식의 이행을 통하여 무의식의 세계를 들여다볼 수 있어야 하는 것이다. 기쁜 정념을 극대화시켜서 자유롭고 능동적인 감정으로 이행하게 하고, 능동적인 감정들의 원천이 되는 적합한 관념들을 형성할 수 있게 하며, 자기 자신, 신, 그리고 사물들을 영원한 필연성에 따라 의식할 수 있게 하려면 '표상지'에서 제2종의 인식인 '이성지'와 제3종의 인식인 '직관지'로의 이행이 필수적이라고 보는 것이다. 들뢰즈에 따르면 제2종의 인식에서 제3종의 인식으로 이행하게 하는 것은 바로 신의 관념이다. 왜냐하면 신의 관념은 공통 개념들을 향한 측면과 본질들을 향한 측면이라는 양 측면을 갖고 있기 때문이다.[289]

다음으로, 가치들에 대한 평가절하와 관련하여, 스피노자가 선악이 없다고 하고 오직 '좋음'과 '나쁨'만이 있을 뿐이라고 한 것은 가치들 자체를 평가절하 한 것이라기보다는 '좋음'을 선으로, '나쁨'을 악으로 자의적으로 해석하는 존재의 실상을 밝힌 것일 뿐이다. 끝으로, 슬픈 정념들에 대한 평가절하와 관련하여, 스피노자가 혼돈, 탐욕, 미신 등의 복합체로서의 슬픈 정념을 평가절하하고 기쁨을 옹호한 것은 기쁨의 높은 진동수가 신(神)의 높은 진동수에 조응하기 때문이다. 따라서 『에티카』는 필연적으로 기쁨의 윤리학일 수밖에 없는 것이다. 당시 사람들이 그를 무신론자로 비난한 것은 저차원의 '표상지' 단계에서의 인식의 발로일 뿐, 스피노자 자신은 결코 이를 받아들이지 않았다. 그의 삶의 철학은 개념과 삶 사이에 어떠한 차이도 존재하지 않는 까닭에 철학자와 비철학자가 하나의 동일한 존재로 상호 결합할 수 있게 한다.[290] 그리하여 그는 삶을 위조하고 폄하하는 모든 가치들을 고발하며 기쁨의 윤리학으로 우리를 안내하는 것이다. 스피노자의 사상이 여전히 현재성을 띠는 것은 『에티카』가 제기하는 의식과 가치 그리고 정념이라는 삼중의 실천적 논제들이 시공을 초월하여 모든 철학의 보편적 본질을 구성하는 것이기 때문이다.

들뢰즈에 따르면 스피노자의 특질은 그가 정치(精緻)한 개념적 장치를 소유한 '철학자 중의 철학자, 가장 순수한 철학자'인 동시에 철학적 교양이 없는 '비철학자에게 갑작스런 영감과 빛을 줄 수 있는, 어떤 준비도 필요치 않은 직접적인 마주침의 대상'²⁹¹이라는 점에 있다. 들뢰즈의 책 가운데 가장 난해한 것으로 꼽히는 『스피노자와 표현의 문제 *Spinoza et le probleme de l'expression*』에서 표현 관념은 실체의 단일성과 속성들의 다양성에 관련된 모든 난점들을 집약하며 존재론뿐만 아니라 인식론에도 영향을 미친다. 인식은 표현의 일종이 된다는 것이다. "사물들에 대한 인식이 신에 대한 인식과 맺는 관계는 사물들 자체가 신과 맺는 관계와 동일하다"²⁹²고 들뢰즈는 말한다. 스피노자 역시 "우리가 자연 안의 사물들에 대해 더 많이 인식하면 할수록 우리가 신에 대해 갖는 인식이 그만큼 더 크고 완전하다는 것은 확실하다"²⁹³고 말한다. 신 관념은 우리가 갖는 모든 관념들의 원천이자 원인으로 스스로를 표현하므로 관념들 전체는 전 자연의 질서를 정확하게 재생산한다는 것이다.

들뢰즈는 표현 개념에 주목하여 스피노자의 철학적 기획이 함축하고 있는 바를 심층적으로 밝히고자 한다. 그는 '증명을 실체의 직접적 현시로 만드는 것이 표현'이라고 말한다. 그런 의미에서 증명이란 '지각하는 마음[정신]의 눈'이다.²⁹⁴ 들뢰즈에게 있어 표현 개념은 '존재하다', '인식하다', '작용하다'라는 표현의 종(種)들 아래서 측정되고 체계화된다. 말하자면 표현 개념은 보편적 존재의 관점과 특수적 인식의 관점과 개체적 작용의 관점에서 삼중의 중요성을 갖는다는 것이다.²⁹⁵ 들뢰즈는 표현의 두 측면을 '감싸다(envelopper)'와 '펼치다(expliquer)'로 나타낸다. '펼친다는 것은 전개한다(développer)는 것'이고, '감싼다는 것은 함축한다(impliquer)는 것'이다.

한편으로 표현은 펼침, 즉 자신을 표현하는 것의 전개, 다자(多者) 속에 '일자 (一者)'의 현시이다. 그러나 다른 한편으로 다자적 표현은 '일자'를 감싼다. '일 자'는 그를 표현하는 것 속에 감싸여 있고, 그를 펼치는 것 속에 각인되어 있 으며, 그를 현시하는 모든 것에 내재해 있다. 이런 의미에서는 표현은 감쌈이 다. … 일반적으로 표현은 그것이 표현하는 것을 펼치고 전개함과 동시에 그 것을 감싸고 함축한다.[296]

이들 두 항(펼침과 감쌈) 간에는 어떠한 대립도 없다. 펼침과 감쌈, 즉 '일자' 의 현시와 다자적 표현 속에 감싸인 '일자'라는 표현의 양 측면은 생명의 작 용[현상계, 물질계]과 본체[본체계, 의식계]의 합일을 보여주는 것으로 이는 곧 스피 노자 철학의 정수인 양태와 실체의 일원성을 나타낸 것이다. 이러한 표현 의 양 측면은 동학의 '외유기화[外有氣化: 일자의 顯示]'와 '내유신령[內有神靈: 다자적 표현 속에 감싸인 一者]'의 관계와도 같이 하나의 이치를 양 차원으로 나타낸 것 이다. 또한 이는 원효(元曉)가 『금강삼매경론(金剛三昧經論)』 서두에서 "합(合) 하여 말을 하면 일미관행(一味觀行)이 그 요(要)이고, 개(開)하여 말하면 십중법 문(十重法門)이 그 종(宗)이다"[297]라고 한 표현과도 일맥상통한다. 말하자면 '개 합(開合)'과 '종요(宗要)'는 같은 것이다. 이 세상 모든 것은 상호 유기적인 관련 속에 있으며 전체와 부분은 함께 있음을 나타낸 것으로, 그 이면에는 일심 (一心)의 근원으로 되돌아가 요익중생(饒益衆生)하려는 원효사상의 실천 원리 가 담겨져 있다. 실체와 양태의 일원성에 기초한 스피노자의 철학적 표현 주의 역시 다중(多衆)의 자유와 행복의 실현에 그 초점이 맞춰져 있다.

마이클 하트(Michael Hardt)에 따르면 들뢰즈는 『에티카』의 서두를 앙리 베 르그송(Henri Bergson)에 대한 재독해로 음미하여 신의 존재 및 실체의 단일성에 관한 증명을, 차이의 긍정적 본성 및 존재의 실재적 기반에 대한 성찰의 연장으로 제시한다.[298] 그리하여 들뢰즈는 베르그송과 더불어 존재론을 발전시키며, 그러한 존재론을 움직여 니체와 더불어 윤리학을 구성하고, 나아가 스피노자와 더불어 정치학을 형성한다는 것이다. 말하자면 베르그송적 존재론이 가치의 영역으로 옮겨진 것이 니체적 윤리학이고, 베르그송적 존재론과 니체적 윤리학이 실천의 영역으로 옮겨진 것이 스피노자적 정치학, 즉 존재론적 정치학이라는 것이다.[299] 그런데 스피노자의 사상이 사변적인 것에서 존재론적 실천 철학으로 전환하기 위해서는 존재의 역량 원리에 대한 고찰이 필요하다. 스피노자는 실존할 수 있는 역량과 변용될 수 있는 역량의 등가성을 제안하였으며, 변용될 수 있는 역량은 능동적 변용들과 수동적 변용들로 구성된다.[300] 『에티카』가 필연적으로 기쁨의 윤리학일 수밖에 없는 것은 오직 기쁨만이 우리를 능동적 변용으로 이끈다고 본 까닭이다.

하트에 의하면 들뢰즈의 스피노자 독해에서 가장 중요한 기여 중의 하나는 스피노자의 사유에서 사변과 실천이라는 두 개의 관련된 계기들을 발견하고 이를 분명하게 했다는 것이다. "실천은 하나의 이론적 지점에서 또 다른 이론적 지점으로 나아가는 중계이며, 이론은 하나의 실천에서 또 다른 실천으로 나아가는 중계이다. 어떠한 이론도 결국 벽을 마주치지 않으면 발전할 수 없으며, 실천은 이러한 벽을 뚫고 지나가는 데 필수적이다."[301] 이론은 실천을 위한 지형을 준비하고 실천은 이론을 위한 지형을 준비한다는 것이다. 그런 점에서 이론과 실천은 각각 상호적 실존과 발전을 위한 조건을 제공한다. 들뢰즈의 스피노자 독해는 우리로 하여금 이론과 실천 간의 일정한 상호의존적 관계를 발전시킬 수 있게 함으로써 스피노자의 현재성을 재삼 환기시킨다.

안토니오 네그리

안토니오 네그리는 이탈리아 아우토노미아(autonomia: 자율주의) 운동 이론가이자 코뮌주의의 실현을 위해 투쟁해 온 투사로서 우리에게는 친숙한 인물이다. 마키아벨리에서 스피노자, 마르크스에서 들뢰즈를 아우르는 당대 최고의 지성 중 한 사람으로 평가받고 있는 그는, 제자이자 동료인 마이클 하트와 함께 오늘날의 세계 질서에 대한 하나의 인식 지도를 제시한 것으로 평가되는 공저 『제국 *Empire*』(2000)을 출간한 뒤 세계적인 주목을 받고 있다. 네그리는 스피노자 사상에서의 '파격'이 사상과 자유의 발전을 위한 다른 길을 예견하고 건설할 수 있게 하는 살아 있는 파격이며,[302] 또한 스피노자의 사고 틀이 오늘날의 우리에게 근본적으로 대안적인 것이 되고 구체적으로 혁명적인 것이 되었다는 점을 분명히 밝힘으로써[303] 스피노자의 현재성을 환기시키고 부각시켰다.

스피노자 사상의 현대적 부활이 운위되는 근거는 스피노자가 근대의 제반 가치를 구성함에 있어 대안적 입장을 발전시켰다는 데에 있다. 절대주의적 권능에 맞서 다중(多衆 multitudo)의 편에 섰고, 근대를 자본주의로 이해하지 않고 해방으로 이해하는 파격을 드러냈으며, 그러한 파격은 다중의 특이한 다수성에 근거하고 있으므로 야성적이다. 네그리에 의하면 자본주의적 근대와 유럽 중심주의 및 서양 숭배가 오늘날 민주주의를 거론하는 것을 가치 없게 만들어 버렸지만, 스피노자를 통하여 다시 민주주의 개념을 거론할 수 있게 되었다는 것이다. 스피노자는 민주주의를 다중의 표현으로, 자유인의 정치적 행위로, 만인에 의한 만인의 통치로 이해했다.[304] 네그리는 스피노자의 파격을 "주변적이고 패배한 파격이 아니라, 승리해 가고 있는 사상의, 생산적인 유물론의, 세계 혁명화의 잠재적 가능성에 의해 제시되고 구성되고 있는 존재의 파격"[305]으로 규정한다. 나아가 그는 이러한 스피노자의 미래지향적인 파격이 포스트모던 시대의 전복을 추구하기 위한 훌륭한 무기가 될 수 있다고 본다.

네그리는 스피노자가 현재적일 수밖에 없는 다섯 가지 이유를 제시한다. 첫째, 스피노자는 모든 근대적 사고의 적대자이기 때문이다. 스피노자는 파격이며, 부르주아의 억압적인 태생적 질서에 대한 부정이고, 존재의 충만함이며, 원천이고 본원적 도약인 까닭에 사고하기 위해서는 스피노자주의자가 될 수밖에 없다는 것이다. 둘째, 스피노자는 삶과 죽음, 건설과 파괴 사이에서 오늘날에도 여전히 이슈가 되고 있는 자유의 가능성과 집단적 창조의 가능성으로서의 세계를 펼쳐 보이고 있기 때문이다. 셋째, 스피노자는 자유의 구성과 발전을 주관하는 능력인 윤리적 힘의 증대를 통해 존재론과 윤리학이 결합된 존재론적 정치학을 전개함으로써 존재의 긍정과 지속 그리고 풍요로움으로 우리를 안내하기 때문이다. 넷째, 스피노자의 사랑에 관한 개념은 논리주의의 폐해에 맞서 오늘날에도 절실히 요구되는 것이기 때문이다. 다섯째, 스피노자의 철학이 갖는 영웅적인 면모, 즉 '자유의 욕망과 상상, 다중 속에서의 혁명, 그리고 상식의 영웅주의'는 오늘날에도 절실히 필요한 것들이기 때문이다.[306]

네그리는 스피노자의 『정치론』이 '미래의 저작이며, 미래를 향한 정치사상의 선언서'라고 말한다. 그에 따르면 스피노자의 민주주의는 '개인적 역량의 발전 속에서 집단적 행위의 토대를 구축하고, 그런 토대 위에서 정치적 관계들을 수립하며, 생산력의 예속으로부터 직접적인 해방을 실행하는 민주주의'[307]이다. 스피노자는 '민주주의에 관한 제헌적 정치 기획'을 통해 17세기의 전제군주제를 분쇄한다는 것이다. 네그리는 『정치론』의 1~5장에서 다음과 같은 내용을 도출해낸다. 즉 '1) 어떤 초월성도 거부하며 권력의 초월성에 근거하는 모든 이론들을 배제하는 국가에 관한 개념화, 2) 정치를 다중의 사회적 힘에 종속되는 기능으로 규정하는 것, 3) 제헌적 조직을 주체들 간의 적대관계에 의한 필연적 운동으로 개념화하는 것'을 이끌어낸다. 말하자면 정치적인 것의 독자적 자율성에 대한 부정과 다중의 능동적 참여 및 자율성에 대한 긍정은 보다 정합적인 민주주의 사상을 위한 전망과 결합되어 세계의 정치적 구성에 관한 근대성의 놀라운 본질을 보여준다는 것이다.[308]

　『신학정치론』과 『에티카』 그리고 『정치론』에 이르기까지 스피노자는 민주주의 정치이론을 구축했으며, 그것의 제반 조건과 형이상학적 수단들을 정교화 함으로써 '유토피아로부터 과학으로'의 길을 닦았다고 네그리는 말한다. 『정치론』은 부르주아의 절대주의 국가 형성기에 이뤄낸 '스피노자 형이상학의 업적'이며, 혁명적 대안을 제시하는 탈신비화의 작업이라는 것이다. 스피노자의 민주주의는 명목적 권력(titulum)과 그 실제적 행사(exercitium)가 근원적으로 결합되어 있기 때문에 절대적인 통치 형태이며, 그러한 절대성은 스스로 발전하고 스스로 유지되는 힘으로서 발전과 타락과 재정립의 역동적인 모습으로 나타나고, 사법적 기능은 자유와 단일성의 가장 높은 잠재력을 발현하는 계기라는 것이다. 스피노자의 체계 속에서 민주주의가 절대성을 띠는 것은 다중의 주체들을 통과하면서 아래로부터, 자연적 조건의 동일성으로부터 모든 사회적 힘들을 추동해 냄으로써 그 어떤 소외도 없기 때문이다. 말하자면 민주주의는 '전체로서의 다중(integra multitudo)'이라는 양적인 의미와 존재론적으로 특징지어지는 '비소외'라는 질적인 의미를 동시에 갖는다.[309]

민주주의를 경영하는 다중이라는 주체는 파악될 수 없는 물리적·다수적 본성과 헌법과 법을 제정하는 법적·주체적 본성을 동시에 함축하고 있는 까닭에 본질적으로 역설적이다. 『에티카』에서 주체인 다중은 도의심(pietas)을 민주주의라는 절대적인 통치 형태의 전망을 위한 윤리적 이성의 도구로 받아들인다. 다중은 '집단적 힘의 존재론적 기획'으로서 주체들의 상호 관통이며, 동시에 이 개념은 상상으로부터 오는 애매모호함을 떨치고 정치적 행동의 이론으로 옮겨지게 된다는 것이다. 이것이 바로 스피노자 민주주의의 이론적 기원이라고 네그리는 말한다. 그는 스피노자의 정치학과 형이상학 사이의 긴밀한 관계가 다중의 윤리적 관계를 그런 기원적 계보의 근대적인 형태 속에서 발전시킬 수 있게 해 준다고 본다. 그의 관점에서 볼 때 마트롱과 발리바르는 그런 기원적 계보를 명쾌하고 깨닫고 있는 반면, 사카로 바티스티(Saccaro Battisti)는 스피노자의 정치학을 형이상학과 분리시킴으로써 객관적인 정의들이 갖고 있는 애매모호함을 반복한다. 네그리에 따르면 스피노자 정치이론의 놀라운 점은 행위자들의 주관성을 강조하는 데 있으며, 바로 이 때문에 스피노자에게는 민주주의적인 정치만이 존재할 수 있을 뿐이라는 것이다.[310]

스피노자 민주주의의 절대성을 떠받치는 다중이라는 주체의 위력은 네그리와 하트의 공저 『제국』(2000)에서, 그리고 『제국』의 속편인 『다중: '제국적' 시대의 전쟁과 민주주의 Multitude: War and Democracy in the Age of Empire』(2004)에서 좀 더 분명히 드러난다. 우선 『제국』에서 네그리와 하트는 제국과 다중이라는 상호 함의적인 두 가지 개념을 중심으로 국민국가의 점진적인 주권 상실과 국가 및 초국가 단체들로 구성된 '네트워크 권력(network power)', 즉 새로운 주권 형태의 출현에 대해 논하고 있다. 제국은 경제적·문화적인 "전 지구적 교환들을 효과적으로 규제하는 정치적 주체, 즉 세계를 통치하는 주권 권력(sovereign power)"[311]이다. 말하자면 전 지구적 규모로 확대된 자본주의 체제에 상응하는 새로운 권력 체제를 일컫는 것이다. 제국은 '탈중심화'되고 '탈영토화'하는 지배 장치로서 국민국가들이 네트워크를 이루어 단일한 제국 체제를 형성해 가는 것이라는 점에서 국민국가들 간의 갈등 체제인 '제국주의 체제'와는 본질적으로 다르다.[312]

네그리와 하트는 오늘날 많은 사람들이 세계화의 과정과 새로운 세계 질서를 지배하는 최종적 권위가 미국에 있다고 생각하는 것은 유럽 국가들이 지금은 잃어버린 전 지구적 권력의 외투를 미국이 단순히 걸치고 있다는 가정에 입각해 있기 때문이라고 본다. 사실 근대성이 유럽적이라면 탈근대성은 아메리카적이다. 그리하여 지지자들은 미국을 세계 지도자이자 유일한 초강대국으로 칭송하고, 비판자들은 미국을 제국주의적 압제자라고 비난한다는 것이다. 말하자면 지지자들은 유럽 국가들의 잘못된 행태를 바르게 하는, 더 효율적이고 자비로운 세계 지도자라고 미국을 칭송하는 반면, 비판자들은 낡은 유럽 제국주의자들의 행태를 미국이 반복하고 있다고 비난한다는 것이다. 그러나 새로운 제국적 주권 형태가 나타났다는 네그리와 하트의 가설은 이 두 견해에 반대한다. "미국은 제국주의적 기획의 중심을 형성하지 않으며, 실로 그 어떤 국민국가도 오늘날에는 제국주의적 기획의 중심을 형성할 수 없다"[313]는 것이다. 한마디로 제국주의는 끝났으며, 그 어떤 국가도 근대 유럽 국가들의 방식으로는 세계 지도자가 되지 못한다는 것이다.

여기서 '제국'은 은유(metaphor)로서가 아니라 이론적 접근을 요구하는 개념(concept)으로서 사용한다는 점을 네그리와 하트는 강조한다. 첫째, 제국 개념의 근본적인 특징은 경계가 없다는 것, 즉 제국의 지배는 무한계적이며 전체 '문명화된(civilized)' 세계를 지배하는 체제를 설정한다는 것이다. 둘째, 제국 개념은 정복에서 비롯된 역사적 체제로서가 아니라 역사를 효과적으로 유예시키고 그에 따라 사태의 현 상태를 영원히 고정하는 질서로서 나타난다는 것이다. 셋째, 제국의 지배는 세계 사회의 깊숙한 곳까지 확장하는 사회적 질서의 모든 작동 영역에서 작용하고 그 지배 대상은 사회생활 전체이며 생체권력(biopower)의 패러다임 형태를 나타낸다. 넷째, 제국의 행태는 계속해서 피로 물들고 있지만, 제국 개념은 항상 항구적이고 보편적인 평화에 주안점을 둔다는 것이다.[314]

여기서 네그리와 하트는 제국을 지탱하는 다중의 창조적 힘이 또한 전 지구적인 흐름과 교환에 대한 대안적인 정치조직, 즉 대항제국(counter-Empire)을 자율적으로 구축할 수 있다고 본다. 현실적인 대안을 구축하기 위한 투쟁들뿐만 아니라 제국에 항쟁하고 제국을 전복하는 투쟁들이 제국적 지형 자체에서 발생할 것이며, 실제로 그러한 새로운 투쟁들이 이미 나타나기 시작했다는 것이다. 이러한 투쟁들과 이와 유사한 더 많은 투쟁들을 통해 다중은 새로운 민주적 형태들과, 언젠가는 제국을 통해 제국을 넘어서게 할 새로운 구성 권력(constituent power)을 발명해야 할 것이라고 네그리와 하트는 주장한다.[315] 이들은 제국의 권력이 더 이상은 갈등의 조건들을 대체하는 매개적 도식을 통해 사회 세력들의 갈등을 해결할 수 없다고 본다. 제국적 상황에서 정치적인 사회적 제반 갈등은 어떤 종류의 매개 없이도 제국에 직접적으로 대항하는 다중에 의해 야기될 수 있기 때문이다. 그런 점에서 제국은 근대 권력 체제들이 했던 것보다 더 큰 혁명 잠재력을 창조한다.[316]

다중은 '제국적'이지만 '제국주의적'이지는 않은 제국의 네트워크 체제가 창출한 새로운 주체이다. 다중(multitude) 개념은 하나의 통일체로서 주민의 대표인 인민(people) 개념과는 달리, 축소할 수 없으며 복수성을 띤다. 또한 수동적인 복수성을 띠는 민중(the mob), 군중(the crowd), 대중(the mass) 관념들과는 달리, 다중은 능동적인 복수성이며 따라서 자율적이고 민주주의적일 수 있다.[317] 정치적 자율성과 생산적 활동성을 지닌 다중을 언급함에 있어 네그리와 하트는 라틴어로 '힘(posse)'이라는 용어를 사용한다. '힘'은 팽창적인 구성 과정 속에서 인식과 존재를 결속하는 메커니즘이다. 르네상스 성숙기에 이러한 휴머니즘적 '힘'은 베이컨의 발명 혹은 실험이라는 개념에서, 캄파넬라(Campanella)의 사랑이라는 개념에서, 그리고 스피노자의 역량(potentia)이라는 용법에서 저항의 힘이자 상징이 되었다. "'힘'은 신체가 할 수 있는 것이면서 정신이 할 수 있는 것이고, 또한 '힘'은 저항 속에서 계속 살았기 때문에 형이상학적 용어는 정치적 용어가 된다. '힘'은 가능성이 항상 열려 있는 다중과 다중의 목적인(因)이 지닌 힘, 즉 인식과 존재의 구현된 힘을 말한다."[318]

『제국』의 속편인 『다중: '제국적'시대의 전쟁과 민주주의Multitude: War and Democracy in the Age of Empire』(2004)에서 네그리와 하트는 이러한 '힘'을 지닌 다중이야말로 제국 내부에서 자라고 있는 살아 있는 대안이며, '제국적' 시대의 전쟁 상태를 끝장내고 민주주의를 실현할 진정한 주체라고 본다. 제국은 다중을 만들어 내고 다중은 제국을 극복할 역량과 대안을 만들어 낸다는 것이다. 하여 다중의 기획, 즉 평등하고 자유로우며 개방적이고 포괄적인 전 지구적 민주주의 사회의 가능성에 초점을 맞춘다. 이들에 따르면 근대 시기 민주주의는 국가적 및 지역적인 모든 형태 속에서 불완전한 기획으로 남아 있었고 최근 수십 년에 걸친 세계화 과정에서 새로운 도전들이 추가되었지만, 민주주의의 일차적인 장애물은 전 지구적 전쟁 상태이다. 현재의 전쟁 상태는 전 지구적인 규모로 끝이 보이지 않게 오래 지속되고 있기 때문에 민주주의의 유예 역시 무한계적이며 심지어는 영구적이 된다는 것이다. 그러나 네그리와 하트는 민주주의가 지금보다 더 절실한 때는 없었다며, 그 어떤 다른 길도 전쟁 상태에 있는 우리 세계에 만연한 공포, 불안, 지배에서 벗어나는 길을 제공해 주거나, 공동의 평화로운 삶으로 인도하지 못할 것이라고 단언한다.[319]

세계화는 제국의 얼굴과 다중의 얼굴이라는 야누스의 얼굴을 갖고 있다. 제국이 네트워크이듯이 다중 역시 네트워크이다. 다중의 네트워크는 "모든 차이들이 자유롭고 평등하게 표현될 수 있는 개방적이고 확장적인 네트워크이며, 우리가 공동으로 일하고 살 수 있는 마주침의 수단들을 제공하는 네트워크이다."[320] 오늘날의 제국의 평화, 즉 팍스 임페리이(Pax Imperii)는 로마제국의 '팍스 로마나'와 마찬가지로 실제로는 항구적 전쟁 상태 위에 군림하는 허위적 평화이며, 이를 극복하고 민주주의를 실현할 수 있는 유일한 사회적 주체는 다중이라는 것이다. 다중은 동일성을 띠는 민중도 아니고, 무차별적인 획일성을 띠는 대중도 아니며, 분리성·배타성을 띠는 노동계급도 아니다. 다중은 하나의 통일성이나 단일한 동일성으로 환원될 수 없는 수많은 내적 차이로 구성된 다양성이며 자율적인 개인의 집합이다. 다중은 잠재적으로는 사회적 생산을 하는 다양한 주체들로 구성되어 모두가 웹에서 서로 접속하고, 또한 네트워크의 외적 경계가 열려 있어서 새로운 관계들이 언제든 추가될 수 있기 때문에 더욱 민주적인 조직화로의 경향을 보여준다.[321]

따라서 오늘날 민주주의의 가능성에 대한 다중의 기여는 다중의 '경제적' 측면과 '정치적' 조직화의 양 측면에서 고찰할 수 있다. 우선 다중의 경제적 측면은 '삶정치적(biopolitical) 생산' 모델에서 잘 나타난다. "우리의 소통, 협동, 협력은 공통된 것에 기반을 두고 있을 뿐만 아니라 확장하는 나선형 관계 속에서 공통된 것을 생산하기도 한다. … 엄밀하게 경제적인 의미에서의 물질적 재화의 생산을 포함할 뿐만 아니라 경제적·문화적·정치적인 사회적 삶의 모든 측면을 다루고 생산한다는 점을 강조하기 위해서 새롭게 지배적이 된 이 모델을 '삶정치적 생산'이라고 부를 것이다."[322] 다음으로 다중의 정치적 조직화는 근대적 저항, 반란, 혁명의 계보학에서 잘 드러난다. "이 계보학은 저항과 혁명적 조직들이 민주주의 사회를 달성할 수단이 될 뿐만 아니라 그 조직적 구조 내부에서 민주적 관계를 내적으로 창조하는 경향을 보여준다. … 오늘날 국지적·지역적 그리고 전 지구적 수준에서 전 세계에 나타나고 있는 그 많은 투쟁과 운동을 관통하는 공통된 흐름은 민주주의를 향한 열망이다."[323]

네그리와 하트는 『제국』에서 『다중』으로의 진전이 홉스의 『시민 De Cive』 (1642)에서 『리바이어던 Leviathan』(1651)으로의 진전과는 반대되는 것이라고 생각한다. 근대성의 여명기에 홉스는 『시민』에서 초기의 부르주아지에게 적합했던 사회체의 본질과 시민권의 형태를 정의했고, 『리바이어던』에서는 유럽에서 발전할 주권의 새로운 형태를 국민국가의 형태로 서술했다. 오늘날 탈근대성의 여명기에 네그리와 하트는 『제국』에서 새로운 전 지구적 형태의 주권을 서술하고자 했고, 『다중』에서는 지금 출현하고 있는 전 지구적 계급형성체(class formation), 즉 다중의 본질을 이해함으로써 민주주의를 위한 새로운 기획의 개념적 기초를 만들어 내고자 했다. 말하자면 홉스가 초기의 사회계급에서 주권의 새로운 형태로 나아간 반면, 네그리와 하트는 주권의 새로운 형태에서 새로운 전 지구적 계급으로 나아간 것이다. 근대 부르주아지가 자신의 이익을 보장하기 위하여 새로운 주권에 의지할 필요가 있었던 반면, 다중의 탈근대적 혁명은 새로운 제국적 주권 내부에서 출현하여 그 너머를 바라본다. 다중의 민주적 가능성의 핵심은 부르주아지나 다른 모든 배타적이고 한정적인 계급 형성체들과는 달리 다중이 사회를 자율적으로 형성할 수 있다는 데에 있다고 네그리와 하트는 말한다.[324]

오늘날 다중의 민주주의가 필요할 뿐만 아니라 가능하다고 보는 관점은 스피노자 사상의 현대적 부활을 예고한다. 『다중』에서는 민주주의가 우리 시대의 난제들에 대한 유일한 해답이자 항구적인 갈등과 전쟁 상태에서 벗어나는 유일한 출구라는 사실을 분명히 밝히고 있다. 다중의 민주주의는 정치철학의 전통을 지배하는 주권 개념에 입각해 있지 않다. 불변하는 존재론적 토대로서의 일자만이 주권일 수 있으며 주권이 없으면 정치도 있을 수 없다는 정치철학의 전통은 민주주의 개념을 침식하고 부정한다고 보기 때문이다. 주권의 필요성은 사회적 신체와 인간적 신체 사이의 전통적인 유비에 나타난 기본적인 진리로서 주권의 신체는 곧 사회적 신체 전체이다. 이러한 유비는 유기적 통일성을 강조하면서 사회적 기능의 분화 또한 강화하고 자연스럽게 한다. 머리는 오직 한 개만이 존재하며, 여러 팔다리와 기관들은 머리가 내린 결정과 명령에 복종해야 한다는 것이다.

네그리와 하트는 다중이 하나의 통일성으로 환원될 수 없으며 일자의 지배에 굴복하지 않기 때문에 사회적 신체가 아니며 주권적일 수 없다고 주장한다. 이와 같은 이유로, 스피노자가 절대적이라고 부른 민주주의도 만인의 복수성을 주권의 단일한 형태로 환원하지 않기 때문에 전통적 의미에서의 통치 형태로 간주될 수 없다는 것이다. 폭군들이 주권을 남용하면 피지배자들은 반란을 일으켜 그 관계의 양면성을 회복시킨 데서도 알 수 있듯이, 주권 권력은 자율적인 실체가 아니며 결코 절대적이지도 않고 지배자와 피지배자의 관계로 이루어져 있으므로 필연적으로 양면적일 수밖에 없다. 이러한 주권의 양면성은 정치적 지배에서 폭력과 무력의 유용성이 제한적이며 무력만으로는 안정적인 지배와 주권을 실현할 수 없음을 분명히 보여준다. 주권 권력은 피지배자들에게 공포심뿐만 아니라 경의, 헌신, 복종을 유발하는 방식으로 그들과의 관계를 계속적으로 협상할 수 있어야 하는 것이다. 억압, 노예 상태, 박해에서 탈출하여 자유를 찾아 나서는 일종의 엑소더스는 주권자와의 관계를 거부하는 행동으로 이는 모든 주권 형태가 지속적으로 관리하고, 봉쇄하고, 제거해야 하는 실질적인 위협이다.[325]

오늘날 전 지구적 제국 시대에 주권의 양면성이 표출하는 투쟁은 훨씬 더 극적이고 강렬한 것이 된다. 정치권력은 더 이상 단순히 규범을 제정하거나 공무에서 질서를 유지하는 것에 머물러서는 안 되며 삶의 모든 측면에서 사회적 관계들의 생산을 가동시켜야 하는 것이다. 주권 권력은 죽음을 지배해야 할 뿐만 아니라 사회적 삶도 생산해야 하는 것이다. "경제적 생산은 점차 삶정치적이 되어 재화의 생산만을 목표로 하는 것이 아니라…사회적 관계들과 사회적 질서의 생산을 목표로 한다. 문화는 이제 직접적으로 정치적 질서와 경제적 생산의 요소이다. 권력, 전쟁, 정치, 경제, 문화의 다양한 형태들이 제국 안에서 일종의 협주(協奏) 또는 수렴의 형태로 모여서 결국 사회적 삶 전체를 생산하는 방식이 되고, 그리하여 삶권력의 한 형태가 된다. 달리 표현하면, 제국 안에서 자본과 주권이 완전히 중첩되는 경향이 있다고 말할 수 있다."[326] 이러한 삶권력으로의 수렴을 인식하면 제국적 주권은 자신이 지배하는 생산적인 사회적 행위자들에 완전히 의존적이라는 것을 알 수 있다는 것이다.

오늘날 제국은 확장적이고 포괄적인 삶정치적 체제이기 때문에 주권 권력에게는 전 지구 인구가 생산자들로서만이 아니라 소비자들로서, 또는 네트워크의 상호작용하는 회로들 속의 사용자 내지 참가자들로서 필수적인 것으로 나타난다. 전 지구적 사회가 복합적이며 통합된 전체로서 함께 기능하기 때문에 어떤 집단도 '처분될 수(disposable)' 없으며, 제국적 주권은 무제한적인 전 지구적 다중과의 필연적 관계를 회피하거나 제거할 수 없다는 것이다. 제국이 지배하는 사람들은 착취될 수 있고 또한 그들의 사회적 생산성은 착취되게 마련이지만, 바로 그런 이유 때문에 그들은 배제될 수 없다는 것이다. 제국은 전 지구적 다중 전체와 맺는 지배 및 생산 관계로 이루어지기 때문에 그것이 가하는 위협에 직면할 수밖에 없다. 사회적 관계들을 공통적으로 창조해 낼 수 있는 다중의 힘은 주권과 아나키 사이에 위치하므로 정치의 새로운 가능성을 제시할 수 있다는 것이다.[327]

다중의 창조, 네트워크 속에서의 다중의 혁신, 그리고 공동으로 의사 결정을 할 수 있는 다중의 능력이 오늘날 최초로 민주주의를 가능하게 만든다. 민주주의의 실질적 개념을 늘 손상시켜 왔던 정치적 주권과 일자의 지배는 불필요할 뿐만 아니라 절대적으로 불가능해 보인다. … 다중의 자율성과 경제적 · 정치적 · 사회적 자기조직화를 위한 다중의 역량들은 주권의 역할을 모두 제거해 버린다. 주권은 더 이상 정치적인 것의 배타적 영역이 아닐 뿐만 아니라 다중에 의해 정치에서 추방된다.

The creation of the multitude, its innovation in networks, and its decision-making ability in common makes democracy possible for the first time today. Political sovereignty and the rule of the one, which has always undermined any real notion of democracy, tends to appear not only unnecessary but absolutely impossible.…The autonomy of the multitude and its capacities for economic, political, and social self-organization take away any role for sovereignty. Not only is sovereignty no longer the exclusive terrain of the political, the multitude banishes sovereignty from politics.[328]

개인이 아닌 다중 개념에 기초하여 권력(potestas)에 대항하는 역량(potentia)의 철학을 전개했던 스피노자의 관점은, 궁극적으로 다중이 자기 자신을 지배할 수 있을 때 다중의 민주주의가 가능하다고 본 네그리와 하트의 관점에서 부활된다. 네그리의 저서 『야성적 파격 The Savage Anomaly』의 영역자 서문(Translator's Foreword)에는 "네그리는 이러한 두 가지 권력형태[권력과 역량] 사이의 구별과 적대를 인식하는 것이 스피노자 사상의 현대적 적합성을 평가하는 중요한 열쇠라고 주장한다"[329]고 나와 있다. 스피노자적인 맥락에서 권력과 역량의 적대 제기는 '대립이 아니라 다양성(non opposita sed diversa)'의 측면을 보여주려는 것이다. 네그리의 스피노자 독해 및 해석에 따르면 권력과 역량은 단순한 정태적 대립 속에 관련되어 있는 것이 아니라, 오히려 대립의 파괴를 향한 몇 가지 복합적인 변형을 통해 전진적으로 이행해 간다. 따라서 영원성의 관점에서 볼 때, 다시 말해 스피노자의 형이상학에서는 권력과 역량의 구별은 존재할 수 없다.[330]

그러나 역사적으로 볼 때 정치적·종교적 권위가 다중의 자유를 억압하는 것처럼 역량은 지속적으로 권력에 종속된다. 네그리는 권력과 역량의 구별이 스피노자의 형이상학과 역사 간의 대립을 드러내는 것으로 보고 형이상학과 역사, 역량과 권력의 대립을 파괴하기 위한 두 가지 전략을 발견한다. 한 전략은 역량에서 권력으로, 형이상학에서 정치학과 역사로 나아가는 것이고, 다른 전략은 그 반대 방향인 권력에서 역량으로, 정치학과 역사에서 형이상학으로 나아가는 것이다. 하트에 따르면 네그리의 가장 중요한 기여는 '스피노자의 형이상학적 역량 개념이 지닌 존재론적 밀도(density)와 정치적 중심성에 대한 인식'[331]이다. 이러한 역량의 조직적 기획을 통해 인간 본성에 대한 형이상학적 논의가 윤리학과 정치학의 영역으로 들어간다. 네그리는 역량의 조직적 측면을 이끌어내기 위해 스피노자적 개념인 다중과 구성을 강조한다.

> 다중의 정념과 지성을 통해 역량은 계속해서 새로운 사회적 관계를 창조하는 데 관여한다. 스피노자의 민주주의적 전망의 주역인 다중은 구성 과정을 통해 사회적 권위를 창출한다.…구성 과정에서 역량의 형이상학은 윤리학, 즉 집단적 정념의 윤리학, 다중의 상상과 욕망의 윤리학이 된다. 이러한 역량 분석은 우리를 형이상학에서 정치학으로 이끌고, 그에 따라 역사적 차원인 권력의 실존 및 우월성의 문제를 제시하기 위한 토대를 마련한다.
>
> Through the passion and intelligence of the multitude, power is constantly engaged in inventing new social relations. The multitude, the protagonist of Spinoza's democratic vision, creates a social authority through the process of constitution…In the process of constitution the metaphysics of power becomes an ethics, an ethics of collective passions, of the imagination and desire of the multitude. This analysis of power brings us from metaphysics to politics and thereby prepares the ground for addressing the historical dimension, the problem of the real existence and eminence of Power.[332]

다음으로, 네그리는 『정치론』에서 스피노자가 정치 형태들을 평가하기 위해 전개하는 논리가 어떻게 반대 방향인 권력에서 역량으로 나아가는 경향을 작동시키는지를 보여준다. 스피노자에게 있어 최선의 군주정은 최고 권력인 군주가 다중의 구성적 역량에 의해 조정되는 것이지만, 일반적인 군주정은 그렇지 못한 제한된 형태이다. 스피노자의 귀족정은 군주정보다는 더 충분히 다중에 의해 구성되는 덜 제한된 정부 형태이다. 민주정은 이러한 이행의 종착점이지만 그의 죽음으로 이 장은 완성되지 못했다. 그러나 민주주의가 절대적이며 무제한적인 정부 형태이고 그 정부에서 최고 권력은 전적으로 다중의 역량에 의해 구성된다는 것은 분명하다. 스피노자의 민주주의는 다중적 권위의 역동적 형태인 '구성 권력(constituent Power)'에 의해 활성화된다.[333]

군주정에서 귀족정을 거쳐 민주주의로 진전하면서 스피노자는 역사에서 형이상학으로, 권력에서 역량으로 나아간다. 사실상 민주주의는 『에티카』 구도로의 회귀이다. … 『에티카』가 권력과 역량의 차이를 줄이고…권력을 역량에 종속시킨다면, 『정치론』은 그 차이가 줄어드는 미래, 민주적인 권력이 완전히 다중의 역량에 의해 구성되는 미래를 향해 나아가는 현실적 경향을 제시한다.

With this progression from monarchy through aristocracy to democracy, Spinoza moves from history to metaphysics, from Power to power. In effect, democracy is a return to the plane of the Ethics…If the Ethics reduces the distinction and subordinates Power to power…the Political Treatise poses the real tendency toward a future reduction of the distinction, when a democratic

Power would be completely constituted by the power of the multitude.[334]

스피노자에 대한 네그리 저작의 위상은 '항상 집단적인 차원에서 활동하며 민주적인 사회적 권위의 구성을 지향하는' 스피노자의 역량 개념[335]에 대한 해석과, 권력과의 구별을 이해하고 평가하는 데서 분명히 드러난다. "일반적으로 권력은 집중화되고 매개적이며 초월적인 지배의 힘을 나타내는 반면, 역량은 국부적이며 직접적이고 실제적인 구성의 힘이다."[336] 스피노자의 구체적인 존재론은 개별적 코나투스 이론으로 시작해 다중의 역량이라는 집단적 코나투스 이론으로 전개함으로써 '구성적 역량'으로서의 다중 민주주의에 대한 전망을 보여준다. 스피노자의 전망이 오늘날에도 생명력이 있는 것은 바로 이러한 민주주의의 이미지 속에서이다. 사상의 자유를 옹호하며, 신학적 · 정치적 권위에 맞서 투쟁하고, 권력의 구성을 공격하는 민주적이고 공화주의적인 스피노자는 이처럼 네그리의 저작 속에서 부활한다. 네그리의 관점에서 스피노자의 철학적 파격은 그의 사상을 근대 합리주의와 경험주의의 발전으로 환원시킬 수 없다는 데 있다. 네그리는 스피노자가 '데카르트에 맞서 위기를 존재론적 요소로 재전유하며, 홉스에 맞서 위기를 존재론의 구성주의 안에서 작동시키는'[337] 방식으로 위기를 기획으로 극복함으로써 '대안근대성(altermodernity)'[338]을 제시했다고 평가한다.

피에르 마슈레

이 절에서는 1960년대 말부터 본격화된 프랑스의 스피노자 연구에 중요한 하나의 이정표를 제시한 것으로 평가되는 프랑스의 철학자 피에르 마슈레의 스피노자 독해를 그의 주저(主著)인 『헤겔 우(또는) 스피노자 *Hegel ou Spinoza*』(1979, 1990)를 중심으로 고찰하기로 한다. 이 책은 1979년 알 튀세르가 감수한 '이론(Théorie)' 총서의 한 권으로 출간되었다가 1990년 데쿠 베르트(Découverte) 출판사에서 재출간되었다. 스피노자 철학의 현재적 함의 에 대한 관심을 명시적으로 표명하고 있는 이 책은 "두 개의 거울이 서로의 이미지를 비추듯 헤겔 안에서 스피노자를 읽고 스피노자 안에서 헤겔을 읽 는 방식으로"[339] 스피노자의 현대적 부활을 재음미할 수 있게 한다. 마슈레 의 스피노자 연구가 1994년부터 출간된 5권짜리 주석서에서는 『에티카』의 문헌학적·논증적 분석에 치중하는 방법론적 엄밀성을 보이기도 했지만, 그의 연구의 실천 지향적 성격은 '정치적 스피노자주의'와 결합하여 스피노 자 철학의 현재적 의미를 부각시켰다.

『헤겔 또는 스피노자』라는 제목이 시사해 주듯 마슈레는 대결(confrontation) 의 문제 설정을 통해 사상의 연쇄 과정을 통찰함으로써 철학적 반성 작업 및 해석을 위한 조건을 마련한다. 그래서 이 책의 제목은 양자 간에 심원한 친화성이 있음에도 불구하고 '헤겔과 스피노자'도 아니고 '헤겔 즉 스피노 자'도 아니며, 그렇다고 '헤겔이냐 스피노자냐'도 아니고, '헤겔 또는 스피노 자'인 것이다.[340] 스피노자주의의 거울 안에서 헤겔의 담론은 자신의 한계 와 내적 모순을 볼 수 있는 기회를 갖게 되고, '헤겔 안의 스피노자'는 두 철 학 사이에서 양자를 대립시키면서 연계시키는 오인과 재인지(méconnaissance and reconnaissance)의 현상을 설명해 주는 갈등적 통일성(conflictual unity)을 찾아 야 함을 의미하는 것이다. 그가 여기서 보여주려는 것은 "철학의 진리가 헤 겔 안에 존재하는 것처럼 스피노자 안에도 존재하며, 이는 곧 진리가 어느 하나에 전적으로 존재하는 것이 아니라 양자 사이의 어딘가에, 하나에서 다른 것으로 넘어가는 길 안에 있음을 뜻한다"[341]는 것이다. "헤겔 또는 스피노자, 이는 둘로 분할되는 하나"[342]라고 마슈레는 말한다. 그가 말하려는 것은 헤겔에 대한 대안으로서의 스피노자이다.

> 우리는 헤겔 또는 스피노자라고 하지, 스피노자 또는 헤겔이라고 하지 않는다. 왜냐하면 헤겔 철학에 대한 진정한 대안을 구성하는 것은 스피노자이기 때문이다.
> We say "Hegel or Spinoza," and not the inverse, because it is Spinoza who constitutes the true alternative to Hegelian philosophy.[343]

헤겔이 철학사의 진화론적 개념에 따라 자신의 철학을 스피노자주의의 유일하게 가능한 대안으로 제시한 것과 관련하여, 마슈레는 단일하고 전진적인 철학사 해석, 단지 겉보기에만 변증법적인 이러한 해석의 권위를 전복하고자 한다.[344] 이 책은 헤겔의 스피노자 해석을 비판적으로 검토하여 헤겔의 관념론적 변증법과는 다른 유물변증법의 가능성을 스피노자 철학에서 찾고 있다. 이 책이 출간된 1979년 당시의 프랑스는 정치적으로나 사상적으로 첨예한 갈등과 투쟁이 만연한 시기였다. 정치적으로는 좌파와 우파간의 치열한 정치적 대립 및 좌파 내부에서의 유로공산주의 지지자들과 비판자들 간의 대립이 격화되고 있었고, 사상적으로는 구조주의 진영 내부의 분열과 더불어 구조주의자에 대한 마르크스주의적 비판 및 알튀세르에 대한 마오주의적 비판이 체계적으로 전개되고 있었다. 마슈레가 속해 있던 알튀세르의 노선 내부에서 보면 이 시기는 역사적 마르크스주의의 개조 노력이 실패로 귀결되면서 이전의 개조 시도와는 다른 차원에서 마르크스주의를 일반화하려는 새로운 문제 설정이 시작되는 시기였다.[345] 이러한 시기에 마슈레는 스피노자 르네상스에 새로운 동력을 부여함으로써 네그리나발리바르 등의 스피노자 연구에 커다란 영향을 미쳤을 뿐 아니라, 스피노자와 독일 관념론의 관계에 대한 연구도 활기를 띠게 했다.

마슈레는 헤겔의 스피노자 독해를 실체의 관점에서부터 시작하고 있다. 헤겔에 따르면 스피노자는 근대 철학에 결정적인 지점을 구성하기 때문에 스피노자주의가 아니면 철학 자체가 가능하지 않다고 한다. 철학을 하려면 반드시 스피노자를 통과해야 하는 것은, 그의 철학 안에서 사유와 절대자[神=자연=실체] 사이에 본질적 관계가 형성되기 때문이라는 것이다. 사실 서양철학사를 통틀어 스피노자만큼 신 또는 자연의 질서에 대한 참된 인식과 사랑을 체계적으로 전개한 철학자는 없었다. 그러나 마슈레에 따르면 헤겔에게 스피노자는 선구자의 위치를 차지하긴 하지만, 스피노자 안에서 시작한 것은 목적을 달성하지 못한다고 말한다. 스피노자는 절대자를 인지하긴 하지만 실체로서 제한적으로 파악하는 매우 특수한 위치를 점한다는 것이다.[346]

마슈레는 헤겔의 스피노자 독해에서 반복되는 전형적인 표현들을 예시한다. 『논리학 Logic』 1권에서 "스피노자에게 실체와 그 절대적 통일성은 부동의 통일성 · 경직성의 형태를 띠고 있으며, 그 안에서 아직은 자신의 부정적 통일성의 개념, 주체성의 개념을 발견하지 못한다"[347]라고 한 것이나, 『논리학』 3권의 서론에서 "따라서 스피노자주의에 대한 유일하게 가능한 논박은 첫째로는 스피노자주의의 본질적이고 필연적인 관점을 인정하고서, 둘째로는 그 관점을 좀 더 높은 수준으로 고양될 수 있게 하는 것이다"[348]라고 한 것, 그리고 『정신현상학 Phänomenologie des Geistes』 서문에서 "실체는 이념의 발전 과정에서 본질적 단계이지만 이는 이념 자체도 절대적 이념도 아니며, 아직은 필연성이라는 제한된 형태로서의 이념이다"[349]라고 한 것 등에서 아직 '주체'가 아닌 '실체'의 관점을 읽을 수 있다는 것이다. 말하자면 헤겔은 스피노자의 사상이 아직 충분히 변증법적이지 않다고 보는 것이다. 실체에 관한 헤겔의 스피노자 독해와 관련하여 개념적 명료화(conceptual clarification)를 위하여 우선 필자의 견해를 중심으로 살펴본 후 마슈레의 논지에 대해 고찰하기로 한다.

스피노자 철학의 정수라 할 수 있는 실체[體]와 양태[用], 전체성과 개체성의 합일의 원리는 표상지(表象知)에서 이성지(理性知)와 직관지(直觀知)로의 이행을 상정하고 있다는 점에서 인식과 존재의 변증법적 관계를 사유할 수 있게 한다. 스피노자의 철학 체계에서 제3종의 인식인 '직관지' 단계에서는 보편자인 신에 대한 완전한 인식과 사랑을 통해 주관성과 객관성의 합일이 이루어져 진정한 의미의 개체성(individuality)이 실현되므로 주체와 실체의 괴리는 사라진다. 헤겔의 표현을 빌리면, '나(I)'의 형태로서가 아니라 보편적으로 상호의존적인 '우리(We)'[350]의 형태로서의 자유로운 정신이 되는 것이다. 이는 곧 생명의 전일성과 자기근원성을 자각하게 되는 것으로 참된 자유와 행복이 실현되는 것이다. 자유인의 삶을 향한 철학적 여정을 보여주는 『에티카』와 민주주의를 위한 '자유의 송가(頌歌)'로 일컬어지는 『정치론』에서 스피노자가 보여주는 형이상학과 정치학, 사변과 실천의 통섭을 향한 노력은 본질적으로 인식과 존재의 변증법적 관계에 기초하고 있다.

이러한 인식과 존재의 변증법은 헤겔의 주인과 노예의 변증법(the master-slave dialectic)[351]에서도 드러난다. 주인과 노예의 변증법은 '아(我 self)'와 '비아(非我 other)'의 두 대립되는 자의식(自意識)에 관한 것으로 헤겔은 이를 역사 과정의 참 동인(動因)이 되는 원리로 간주한다. 헤겔에게 있어 역사는 주인과 노예의 변증법의 역사에 불과하며, 그 최후의 단계에서는 대립을 이루는 특수적 자의식(particular self-consciousness)이 통합을 이루어 보편적 자의식(universal self-consciousness)이 되면서 상호적 인식(mutual recognition)의 관계에 놓이게 되므로 정신은 자유를 현실로서 실감하게 된다. 여기서 자유의 이념은 3단계 발전 과정을 거치게 되는데, 제1단계에서 자유는 '금욕주의(stoicism)' 속에 그 모습을 드러내고, 그 다음 제2단계에서는 '회의주의(skepticism)' 속에, 그리고 마지막 단계인 제3단계에서는 '불행한 의식(unhappy consciousness)' 속에 그 모습을 드러냄으로써 비로소 구체화된 현실태가 된다.

제1단계인 금욕주의 단계의 자유는 이념이 아직 자기 동일성을 유지하는 즉자(卽自 in-itself, 正) 단계에서의 자유, 즉 실제 존재태와는 무관하게 생각 속에서의 관념적 자유이다.[352] 제2단계인 회의주의 단계의 자유는 내재된 발전 및 모순의 요소가 노예의 노동을 통하여 외현화되면서 제1단계와 대립을 이루는 대자(對自 for-itself, 反) 단계에서의 자유, 즉 자기 확신(self-certainty)과 우연성(contingency)을 동시에 표출하는 카오스적 의식의 자유로서 그 본질은 부정성(negativity)이다.[353] 제3단계인 불행한 의식의 단계의 자유는 이 지상의 왕국에서 자기실현이 불가능한 것을 깨닫고 다른 세계, 즉 천상의 왕국에서 초월적 신―말하자면 절대적 주인―의 노예가 됨으로써 자기실현을 꿈꾸는 기독교 세계에서의 자유이다.[354]

불행한 의식은 다시 3단계 발전 과정을 거쳐 그 스스로를 완성한다.[355] 제1단계는 신이 주인으로서, 심판관으로서 나타나는 '하나'님의 통치기로서 이 단계에서는 불변성과 가변성, 보편성과 특수성, 그리고 신과 인간 간의 대립이 야기된다.[356] 제2단계는 불변성이 특수성의 형태로 나타나는 예수 그리스도의 통치기로서 자의식은 그 자체의 통합을 달성하기는 하나 그것이 영구적이 되지는 못하는 까닭에 기독교적 의식은 그 스스로가 불행한 의식이라는 것을 알게 된다.[357] 그리하여 제3단계는 보편성과 특수성의 화해가 이루어지는 성령(聖靈)의 단계로서 점차로 자의식은 정신(spirit)이 되어 그 속에서 스스로를 발견함으로써 마침내 불행한 의식을 극복하게 되는데, 이는 독일 철학 시대의 도래와 더불어 기독교 시대의 완성을 의미하는 바 헤겔에서 그 절정에 이르게 된다.[358]

이와 같이 주인과 노예 간의 '삶과 죽음의 투쟁(life-and-death-struggle)'은 헤겔의 '이성국가(the Hegelian rational state)'의 출현과 더불어 종식되게 된다. 이 단계가 되면 일체의 모순의 대립이 지양되어 만인은 자유롭고 보편적으로 상호의존적이며 상호적으로 서로를 인식하게 되므로 마침내 절대정신은 인간 존재 속에 실현된다.[359] 그리하여 인간은 이 현실세계가 정신의 산물임을 알고 존재와 의식이 둘이 아니라는 사실을 깨달아 자유롭게 되며 이로써 소외의 역사는 막을 내리게 되는 것이다. 따라서 헤겔에게 있어 인간 소외란 인간의 자기의식의 소외—말하자면 참본성으로부터의 소외—에 불과하며 이를 극복하고 자유를 쟁취하는 것이 바로 역사의 목적이다. 이렇게 볼 때 그 어떤 존재도 다른 유사한 존재를 동시적으로 의식하지 않고서는 자신을 의식할 수 없다는 점에서 '간주관성(間主觀性 intersubjectivity)'은 자의식의 조건이자 '상호적 인식'의 조건이다.[360]

주인과 노예의 변증법에 대한 논의를 통하여 볼 때 헤겔에게 있어 자유혹은 부자유의 의식은 단순히 개별체적인 의식이 아니라 사회적이요 역사적이며 공동체적인 의식이다. 이는 자유의 위치(locus)가 바로 '실체적 통일체(substantial unity)'[361]로서의 '이성국가'인 데서 잘 드러난다. 이성국가의 도출은 인식과 존재의 변증법적 관계에 기초해 있으며 이는 곧 의식의 진화와 맥을 같이 하는 것으로 의식[본체계]과 존재[현상계]의 합일을 보여준다. 스피노자의 경우에도 이성의 요구들이 현실의 삶 속에 구현되려면 반드시 정치적 메커니즘을 통해야 하므로 공동의 법에 기초한 국가—자유민주주의 공화국—가 필요하게 된다. 스피노자의 체계에서 '이성지'와 '직관지'로의 이행은 인식과 존재의 변증법적 관계에 기초하여 의식의 진화와 조응해 있으며 본체계와 현상계의 합일을 보여준다. 스피노자는 자연의 필연적 법칙성에 대한 이해를 바탕으로 실체와 양태의 필연적 관계성에 대한 본질적인 규명을 통하여 인간과 '신 또는 자연(Deus sive Natura)'이 소통하는 세상을 구가하고자 했다.

헤겔과 스피노자의 철학 체계에 나타나는 의식의 진화 과정은 곧 자유의 자기실현 과정이다. 의식이 진화하여 완전한 '상호적 인식'의 단계에 이르면 '관계성' 또는 '소통성'이 극대화되어 완전한 자유가 실현된다. 이와 같이 헤겔과 스피노자의 철학 체계에서의 핵심 키워드는 '관계성' 또는 '소통성'이다. 우리의 인식이 '직관지' 단계에 이르면 '인간에 대한 신의 사랑과 신에 대한 정신의 지적 사랑은 동일'[362]하게 되므로 실체는 더 이상 필연성이라는 제한된 형태로서의 이념이 아니다. 정확하게 말하면, 실체는 그 어떤 경우에도 필연성이라는 제한된 형태에 갇히지 않는다. 다만 제1종의 인식인 '표상지'가 그렇게 인식한 것일 뿐이다. 그런 점에서 그것은 실체의 문제가 아니라 인식의 문제이다. 스피노자 철학이 인식과 존재의 관계성을 중시한 것은 이 때문이다.

헤겔은 스피노자 철학이 실체를 전진 배치함으로써 부동적이 되고 실체는 자기 충만감 속에서 모든 운동의 가능성을 소진시켜 버렸으며 그리하여 전 과정을 부인한다고 본다. 말하자면 스피노자의 철학 체계가 실체로 시작하는 관계로 완전히 자족적이기 때문에 개체성의 원리가 부재하여 더 이상 전진할 수 없다는 것이다. 그러나 이는 실체가 스스로 생성되고 변화하여 돌아가는 '스스로(自) 그러한(然)' 자임을, 그 본질이 내재성인 동시에 초월성이며, 전체성인 동시에 개체성이며, 우주의 본원인 동시에 현상 그 자체임을 깊이 인지하지 못한 데서 오는 것이다. 헤겔의 스피노자 독해에 대한 마슈레의 다음 글은 바로 이러한 오류를 반영한다.

> 절대적 시작으로서의 실체는 하나의 끝이기도 하다. 아무것도 결여하고 있지 않은 존재의 자기 충만감 속에서 실체는 이미 모든 운동의 가능성을 소진시켰다. 실체가 시작한 것은 바로 실체 안에서 실현된다. 이는 아무것도 시작하지 않는 시작이며, 여기서 부동적인 절대자는 전 과정을 부인한다…처음에 모든 실재가 주어졌기 때문에 전진할 수가 없다.
>
> As absolute beginning, substance is thus also an end. In the plenitude of its own being, for which nothing is lacking, it has already exhausted all possibility of movement; what it initiates within itself is immediately fully realized. It is a beginning that begins nothing, where the immobile absolute constitutes the denial of all process…because it is itself given at the beginning of all reality, it cannot progress.[363]

실체는 시작도 끝도 없는 영원한 생명의 순환이 일어나게 하는 우주섭리 그 자체로서 스스로는 생멸하지 아니하면서 만유를 생멸케 하고 또한 스스로는 무규정자이면서 만유를 규정하는 무한자이다. 모든 정념과 예속은 필연과 자유의지가, 본체와 작용이 실물과 그림자의 관계와도 같이 분리 자체가 근원적으로 불가능하다는 사실을 놓친 데서 오는 것이다. 스피노자는 정념과 예속의 효과를 제거하기보다는 인과적 필연성의 원리를 파악함으로써 기쁜 정념 및 명석한 이미지들로 전환시킨다. 변증법의 역동적 본질을 생생하게 보여주는 헤겔과는 달리, 스피노자는 기하학적 논증을 통하여 능산적 자연과 소산적 자연, 즉 실체와 양태의 합일을 보여주는 관계로 그러한 역동적 본질이 생생하게 나타나 있지는 않다. 그러나 인간 정신을 구성하는 관념의 적합성이 지성에 비례하며 우리가 적합한 관념을 늘려갈수록 인식과 이해의 수준이 높아져서 종국에는 '직관지'에 도달할 수 있다고 보았다. 말하자면 '직관지'가 양 차원의 합일을 추동하는 핵심 기제인 셈이다.

실로 이 우주에는 스스로 활동하는 유일 실체*와 그 실체의 자기현현만이 있을 뿐이므로 전체성과 개체성, 의식과 제도, 공동체와 개인은 유비관계로서 이해될 수 있다. 우리가 '직관지'로 이행할수록 윤리적 효용성이 증대하여 개인과 공동체의 조화적 관계를 인식하게 된다. 헤겔이나 스피노자에게 삶은 관념이 아니라 관계이며, 자유로운 삶이란 본성을 억압하지 않고 삶자체를 긍정하는 주체적이고 능동적이며 이성을 따르는 삶이다. 오늘날 스피노자 사상의 현재성이 운위되는 것은 이분법의 폐해를 극복할 수 있는 대안사회 모색과 관련하여 그의 사상의 치명적인 유용성 때문이다. 말하자면 정치철학의 근본 과제라 할 수 있는 공동체와 개인, 의식과 제도, 도덕과 정치의 유비관계에 대한 정치철학적 탐색과 더불어 에코토피아적 비전을 제

---

* '자기원인'이자 만물의 원인인 실체는—동양에서는 흔히 氣海로 불리기도 하는—분리 자체가 근원적으로 불가능하기 때문에 그런 의미에서 유일 실체 또는 유일신으로 명명된다.

시하며 대안적인 통섭학의 기본 틀과 공존의 대안사회 마련에 유익한 단서를 제공하기 때문이다.

그런데 마슈레가 『헤겔 또는 스피노자』에서 헤겔의 관념변증법의 한계를 넘어설 수 있는 유물변증법의 가능성을 스피노자 철학에서 모색하는 시도는 '유심(唯心)이냐 유물(唯物)이냐'라는 반(反)통섭적인 이분법을 전제로 한 까닭에 대안사회 모색과 관련하여 스피노자의 현재성을 논함에 있어서는 그다지 의미가 있는 것 같지 않다. 정신과 물질은 본래 하나이므로 '유심이냐 유물이냐'와 같은 낡은 논쟁에 매달리기보다는 그 관계성에 초점을 두는 것이 스피노자의 본래 의도에 부합하는 길일 것이다. 스피노자의 사상에서 대안사회를 모색하는 추동력을 얻기 위해서가 아니라 정치적·사상적 방어기제로 이용하기 위해 그의 현재성을 운위한다면, 심원한 그의 철학 체계의 의미는 축소될 수밖에 없다. 그럼에도 그의 책은 '헤겔 안에서 스피노자를 읽고 스피노자 안에서 헤겔을 읽는' 방식으로 스피노자 르네상스에 새로운 동력을 부여하고 스피노자의 비옥한 철학적 토양에 대한 이해를 심화시킨다는 점에서 유의미하기도 하다.

이제 인류의 의식은 양자역학(量子力學 quantum mechanics)의 부상과 더불어 통섭의 시대에 진입해 있다. 스피노자 사상의 현대적 부활이 운위되는 것은 유심이냐 유물이냐를 밝히기 위해서가 아니라 대안사회 모색과 관련하여 관계성 내지 소통성을 규명하기 위해서이다. 유일신 논쟁이나 유심론·유물론 논쟁, 신·인간 이원론 등은 생명의 본체[一, 실체]와 작용[多, 양태]의 상호 관통에 대한 인식 결여에서 오는 것이다.* '생명의 3화음적 구조'를 나타

* 우주만물의 형성 과정은 생명의 본체인 神[실체]이 氣로, 다시 精으로 에너지가 體化

내는 천·지·인 삼신일체나 기독교 삼위일체의 본질을 이해한다면 이러한 논쟁은 일어나지 않을 것이다. 물질계는 생명의 본체인 '영(Spirit)'자신의 설계도가 스스로의 에너지·지성·질료의 삼위일체의 작용으로 형상화되어 나타난 것이므로 만유는 '물질화된 영(materialized Spirit)'이다. '유심이냐 유물이냐'와 같은 문제제기는 의식의 자기분열의 표징에 불과한 것이다.

여기서 또 한 가지 지적할 것은 스피노자의 범신론에 관한 것이다. 시몽동(Gilbert Simondon)은 스피노자를 '개체성 그 자체를 폐절시키는 범신론'[364] 철학자로 간주한다. 이는 범신론의 의미를 자의적으로 해석한 데서 오는 오류이다. 신은 만물 속에 두루 편재해 있는 보편자로서 없는 곳이 없이 실재하므로 범신론이라고 하는 것이고, 또한 신은 만물의 내재적 본성[神性] 그 자체이므로 전체성인 신(神)은 개체성인 우주만물과 분리 자체가 근원적으로 불가능하기 때문에 '개체성 그 자체를 폐절시키는 범신론'이란 말은 성립될 수 없다. 또한 마슈레가 정치적 스피노자를 논한다고 해서 범신론을 폐기처분할 필요는 없는 것이다. 범신론은 기독교에서 '하느님은 무소부재(無所不在)'라고 하는 것, 그 이상도 이하도 아니다. 범신론의 의미를 명료하게 인식하지 못하는 사람에게는 '범신론자'로서의 스피노자 상 역시 애매모호하고 그릇되게 느껴질 수 있다. 범신론은 생명의 네트워크적 속성에 따

하는 과정이며, 이 과정에서 신은 만유의 본질로서 만유 속에 두루 遍在하게 되므로 본체인 신과 그 작용인 우주만물은 분리 자체가 근원적으로 불가능하다. 반면, 천인합일의 이치를 깨달으면 精은 氣로, 다시 神으로 화하여 참본성인 신성이 드러나게 되는데, 신인합일이란 이를 두고 하는 말이다. 이처럼 본체와 작용의 완전한 소통이 이루어지면 물질세계가 의식세계의 投射影임을 알게 되므로 더 이상은 '唯心이냐 唯物이냐'의 문제는 제기하지 않게 된다.

른 비분리성으로 인해 마치 비국소성(非局所性 non-locality)을 띠는 안개와도 같이 생명의 본체인 신이 모든 곳에 존재함을 나타낸 것이니, '신 또는 자연'을 주창하는 스피노자를 범신론자라고 명명하는 것은 잘못된 것이 아니라 자연스러운 것이다. 다만 19세기에는 만물의 근원을 밝히는 일에 주력하다 보니 범신론적 스피노자주의에 매달렸고, 20세기 후반에는 정치 실천적인 문제에 주력하다 보니 정치적 스피노자주의에 매달린 것일 뿐이다.

스피노자 체계의 실존적 함의를 이해하고 해석하는 데는 많은 어려움이 따르는 것으로 알려져 있다. 스피노자에 대한 오독(誤讀)이나 몰이해의 많은 부분은 헤겔이나 마슈레의 스피노자 독해에서 보듯 스피노자주의의 '동양적 직관(oriental intuition)'을 서구의 논리적인 분석틀로 해석하는 데서 오는 경우가 많다. 서구적 보편주의의 거울로 동양 정신을 해석하는 나르시스적 시각은 통섭적 세계관을 갖지 못한 데 기인한다. 이러한 나르시스적 시각은 오로지 자기 거울을 통해서만 타자를 인식하는 왜곡된 집착에 기인하는 것으로 이는 그리스 신화에서 물에 비친 자기 모습을 연모하다가 빠져 죽어 샘가에 수선화로 피어났다는 미모의 소년 나르시스(Narcissus)의 운명과 비극을 연상케 한다. 물[마음의 거울]에 비친 자기 모습과 자기 자신의 동일시는 참 본성을 자각하지 못한 채 그 그림자인 에고(ego)에 탐착하는 현대인의 자화상을 보여주는 것이기도 하다. 나르시시즘(narcissism 자기도취)의 치명적인 병폐는 존재의 본질인 관계성(relativity 또는 intersubjectivity)의 상실에 있다.

헤겔의 스피노자 독해는 '스피노자주의자가 되는 것이 모든 철학의 본질적인 시작이다'[365]라고 하면서도, 스피노자의 직관에 '개체성'의 원리가 결여되어 있다고 봄으로써 진리의 발견에까지 이르지는 못한 것으로 평가한다. 동양적 사유에서는 유일 실체만이 참되며 개체는 실체와 일체화됨으로써 진정한 가치를 지닐 수 있고, 그렇게 되면 실체는 주체로 존재하기를 그치며 주체는 의식적 존재이기를 그치고 무의식의 상태에서 사라지게 된다는 것이 헤겔의 해석이다.[366] 이러한 헤겔의 스피노자 독해는 그의 일직선적인 변증법적 발전 논리로 동양의 순환론적인 변증법적 발전 논리를 해석하고, 서구의 이분법적인 분석틀로 동양적 직관을 해석하는 데서 오는 오류를 노정시키고 있다. 개체는 실체와의 일체성을 깨달을 때 주체로 존재하기를 그치는 것이 아니라 고도로 주체성을 띠며, 의식적 존재이기를 그치는 것이 아니라 고도로 의식적 존재가 되고, 그리하여 마침내 개체성과 전체성이 하나가 되는 일심(一心)의 경지에 이르게 되는 것이다. 생각한다고 존재하는 것이 아니라 깨어 있어야 진실로 존재하는 것이다.

개체성은 곧 존재성이며 동시에 관계성이다. 동양의 직관적 사유 체계에서는 개체성과 전체성의 합일을 전제로 양자의 관계성을 강조하는 반면, 서양의 논리적 사유 체계에서는 개체성과 전체성의 이분화를 전제로 전체성과 분리된 개체성의 원리를 강조한다. 사실 헤겔의 철학 체계도 도가사상과 불교사상의 영향을 받아 큰 틀에서는 동양적 직관을 함축하고 있지만,* 그의 동양적 직관은 그의 일직선적인 변증법적 발전 논리와 서구의 이분법적인 분석틀에 의해 부분적으로는 제한되고 있다. 생명의 본질은 내재성인 동시에 초월성이며, 전체성(一)인 동시에 개체성(多)이고, 우주의 본원인 동시에 현상 그 자체이므로 이러한 생명의 순환을 깨닫기만 하면 고도의 개체

---

* 헤겔의 절대정신의 변증법적 발전 논리는 불교철학이 지향하는 영구적 균형(eternal balance)의 원리에 닿아 있으며, 또한 이는 老子의 道의 변증법적 발전 논리와 유사성을 보이고 있다.

성이 발휘된다고 보는 것이 동양의 관점이다. 다만 스피노자의 경우 그의 기하학적 논증 방식이 역동적인 생명의 순환을 생생하게 보여주지는 못하고 있음은 앞서 지적한 바이다.

'개체가 실체와 일체화되면 실체는 주체로 존재하기를 그치고 주체는 의식적 존재이기를 그친다'는 헤겔의 말은 실체[신]의 속성이 전체성(一)인 동시에 개체성(多)이라는 사실을 명료하게 인지하지 못하는 데서 오는 것이다. 전체성인 동시에 개체성의 속성을 갖는 실체가 곧 참자아[大我]라는 사실을 깨닫기만 하면 진정한 개체성이 발휘되는 것이다. 바닷물과 파도가 분리될 수 없는 것처럼, 실체와 개체는 분리 자체가 근원적으로 불가능하다. 이러한 사실을 알면 생명의 전일성과 자기근원성을 깨닫게 되므로 능동적인 주체성이 발휘되어 자유롭고 조화로운 사회가 구현된다. 실체를 떠나 따로이 개체성을 논하는 것은 바닷물을 떠나 따로이 파도를 논하는 것과 마찬가지로 비현실적이다. 실체인 참자아의 자각적 주체가 되는 것이 진정한 개체성이다. '개체가 실체와 일체화되면 실체는 주체가 아니고 주체는 의식적 존재가 아니다'라는 헤겔의 말은 실체와 대립을 이루는 '가아(假我)'의 개체성을 설정한 것에 지나지 않는다.

실체인 신이 곧 참자아*이고 진정한 주체이며 개체라는 것을 서양의 이

---

* 『天符經』의 '하나(一)'와 『삼일신고』의 一神, 이슬람교 『코란 Koran』의 '알라'와 기독교 『성경 Bible』의 하느님[유일신], 힌두교 『베다 Vedas』·『우파니샤드 The Upanishads』·『바가바드 기타 The Bhagavad Gita』의 브라흐마, 유교의 하늘(天)과 불교의 佛과 도가의 道, 그리고 천도교 『東經大全』의 天主와 우리 민족 고유의 경전들에 나오는 三神과 우리 민족이 예로부터 숭앙해 온 하늘(天)이 모두 생명의 본체인 절대유일의 참자아를 일컫는 대명사이다. 참자아는 전체성인 동시에 개체성이므로 상대적 分別智로서는 접근이 불가능하다. 오직 전체성과 개체성의 필연적 관계성으

분법으로는 이해하기 어려울 것이다. 이 세상에 새로이 이룰 것은 아무것도 없으며, 이미 모든 것이 구비되었으므로 이러한 사실을 깨닫기만 하면 된다. 인간이 느끼는 질병이나 고통은 마음이라는 인식 주체가 없이는 성립될 수 없다. 헤겔이 말하는 주체니 개체니 하는 것은 질병이나 고통을 느끼는 에고로서의 주체나 개체를 말함인가? 그것은 가아(假我)에 불과한 것이므로 스피노자는 참자아인 실체를 논하는 것이다. 실체인 신은 참자아이므로 신을 아는 것은 곧 모든 것을 아는 것이다. 헤겔이 말하는 개체성은 생명을 개체화된 물질적 의미로만 이해하는 데서 생겨난 것이다. 전체와 분리된 개체란 환상일 뿐 성립하지 않는 것이다. 참자아는 전체성인 동시에 개체성이며, 내재성인 동시에 초월성이고, 실체인 동시에 양태로서의 속성을 갖는다. 따라서 두 항 사이의 필연적 관계성을 깨닫기만 하면 진정한 개체성이 실현된다고 보는 것이 스피노자의 관점이다.

스피노자가 실체인 신 개념에 천착한 것은, 우주의 본질이자 인식의 뿌리인 생명 자체가 신이고 일체가 거기서 파생되므로 신은 모든 문제를 푸는 마스터 키인 까닭이다. 스피노자는 애초부터 물질세계의 현란한 유희를 만들어 내는 주체나 개체 따위에는 관심이 없었다. '그 어떤 것에도 의존하지 않으면서 만물의 근본이 되고, 물질세계 저 너머에 있으면서 물질세계의 변화를 주재하는 참자아'[367] 즉 실체[神]에 관심이 있었던 것이다. 우주의 실체는 의식이므로 참자아인 실체는 일심[참본성, 神性, 眞性], 즉 해방된 마음을 지칭한다. 마음의 해방이 달성되지 못하는 것은 개체화 의식으로 인해 완전한 앎이 결여되어 생명의 전일성을 자각하지 못하고 물질세계가 만들어 내

로만 인식할 수 있는 개념이다.

는 현란한 유희에 사로잡혀 있기 때문이다. 주관과 객관의 저 너머에 있는 보편적 실재, 즉 실체인 참자아를 알지 못하고서는 그 어떤 논의도 실재성을 띨 수가 없다.

이렇게 볼 때 우리는 헤겔과 스피노자의 변증법적 발전 논리에 대한 상이한 인식 및 이들의 상이한 사유 체계가 발전에 대한 상이한 접근을 낳는다는 것을 알았다. "처음에 모든 것이 주어졌기 때문에 더 이상 전진할 수가 없다" 또는 "실체의 경직성 때문에 그 자체로의 복귀가 결여되어 있다"[368]라고 한 헤겔의 주장과는 달리, 실체는 내재된 필연적 법칙성에 따라 스스로 생성되고 변화하여 돌아가는 '스스로(自) 그러한(然)'자이므로 실체와 개체성이 둘이 아니며, 따라서 전진하기 위해 따로이 개체성의 원리가 필요한 것은 아니다. 만물이 생장하여 변화하는 모습이 기실은 모두 그 근원으로 되돌아가는 작용임을 직시하는 그 자체가 서구적 의미의 발전의 계기를 내포한 것이다. 헤겔의 인간소외란 인간의 자기의식의 소외에 불과하며 이를 극복하고 자유를 쟁취하는 것이 역사의 목적이다. 스피노자 정치사상의 핵심 키워드 역시 '자유'이지만, 역사의 진행 방향은 개인 및 집단의지의 총화 너머에 있으므로 목적론적이라고 할 수 없다는 것이 스피노자의 관점이다.

서구적 사유 체계에서는 실체가 물질화된 것을 두고 개체성이라고 하지만, 동양적 사유 체계에서는 물질적 껍질이 아닌 물질의 공성(空性)을 직관하므로 실체와 분리된 개체성을 운위하는 것은 현실과는 유리된 상상에 불과한 것으로 본다. '자기원인'이자 만물의 원인인 실체를 자각하면 생명의 전일성과 자기근원성을 깨닫게 되므로 공동체와 조화를 이루는 진정한 개체성이 발휘된다. 실체인 참자아의 자각적 주체가 되는 것은 표상지(表象知)에서 이성지(理性知)와 직관지(直觀知)로의 이행을 통해 가능하며 이는 곧 의식의 진화 과정과 맥을 같이한다. 실로 '직관지'의 관점에서는 실체는 곧 양태이고 전체성은 곧 개체성이다. 유일 실체가 진리이듯 우주만물 또한 진리이다. 비록 헤겔과 스피노자가 서로 다른 접근을 시도하지만, 진정한 자유인의 삶을 향유하기 위해서는 부단한 의식의 자기교육과정이 필요하다고 보는 점에서는 일치한다. 여기서 스피노자의 실체 개념을 장황하게 논한 것은 그의 철학 체계에서 실체인 참자아를 인식하는 것은 모든 문제 해결의 단서가 되기 때문이다.

마슈레는 "스피노자에서 시작해야 하고, 스피노자를 통과해야 하고, 스피노자에서 벗어나야 한다"[369]며, 헤겔이 그의 체계에서 논의를 집중하는 세 가지 비판적 논점, 즉 기하학적 방법에 따른 논증 문제, 속성들의 정의 문제, '모든 규정은 부정이다'라는 정식(formula) 등 세 가지 논점들에 대해 엄밀한 고찰을 시도한다. 마슈레에 따르면 헤겔은 스피노자 철학 특유의 방법과 이 방법의 실제 전개 방식, 그리고 이 방법의 내용 자체에 대해 비판한다. "스피노자는 철학적 진리를 형식적 명증의 보증, 외적이고 추상적인 규칙에 종속시키고 있으며, 실체의 절대적 통일성을 긍정함으로써 일원론자를 자처하지만, 지식 자체 내에서 형식과 내용을 분리하기 때문에 다시금 일종의 이원론을 개진한다"[370]는 것이다. 수학에서 인식과 방법은 단지 형식적 인식이기 때문에 철학에는 완전히 부적합하다는 것이다.

> 수학적 인식은 인식되는 대상이 아니라 존재하는 대상에 대해 논증한다. 따라서 개념이 결여되어 있다. 그런데 철학의 대상은 개념 및 개념적으로 인식된 것이다.
>
> Mathematical knowledge sets out its proof on the existing object as such,

and not the object insofar as it is conceived; what is lacking, consequently, is the concept; but the object of philosophy is the concept and that which is understood through the concept.[371]

"스피노자주의의 고유한 결함은 철학이 정의(definitions)들로부터 시작한다는 데 있다"[372]고 헤겔은 말한다. 이 정의가 가리키는 내용이 즉자대자적으로 참된 것인지의 질문은 철학적 반성에는 핵심적인 것임에도—왜냐하면 정의는 이후의 모든 인식이 의존하는 진리의 원천으로 제시되므로—기하학적 정리(propositions) 내에서는 전혀 다루어지지 않고 있다는 것이다. 헤겔은 지식을 절대적 시작의 전제에 종속시키려는 시도에 근본적으로 반대한다. 기하학적 방법은 철학자의 방법이 아니며, 그 역도 마찬가지이므로 철학 안에 수학적 추론을 도입하려는 시도는 잘못된 것이라고 보는 것이다. 기하학적 방법은 추상적 실재를 다루는 그 자신의 영역 안에서만 제한적인 타당성을 지닐 뿐, 이 영역 바깥에 적용하려고 하면 전혀 적합하지 않게 된다는 것이다.[373]

마슈레에 따르면 인식은 하나의 과정, 다시 말해 관념들의 생산 과정이기 때문에 인식을 물질적 생산 과정과 비교하는 것이 정당화된다. 이 때문에 인식은 수동적 표상이 아니라 활동으로 제시되어야 하며, 스피노자는 계속해서 이 문제로 다시 돌아간다. 인식은 확립된 진리의 단순한 전개가 아니라 지식의 현실적 발생이기 때문에 지식의 진보는 진리를 보증해 줄 절대적 기원이라는 조건에 종속되지 않는다. 자신의 한계에 의해 규정되는 형식적 순서와는 반대로 실천은 결코 참된 시작이라고 말할 수 없는 방식으로 시작한다는 것이다. 마슈레는 스피노자에게도 인식의 역사라는 관념이 존재한다고 말한다. 이 관념에 따르면 인식은 인식을 구성하는 운동과 분리될 수 없으며 이 운동 자체가 인식의 규범이기 때문에 인식은 시작부터 정해진 규범으로서 진리와 조우하는 것이 아니라는 것이다. 스피노자가 경직된 순서를 재생산해야 할 의무에 얽매어 죽은 지식의 이상 및 모델을 구축함으로써 자신의 철학에서 모든 운동을 몰아냈다고 헤겔이 비난한 것에 대해, 마슈레는 스피노자주의의 본질적인 경향에 대해 헤겔이 무지하거나 왜곡하고 있다고 역공을 펼친다.

그리하여 마슈레는 『에티카』에 대한 독해 시도가 절대적 시작이라는 환상을 버리고 모든 형식주의적 편견에서 벗어나야 한다고 말한다. 『에티카』에 나타난 기하학적 서술 방식은 시초의 개념들이 그에 뒤따르는 모든 것을 연역해 낼 수 있는 진리의 원천을 구성함을 의미하지는 않는다는 것이다. 이 시초의 원리들 안에 나타나는 실체, 속성 및 양태는 최초의 대장장이들이 작업을 시작하기 위해 필요로 했던 표면이 거친 돌, 다시 말해 아직 추상적인 단순한 단어, 자연적 관념들에 불과한 까닭에 그 어떤 실질적인 의미도 지니지 못한다는 것이다. 그러던 것이 증명 과정 속에서 기능하면서 실질적 효과를 발휘하고, 그리하여 처음에는 지니지 못했던 역량을 나타내는 순간부터 진정한 의미를 갖게 된다는 것이다. 마슈레는 스피노자의 핵심 논지가 일체의 목적론을 철저히 거부하는 데 있다고 본 반면, 헤겔의 변증법은 부정성에 의지하여 역사의 완성이라는 하나의 목적을 향해 전진한다고 보아 데카르트의 진정한 계승자는 스피노자가 아니라 헤겔 자신이라고 주장한다.

헤겔의 정신의 발전이 본질적으로 목적론적이라면, 스피노자의 인식 과정은 절대적으로 인과적이다. 마슈레는 헤겔이 스피노자 사상을 데카르트

사상의 연속이라고 전제함으로써 그의 사상을 완전히 폄하했다고 주장한다. 분석적 순서를 따르며 결과에서 원인으로 거슬러 올라가는 연역적 증명 형태를 따랐던 데카르트의 『제1철학의 성찰 *Meditationes de prima philosophia*』과는 달리, 『에티카』에는 데카르트 체계와는 완전히 상이한 철학적 내용이 '기하학적 질서에 따라 증명되어' 있으며 원인에서 결과로 나아가는 전진에 따라 종합적으로 논의되고 있다는 것이다. 따라서 스피노자에게 '기하학적 방법에 따른' 절차는 인식에 대한 사법적 관점, 즉 사고의 실행을 인위적인 좌표에 종속시키는 데카르트의 관점에서 벗어나기 위해 필요했던 수단이라는 것이다. 종합적 인식 과정은 나의 관점에서 존재하는 사물이 아니라 그 자체로 존재하는 사물을 파악하므로 자아의 투사(projection)에서 출발하는 목적론적 환상에서 완전히 자유로우며 엄격하게 인과적인 필연성에 의거해 있다.[374]*

마슈레에 의하면 유한자에서 무한자로, 인간 영혼에서 신으로 나아가는 데카르트적인 방법의 문제 설정에서 인식은 사고 안에서 자신의 관점에 따라 실재를 반영하기 때문에 이 관점에서 인식은 표상(representation)으로 규정된다. 그러나 스피노자에게 있어 적합한 인식이 자신의 대상을 설명하는 것은 그 대상과 동일한 것으로 자신을 긍정하는 한에서이며, 이러한 긍정은 필연적인 실재의 질서를 공유하는 데서 이루어진다. 이는 원인에서 결과

---

* 스피노자의 인과성 원리는 전통적인 인과성 원리의 정식을 역전시킨다. 결과에서 원인으로 나아가는 분석적인 방식으로 잘 알려진 정식은 "어떤 것도 원인 없이 존재하지 않는다"는 것인 데 반해, 원인에서 결과로 나아가는 종합적인 방식인 새로운 정식은 "어떤 원인도 결과 없이 존재하지 않는다"는 것으로 스피노자에 의해 전자는 후자로 대체되었다(Pierre Macherey, *op. cit.*, p.56).

로 나아가는 발생적 질서이며, 기하학적 방법에 따른 절차가 정확하게 표현된 것이다. 나아가 마슈레는 원인에 의한 인식의 필연성을 긍정했던 한에서 고대인들(아리스토텔레스)이 근대인들(데카르트)보다 선호되지만 고대인들은 사유 과정의 인과적 성격을 파악하지 못했기 때문에 인식을 허구적인 순서로 제시할 수밖에 없었다고 본다. 그러나 스피노자에게 관념의 원인은 개별 주체의 상상적 역량이 아니라 사유 양태의 지성의 역량에 의거한다. 이는 관념들을 서로 연쇄시키는 필연적 법칙에 종속되어 객관적 규정에 따라 기능하는 '정신적 자동장치(spiritual automation)'* 이론이 의미하는 것이다. 따라서 각 관념 안에서 규정된 방식으로 표현하고 각 관념을 적합하게 산출하는 것은 실체의 무한한 속성인 사유이며, 이 점에서 스피노자는 고대인들에 맞서고 데카르트에 일치한다는 것이다.[375]

스피노자의 체계에서 적합성은 참된 관념의 내재적 규정이며 '진리의 열쇠(the key to truth)'로서 그것의 본질적 기능은 데카르트주의를 지배하는 표상으로서의 인식 개념과 단절하는 것이라고 마슈레는 말한다. 그에 따르면 표상적 의미에서 인식하는 것은 재현하는 것이며, 재생산하는 것, 반복하는 것이다. 그렇게 되면 관념은 사물의 이미지, 복제에 불과한 것이 된다. 그러나 데카르트와는 달리 스피노자에게 관념은 이미지, 즉 수동적 표상이 아니며, '캔버스 위의 침묵하는 그림(mute paintings on a canvass)'이 아니며, 관념들 바깥에서 존립하는 허구들이 아니다. 모든 관념은 행위이며 항상 자신들 안

---

* 스피노자가 정신을 '정신적 자동장치'라고 한 것은, 허구적인 자율성을 지니고 있을 뿐인 주체의 자유의지에 정신이 종속되지 않는다고 보기 때문이다. 관념은 능동적이고 긍정적으로 그 자체가 참이기 때문에 인식 주체도, 진리 그 자체의 주체도 존재하지 않는다는 것이다(Pierre Macherey, *op. cit.*, p.63).

에서 어떤 것을 긍정한다.[376] 이는 마슈레가 『에티카』 제2부 정리 7에 나오는 문장 "관념의 질서 및 연결은 사물의 질서 및 연결과 동일하다"를 약간 변형하여, "사물의 질서 및 연결은 인과적 질서 및 연결과 동일하고, 관념의 질서 및 연결과 동일하다(Ordo et connexio rerum, idem ac ordo et connexio causarum, idem ac ordo et connexio idearum)"[377]로 나타난 데서 잘 드러난다.

> 적합한 관념의 이론은 인식의 질서에서 모든 규범성을 제거하며 동시에 고전적인 인식론에 따라 다니는 목적론적 환상의 복귀를 방지한다. 관념이 전혀 자유의지의 개입 없이 필연적으로 존재하는 한, 그 관념은 전적으로 적합하다. 이것이 관념의 객관성의 열쇠이다.
>
> The theory of the adequate idea eliminates all normativity from the order of knowledge and simultaneously prevents the return of the finalist illusion that haunts classical theories of knowledge. The idea is totally adequate, exactly to the extent that it is thereby necessary, in the absence of all intervention of free will: this is the key to its objectivity.[378]

자유의지와 필연의 조화를 깨닫지 못할 때, 다시 말해 인과적 필연성의 원리를 파악하지 못할 때 주관적인 자유의지의 개입이 일어나고 목적론적 환상이 일어난다. 그래서 스피노자는 "모든 관념은 신과 관련된 한에서 참이다"(『에티카』 제2부 정리32)라고 한 것이다. 스피노자는 거짓을 '인식의 결핍(privation of knowledge)'이라고 정의한다(『에티카』 제2부 정리35). 관념은 그 자체로는 거짓이 아니며 인식과의 관계 속에서만 파악될 수 있다는 것이다. 부적합한 관념은 인과적 필연성의 원리를 인식하지 못하는 불완전한 관념이다.

상상적 표상은 인식이 '자유로운' 주체의 관점, 즉 허구적 자율성에 종속된 것이다. 반면, 참된 인식은 주관적 의지나 목적에 따라 실재를 표상하는 것을 멈추고 절대적으로 탈중심화된 우주 안에서 사물을 인식하는 것이다. 실로 사물은 자의적인 질서에 의거해 있는 것이 아니라 일체의 목적에 따른 규정 없이 인과 연쇄에 따라 상호 관계할 뿐이다.[379]

마슈레는 헤겔과 스피노자가 구체적이고 능동적이고 절대적인 진리에 대한 동일한 관점을 옹호하면서 서로 대결하고 있다는 사실을 해명할 필요가 있다고 본다. 헤겔과 마찬가지로 스피노자에게도 진리는 사유의 내적 규정이며 외부 대상과의 모든 관계를 배제한다. 여기서 두 사람의 의견 대립의 쟁점은, '사유(thought)'라는 용어 아래 매우 상이한 실재를 제기하고 있다는 것이다. 헤겔에게 사유는 자신의 주체로서의 정신이다. 자기실현화 과정에서 자신을 정신과 동일시하고 종국에는 전체성으로 출현하는 정신인 것이다. 사유의 합리적 전개는 사유 안으로 모든 실재, 모든 내용을 흡수하기 때문에 사유는 절대적으로 유일하다. 따라서 실재로서 생산되는 모든 것은 정신에 종속되며 이러한 종속이 헤겔 목적론의 열쇠이다. 반면, 스피노자에게 사유는 실체의 유일한 표현도 최상의 표현도 아니기 때문에 이러한 사유의 배타적 특권은 용납되지 않는다. 사유는 실체가 자신의 인과성을 전개하면서 활동하는 '본질들(essences)' 중 하나에 지나지 않는다. 스피노자는 실체가 표현되는 다른 모든 속성들과 사유의 절대적 동등성을 정립함으로써 목적론을 배격한다.

여기서 마슈레는 매우 역설적인 결론을 도출해낸다. 그 자신을 주체, 전체, 목적으로 파악하는 정신의 관점으로부터 모든 실현 형식의 위계를 설치함으로써, 스피노자를 비판하는 실체의 관점에 안주하는 자는 역설적이게도 헤겔 자신이라는 것이다. 헤겔이 절대적 시초에 전체를 배치하는 대신, 전체를 과정의 끝에 위치시키고 전체의 규정들은 이 끝을 향해 전진해가는 계기들로 배열한 것은 순서를 전도하는 것에 불과하다는 것이다. 그러나 전도 이후에도 위계적 순서에 따라 부분을 전체에 종속시키는 내재적 통합의 관계는 헤겔의 진화주의의 몫으로 남게 된다. 마슈레는 헤겔이 스피노자의 목적 없는 인식 과정을 '절대적으로 시작하는 과정'이라는 그릇된 이미지에 따라 해석할 수밖에 없는 필연성을 제기한다. 스피노자가 말하는 것을 이해한다는 것은 곧 헤겔 체계의 전제들을 부인하는 일이 될 것이기 때문에 헤겔로서는 스피노자를 자신의 학설의 한 계기로 삼아 자기 관점 안으로 흡수할 수밖에 없었을 것이라고 보는 것이다. 헤겔은 그가 스피노자에게 부과한 이미지의 주인이 되고 싶어 했지만, 헤겔 자신도 모르게 그의 진실을 투사하는 거울을 제시해 준 쪽은 오히려 스피노자라고 마슈레는 단언한다.[380]

다음으로 마슈레는 속성의 문제를 고찰한다. 그에 따르면 속성에 관한 헤겔의 오류는 우선 그가 속성들을 그것들이 일어난 실체와의 모든 실재적 연계를 상실한 외재적 반성의 형식들로 환원함으로써 실체가 자신의 속성들로 이행하는 운동에 대해 아무런 합리적 정당화도 존재하지 않게 된다는 것이다. 이러한 해석은 실체와 그 속성들의 관계가 위계적이고 시간적 순서 관계라는 것을 전제한 것으로 스피노자의 속성 개념은 이러한 종속의 가능성을 배제한다. 또한 헤겔에게는 실체가 무한하게 많은 속성들 안에서 자신을 표현한다는 테제가 어떤 실재적 의미도 갖지 못하기 때문에 단순히 형식적인 고찰로서 참고로 환기시킬 뿐이라는 것이다. 그러나 스피노자의 증명에서 무한하게 많은 속성들의 상호 환원 불가능성은 실체 안에서 속성들의 동일성과 완전히 일치한다. 결과적으로 헤겔은 내재적으로 실체를 구성하는 질서의 동일성을 외재적인 두 계열, 사물들(연장)의 질서와 표상들(사유)의 질서 사이의 형식적 상응으로 변형시킴으로써 자의적이고 외적인 공동성만이 존재할 뿐이라는 것이다. 그러나 스피노자의 체계에서 이러한 질서의 동일성은 두 개의 분리된 질서 사이의 동일성으로 귀결되지 않기 때문에 사유와 존재의 일치라는 문제 설정 자체가 처음부터 제외된다는 것이다.

다른 한편으로 마슈레는 사유와 실재의 분리가—궁극적으로 절대자 안에서 양자가 재통합하기 위한 조건으로 헤겔이 설정한—사유의 가치를 평가절하 한다고 지적한다. 비록 헤겔이 사유를 연장과 대등한 관계로 설정한다 하더라도 그가 사유를 연장과의 관계적 매개를 통해서만 절대자와 관계시킨다는 점에서 이러한 추론은 절대자와의 관계에서 사유를 열등한 위치에 두게 한다는 것이다. 또한 마슈레는 헤겔이 사유와 연장의 구분을 통해 반성된 속성들의 구분을 대립 관계로 해석한다고 지적한다. 이 경우 실체의 통일성은 이러한 갈등의 해소 및 지양을 통해 그 자체로는 분리되어 있는 적대적인 항들을 절대자 안에서 재통합하는 것에 불과하다고 본다.[381] 따라서 "헤겔의 담론은…스피노자의 철학을 단순한 논박으로 제거하는 것이 불가능했던 만큼, 실제와는 정반대의 가소로운 허구적 담론으로 대체함으로써 그의 철학을 완전히 억압할 필요가 있었을 것이다"[382]라고 마슈레는 결론 내린다.

끝으로 마슈레는 헤겔이 그의 『철학사 강의』에서 "모든 규정은 부정이다 (omnis determinatio est negatio)"*라는 명제를 스피노자주의 전체를 표징하는 것으

---

* 스피노자가 옐레스(Jelles)에게 보낸 50번째 서신에서 이 정식은 "규정은 부정이다

로 언표한 것에 대해 고찰한다. 그는 이 웅대한 문장이 스피노자의 것인지, 아니면 스피노자가 실제로 말한 것은 아니더라도 헤겔이 스피노자에서 읽은 것을 스피노자에게 전가한 것인지를 밝히는 것은 두 철학의 관계를 분석하는 데 있어 매우 중요하다고 본다. "실존하는 것에 대해 합리적인 담론을 펼치려면, 비존재에, 따라서 부정적인 것에 반드시 실재성을 부여해야 한다"[383]고 그는 말한다. 그렇게 하면 헤겔이 계속해서 그 '부동성(immobility)'을 비난하는 스피노자의 철학이 조금씩 움직이기 시작하는 것을 보게 된다는 것이다. 적어도 규정된 실존을 지니고 있는 것의 수준에서 현실적 부정성의 원리를 인정하면 스피노자의 철학은 더 이상 자신의 최초의 입장에, 즉 자신 속에 일체를 포괄하고 모든 실재가 그 속에서 용해되는 절대적이고 완전히 실정적인 존재를 긍정하는 데 머물지 않고—마슈레의 표현을 빌리면, '공허하고 죽어 있는 실체(empty and dead substance)' 외에도—자신의 부정성에 따라 존재하는 규정들의 세계를 인정하게 된다는 것이다.

이처럼 모든 부정 속에는 실정적인 것이 존재하지만, 스피노자의 부정주의(negativism of Spinoza)에서는 실정적인 것과 부정적인 것의 내적 연관이 충분히 파악되지 못함으로 해서 부정적인 것의 개입이 필연적인 것으로 인정된다 해도 무한한 실체에 외재적인 유한한 것의 영역 속에서만 나타난다는 것이다. 따라서 "모든 규정은 부정이다"라는 명제는 완전히 새로운 의미, 부정적이거나 제한적인 의미를 지니게 된다. 모든 규정이 부정적이라는 것은 단지 부정적인 어떤 것, 부정적인 것에 불과하다는 것이다. 헤겔의 해석에

(determinatio negatio est)"라고 되어 있는데, 헤겔은 '모든(omnis)'이라는 단어를 추가하여 일반명제를 만들어 낸 것으로 보인다.

따르면 규정된 것은 그 자신을 규정하는 부정성을 통해서만 파악될 수 있는 까닭에 그것은 실체와는 거리가 먼, 전도된 이미지로밖에는 실체를 표상할 수 없는 비현실적인 것이다. 스피노자에게 부정적인 것은 실정적인 것에 대립하므로 실정적인 것과 화해할 수 없으며 실정적인 것으로 영원히 환원할 수 없는 것으로 남는다. 그리하여 실정적인 것에 불과한 실정적인 것과 부정적인 것에 불과한 부정적인 것 사이에는 개념의 운동을 현실화하고 그 안의 내재적 합리성을 파악할 수 있게 해 주는 어떠한 이행도 확립될 수 없다는 것이다. 이처럼 부정적인 것을 외재화로 다루는 것, 이것이 바로 헤겔이 스피노자에 전가하는 것이다.[384]

그러나 부정은 궁극적으로는 어떤 것을 부정하면서 그 안에서 부정으로서의 자기 자신을 부정하며, 그렇게 함으로써 자기 자신 안에서 실정적인 것으로 인도하는 길을 발견하는 부정이다. 마슈레는 이 과정 전체를 '부정적인 것의 부정(negation of the negative)'이라고 표현한다. 그런데 스피노자주의는 "부정적인 것에 불과한 부정적인 것으로서 제한적으로 파악된 직접적 부정에 그치고 있으며, 현실적인 것과 이성적인 것 속에서, 즉 개념 속에서 이 부정성을 해소하지는 못한다"[385]는 것이다. 말하자면 지성 안에서 부정의 부정이라는 절대적 무기를 발견하지 못하는 취약성으로 인해 스피노자의 체계는 결국 부정적인 것으로 전락할 수밖에 없다는 것이다. 헤겔의 관점에서 이러한 부정으로서의 규정의 개념은 스피노자 사유의 한계를 나타낸다.

스피노자는 규정 또는 질(質)로서의 부정에 머물러 있다. 그는 부정을 절대적인 것으로, 즉 자기 자신을 부정하는 부정으로 인식하지는 못한다. 그리하여 그의 실체는 스스로 (부정의 부정이라는) 절대적인 형식을 포함하지 못하며, 이 실체의 인식은 내재적 인식이 아니다.

Spinoza remains within negation as determinateness or quality; he does not attain a cognition of negation as absolute, that is, self-negating, negation; thus his substance does not itself contain the absolute form, and knowledge of it is not an immanent knowledge.[386]

스피노자에게 절대자는 시작부터 총체적인 자기 자신으로 주어져 있기 때문에 절대적 부정성의 운동에 참여할 수 없고, 자신의 모순을 전유할 수 없는 관계로 모순을 해소하지 못하는 한계를 드러낸다는 것이다. 그리고 이는 절대자를 사유하려는 스피노자의 기획을 완수함에 있어 결여된 것이 무엇인지를 분명히 보게 해 준다는 것이다. 스피노자 철학의 결함을 읽어 내는 헤겔의 스피노자 독해를 정당화해 주는 것이 바로 이것이다. 스피노자의 체계에 부정의 부정이라는 개념이 없다는 사실은 스피노자 철학의 무기력함(powerlessness)을 가장 잘 보여주는 지표라는 것이다. 그러나 마슈레는 헤겔의 말처럼 스피노자 철학에 부정의 부정이라는 관념이 결여되어 있으며 이것이 그의 철학의 불완전성 내지 미완성의 원인이라고 해서는 안 된다고 주장한다. 헤겔 변증법의 거울로 스피노자 철학을 보려는 것은, 스피노자 철학이 그러한 시도 자체를 미리 논박하고 있기 때문에 부질없는 짓이라는 것이다.[387]

마슈레에 따르면 스피노자의 체계에서 무한과 유한이라는 두 개의 분리된 세계란 존재하지 않으며, 실체가 자기 자신을 절대적인 것과 상대적인 것으로 동시에 표현한 것이 지성과 상상에 의해 모순적인 방식으로 인식되는 것일 뿐이다. 따라서 실체와 그 변용들 사이의 관계는 비규정적인 것과 규정적인 것, 실정적인 것과 부정적인 것의 단순한 대립으로 규명될 수 없다는 것이다. 사실 스피노자가 규정이라는 용어를 부정성을 함축한 제한적인 의미로만 사용하는 것이 아니라는 것은 『에티카』의 다음 구절에 잘 나타나 있다. "자신의 본성의 필연성에 의해서만 존재하며, 자기 자신에 의해서만 행동하도록 규정되는 것은 자유로운 것이다. 반면, 다른 것에 의해 어떤 규정된 방식으로 존재하고 작용하도록 규정되는 것은 필연적이거나 제약된 것이다(『에티카』 제1부 정의7)." 이 구절은 규정이라는 관념을 양태들의 실재성에 대해서와 마찬가지로 실체의 실재성에도 적용함으로써 대단히 중요한 시사점을 제공한다.

따라서 비규정적인 실체는 모든 규정으로부터 자유로운 것이 아니라, 반대로 자기원인에 의해 규정된다. "사물이 작용하도록 규정하는 것은 필연적으로 실정적인 어떤 것이며 이는 분명한 것이다(『에티카』 제1부 정리26 증명)"라고 한 데서 규정이라는 개념은 본질적으로 긍정적인 용법을 갖는다. 스피노자의 체계에서 기능하는 규정이라는 개념은 실체로부터 행사되는 무한한 인과성과 양태들 안에서 실행되는 유한한 인과성을 가리키기 위해 동일한 용어를 사용함으로써 양자가 독립적인 두 가지 현상이 아니라 단일한 인과법칙으로 규정되는 단 하나의 동일한 질서라는 점을 보여준다. 규정 개념에 대한 헤겔식 해석은 마치 변용들이 실체의 불변적 본질(immutable essence)에 비해 허구적 존재에 지나지 않는 듯 실체와 변용을 분리시키는 경향이 있다며, 무한자와 유한자의 일원성을 지적하는 것이야말로 스피노자의 특이점이라고 마슈레는 말한다. 스피노자에서 규정이라는 개념의 기능 방식은 실정적인 것과 부정적인 것의 전통적 대립을 배격함으로써 헤겔의

변증법과는 다른 스피노자 특유의 변증법을 출현케 한다.[388]

헤겔은 스피노자가 주체가 아닌 실체의 개념으로 절대자를 사유한 철학자라고 계속해서 말했다. 헤겔에게는 모순이 주체 속에서만 그리고 주체에 대해서만 파악되고 해소될 수 있기 때문에 절대자를 자기 자신으로 복귀하는 주체로서 제시하는 것이 모든 모순을 전개시키고 해소하는 것이다. 그러나 스피노자는 철학 속으로 사법적 주체(juridical subject), 즉 신이 개입하는 것을 금하는 동시에 모든 모순을 해명하고 해소할 수 있게 해 주는 논리적 주체의 기능도 무효화한다. 그는 자연을 주체의 주도권 아래 종속시키지 않는 것을 전제로 하는 까닭에 자연을 인과 연쇄의 필연성에 따라 설명한다. 이러한 스피노자의 관점은 연기(緣起)의 진리를 연상케 한다. "이것이 있으므로 저것이 있고, 이것이 생하므로 저것이 생한다. 이것이 없으므로 저것이 없고, 이것이 멸하므로 저것이 멸한다."[389] 진리의 관점에서 특정 주체란 가상(假相)에 불과한 것이므로 스피노자는 특정 주체가 주도하는 주도권을 인정하지 않는 것이다. 실로 "연기(緣起)를 보는 자는 진리[法]를 보고, 진리를 보는 자는 연기를 본다."[390]

스피노자에게 무한과 유한, 신과 인간은 '대립이 아닌 차이(diversa sed non opposita)'[391]의 관계일 뿐이다. 질서 및 합의와 마찬가지로 대립은 사물 자체를 표상하는 것이 아니라 사물들의 관계를 표상하는 하나의 방식에 불과하다. 이 개념들은 실제로 사물들의 비교에 의존해 있기 때문에 대립 자체나 질서 자체는 존재하지 않는다. 따라서 이런 개념들로부터 시작해서는 존재계에 대한 적합한 인식이 불가능하게 된다. 존재의 본질은 관계성이다. 스피노자 철학은 불변적이고 형식적인 질서를 따르는 고전주의적 이성과 대립하는 한편, 비정상적이고 일탈적인 방식으로 모순율(矛盾律 또는 矛盾原理

prīncipium contrādictiōnis)을 사용한다. 마슈레에 따르면 "헤겔이 이전의 전통이 입증한 결론과는 정반대의 결론을 도출해 냄으로써 모순율을 전도시킨 반면, 스피노자는 다른 모든 형식적 원리와 마찬가지로 이 모순 원리로부터 모든 실재에 획일적으로 적용될 수 있는 보편적 힘을 철회함으로써 이 원리의 적용 영역을 완전히 전위(轉位)시켰다."[392]

본질적 실재성(essential reality)과는 거리가 먼 고전주의 시기의 모순율―보통 'A는 비(非)A가 아니다'로 표현된다―은 '신즉자연(神卽自然)'인 스피노자의 체계에서, 말하자면 실체[一]와 양태[多]의 필연적 관계성에 기초한 스피노자의 체계에서 'A는 B일 수도, C일 수도, D일 수도…' 있다는 점에서, 다시 말해 이것이 곧 다른 모든 것일 수 있다는 점에서 모순율의 적용 영역은 완전히 전위(轉位)된다. 물리학에서 말하는 '양자도약(quantum leap)'이 일어나는 것이다. 반대물들의 통일을 상정하고 있는 헤겔 변증법의 경우, 발전은 자기 자신으로의 복귀이며, 이러한 복귀는 일자와 타자를 연결함으로써 동일성을 정립한다는 점에서 'A는 비(非)A이다.' 그러나 헤겔 변증법의 경우에도 문자 차원의 사변에 치우치지 않는다면 스피노자와의 접합이 가능하다. 헤겔 변증법적 발전의 마지막 단계에 출현하는 '우리(We)'라는 개념은 주관성과 객관성이 하나가 된 진정한 '개체성'으로서 일체를 포괄하는 동시에 초월해 있으므로 이것이 곧 다른 모든 것일 수 있는 것이다.

전체는 부분의 단순한 합이 아니기 때문에 실체를 조각조각 분해해서 퍼즐 맞추듯 맞춘다고 해서 실체를 알 수 있는 것이 아니다. 서구의 분석적 사유 체계와 동양의 종합적 사유 체계의 접합이 필요한 것은 이 때문이다. '공허하고 죽어 있는 실체' 또는 '부동의 실체'란 상상에 불과한 것이다. 실체는 '스스로(自) 그러한(然)'자이므로 철학에서 실체를 전진 배치하거나 후진 배치한다고 해서 실체의 본질이 달라지는 것은 아니다. 실체는 그 어떤 것에도 의존하지 않으며 그 누구의 편도 아니고 그 누구의 학설에도 귀속되지 않지만, 인식 단계에 따라 다르게 인식될 뿐이다. 그래서 스피노자는 '표상지'에서 '이성지'와 '직관지'로의 이행을 강조한 것이다. 달을 가리키는 손가락은 달 그 자체가 아니다. 말과 문자로 이루어진 모든 것은 달을 가리키는 손가락에 불과하다. 진리는 그 너머에 있다. 생명을 개체화하고 물질화하는 것은 우주의 진행 방향에 역행하는 것이다. 어떤 상황에서든 호(好, 善)·불호(不好, 惡)의 감정을 버리고 긍정적으로 수용하고 능동적으로 배우는 자세로 일관해야 한다고 보는 것이 스피노자의 관점이다.

헤겔은 스피노자의 철학이 모든 동양사상과 마찬가지로 근본적으로 하나의 부정주의에 불과하며, '부정의 부정' 개념이 부재한다고 단언한다. 그것은 아마도 마슈레가 지적한 것처럼, '헤겔에게는 스피노자의 철학적 입장의 혁명적 특이성을 살려 스피노자 그 자체를 읽을 능력이 없었기 때문'[393]인지도 모른다. 헤겔의 단언과는 달리, 스피노자의 철학은 모든 동양사상과 마찬가지로 대긍정의 철학이다. 원효(元曉)가 말하는 '무리지지리 불연지대연(無理之至理 不然之大然: 도리 아닌 지극한 도리, 긍정 아닌 대긍정), 즉 상대적 차별성을 떠난 여실한 대긍정의 경계를 설파하고 있는 것이다. 본체계와 현상계를 관통하는 통섭적 세계관이 정립되지 않고서는 스피노자 철학의 진수(眞髓)에 접근할 수가 없다. 일직선적인 변증법적 발전 논리로 동양의 순환론적인 변증법적 발전 논리를 해석하거나 서구의 이분법적인 분석틀로 동양적 직관을 해석하는 방식으로는 스피노자 철학의 진면목을 파악하기 어렵다는 것이다. 그럼에도 『헤겔 또는 스피노자』는 세기적인 두 철학자 헤겔과 스피노자의 철학적 심연을 들여다볼 수 있게 했다는 점에서 유의미하고 유익했다고 본다.

에티엔 발리바르

1960년대 말 이후 스피노자 르네상스가 열리면서 현대적인 스피노자 연구의 기반이 마련되고 강한 실천 지향적 성격의 연구가 이루어지면서 정치적 스피노자주의가 대세를 이루는 가운데 스피노자 철학의 현재성이 검토되기 시작했다. 스피노자의 체계에서 형이상학과 정치학은 불가분의 관계임에도 불구하고 일반적으로는 스피노자를 형이상학자로 간주하며 그에게는 정치학이 부재하는 것으로 생각하는 사람들이 많다. 스피노자의 철학적 본질이 그의 형이상학에서 명징하게 드러나고 있고, 또『신학정치론』이나『정치론』보다는『에티카』가 그의 주저(主著)인 것으로 생각하는 사람들이 많은 것은 사실이다. 게다가『에티카』에서도 특히 존재론 및 인식론을 다루는 1, 2부는 스피노자 철학의 독창성을 대변하는 것으로 종종 간주된다. 그렇다면 스피노자 자신은 어떻게 생각했을까? 스피노자가 1665년『에티카』집필을 중단하고『신학정치론』집필에 착수하여 5년여 동안 거기에 몰입한 것이나, 말년에 도전적인 정치 현안에 응답하며『정치론』집필에 몰입한 것은—들뢰즈의 스피노자 독해가 말해주듯—그의 사유 체계가 사변과 실천이라는 두 개의 관련된 계기들을 하나의 축으로 삼았음을 보여주는 징표가 아닐까?

스피노자의 현재성 내지는 그의 사상의 현대적 부활에 대한 논의는 대안사회 모색과 같은 정치실천적인 문제와 관련이 깊다는 점에서 스피노자의 정치론에 대해 주목할 필요가 있다. 스피노자의 철학 체계에서 정치 문제를 처음으로 그리고 가장 체계적으로 제기한 사람은 알렉상드르 마트롱이다. 마트롱에게 스피노자의 정치학은 스피노자의 형이상학 또는 존재론이나 정념 이론에서 연역된 것이긴 하지만, 그의 철학 체계의 완성은 정치학과의 접합을 통해 이루어진다. 안토니오 네그리에게 스피노자의 정치학은 형이상학 체계에서 파생되는 것이 아니라 '스피노자의 형이상학적 역량(potentia) 개념이 지닌 존재론적 밀도와 정치적 중심성에 대한 인식'[394]을 통해 구성적 지위를 갖는 것이 특징이다. 이 절에서 고찰하고자 하는 프랑스의 철학자 에티엔 발리바르의 경우, 스피노자의 존재론 및 인식론이 정치학적 논의에 내재된 것으로 보고 형이상학과 정치학의 접합을 인정하는 점에서는 네그리와 차별화되지만, 정치학의 파생적 지위가 아닌 구성적 지위를 인정하는 점에서는 다중(multitudo)의 구성적 역량을 강조하는 네그리에 접근하고 있다.[395]

발리바르는 스피노자의 철학이 당시 네덜란드 연합주 공화국의 첨예한 정치적 및 이데올로기적 대립에 따른 불안한 정정(政情) 속에서 형성되어 정치 현안들에 대한 대응 과정에서 전복적인 새로운 방향을 정초한 것인 만큼, 그의 철학의 진수(眞髓)를 파악하기 위해서는 그 속에 함유된 정치적 요소를 고려하는 것이 필수적이라고 본다. 발리바르는 스피노자의 사상이 고도로 '정치적'이라고 보는 까닭에 정치학의 문제를 스피노자 연구의 출발점으로 삼고 있는 것이다. 사실 그는 알튀세르의 제자로서 마르크스주의 이론가로 국내에는 잘 알려져 있지만, 독창적인 스피노자 연구자로서 철학계는 물론 국내 인문사회과학계에도 잘 알려진 인물이다. 그의 저서 『스피노자와 정치 Spinoza et la politique』(1996) 서문에서 발리바르는 사변과 실천, 철학과 정치학의 결합에서 스피노자 자신은 어떤 모순도 발견하지 않았다고 말한다. 또한 익명으로 출간되어 파문을 일으킨『신학정치론』의 서문에서 스피노자가 이 책을 쓴 동기를 밝힌 데서도 스피노자의 정치적 입장은 분명히 드러난다는 것이다. 본 절에서는 발리바르의『스피노자와 정치』에 나타난 그의 스피노자 독해를 중심으로 고찰해 보기로 한다.

『스피노자와 정치』에 나타난 발리바르의 스피노자 독해는『신학정치론』에 대한 '스피노자의 입장'을 분석적으로 고찰하는 데서부터 시작한다. 우선 스피노자가『신학정치론』을 쓰게 된 동기에 대해 발리바르는 '자연적이고 인간적인 힘들에 대한 극심한 공포와 교회들의 편협한 교조주의로 인해 종교가 미신으로 타락할 위험에 처하게 되었기 때문'이라고 요약한다. 이로부터 표면적이거나 잠복적인 내란과 권력가들이 다중의 정념을 조작하는 일이 일어나게 된다는 것이다. 이를 치유하기 위해서는 복종을 유일한 목표로 하는 '계시적 인식'과 보편적인 인간 지성이 획득할 수 있는 '자연적 인식'을 구분하여 둘 중 어느 것도 다른 것에 종속되지 않고 각자의 고유한 영역을 갖게 함으로써 신앙의 문제와 국가에 관한 문제, 그리고 구원의 문제에 있어 건전한 상식을 가진 개인의 자유로운 의견 개진이나 철학적 탐구가 가능하게 해야 한다는 것이다. 이로부터 사회생활의 근본 규칙에 대한 정의, 즉 '행위만이 소추될 수 있고, 말은 결코 처벌되지 않는다는 것'이 공법이 될 것이며, 이 근본 규칙이 준수되는 국가가 바로 스피노자의 민주정이라는 것이다.[396] 발리바르가 '스피노자의 사상이 철저하게 정치적'[397]이라는 논점을 부각시킨 것은 민주정과 참된 종교 및 철학이 긴밀한 함수관계에 있다고 보기 때문이다.

'절대주의' 군주론자들과 신학자들은 참된 종교와 철학을 위협하는 것과 정확히 같은 방식, 같은 이유에서 자유 공화국을 위협한다. 따라서 민주정과 참된 종교(성경이 "박애와 정의"라고 부르는 것) 및 철학은 실제로는 단 하나의 동일한 이해관계를 가지고 있다. 그것은 바로 자유다.[398]

발리바르에 따르면 『신학정치론』의 논변이 영속적인 오해의 대상이 되는 것은, 우선 자유라는 통념 자체가 지닌 다의성(多義性)에다가―사실 거의 모든 철학이나 정치가 스스로를 자유화의 기획으로 제시한다―이 책이 한 분야의 문제에 관해서만 쓰인 '순수하게 이론적인' 저작이 아니라 정치적인 목표를 가지고 있기 때문이다. 스피노자는 당대의 격렬한 신학 논쟁에 개입하였으며, 그의 정치적 목표는 그와 가장 가까웠던 사회집단들, 특히 홀란트(Holland) 공화국(당시의 네덜란드는 홀란트를 중심으로 한 연합주 국가임)의 지도적 엘리트의 목표와 결합되었다. 스스로를 '자유의 당파'로 지칭했던 이들은 군주제적 국가관에 맞서 시민적 자유를 역설하며, 양심의 자유와 지식인들의 자율성과 일정한 수준의 자유로운 사상 교류를 옹호했다. 스피노자는 '자유 공화국'을 위한 투쟁에 가담했음에도 불구하고 이들이 해결책으로 제시한 것, 즉 자유는 특정 집단의 정책 및 그들의 보편적 이해관계와 동일하다는 관념 등에서 문제점을 발견했기 때문에 오히려 정반대의 관점에서 자유를 정의하고 이들을 암묵적으로 비판하게 된다. 그리하여 『신학정치론』이 한편에게는 전복적인 것으로, 다른 편에게는 방해물로 나타날 수밖에 없었다는 것이다.

그러나 발리바르는 『신학정치론』이 정치적인 목표를 가지고 있으면서 또한 철학의 요소 안에서 자신의 테제들을 구성하고자 하는 데서 이 책에 대한 오해의 좀 더 심원한 원인을 찾고 있다. 저서 전체를 관통하는 두 가지 큰 질문은 확실성(따라서 '진리'와 '권위'의 관계)에 관한 질문과 자유와 권리 또는 개인의 '역량' 사이의 관계에 관한 질문이다. 철학과 정치가 상호 함축적이라는 점을 이해하면, 스피노자의 철학적 문제제기가 정치적 문제를 다루기 위한 우회로를 택한 것도 아니고, '메타 정치적인' 요소로 장소 이동한 것도 아니며, 정치 쟁점들과 세력 관계들을 그 원인들에 의해 적합하게 인식할 수단을 마련하기 위한 것임을 알게 된다는 것이다. 또한 정치적 질문에서 출발하여 철학적 탐구를 하는 경우에도 철학적 문제들과 그 이해관계를 규정하게 해 주는 방법을 얻게 된다는 것이다. 따라서 '사변적' 철학과 정치에 '응용된' 철학을 구분하는 데서 생기는 난점은 의미가 없으며, 오히려 지혜에 대한 중대한 장애물이라는 것이다. 발리바르는 스피노자 자신도 철학의 고유한 '환상들'을 정정하는 지적 작업 및 사유의 경험 이후에야 이러한 철학과 정치의 통일성에 접근할 수 있었다며, 『신학정치론』이 바로 이러한 경험의 산물이라는 것이다.[399]

『신학정치론』의 저술이 스피노자의 사상에서 이룩한 전회(轉回)의 흔적은 스피노자가 올덴부르크(Henry Oldenburg)와 주고받은 30번째 서신에 잘 나타나 있다. 내용인즉, 신학자들의 편견으로부터 사람들의 정신을 구해내고, 스피노자 자신을 무신론자라고 비난하는 연합주 공화국 지도자들의 속견에 맞서 싸우며, 철학할 자유와 생각을 말할 자유를 확립하기 위해 이 책을 쓰게 되었다는 것이다. 그러나 『신학정치론』 전체를 관통하는 목적과 일치하는 주요 관념은 철학과 신학 두 영역의 근원적인 분리이며, 신학적 전제에서 해방된 철학의 목표는 '신학'이라는 용어가 함축하고 있는 혼란을 해소하고 철학적 '사변'으로 비난받는 신학으로부터 신앙 자체를 해방시키는 것이라고 발리바르는 요약한다. 신학이 반철학적이며 반종교적이라고 공격하는 스피노자의 입장은 신학에 맞서 사상의 자유를 옹호하고, 나아가 철학적 '사변'에 맞서 참된 종교를 옹호함으로써 단지 신학자들만이 아니라 철학자들 대부분과도 대립하는 모험을 감행하게 된다는 것이다. 하지만 스피노자 자신도 신앙을 '미신'으로 타락시키는 사변과 신앙의 차이, 계시된 종교/참된 종교라는 이중적인 표현의 애매성, 신학의 형성 등에 대해 확실한 입장을 보여주지 못한다고 발리바르는 지적한다.[400]

종교 이데올로기들의 갈등에 대한 탐구는 예정설과 자유의지가 교의적 지반과 역사적 지반 위에서 이중적으로 전개된다. 17세기에 예정설과 자유의지의 논쟁은 로마 가톨릭과 프로테스탄트 교회를 분리시켰을 뿐만 아니라 각 진영의 내부도 분리시켰으며, 프랑스에서 이 논쟁은 칼뱅주의에 대항하려고 했던 얀센주의자들과 예수회원들을 대립시켰고, 네덜란드에서 이 논쟁은 예정설의 지지자들인 정통파 목사들과 자유의지를 주장한 '아르미니우스' 파를 대립시켰다. 『신학정치론』에서 스피노자는 이 논쟁에 관한 자신의 입장을 밝힌다. 그는 「야고보서」(2:17)를 인용하여 "행함이 없는 믿음은 그 자체가 죽은 것"[401]이라며, 신에 대한 사랑과 이웃에 대한 사랑은 하나이고 '독실한 신자인지 여부는 오직 행위에 의해서만 판단할 수 있다'고 단언한다. 그에게 원죄라는 관념은 근본적으로 배제된다. 예정설 신학과 '자유의지' 신학 모두는 구원에서 하나의 기적을 발견하며, 그 구원은 자연의 필연적 법칙성에 대한 적합한 인식에서 나온다. 자연적 세계와 대립하는 도덕적 또는 영성적 세계란 허구에 불과하며, 이 허구를 제거하면 신의 모든 속성들이 곧 인간 본성에 속하는 것임을 알게 되어 예정설과 자유의지가

조화를 이루게 되는 것이다.[402]*

스피노자가 『신학정치론』을 저술하던 시기는 고전주의 유럽의 위기의 시기였다. 특히 형성 중에 있던 '유럽의 균형' 체계의 중심에서 헤게모니를 장악하려고 했던 네덜란드 연합주 공화국의 경우, 두 경쟁적인 지도적 집단이 추진하는 정책들의 대립으로 인해 위기의 강도는 더했다. 17세기 내내 지속된 갈등에서 세 가지 커다란 위기는 1619년 반역 혐의로 고발된 재상 올덴바르네벨트가 총독 마우리츠의 선동으로 처형되면서 오라녜 가(家)가 헤게모니를 잡게 된 것, 독립이 확정된 직후인 1650~1654년 정무관 파의 주요 지도자인 요한 드 비트가 재상이 되어 군대 지휘 업무에서 오라녜 가를 영구적으로 배제시키는 법령을 제정하고 이후 총독제를 폐지한 것, 1660년 대부터 오라녜 파가 이후에 영국 왕이 되는 빌렘 3세의 사주를 받아 정무관 파의 권력에 대항해 군중을 선동하여 1672년 패전과 국정 위기의 책임을 물어 드 비트 형제를 거리를 끌어내 처형하고 총독제를 복원한 것이다.[403] 따라서 스피노자가 『신학정치론』을 저술하던 1665년부터 1670년 사이는 군

---

* 天·地·人 三神一體이므로 자연적 세계와 도덕적 세계는 하나이다. 신의 모든 속성들이 곧 인간 본성에 속하는 것은, 우주의 실체가 의식이므로 神은 곧 神性이며 이는 곧 인간의 내재적 본성[참본성]이기 때문이다. 정확하게 말하면, 만물의 제1원인인 신은 인간만이 아니라 만물 속에 만물의 본질[神性]로서 내재해 있는 동시에 萬物化生의 근본원리로서 작용한다. 스피노자 역시 '神卽自然'이라고 했다. 실체[신]와 양태의 필연적 관계성을 적합하게 인식하면 본체계와 현상계, 예정설[필연]과 자유의지가 둘이 아님을 알게 된다. 예정설과 자유의지를 분리된 것으로 인식하는 것은 의식의 자기분열에 따른 '表象知(想像知)'의 산물이다. 스피노자가 '表象知'에서 '理性知'와 '直觀知'로의 이행을 강조한 것은 적합한 인식을 위한 것이다. 스피노자의 체계에서 정치와 철학 또는 철학·정치·신학·종교가 접합할 수밖에 없는 것은 모든 것이 인식의 문제와 관계되기 때문이다.

주제를 지지하던 오라녜 파의 군중 선동이 극에 달하여 홀란트 공화정이 심대한 위기에 처해 있었던 시기였다.

공화정의 절정을 가져온 재상 요한 드 비트 체제의 붕괴는 표면적으로는 오라녜 파의 귀족들과 정무관 파의 상업 부르주아 사이의 역학 구도의 변화에 따른 것이라고 볼 수 있다. 그러나 그 이면에는 교회들, 분파들, 당파들이 관계된 복합적인 인간관계와 이해관계가 얽혀 있었다. 정무관 파는 반세기 동안 거대한 부를 축적하는 과정에서 특권계급으로 변모하여 권력에서 배제된 중간 부르주아로부터 점차 분리되었고, 암스테르담과 레이덴에서 빈농(貧農)들을 잠재적 반란 상태에 있는 비참한 프롤레타리아로 만들었다. 그러나 발리바르는 '종교와 국가의 관계라는 근본적 문제를 제기한 군사적 위기와 종교적 위기의 수렴이 없었다면' 결코 대중들이 오라녜 파와 자신들을 동일시할 수 없었을 것이라고 본다.[404] 이는 당시 홀란트의 칼뱅주의가 두 개의 분파, 즉 간쟁파(諫爭派 Remontrants 또는 아르미니우스派)와 반(反)간쟁파(고마루스派 gomaristes)*로 나뉘어 사회적 적대와 정치적 당파 형성을 촉발시킨 데서 잘 드러난다.

정무관 파의 귀족들이 선호하는 아르미니우스주의는 정통파 칼뱅주의자들의 적이었던 반면, 다수파인 고마루스 파의 소부르주아와 농촌의 인민과 프롤레타리아는 대부분 칼뱅주의자들이었다. 1619년 도르트레흐트 공의회에 의해 아르미니우스의 테제들이 단죄되기도 했지만, 1650년 이후 아르미

---

* 간쟁 파와 反간쟁 파의 대립은 레이덴 대학의 교수였던 야코부스 아르미니우스(Jacobus Arminius)와 동료 교수이자 칼뱅 파 신학자였던 프란시스쿠스 고마루스(Franciscus Gomarus)가 예정설을 둘러싼 논쟁을 벌인 데서 비롯된 것이다. 이 외에도 재세례교 '분파들'인 콜레지언파(collégiants), 메노파(mennonites) 등이 있었다.

니우스주의는 국가의 중심부에서 인정되고 있었다. 그런데 1610년대 이후 오라네 가(家)는 칼뱅주의 교회들의 보호자를 자처하며 이를 정무관 파에 대한 압력으로 활용했다. 아르미니우스 파와 적대적 관계에 있던 고마루스 파는 사실상 오라네 파와의 전술적 동맹을 형성하게 되는데, 이는 인민 대중이 정무관 파를 신뢰하기보다는 엄격한 칼뱅주의와 오라네 파로 기울수록 더 불가피한 것이었다. 이처럼 복합적이고 유동적인 지형도 속에서 스피노자는 삼중의 철학적 요구의 대상이 되었다고 발리바르는 분석한다. 즉 '과학으로부터 유래한 것, 비종파적인 종교로부터 유래한 것, 그리고 공화주의적 정치로부터 유래한 것'이 그것이다.[405]

이는 『신학정치론』의 저술 자체가 긴급해졌음을 의미한다. 발리바르는 그 긴급함을 이렇게 묘사한다. "철학 내부로부터…신학적 편견들을 제거하기 위해 철학을 개혁할 긴급함'이 바로 그것이다. 그리고 이것은 철학의 자유로운 표현을 위협하는 것들에 맞서 투쟁해야 할 긴급함이며, '대중들'을 조국의 이익에 거슬러, 곧 궁극적으로는 그들 자신의 이익에 거슬러 동원할 수 있는 군주적 권위와 종교적 교조주의의 결탁의 원인들을 분석해야 할 긴급함이다. 또한 이는 신학적 환상들을 부추기고, 이를 제2의 천성처럼 만드는 무기력의 감정이 어떤 종류의 삶에 뿌리박고 있는지 이해해야 할 긴급함이다."[406] 당시 스피노자의 신학적·정치적 개입이 공화주의 선언으로 나타나게 되지만, 그렇다고 그가 정무관 파의 이데올로기 및 이익과 동일화된다거나, 지식인들 또는 '교회 없는 기독교인들'의 입장과 동일화된다는 뜻은 아니라며, 진정한 '자유의 당파'는 형성되어야 한다고 발리바르는 역설한다. 다만 스피노자가 그리는 이상적인 국가의 구성과 내적인 확실성의 종교와 적합한 인식을 가능하게 하는 삶의 종류와 사회적 의식의 모델이 어느 정도 성공적인 것이었는지에 대해서는 발리바르는 유보적인 입장을 취하며 '스피노자의 입장'에 대한 고찰을 마친다.

다음으로 발리바르의 『스피노자와 정치』는 '『신학정치론』: 민주주의 선언', '『정치론』: 국가학', 그리고 '『에티카』: 정치적 인간학'에 대한 정치적 고찰을 차례로 보여준다. 우선 『신학정치론』에 대한 발리바르의 스피노자 독해는 주권자의 권리와 사고의 자유를 조화시키는 문제로부터 출발한다. 사실 이 문제는 '사상과 언론의 자유가 국가의 평화와 주권자의 권리를 침해하지 않으면서 어느 정도 용인될 수 있는가를 고찰하는 것'[407]으로 스피노자 자신이 이 책을 쓴 가장 주요한 목적이라고 『신학정치론』 제20장에서 언표한 것이다. 스피노자는 이를 좀 더 부연하고 있다. "개인이 추론하고 판단할 자유는 포기할 수 없다 하더라도 자유롭게 행동할 권리는 정당하게 양도할 수 있다. 주권자의 법령에 반해 행동하는 것은 주권자의 권리를 침해하는 것이다. 하지만 자신의 견해를 말하거나 전달하기만 하고, 기만이나 분노, 증오가 아니라 이성적 확신에 의해서만 자신의 의견을 옹호한다면, 그리고 자신의 권위에 따라 국가의 변화를 초래하려는 의도를 갖고 있지 않다는 것을 전제한다면, 각자는 자유롭게 의견을 형성하고 판단할 수 있으며 말할 수 있다."[408]

발리바르는 국가의 보존을 지향하는 이 규칙이 오직 건전한 국가 안에서만 명료하게 적용될 수 있다고 주장한다. 그에 따르면 스피노자가 언표한 이 규칙이 증명하려고 하는 것은 훨씬 더 강력한 어떤 테제, 즉 국가의 주권과 개인의 자유는 상호 모순되지 않기 때문에 분리되어서는 안 되며 중재되어서도 안 된다고 하는 것이다. 스피노자는 이 두 항 사이에 갈등이 존재할 가능성을 부정하지 않지만, 이러한 긴장 자체에서 해결책을 도출해 내야 한다는 것이다. 국가가 의견의 자유를 억압하려고 할 때 이러한 억압은 물리적으로 유지될 수 없기 때문에 반드시 국가를 파괴할 것이며, 자유에 대한 억압이 폭력적일수록 '자연의 법칙'에 따라 그에 대한 반작용 역시 더 폭력적이고 파괴적이게 된다는 것이다. 국가와 종교의 관계에서는 국가가 종교적 실천에 대한 절대적 권리, 즉 '종교 감독권'을 갖되—그렇지 않으면 교회들은 마치 '국가 속의 국가(imperium in imperio)'인 것처럼 절대적 자율성을 갖게 되어 궁극적으로는 국가를 해체시킬 것이기 때문에—이 권리의 활용 방식을 통제한다는 조건으로 이 권리를 교회에 위임할 수 있다는 것이다.[409]

국가의 주권과 개인의 자유에 관한 스피노자의 논변은 모든 국가에 대해서가 아니라 사고하는 개인들 모두가 주권자인 민주정에 대해서만 적용될 수 있는 것으로 발리바르는 해석한다. 그에 따르면 민주주의라는 개념은 특수한 정체로서, 규정된 원인들의 결과이지만, 또한 모든 정체의 '진리'이며 이로부터 모든 정체의 원인과 경향적인 결과를 규정하면서 정체들 구성의 내적 안정성을 측정할 수 있게 한다는 점에서 '이중적인 이론적 성격'을 지닌다.[410] 『신학정치론』 제16장의 다음 구절은 '민주주의가 가장 자연적이며 자유에 대해서도 가장 잘 공명하는 정부 형태'라는 스피노자의 신념을 보여준다. "민주주의에서는 비이성적인 명령에 대해 두려워할 필요가 없다. 왜냐하면 인민의 다수가—공동체의 규모가 커질수록—이런 비이성적인 명령에 동의한다는 것은 거의 불가능하기 때문이다. 또한 민주주의의 토대와 목표가 사람들을 비합리적 욕망으로부터 벗어나게 하고 가능한 한 이성의 통제 아래 둠으로써 화합과 평화 속에서 살아갈 수 있게 하려는 데 있기 때문이다."[411]

따라서 민주주의는 모든 국가의 내재적인 요구로 나타나게 된다. 발리바르는 이 테제가 분명한 정치적 의미를 지닌 것으로 본다. 그에게 국가의 개념은 지배 장치라는 성격과 함께 공화주의적 성격을 내포한다. 신민의 조건은 시민성, 즉 민주주의 국가가 충분히 발전시키는 능동성을 전제한다는 점에서 노예의 조건과는 분명 차별화된다. 강력한 국가란 주권자가 국가의 일반 이익이라고 선언하는 것에 관해 그 신민들이 주권자에게 불복종하지 않는 국가라고 스피노자는 정의하지만, 이 정의는 어떤 조건들 하에서 실제로 이런 결과를 얻을 수 있는지 규명할 수 있을 때에만 의미를 갖게 될 것이다. 주권은 절대적 성격을 지니며, 모든 사람은 주권의 의지에 절대적으로 복종해야 한다는 테제는 '가장 자연적인 국가'인 민주정에 대해서만 적용될 수 있는 것으로 보인다. 또한 정체의 폭력적인 전복은 대부분 그와 유사하거나 더 나쁜 상황을 초래할 뿐이라는 것을 경험적으로 보여주며, "각 국가는 자신의 통치 형태를 보존해야 한다"[412]는 준칙을 제시하지만, 스피노자의 이러한 준칙은 가장 자유롭고 '자신의 신민들의 마음을' 지배하는 국가에서만 필연적인 진리가 될 뿐이라고 발리바르는 주장한다.[413]

다음으로 『정치론』에 대한 발리바르의 스피노자 독해는 1672년 이후의 새로운 문제 설정에 대한 논급으로부터 시작한다. 『신학정치론』과 『정치론』 두 저작 사이의 시간적 간격은 몇 년밖에 안 되지만, 문체나 이론들의 접합 및 논증의 정치적 의미에 커다란 전환이 이루어진 것에 대해, 발리바르는 그가 앞서 설명한 『신학정치론』의 내재적 난점들과 1672년 요한 드비트 체제가 붕괴한 역사적 사건의 결합이 그 결정적인 이유라고 본다. 드비트 형제의 처참한 죽음은 겨우 20여 년 동안 지속된 '총독 없는 공화국'의 몰락을 의미하는 것이었고, 더욱이 이들은 공화정의 정치이념을 옹호하는 스피노자의 강력한 후원자이자 사상적 동지였기에 스피노자에게는 커다란 충격으로 다가왔을 것이다. 게다가 1674년에는 『신학정치론』이 금서가 되었으며, 이로 인해 1675년 『에티카』가 완성되었지만 출판은 보류될 수밖에 없었고, 그런 위기 상황에서 『정치론』 집필에 착수하게 되었으니 새로운 문제 설정이 필요했으리라는 것은 짐작할 수 있는 일이다.

　발리바르는 『정치론』이 첫 구절부터 두 가지 유형의 정치사상, 즉 유토피아적인 유형과 현실주의적인 유형 사이의 반정립을 제시하고 있다며, 스피노자의 관심의 초점이 후자에 있음을 명시적으로 밝히고 있다. 『정치론』에서도 핵심 주제로 제기되는 자유는 국가의 안전과 관계되고, 국가의 안전은 개인의 선의에 의해서가 아니라 법제도의 정비를 통해서 실현된다는 현실주의적 관점은 마키아벨리가 그 전형이다. 스피노자와 마키아벨리의 공유점은 실제 삶과 도덕적 삶의 차이를 인지함으로써 상상이나 도덕적 가치관을 배제하고 사실에 바탕을 둔 정치론을 쓰고자 한 점이다. 여기서 발리바르는 당시 네덜란드에 도입되었던 홉스의 사상과 『정치론』의 대결을 제기한다. 홉스에게 인간의 자연권은 무제한적인 것이지만, 안전이 확립되려면 자연권이 시민권과 법질서로 대체되어야 하며, 법질서는 저항할 수 없는 상위의 강제력으로부터만 나온다. 독립적인 개인들은 정치체로 대체되어야 하며, 개인들의 의지는 주권자의 의지(법)에 의해 전체적으로 대표된다. 정치체는 분할 불가능하며, 주권자의 경우 역량과 권리의 등가성이 확립된다. 사적 시민들은 조건적 자유만이 허용되므로 이러한 등가성으로부터 배제되지만, 사유재산 보호는 '사회계약'의 주요 대상이므로 홉스의 절대주의는 '소유적 개인주의(possessive individualism)'에 기초하고 있다는 것이다.

　발리바르에 따르면 스피노자는 공화파 이론가들이 요구하는 '강력한 국가'와 정치체의 분할 불가능성의 필요성이라는 목표를 공유하며 홉스가 제기한 원리의 정당성을 인정한다. 그러나 스피노자는 옐레스(Jarig Jellis)에게 보내는 50번째 서신에서 밝혔듯이, 홉스와 자신의 차이점이 자연 상태에서 든 국가 상태에서든 자연권을 온전히 보존하고, 모든 국가에서 주권자는 신민을 능가하는 역량을 발휘하는 만큼 신민에 대한 권리를 가질 뿐이며 자연 상태에서는 항상 그렇다고 주장한다.[414] 이런 점에서 발리바르는 스피노자가 자연권과 시민권의 구분을 명시적으로 거부하며, 특히 스피노자의『정치론』은 '사회계약'과 '대표'라는 개념들도 거부한다고 주장한다. 사실『정치론』에서 '사회계약'의 개념이 부재하며 개인이 아닌 다중의 구성적 역량이 강조되고 있다는 점에서 스피노자 정치학의 새로운 과제는 권력에 대항하는 역량의 철학을 전개하는 것이며 동시에 다중의 운동을 조절하는 것이라고 말할 수 있다. 그런데 '완전히 절대적인' 국가도 일정한 조건들 아래에서는 민주주의적이라고 주장하면서, 암스테르담과 헤이그의 '자유 공화국'이 왜 그런 의미에서 절대적일 수 없었는지 스피노자 자신이 질문한 것에 대해, 발리바르는 다중의 구성적 역량을 강조하는 스피노자의 그런 질문이 스피노자가 '정치가들'보다 훨씬 더 '정치적'인 태도를 취하도록 만들었다고 단언한다.[415]

스피노자 정치론의 중요한 부분을 차지하는 권리와 역량의 함수관계에 대해 발리바르는 권리라는 개념이 정치의 언어에서 '역량의 원초적 실재성'을 나타내는 것이라고 본다. 개인의 권리는 주어진 조건에서 실제로 할 수 있는 것과 사고할 수 있는 것 모두를 포함하며 '활동성'에 상응하는 개념이라는 것이다. 그런 점에서 권리에 대한 고전적인 두 관점, 즉 개인이나 집단의 권리를 이미 존재하는 '객관적 법'과 결부시키는 관점과, 권리를 사물과 대립하는 개인의 '주관적 법'으로서 파악하는 관점이 배제된다고 본다. 각자의 권리가 각자의 역량을 표현한다면, 그것은 필연적으로 의존과 독립의 조합이라는 두 가지 측면을 내포하며, 따라서 변동할 수 있고 필연적으로 진화하게 마련인 세력 관계들에 준거하는 개념이라는 것이다. 그리하여 권리들의 접합을 역량들의 접합으로 분석할 수 있게 되는데, 양립 가능한 권리들은 서로 보태거나 서로 증대시키는 역량들을 표현하는 권리들인 데 비해, 양립 불가능한 권리들은 서로를 파괴하는 역량들에 상응하는 권리들이라는 것이다.

스피노자가 권리와 역량의 등가성으로부터 정치적 분석을 위해 이끌어낸 비판적 결론을 발리바르는 다음과 같이 요약한다. 권리의 평등은 제도적 및 집합적 실천의 결과로만 성립할 수 있으며, 또한 모든 사람이 이러한 평등에서 자신들의 이익을 발견할 경우에만 가능하다. 재화의 교환에 참여하고 용역을 제공하는 개인들 사이의 계약관계는 어떤 의무의 결과가 아니라 이중적인 권리 또는 새로운 역량의 구성이기 때문에 계약 체결시의 이해관계가 더 이상 존재하지 않을 때 계약의 파기를 막을 수 있는 것은 오직 상위의 역량(법적 계약 사항들을 강제하는 주권자)뿐이다. 다만 국가들 사이의 계약관계는 상위의 심급이 존재하지 않으므로 계약 당사자들의 이해관계가 유일한 결정자이다. 따라서 권리와 역량의 등가성 원리는 오직 결과의 측면에서만 정립될 수 있으며, 주권자의 권리는 실제로 신민들을 복종시킬 수 있는 그의 능력 이상으로 확장되지 않는다. 어떤 개인의 권리에서 이성이 정념을 제압하고 독립이 종속을 제압할 때, 스피노자는 이를 자유라고 부른다. 이성은 개인들의 역량을 공동으로 결합함으로써 최대한의 자유와 더불어 평화와 안전을 도모할 수 있다.[416]

스피노자에게 정치학은 국가 보존의 과학이며, 따라서 정치는 국가라는 질료와 국가 제도라는 형태(그러므로 주권자의 역량/권리)를 동시에 보존하려는 경향을 지닌다. 여기서 국가의 질료는 개인들의 운동을 조절하는 안정된 관계들의 체계와 다르지 않으므로 이 두 정식은 하나의 동일한 실재, 즉 국가의 고유한 개체성의 보존과 일치한다는 것이다. 국가가 스스로를 보존하기 위해서는 개인들에게 시민적 복종의 전제조건인 안전을 제공함으로써 개인들을 보존해 주어야 한다. 따라서 스피노자에게 최선의 정체는 '개인의 안전과 제도의 안정 사이에 가장 강력한 상관성을 실현하는 정체'라고 발리바르는 말한다. 사실 정치체는 외부의 적들보다는 내부의 시민들에 의해 항상 더 많이 위협받는다(『정치론』제6장 6절). 개인과 국가는 상호 관계 속에서만 의미를 지니며, 궁극적으로는 다중의 역량 그 자체가 실현되는 어떤 양상을 표현한 것이므로 지배자와 피지배자, 주권자와 시민은 동등하게 다중의 일부를 형성한다.

여기서 제기되는 근본적인 질문은 다중이 자신의 역량을 증대시킬 수 있는 자질의 문제와 관계된 것이다. 민주주의는 다중의 실존 양상에 상응하며, 균형은 국가 기관들의 배치나 사법적인 장치처럼 정적인 방식에 의해서가 아니라 개인들이 공통의 작업을 수행할 때 형성되는 것이기 때문이다. 다시 말해 정치체의 정신은 대의(代議)가 아니라 실천이며 결정의 문제라는 것이다. 발리바르에 의하면 스피노자가 추구하는 결정 메커니즘의 이중적인 목표는 '국가 장치'를 정치권력의 진정한 담지자로 구성하는 것과 이러한 장치 자체의 '민주화' 과정에 참여하는 것이다. 군주정과 귀족정의 두 정체는 자신의 고유한 '완전성'을 획득함에 따라 민주주의를 향한 도정을 시작하게 된다. 실제로 공통의 이익에 따라 마음과 정신의 통합을 이룩하면 다중이 스스로를 통치한다는 것이 무엇인지를 사고할 수 있게 되고, 이러한 결과가 효과적일수록 군주정과 귀족정, 민주정의 법적 구분은 형식적이고 추상적이며 결국에는 단순한 이름의 문제가 된다는 것이다.[417] 『정치론』의 민주정은 평등과 자유의 변증법적 대통합의 관점에서 파악될 수 있다는 점에서 스피노자 사상의 현재성을 엿볼 수 있게 한다.

다음으로 『에티카』에 대한 발리바르의 스피노자 독해는 정치적 인간학을 고찰함에 있어 사회성과 복종, 교통의 문제를 핵심 주제로 삼고 있다. 발리바르는 사회성을 '각자 나름대로 실제적인 효과들을 생산하는 (이성의 인도에 따른) 실제적인 일치와 (정서 모방에 따른) 상상적인 양가성의 통일'이라고 규정한다. 합리적 동일성과 정념적 가변성, 개인들의 환원할 수 없는 독특성과 인간 행동들의 유사성으로 표현되는 대립물의 통일은 우리가 사회라고 부르는 것과 다르지 않다는 것이다. 이러한 통일체가 현실적으로 존재하려면 하나의 권력(potestas)이 형성되어야 하며, 이 권력은 공통의 선과 악, 정의와 부정의를 확실하게 정의하고, 개인들이 역량 결집을 통해 스스로를 보존하는 형식을 확정함으로써 개인들의 정서를 양극화하고 개인들의 사랑과 증오의 운동을 인도한다는 것이다. '사회는 또한 하나의 국가(여기서는 키비타스civitas)'로서 두 개념은 인간 개인들의 자연적 독특성이 표현되는, 상상적이면서 동시에 합리적인 단 하나의 실재를 구성한다는 것이다.

복종의 문제와 관련하여, 발리바르는 '사회는 국가, 곧 복종이지만, 자유는 오직 사회의 경계 안에서만 실현된다는 것을 동시에 긍정하는 철학의 의미를 궁극적으로 어떻게 이해해야 하는가?'라는 질문을 제기한다. 복종 관계를 이해하려면 무엇보다도 신체에 대한 정신의 '자생적인' 역량을 이해해야 하는데, 그러면 어떻게 정신은 신체의 운동을 명령할 수 있는가, 라는 문제가 남는다. 이에 대해 스피노자는 근본적인 답변을 제시한다. 신체는 정신에 작용하지 못하며, 정신 역시 신체에 작용하지 못하지만(『에티카』 제3부 정리2), 정신과 신체는 구분되는 두 개의 실체가 아니라 때로는 관념들의 복합체로(사유 속성 아래에서), 때로는 물질적 복합체로(연장 속성 아래에서) 인식되는 하나의 동일한 실재이기 때문에 정신은 신체의 관념으로 정의된다(『에티카』 제2부 정리11-13, 15-21; 제3부 정리3). 따라서 신체가 수동적인 한에서 정신이 능동적이 되는 것이 아니라, 정신과 신체에 동시에 관계하는 능동성 또는 수동성을 사고해야 하는 것이다. 모든 위계적 원리를 제거하는 이 통일적인 인간학적 테제가 사회성 및 국가에 대한 분석과 접합된다.[418]

스피노자에게 자유란 천부적 인권의 형태로 주어진 것이 아니라 민주정이라는 정치공동체를 통해 형성된 것이기 때문에 이성의 인도에 따르는 개인들은 모든 시민들이 똑같이 복종해야 하는 국가의 실존을 원해야 한다. 스피노자가 정의하는 '절대적' 국가는 스스로의 보존을 추구하는 경향이 있으며, 지속적인 복종을 확보하기 위해서는 개인들의 안전과 평화를 보증해야 하며 고유의 개체성을 위협해서는 안 된다. 모든 '절대적' 국가의 조직은 ─정념들에 대해 무기력한 각 개인의 이성과는 달리─ 공통의 규칙에 의해 좀 더 합리적인 개인들과 덜 합리적인 개인들의 복종을 동시에 이끌어낼 수 있는 집합적 합리성을 갖는다. 한 개인이 수동적이라면, 그의 정신이 감정들의 순환에 종속되고 또한 집합적 상상의 '일반 관념'들에 종속되기 때문에 그의 신체 역시 주변 물체들의 통제 불가능한 압력에 종속된다. 반면 한 개인이 능동적이라면, 그의 신체와 다른 물체들의 마주침이 일관성 있게 조직되며, 그의 정신 속 관념들은 '공통 통념들'에 일치하여 연결된다. 이처럼 개인성이 실현되는 형태는 교통의 일정한 양상의 결과로 나타난다는 것이다.

발리바르에 의하면 법에 대한 복종에 관해 제기되는 세 가지 고전적인 문제―심리적 메커니즘의 문제, 공포 및 사랑과의 관계 문제, 그리고 복종과 인식의 접합 및 이와 관련한 지식과 권력 사이의 관계 문제―는 스피노자에게는 단 하나의 문제일 뿐이며 단 하나의 답변만이 존재한다. 그것은 정념과 이성이 최종 분석에서 신체들 사이의, 그리고 신체들의 관념들(정신들) 사이의 교통의 양상들이라는 것이다. 현실 국가 역시 그 자체 내에 갈등적인 교통의 양상을 보이는 '야만적인' 공동체와 안정적인 교통의 양상을 보이는 '이성적인' 공동체의 두 가지 경향과 두 가지 한계 상태를 내포하지만, 정치 사회는 기쁜 삶의 방향으로 나아갈 수 있는 내재적 역량을 소유한다. 가장 효과적인 교통 양태는 합리적 인식에 따라 실현되는 것으로 이는 곧 공통 통념을 이루는 것이다. 스피노자에게 사회적 삶은 교통 활동이기 때문에 인식은 곧 실천이며, 인식을 위한 투쟁은 곧 정치적 실천이고, 스피노자 민주주의의 본질적 측면은 바로 교통의 자유이다. 따라서 "정치적 신체[정치체] 이론은 단순한 권력의 물리학도, 대중들의 복종의 심리학도, 법질서를 형식화하기 위한 수단도 아니며, '가능한 최대 다수가 가능한 최대한을 인식하기(『에티카』 제5부 정리5-10)'를 구호로 내건 집합적 해방의 전략에 대한 탐구"라고 발리바르는 언명한다.[419]

끝으로, 스피노자주의의 '야성적 파격'은 정치와 국가에 대해 이론적으로 다중(또는 대중)의 관점을 채택한 데 있다. 스피노자의 체계에서 정치적 실천의 방향을 규정하는 것은 다중의 실존 양상들이기 때문에 다중은 명시적인 이론의 대상이 된다. 실로 "스피노자의 독창성은 대중 자체를 탐구와 반성, 역사적 분석의 주요 대상으로 삼았다는 데 있다. 그런 점에서 스피노자는 대중 운동의 실존을 국가의 안전과 안정을 위협하는 지평이나 국가에 선행하는 하나의 자연적인 것으로 환원시키면서 국가의 구성만을 중심적인 문제로 간주하지 않고, 일차적으로 대중 운동의 원인 및 그 고유한 원리를 설명하려고 추구하는 매우 보기 드문 이론가들 중 한 사람이다"[420]라고 발리바르는 평가한다. 스피노자에게 다중은 '군주파의 전복 세력으로부터 그 다중적 토대를 박탈하기 위해서는 제거해야 할 세력인 동시에 공화국의 민주주의적 기초를 확장하기 위해서는 구성되어야 할 세력이기도 하다.' 스피노자는 다중들이 느끼고, 또 다중들이 국가로 하여금 느끼게 만드는 공포의 동역학 자체를 대상으로 삼아 정념적인 삶을 개인적이고 집합적인 차원에서 행위 역량을 증대시키는 방향으로 이끌어 가기 위해 전력을 기울였다.[421]

발리바르는 스피노자가 통상적인 민주주의자와는 거리가 멀었지만, 오히려 이 때문에 오늘날의 예속화에 맞서 전향적으로 사고할 수 있는 시사점과 수단들을 제공해 주며, 이는 그가 민주주의 제도 이론가로서 성공했을 경우보다 더 오래 지속적인 의의를 갖게 될 것이라고 언명한다. 다중들에 대한 그의 공포는 완전히 비합리적인 그런 공포가 아니라 이해의 노력을 통해 오히려 정치를 변혁하는 데 사용될 수 있게 하는 그런 것이다.[422] 발리바르에 의한 스피노자의 재발견은 1960년대 말 이후 스피노자 르네상스를 열었던 프랑스의 스피노자 연구가 주로 그러했던 것처럼 좌파적인 성향을 띠며 유물변증법의 새로운 노선을 모색하면서 유럽적인 특수한 상황에서의 정치적·이데올로기적 방어기제로 사용되었다는 점에서 한계성을 띠고 있기는 하다. 지속가능한 지구 문명의 구현을 위하여 통섭적 세계관이 강력하게 요청되고 있는 오늘의 우리에게 스피노자의 미래지향적인 파격은 ─네그리가 말했듯이─포스트모던 시대의 전복을 추구하는 훌륭한 무기가 될 수 있지 않을까?

주석

제1부 스피노자의 사유체계와 존재론적 정치학

01 철학적 사색에 바쳐진 45년

1 Benedictus de Spinoza, *The Ethics*, in *The Benedict de Spinoza Reader*, translated from the Latin by R. H. M. Elwes(Radford VA: Wilder Publications, 2007), II, Proposition VII, Note, p.32(이하 *The Ethics*로 약칭).

2 *The Ethics*, I, Proposition XXIX, Note, p.20.

3 *The Ethics*, IV, Preface, p.97: "…the eternal and infinite Being, which we call God or Nature…."

4 *The Ethics*, IV, Preface, p.97.

5 Benedictus de Spinoza, *A Theologico-Political Treatise*, in *The Benedict de Spinoza Reader*, translated from the Latin by R. H. M. Elwes(Radford VA: Wilder Publications, 2007), Chs. IV, VI(이하 *A Theologico-Political Treatise*로 약칭).

6 *A Theologico-Political Treatise*, Ch. XX, p.318: "That in a free state every man may think what he likes, and say what he thinks."

7 *A Theologico-Political Treatise*, Ch. XX, p.319.

8 *The Ethics*, II, Proposition XLIII, Note, p.50.

9 안토니오 네그리 지음, 이기웅 옮김, 『전복적 스피노자』(서울: 그린비, 2005), 15쪽.

10 위의 책, 19쪽.

11 위의 책, 17, 19쪽.

12 위의 책, 17쪽.

13 스티븐 내들러 지음, 김호경 옮김, 『스피노자 Spinoza: 철학을 도발한 철학자』(서울: 텍스트, 2011).

14 Gilles Deleuze, *Spinoza: Practical Philosophy*, translated by Robert Hurley(San Francisco: City Lights Books, 1988), p.13: "In Spinoza's thought, life is not an idea, a matter of theory. It is a way of being, one and the same eternal mode in all its attributes."

15 *Ibid.*, p.14.

16 Charles Jarrett, *Spinoza: A Guide for the Perplexed*(London: Continuum, 2007), p.13.

17 Benedictus de Spinoza, *On the Improvement of the Understanding*, in *The Benedict de Spinoza Reader*, translated from the Latin by R. H. M. Elwes(Radford, VA: Wilder Publications, 2007), p.326 (이하 *On the Improvement of the Understanding* 으로 약칭).

18 *The Ethics*, IV, Preface, p.97.

19 Benedictus de Spinoza, *Spinoza's Short Treatise on God, Man & His Wellbeing*, translated and edited, with an introduction and commentary and a life of Spinoza by A. Wolf, M.A.(London: Adam and Charles Black, 1910), I, Ch. II, pp.21-31(이하 *Short Treatise*로 약칭).

20 *The Ethics*, I, Definition I, p.5.

21 *The Ethics*, I, Definition III, p.5.

22 *The Ethics*, I, Definition IV, p.5.

23 *The Ethics*, I, Definition V, p.5.

24 *The Ethics*, I, Proposition XXI, p.17: "All things which follow from the absolute nature of any attribute of God must always exist and be infinite, or, in other words, are eternal and infinite through the said attribute."

25 *The Ethics*, I, Proposition XXII, p.17: "Whatsoever follows from any attribute of God, in so far as it is modified by a modification, which exists necessarily and as infinite, through the said attribute, must also exist necessarily and as infinite."

26 *The Ethics*, I, Proposition XXIII, p.17.

27 *The Ethics*, I, Proposition XXIII, p.17: "A mode, therefore, which necessarily exists as infinite, must follow from the absolute nature of some attribute of God, either immediately (Prop. xxi.) or through the means of some modification, which follows from the absolute nature of the said attribute; that is (by Prop. xxii.), which exists necessarily and as infinite."

28 스티븐 내들러 지음, 이혁주 옮김, 앞의 책, 169쪽.

29 *The Ethics*, I, Proposition XXVIII, Proof, p.19: "But that which is finite, and has a conditioned existence, cannot be produced by the absolute nature of any attribute of God; for whatsoever follows from the absolute nature of any attribute of God is infinite and eternal (by Prop. xxi.)."

30 *The Ethics*, I, Proposition XXV, P.18: "God is the efficient cause not only of the existence of things, but also of their essence."

31 *The Ethics*, I, Proposition XXV, Corollary, p.18: "Individual things are nothing but modifications of the attributes of God, or modes by which the attributes of God are

expressed in a fixed and definite manner."

32 *The Ethics*, I, Axioms I, II, p.5: "Everything which exists, exists either in itself or in something else. That which cannot be conceived through anything else must be conceived through itself."

33 *The Ethics*, I, Axiom VI, p.6: "A true idea must correspond with its ideate or object."

34 *The Ethics*, I, Definition VI, Explanation, p.5.

35 *The Ethics*, I, Definition VI, p.5.

36 *The Ethics*, I, Proposition XVI, Corollary II, p.14: "···God is a cause in himself, and not through an accident of his nature."

37 *The Ethics*, I, Proposition XVI, Corollary III, p.14: "···God is the absolutely first cause."

38 *The Ethics*, I, Proposition XVII, p.14: "God acts solely by the laws of his own nature, and is not constrained by anyone."

39 *The Ethics*, I, Proposition XVI, Corollary I, p.14: "···God is the efficient cause of all that can fall within the sphere of an infinite intellect."

40 *The Ethics*, I, Proposition XXXIV, Proof, p.23: "From the sole necessity of the essence of God it follows that God is the cause of himself (Prop. xi.) and of all things (Prop. xvi. and Coroll.)."

41 拙著,『동서양의 사상에 나타난 인식과 존재의 변증법』(서울: 모시는사람들, 2011), 562-563쪽.

42 *The Ethics*, I, Proposition XV, p.11: "Whatsoever is, is in God, and without God nothing can be, or be conceived."

43 *The Ethics*, I, Proposition XV, p.11: "···they(modes) can only be in the divine nature, and can only through it be conceived."

44 *The Ethics*, I, Proposition V, Proof, p.6: "···there cannot be granted several substances, but one substance only."

45 *The Ethics*, I, Proposition XIV, p.11: "Besides God no substance can be granted or conceived."

46 *The Ethics*, I, Proposition XIV, Corollary I, II, p.11.

47 *The Ethics*, I, Proposition V, Proof, p.6.

48 *The Ethics*, I, Proposition XV, Note, p.11.

49 *The Ethics*, I, Proposition I, p.6: "Substance is by nature prior to its modifications."

50 *The Ethics*, I, Proposition XVI, p.14: "From the necessity of the divine nature must follow an infinite number of things in infinite ways—that is, all things which can fall within the sphere of infinite intellect."

51 *Metaphysics*, Book I, 3, 983a25-30; Frederick Copleston, S. J., *A History of*

Philosophy (Westminster, Maryland: The Newman Press, 1962), Vol. I, p.306.

52 *The Ethics*, I, Proposition XXIX, Note, p.20.

53 Requoted from Pierre Macherey, *Hegel or Spinoza*, translated by Susan M. Ruddick(Minneapolis, London: University of Minnesota Press, 2011), p.13: "Spinoza constitutes such a crucial point for modern philosophy that we might say in effect that there is a choice between Spinozism and no philosophy at all.".

54 *The Ethics*, I, Appendix, p.24.

55 *The Ethics*, I, Appendix, p.24: "···all things in nature act as men themselves act, namely, with an end in view. It is accepted as certain, that God himself directs all things to a definite goal (for it is said that God made all things for man, and man that he might worship him)."

56 *The Ethics*, I, Appendix, p.25: "···final causes are mere human figments."

57 *The Ethics*, I, Definition VII, p.5: "That thing is called free, which exists solely by the necessity of its own nature, and of which the action is determined by itself alone."

58 *The Ethics*, II, Proposition I, p.30.

59 *The Ethics*, II, Proposition II, p.30.

60 *The Ethics*, II, Proposition XIII, Proof, p.35: "Wherefore the object of our mind is the body as it exists, and nothing else."

61 *The Ethics*, II, Proposition VII, Proof, p.32

62 *The Ethics*, II, Proposition VII, p.31: "The order and connection of ideas is the same as the order and connection of things."

63 *The Ethics*, II, Proposition VII, Corollary, p.32: "Hence God's power of thinking is equal to his realized power of action."

64 *The Ethics*, II, Proposition VII, Note, p.32.

65 *The Ethics*, II, Proposition XI, Proof, p.34: "The essence of man is constituted by certain modes of the attributes of God, namely, by the modes of thinking, of all which the idea is prior in nature, and, when the idea is given, the other modes must be in the same individual. Therefore an idea is the first element constituting the human mind."

66 *The Ethics*, II, Proposition XI, p.34.

67 *The Ethics*, II, Proposition XI, Corollary, p.35: "Hence it follows, that the human mind is part of the infinite intellect of God."

68 *The Ethics*, II, Proposition XII, Proof, p.35: "Therefore, whatsoever takes place in the object constituting the idea of the human mind, the knowledge thereof is necessarily in God, in so far as he constitutes the essence of the human mind; that is (by II. xi. Coroll.) the knowledge of the said thing will necessarily be in the

mind, in other words the mind perceives it."

69 *The Ethics*, II, Proposition XII, p.35.

70 *The Ethics*, II, Proposition XIII, p.35.

71 *The Ethics*, II, Proposition XV, p.39.

72 *The Ethics*, II, Proposition XXXII, p.45.

73 *The Ethics*, II, Proposition XXXIII, p.46: "There is nothing positive in ideas, which causes them to be called false."

74 *The Ethics*, II, Proposition XXXV, p.46.

75 *The Ethics*, II, Proposition XXXVI, p.46: "Inadequate and confused ideas follow by the same necessity, as adequate or clear and distinct ideas."

76 *The Ethics*, II, Proposition XL-XLIX, esp. Prop. XL, Note II, p.49. cf. *On the Improvement of the Understanding*, pp.331-332.

77 *The Ethics*, II, Proposition XL, Note II, p.49: "From particular things represented to our intellect fragmentarily, confusedly, and without order through our senses(II. xxix. Coroll.)."

78 *The Ethics*, II, Proposition XL, Note II, p.49: "From symbols, e.g., from the fact of having read or heard certain words we remember things and form certain ideas concerning them, similar to those through which we imagine things (II. xviii. note). I shall call both these ways of regarding things knowledge of the first kind, opinion, or imagination."

79 *The Ethics*, II, Proposition XL, Note II, p.49: "From the fact that we have notions common to all men, and adequate ideas of the properties of things…; this I call reason and knowledge of the second kind."

80 *The Ethics*, II, Proposition XXXVIII, p.47: "Those things, which are common to all, and which are equally in a part and in the whole, cannot be conceived except adequately."

81 *The Ethics*, II, Proposition XLIII, p.50: "…the clear and distinct ideas of the mind are as necessarily true as the ideas of God."

82 *The Ethics*, II, Proposition XLI, p.49: "Knowledge of the first kind is the only source of falsity, knowledge of the second and third kinds is necessarily true."

83 *The Ethics*, II, Proposition XLII, p.49: "Knowledge of the second and third kinds, not knowledge of the first kind, teaches us to distinguish the true from the false."

84 *The Ethics*, II, Proposition XLVII, p.52: "The human mind has an adequate knowledge of the eternal and infinite essence of God."

85 *The Ethics*, II, Proposition XLIX, Note, p.57.

86 로저 스크러턴 지음, 정창호 옮김, 『스피노자』(서울: 시공사, 2000), 156쪽.

87 스티븐 내들러 지음, 이혁주 옮김, 앞의 책, 192-207쪽.

88 拙著,『동서양의 사상에 나타난 인식과 존재의 변증법』, 59쪽.

89 *The Ethics*, III, p.59: "But no one, so far as I know, has defined the nature and strength of the emotions, and the power of the mind against them for their restraint."

90 *The Ethics*, III, p.59.

91 *The Ethics*, III, Definition III, p.60.

92 *The Ethics*, III, Proposition III, p.63: "The activities of the mind arise solely from adequate ideas; the passive states of the mind depend solely on inadequate ideas."

93 *The Ethics*, III, Proposition II, Note, p.61: "···mind and body are one and the same thing, conceived first under the attribute of thought, secondly, under the attribute of extension. Thus it follows that the order or concatenation of things is identical, whether nature be conceived under the one attribute or the other."

94 *The Ethics*, III, Proposition II, Note, p.61.

95 *The Ethics*, III, Proposition XI, Note, p.65.

96 *The Ethics*, III, Proposition XVI, pp.67-68.

97 *The Ethics*, III, Proposition XI, Note, p.65.

98 *The Ethics*, III, Proposition IX, Note, p.65.

99 *The Ethics*, III, Definitions of the Emotions, pp.88-95.

100 *The Ethics*, III, Proposition, LVI, Proof, p.85.

101 *The Ethics*, III, Proposition, LI, Note, p. 81.

102 *The Ethics*, III, Proposition XXXVII, p.76: "Desire arising through pain or pleasure, hatred or love, is greater in proportion as the emotion is greater."

103 *The Ethics*, III, Proposition XLIII, p.79: "Hatred is increased by being reciprocated, and can on the other hand be destroyed by love."

104 *The Ethics*, IV, Preface, p.97.

105 *The Ethics*, IV, Preface, p.98.

106 *On the Improvement of the Understanding*, IV, p.329.

107 cf. *Short Treatise*, IV, p.75: "···in Nature there is no good and no evil."

108 *The Ethics*, IV, Preface, p.98: "I shall mean by, "good" that, which we certainly know to be a means of approaching more nearly to the type of human nature, which we have set before ourselves; by "bad," that which we certainly know to be a hindrance to us in approaching the said type."

109 *The Ethics*, IV, Definition I, p.99.

110 *The Ethics*, IV, Definition II, p.99.

111 *The Ethics*, IV, Definition VIII, p.99: "···virtue, in so far as it is referred to man, is a

man's nature or essence, in so far as it has the power of effecting what can only be understood by the laws of that nature."

112 *The Ethics*, IV, Proposition IV, p.101.

113 *The Ethics*, IV, Proposition IV, Proof, p.101: "···if it were possible, that man should undergo no changes save such as can be understood solely through the nature of man, it would follow that he would not be able to die, but would always necessarily exist."

114 *The Ethics*, IV, Proposition IV, Proof, p.101: "It is, therefore, impossible, that man should not undergo any changes save those whereof he is the adequate cause."

115 *The Ethics*, IV, Proposition IV, Corollary, p.101: "Hence it follows, that man is necessarily always a prey to his passions, that he follows and obeys the general order of nature, and that he accommodates himself thereto, as much as the nature of things demands."

116 *The Ethics*, IV, Proposition V, p.101: "The power···of every passion···are not defined by the power, whereby we ourselves endeavour to persist in existing, but by the power of an external cause compared with our own."

117 *The Ethics*, IV, Proposition XVII, Note, p.105.

118 *The Ethics*, IV, Proposition XVII, Note, p.105: "He who increaseth knowledge increaseth sorrow."

119 *The Ethics*, IV, Proposition XVIII, Note, p.106.

120 *The Ethics*, IV, Proposition XVIII, Note, p.106: "···as virtue is nothing else but action in accordance with the laws of one's own nature (IV. Def. viii)."

121 *The Ethics*, IV, Proposition XVIII, Note, p.106: "···first, that the foundation of virtue is the endeavour to preserve one's own being, and that happiness consists in man's power of preserving his own being; secondly, that virtue is to be desired for its own sake, and that there is nothing more excellent or more useful to us, for the sake of which we should desire it; thirdly and lastly, that suicides are weak-minded, and are overcome by external causes repugnant to their nature."

122 *The Ethics*, IV, Proposition XVIII, Note, p.106: "Therefore, to man there is nothing more useful than man."

123 *The Ethics*, IV, Proposition XVIII, Note, p.106.

124 *The Ethics*, IV, Proposition XXVIII, p.109.

125 *The Ethics*, IV, Proposition XXXVI, p.112.

126 *The Ethics*, IV, Proposition XXXVII, p.113.

127 *The Ethics*, IV, Proposition XLVI, p.118: "···he who lives under the guidance of reason will endeavour to repay hatred with love, that is, with kindness."

128 *The Ethics*, IV, Proposition LXII, p.124.

129 *The Ethics*, IV, Proposition LXVIII, p.126.

130 *The Ethics*, IV, Proposition LXVII, p.126: "A free man thinks of death least of all things; and his wisdom is a meditation not of death but of life."

131 *The Ethics*, IV, Proposition LXVII, p.126: "Therefore the free man, lest be should become hateful to the ignorant, or follow their desires rather than reason, will endeavour, as far as he can, to avoid receiving their favours."

132 *The Ethics*, IV, Proposition LXXIII, p.128.

133 *The Ethics*, IV, Appendix, XXXI, p.132: "the greater the pleasure whereby we are affected, the greater is the perfection whereto we pass, and consequently the more do we partake of the divine nature."

134 *The Ethics*, V, Preface, p.135: "···there is no soul so weak, that it cannot, under proper direction, acquire absolute power over its passions."

135 *The Ethics*, V, Preface, p.135: "For passions···are 'perceptions, or feelings, or disturbances of the soul, which are referred to the soul as species, and which are produced, preserved, and strengthened through some movement of the spirits.'" (*Les Passions de l'âme*, I. 27)

136 *The Ethics*, V, Propositions I, p.136: "Even as thoughts and the ideas of things are arranged and associated in the mind, so are the modifications of body or the images of things precisely in the same way arranged and associated in the body"; *The Ethics*, V, Propositions I, Proof, p.136: "Wherefore, even as the order and connection of ideas in the mind takes place according to the order and association of modifications of the body takes place in accordance with the manner, in which thoughts and the ideas of things are arranged and associated in the mind."

137 *The Ethics*, V, Proposition III, p.136.

138 *The Ethics*, V, Proposition III, p.136.

139 *The Ethics*, V, Proposition III, Corollary, pp.136-137: "An emotion therefore becomes more under our control, and the mind is less passive in respect to it, in proportion as it is more known to us."

140 *The Ethics*, V, Proposition IV, Note, p.137.

141 *The Ethics*, V, Proposition IV, Note, p.137: "Than this remedy for the emotions···, which consists in a true knowledge thereof, nothing more excellent, being within our power, can be devised. For the mind has no other power save that of thinking and of forming adequate ideas."

142 *The Ethics*, V, Proposition VI, p.138.

143 *The Ethics*, V, Proposition XVIII, Note, pp.141-142: "It may be objected that, as we

understand God as the cause of all things, we by that very fact regard God as the cause of pain. But I make answer, that, in so far as we understand the causes of pain, it to that extent(V. iii.) ceases to be a passion, that is, it ceases to be pain(III. lix.); therefore, in so far as we understand God to be the cause of pain, we to that extent feel pleasure."

144 *The Ethics*, V, Proposition XIX, p.142: "He, who loves God, cannot endeavour that God should love him in return."

145 *The Ethics*, V, Proposition XX, p.143.

146 *The Ethics*, V, Proposition XXII, p.143: "Nevertheless in God there is necessarily an idea, which expresses the essence of this or that human body under the form of eternity."

147 *The Ethics*, V, Proposition XXXIII, p.146.

148 *The Ethics*, V, Proposition XXXII, Corollary, p.146: "…not in so far as we imagine him as present(V. xxix.), but in so far as we understand him to be eternal; this is what I call the intellectual love of God."

149 *The Ethics*, V, Proposition XXXIV, p.147: "The mind is, only while the body endures, subject to those emotions which are attributable to passions."

150 *The Ethics*, V, Proposition XXXIV, Corollary, p.147: "Hence it follows that no love save intellectual love is eternal."

151 *The Ethics*, V, Proposition XXXV, p.147: "God loves himself with an infinite intellectual love."

152 *The Ethics*, V, Proposition XXXVI, Corollary, p.147

153 *The Ethics*, V, Proposition XXXVIII, p.148: "In proportion as the mind understands more things by the second and third kind of knowledge, it is less subject to those emotions which are evil, and stands in less fear of death."

154 *The Ethics*, V, Proposition XXXVIII, Note, p.148: "…death becomes less hurtful, in proportion as the mind's clear and distinct knowledge is greater, and, consequently, in proportion as the mind loves God more."

155 *The Ethics*, V, Proposition XXXVII, p.148: "There is nothing in nature, which is contrary to this intellectual love, or which can take it away."

156 *The Ethics*, V, Proposition XLII, p.150.

157 Requoted from Will and Ariel Durant, *The Age of Louis XIV: A History of European Civilization in the Period of Pascal, Molière, Cromwell, Milton, Peter the Great, Newton, and Spinoza 1648-1715*(New York: Simon and Schuster, 1963), p.653: "Some begin"their philosophy "from created things, and some from the human mind. I begin from God."

158 스티븐 내들러 지음, 이혁주 옮김, 앞의 책, 13쪽.

03 『정치론』: 민주주의를 위한 '자유의 송가(頌歌)'

159 Spinoza, *Political Treatise*, translated by Samuel Shirley, Introduction and Notes by Steven Barbone and Lee Rice, Prefatory Essay by Douglas Den Uyl(Indianapolis/ Cambridge: Hackett Publishing Company, Inc., 2000), Ch.7, Sec.26, p.90(이하 *Political Treatise*로 약칭): "…for a people accustomed to a different form of government will not be able to tear up the traditional foundations of their state, changing its entire structure, without great danger of overthrowing the entire state."

160 *Political Treatise*, Ch.7, Sec.25, p.88: "The form of the state must be preserved unchanged.""

161 *Political Treatise*, Ch.9, Sec.14, p.126: "…the sudden overthrow of this same republic resulted…from the defective constitution of that state and the fewness of its rulers."

162 *Political Treatise*, Ch.1, Introduction, p.33.

163 *Political Treatise*, Ch.1, Sec.4, p.35: "…it was not my purpose to suggest anything that is novel or unheard of, but only to demonstrate by sure and conclusive reasoning such things as are in closest agreement with practice, deducing them from human nature as it really is."

164 *Political Treatise*, Ch.2, Sec.5, p.39.

165 *Political Treatise*, Ch.2, Sec.7, p.40: "…he can be called free only in so far as he has the power to exist and to act in accordance with the laws of human nature."

166 알렉상드르 마트롱 지음, 김문수 · 김은주 옮김, 『스피노자 철학에서 개인과 공동체』(서울: 그린비, 2008), 440쪽.

167 *A Theologico-Political Treatise*, Ch.XVI, p.281: "When we reflect that men without mutual help or the aid of reason, must needs live most miserably,…we shall plainly see that men must necessarily come to an agreement to live together as securely…."

168 *A Theologico-Political Treatise*, Ch.XVII, p.289 : "If it were really the case, that men could be deprived of their natural rights so utterly as never to have any further influence on affairs, except with the permission of the holders of sovereign right, it would then be possible to maintain with impunity the most violent tyranny…."

169 *A Theologico-Political Treatise*, Ch.XVI, p.281.

170 Antonio Negri, *The Savage Anomaly: The Power of Spinoza's Metaphysics and Politics*, translation by Michael Hardt(Minneapolis, Oxford: University of Minnesota Press, 1991), Translator's Foreword, p.xi.

171 니콜로 마키아벨리 지음, 강정인 · 안선재 옮김, 『로마사 논고』(파주: 한길사, 2003), 31-35쪽. 특히 종교 의식의 유지 및 활용에 관해서는 Niccolò Machiavelli, *Discourses on Livy*, translated by Harvey C. Mansfield and Nathan Tarcov(Chicago & London: The University of Chicago Press, 1996), Book I, Chs.11-15, pp.34-44.

172 *Political Treatise*, Ch.1, Sec.6, p.36.

173 J. J. Rousseau, *The Social Contract*, translated and introduced by Maurice Cranston(London: Penguin Books Ltd., 1968), Book I, Ch.6, p.60: "…each individual, while uniting himself with the others, obeys no one but himself, and remains as free as before(이하 *The Social Contract*로 약칭).

174 *The Social Contract*, Book I, Ch.6, p.61: "Each one of us puts into the community his person and all his powers under the supreme direction of the general will."

175 *Political Treatise*, Ch.2, Sec.23, p.47.

176 *A Theologico-Political Treatise*, Ch.XVI, p.283: "…a society can be formed without any violation of natural right, and the covenant can always be strictly kept—that is, if each individual hands over the whole of his power to the body politic, the latter will then possess sovereign natural right over all things; that is, it will have sole and unquestioned dominion, and everyone will be bound to obey, under pain of the severest punishment. A body politic of this kind is called a Democracy,…."

177 *A Theologico-Political Treatise*, Ch.XVI, pp.283-284.

178 *Political Treatise*, Ch.3, Sec.3, p.49.

179 *Political Treatise*, Ch.3, Sec.6, pp.50-51.

180 *Political Treatise*, Ch.3, Sec.10, p.53: "So the true knowledge and love of God cannot be subject to anyone's jurisdiction, as is also the case with charity towards one's neighbour."

181 *A Theologico-Political Treatise*, Ch.XVI, p.287: "…the sovereign power, which alone is bound both by Divine and natural right to preserve and guard the laws of the state, should have supreme authority for making any laws about religion which it thinks fit; all are bound to obey its behests on the subject…."

182 *A Theologico-Political Treatise*, Ch.XIX, p.310: "The right over matters spiritual lies wholly with the sovereign, and that the outward forms of religion should be in accordance with public peace, if we would obey God aright."

183 *Political Treatise*, Ch.3, Sec.14, p.55.

184 *Political Treatise*, Ch.4, Sec.4, p.58.

185 *Political Treatise*, Ch.5, Sec.2, p.61.

186 Niccolò Machiavelli, *op.cit.*, Book III, Ch.21, pp.262-264.

187 *A Theologico-Political Treatise*, Ch.XVIII, p.308.

188 *Political Treatise*, Ch.6, Sec.8, p.66.

189 *Political Treatise*, Ch.7, Sec.1, pp.76-77.

190 *Political Treatise*, Ch.7, Sec.17, p.84.

191 *Political Treatise*, Ch.7, Sec.31, p.94.

192 *Political Treatise*, Ch.8, Sec.1, pp.95-96: "···for an aristocracy to be stable, the minimum number of patricians must be determined by consideration of the size of the state."

193 *Political Treatise*, Ch.8, Secs.3-5, pp.97-98.

194 *Political Treatise*, Ch.8, Sec.7, p.99: "For the greater the right of the sovereign the more does the form of the state agree with the dictates of reason(Ch.3, Sec.5), and therefore the fitter it is for the preservation of peace and freedom."

195 *Political Treatise*, Ch.8, Sec.44, p.117.

196 *Political Treatise*, Ch.9, Sec.14, pp.125-126.

197 *Political Treatise*, Ch.9, Sec.14, p.126.

198 *Political Treatise*, Ch.9, Sec.15, p.127.

199 Niccolò Machiavelli, *op.cit.*, Book III, Ch.1, p.209.

200 *Political Treatise*, Ch.10, Sec.6, p.131.

201 *Political Treatise*, Ch.10, Sec.10, p.134.

202 *Political Treatise*, Ch.11, Sec.3, p.136: "However, my purpose is not to discuss every one, but only that kind wherein all without exception who owe allegiance only to their country's laws and are in other respects in control of their own right and lead respectable lives have the right to vote in the supreme council and undertake offices of state."

203 *Political Treatise*, Ch.11, Sec.4, p.137.

204 *A Theologico-Political Treatise*, Ch.XVI, p.283: "A body politic of this kind is called a Democracy, which may be defined as a society which wields all its power as a whole."

205 *A Theologico-Political Treatise*, Ch.XVI, p.283.

206 *A Theologico-Political Treatise*, Ch.XVI, p.284.

207 *A Theologico-Political Treatise*, Ch.XVIII, pp.305-306.

208 *A Theologico-Political Treatise*, Ch.XVIII, pp.306-307.

209 *A Theologico-Political Treatise*, Ch.XVIII, p.309: "···every dominion should retain its original form, and, indeed, cannot change it without danger of the utter ruin of the whole state."

210 *A Theologico-Political Treatise*, Ch.XX, p.318: "···government which attempts to control minds is accounted tyrannical."

211 *A Theologico-Political Treatise*, Ch.XX, p.319.

212 *A Theologico-Political Treatise*, Ch.XX, p.319: "…a government would be most harsh which deprived the individual of his freedom of saying and teaching what he thought; and would be moderate if such freedom were granted."

213 *A Theologico-Political Treatise*, XX, p.319.

214 *A Theologico-Political Treatise*, XX, p.323.

215 *Political Treatise*, Ch.5, Sec.4, p.62: "…peace is not just the absence of war, but a virtue which comes from strength of mind."

216 *A Theologico-Political Treatise*, XX, p.323: "…the real disturbers of the peace are those who, in a free state, seek to curtail the liberty of judgment which they are unable to tyrannize over."

217 *A Theologico-Political Treatise*, XX, p.322: "If formal assent is not to be esteemed above conviction, and if governments are to retain a firm hold of authority and not be compelled to yield to agitators, it is imperative that freedom of judgment should be granted, so that men may live together in harmony, however diverse, or even openly contradictory their opinions may be."

218 *A Theologico-Political Treatise*, XX, p.322.

219 *Political Treatise*, Ch.3, Sec.7, p.51: "…the commonwealth that is based on reason and directed by reason is most powerful and most in control of its own right."

220 *A Theologico-Political Treatise*, XX, p.323: "…the safest way for a state is to lay down the rule that religion is comprised solely in the exercise of charity and justice, and that the rights of rulers in sacred, no less than in secular matters, should merely have to do with actions, but that every man should think what he likes and say what he thinks."

221 Leo Strauss, *Liberalism Ancient and Modern*, Foreword by Allan Bloom(Chicago and London: The University of Chicago Press, 1995), p.241: "…there was no philosophy but the philosophy of Spinoza."

222 *Ibid.*.

제2부 스피노자의 사상과 그 현대적 부활

04 스피노자 사상의 특질: 근대성과 탈근대성의 접합

1 안토니오 네그리 지음, 이기웅 옮김, 앞의 책, 205쪽.

2 *A Theologico-Political Treatise*, Ch.XV, p.274.

3 *A Theologico-Political Treatise*, Ch.XIV, p.272.

4 *A Theologico-Political Treatise*, Ch.VII, pp.226-227.

5 *A Theologico-Political Treatise*, Ch.XV, pp.274-275.

6 *A Theologico-Political Treatise*, Ch.XV, p.275.

7 *The Ethics*, I, Proposition XV, Note, p.11.

8 *A Theologico-Political Treatise*, Ch.XV, p.275.

9 *The Ethics*, V, Proposition XX, p.142.

10 *A Theologico-Political Treatise*, Ch.XV, p.277.

11 *A Theologico-Political Treatise*, Ch.XV, p.277.

12 *A Theologico-Political Treatise*, Ch.XII, pp.258-263.

13 *A Theologico-Political Treatise*, Ch.XV, p.277.

14 *A Theologico-Political Treatise*, Ch.XV, p.277: "I make answer that I have absolutely established that this basis of theology cannot be investigated by the natural light of reason, or, at any rate, that no one ever has proved it by such means, and, therefore, revelation was necessary."

15 *A Theologico-Political Treatise*, Ch.XV, p.277.

16 *A Theologico-Political Treatise*, Ch.XV, p.278.

17 *A Theologico-Political Treatise*, Ch.XIV, p.270.

18 1John(2:3,4) in *Bible*: "We know that we have come to know him if we obey his commands. The man who says, "I know him," but does not do what he commands is a liar, and the truth is not in him."

19 1John(4:8) in *Bible*: "Whoever does not love does not know God, because God is love."

20 James(2:18) in *Bible*: "You have faith; I have deeds. Show me your faith without deeds, and I will show you my faith by what I do."

21 *A Theologico-Political Treatise*, Ch.XIV, p.271.

22 *A Theologico-Political Treatise*, Ch.XV, p.279.

23 *Political Treatise*, Ch.6, Sec.40, p.75.

24 *A Theologico-Political Treatise*, Ch.XV, p.279.

25 Leo Strauss, *op.cit.*, p.241

26 *A Theologico-Political Treatise*, Ch.XVI, p.281.

27 *A Theologico-Political Treatise*, Chs.XX, pp.319, 323.

28 *A Theologico-Political Treatise*, Ch.XVI, p.284.

29 *A Theologico-Political Treatise*, Ch.XX, p.322.

30 *The Social Contract*, Book II, Ch.3, pp.72-73.

31 *The Social Contract*, Book I, Ch.6, p.60.

32 *The Social Contract*, Book I, Ch.6, p.61.

33 拙著, 『동서양의 사상에 나타난 인식과 존재의 변증법』, 632-634쪽.

34 Immanuel Kant, "The Critique of Practical Reason," in K*ant's Critiques: The Critique of Pure Reason, The Critique of Practical Reason, The Critique of Judgement*(Radford, VA: Wilder Publications, 2008), Conclusion, p.491(이하 *The Critique of Practical Reason*으로 약칭): "Two things fill the mind with ever new and increasing admiration and awe, the oftener and the more steadily we reflect on them: the starry heavens above and the moral law within."

35 Immanuel Kant, "The Critique of Pure Reason," in *Kant's Critiques: The Critique of Pure Reason, The Critique of Practical Reason, The Critique of Judgement*(Radford, VA: Wilder Publications, 2008), Introduction, p.34(이하 *The Critique of Pure Reason*으로 약칭)

36 拙著, 『동서양의 사상에 나타난 인식과 존재의 변증법』, 649-651쪽.

37 *The Critique of Pure Reason*, Preface to the Second Edition, p.14.

38 拙著, 『동서양의 사상에 나타난 인식과 존재의 변증법』, 653-654쪽.

39 위의 책, 682-683쪽.

40 G. W. F. Hegel, *The Phenomenology of Mind*, translated by J. B. Baillie(London: George Allen & Unwin, 1931), pp.228-240, 462-506(이하 *The Phenomenology of Mind*로 약칭). See also G. W. F. Hegel, *Philosophy of Right*, edited and translated by T. M. Knox(Oxford: Oxford University Press, 1980; first published by Clarendon Press, 1952), p.239(이하 *Philosophy of Right*로 약칭); G. W. F. Hegel, *Philosophy of Mind*, translated from *the Encyclopedia of the Philosophical Sciences*, by William Wallace(Oxford: The Clarendon Press, 1894), p.175(이하 *Philosophy of Mind*로 약칭).

41 Walter Kaufmann, *Hegel: Texts and Commentary*(New York: Anchor Books, Doubleday, 1965)는 이에 대한 좋은 해설서이다.

42 See *Philosophy of Mind*, pp.249-253; *Philosophy of Right*, pp.75-104; *The Phenomenology of Mind*, pp.620-679.

43 *Philosophy of Right*, §256.

44 拙著, 『동서양의 사상에 나타난 인식과 존재의 변증법』, 697-698쪽.

45 *Philosophy of Right*, §273.

46 *Philosophy of Right*, Preface, p.10: "What is rational is actual and what is actual is rational."

47 *Philosophy of Right*, Preface, p.13.

48 *A Theologico-Political Treatise*, Ch.XVI, pp.283-284.

49 *A Theologico-Political Treatise*, Ch.XVIII, pp.305-307.

50 *A Theologico-Political Treatise*, Ch.XX, p.319.

51 *A Theologico-Political Treatise*, Ch.XX, p.323.

52 본 절은 拙稿, 「『에티카』와 『해월신사법설』의 정치철학적 함의와 에코토피아적 비전」, 『동학학보』 제33호, 동학학회, 2014, 395-437쪽과 拙稿, 「스피노자와 해월의 인식과 자유에 관한 연구」, 『동학학보』 제24호, 동학학회, 2012, 105-154쪽에서 발췌하여 보완하고 재구성한 것임.

53 *The Ethics*, I, Proposition XV, Note, p.11.

54 *The Ethics*, I, Definition VI, p.5.

55 *The Ethics*, I, Proposition XVI, Corollary III, p.14: "⋯God is the absolutely first cause."

56 *The Ethics*, I, Proposition XVI, Corollary II, p.14: "⋯God is a cause in himself, and not through an accident of his nature."

57 *The Ethics*, I, Proposition XXXIV, Proof, p.23: "From the sole necessity of the essence of God it follows that God is the cause of himself and of all things."

58 *The Ethics*, I, Proposition XIV, Corollary I, II, p.11.

59 *The Ethics*, I, Proposition XIV, p.11: "Besides God no substance can be granted or conceived."

60 *The Ethics*, I, Proposition XXV, Corollary, p.18: "Individual things are nothing but modifications of the attributes of God, or modes by which the attributes of God are expressed in a fixed and definite manner."

61 *The Ethics*, I, Axiom VI, p.6: "A true idea must correspond with its ideate or object."

62 *The Ethics*, II, Propositions 7, Note, p.32: "⋯substance thinking and substance extended are one and the same substance, comprehended now through one attribute, now through the other."

63 *The Ethics*, III, Propositions 2, p.61: "Body cannot determine mind to think, neither can mind determine body to motion or rest or any state⋯." cf. Charles Jarrett, *Spinoza*(London: continuum, 2007), p.63: "Cartesian dualism(or 'interactionist dualism'). Minds and bodies causally interact, that is, mental events cause physical events, and vice versa."

64 *The Ethics*, I, Proposition XXIX, Note, p.20.

65 *The Ethics*, I, Proposition XXIX, Note, p.20.

66 Firmin DeBrabander, *op.cit.*, p.9; 이경석, 『스피노자의 인식과 자유』(서울: 한국학술정보(주), 2005), 186-191 참조.

67 *The Ethics*, II, Proposition XXXII, p.45.

68 *The Ethics*, II, Propositions XL-XLIX, esp. Prop. XL, Note II, p.49. cf. *On the Improvement of the Understanding*, pp.331-332.

69 *The Ethics*, II, Proposition XLVII, p.52.

70 *The Ethics*, II, Proposition XLIV, Corollary II, Proof, p.51.

71 *The Ethics*, II, Proposition XLIX, Note, pp.57-58.

72 *The Ethics*, V, Proposition XXIX, Note, p.145 참조.

73 *Short Treatise*, IV, p.75: "…in Nature there is no good and no evil."

74 *The Ethics*, IV, Preface, p.98.

75 *The Ethics*, IV, Proposition XXVIII, p.109.

76 *The Ethics*, IV, Definition VIII, p.99.

77 *The Ethics*, V, Proposition XLII, p.150.

78 *The Ethics*, III, Proposition VI, p.64.

79 *The Ethics*, III, Proposition VII, p.64.

80 *The Ethics*, III, Proposition LI, Note, p. 81.

81 Firmin DeBrabander, *op. cit.*, p.62.

82 *The Ethics*, V, Propositions XXXVIII, p.148.

83 *Political Treatise*, Ch.2, Sec.7, p.40.

84 *Political Treatise*, Ch.2, Sec.11, p.42: "For freedom does not remove the necessity of action, but imposes it."

85 본 절은 拙稿, 「『에티카』와 『해월신사법설』의 정치철학적 함의와 에코토피아적 비전」, 『동학학보』 제33호, 동학학회, 2014, 406-410, 426-429쪽에서 발췌하여 보완한 것임.

86 拙著, 『생태정치학: 근대의 초극을 위한 생태정치학적 대응』(서울: 모시는사람들, 2007), 140, 142쪽.

87 위의 책, 464-466쪽.

88 '프라우트'의 자세한 내용에 대해서는 다다 마헤슈와라난다 지음, 다다 칫따란잔아난다 옮김, 『자본주의를 넘어 After Capitalism』(서울: 한살림, 2014), 79-109, 439-467쪽.

89 위의 책, 582쪽. "프라우트는 협동조합 체제의 수립을 지지한다. 협동조합에 내재하는 정신이 바로 대등한 협동(coordinated cooperation)이기 때문이다. 오직 협동조합 체제만이 인류 사회의 건전한 인간성의 진보와 다양한 인류 종족 간의 완전하고도 영속적인 단결을 가져올 수 있다(위의 책 198쪽에서 재인용)."

90 위의 책, 438쪽에서 재인용; P. R. Sarkar, *Problems of the Day*(Calcutta; Ananda Marga Publications, 1968), Ch.32.

91 *Political Treatise*, Ch.2, Sec.7, p.40: "…he can be called free only in so far as he has the power to exist and to act in accordance with the laws of human nature."

92 Ken Wilber, *Eye to Eye*(Boston, Massachusetts: Shambhala Publications Inc., 1999), pp.2-7; Ken Wilber, *The Eye of Spirit*(Boston & London: Shambhala Publications Inc., 2001), p.76.

93 Fritjof Capra, *The Turning Point*(New York: Simon & Schuster, 1982), pp.15-16.

94 cf. *Mandukya Upanishad* in *The Upanishads*, p.83: "OM. This eternal Word is all: what was, what is and what shall be, and what beyond is in eternity. All is OM."

95 David Bohm, *Wholeness and the Implicate Order*(London: Routledge & Kegan Paul, 1980). p.205.

96 *The Ethics*, V, Proposition III, Corollary, pp.136-137: "An emotion therefore becomes more under our control, and the mind is less passive in respect to it, in proportion as it is more known to us."

97 *The Ethics*, V, Proposition IV, Note, p.137.

98 *The Ethics*, V, Proposition IV, Note, p.137: "Than this remedy for the emotions···, which consists in a true knowledge thereof, nothing more excellent, being within our power, can be devised."

99 *The Ethics*, V, Proposition XX, p.142.

100 *The Ethics*, III, Proposition LVIII, Proof, p.86.

101 *The Ethics*, V, Proposition XIV, p.141.

102 *The Ethics*, V, Proposition XV, p.141.

103 *The Ethics*, V, Proposition XX, Note, p.142.

104 *The Ethics*, V, Proposition XXXVI, Corollary, p.147: "···the love of God towards men, and the intellectual love of the mind towards God are identical."

105 본 절에 나오는 현대 과학의 생명사상은 拙著, 『동서양의 사상에 나타난 인식과 존재의 변증법』, 786-807쪽에서 발췌하여 보완한 것임.

106 Fritjof Capra, *The Web of Life*(New York: Anchor Books, 1996), pp.33-35.

107 Ilya Prigogine and Isabelle Stengers, *Order out of Chaos: Man's New Dialogue with Nature*, foreword by Alvin Toffler(Toronto, New York: Bantam Books, 1984), p.292.

108 Ilya Prigogine, *From Being to Becoming*(San Francisco: Freeman, 1980).

109 David Bohm, *op. cit.*, pp.183-186, 224-225.

110 David Bohm, *op. cit.*, p.134.

111 Gregg Braden, *The Divine Matrix*((New York: Hay House, Inc., 2007), p.3에서 재인용.

112 David Bohm, *op. cit.*, pp.188-189.

113 cf. 톰 하트만 지음, 김옥수 옮김, 『우리 문명의 마지막 시간들』(서울: 아름드리미디어, 1999), 31쪽.

05 스피노자와 동양사상과의 대화

114 본 절에 나오는 우리 고유의 '한'사상은 拙著, 『동서양의 사상에 나타난 인식과 존재

의 변증법』, 128-146쪽에서 발췌하여 보완한 것임.

115 『桓檀古記』, 「太白逸史」蘇塗經典本訓.

116 『桓檀古記』, 「太白逸史」蘇塗經典本訓: "三一其體 一三其用."

117 cf. 『中庸』: "天命之謂性 率性之謂道."

118 *The Ethics*, IV, Proposition LXVII, p.126: "A free man thinks of death least of all things; and his wisdom is a meditation not of death but of life." 자유인은 이성의 명령에 따라서만 생활하므로 죽음의 공포에 좌우되지 않는다는 것이다(*The Ethics*, IV, Proposition LXIII).

119 『符都誌』(『澄心錄』15誌 가운데 제1誌)에는 "有因氏가 天符三印을 이어받으니 이것이 곧 天地本音의 象으로, 진실로 근본이 하나임을 알게 하는 것(『符都誌』第10章: "有因氏 繼受天符三印 此卽天地本音之象而使知其眞一根本者也")"이라고 나와 있다.

120 『天符經』81자 전문은 다음과 같다.

中 本 衍 運 三 三 一 盡 一
天 本 萬 三 大 天 三 本 始
地 心 往 四 三 二 一 天 無
一 本 萬 成 合 三 積 一 始
一 太 來 環 六 地 十 一 一
終 陽 用 五 生 二 鉅 地 析
無 昂 變 七 七 三 無 一 三
終 明 不 一 八 人 匱 二 極
一 人 動 妙 九 二 化 人 無

121 「天理」는 '一始無始一析三極無盡本 天一一地一二人一三 一積十鉅無匱化三'으로 구성되어 있고, 「地轉」은 '天二三地二三人二三 大三合六生七八九 運三四成環五七'로 구성되어 있으며, 「人物」은 '一妙衍萬往萬來用變不動本 本心本太陽昂明人中天地一 一終無終一'로 구성되어 있다.

122 천부경의 전래 · 요체 · 구조와 주해에 대해서는 拙著, 『천부경 · 삼일신고 · 참전계경』(서울: 모시는사람들, 2006), 31-120쪽 참조.

123 『桓檀古記』「太白逸史」三韓管境本紀 馬韓世家 上: "天地有機 見於吾心之機 地之有象 見於吾身之象 物之有宰 見於吾氣之宰也."

124 삼일신고의 전래 · 요체 · 구조와 주해에 대해서는 拙著, 『천부경 · 삼일신고 · 참전계경』, 125-190쪽 참조.

125 『桓檀古記』「太白逸史」蘇塗經典本訓: "所以執一含三者 乃一其氣而三其神也 所以會三歸一者 是易神爲三而氣爲一也."

126 『三一神誥』: "哲 止感調息禁觸 一意化行 改妄卽眞 發大神機 性通功完 是." 느낌을 그치고(止感) 마음을 고르게 하여(調心) 참본성을 깨달아(覺性) 성불을 추구하는 불

교사상, 호흡을 고르고(調息) 원기를 길러(養氣) 불로장생하여(長命) 신인합일을 추구하는 도교사상, 부딪침을 금하고(禁觸) 몸을 고르게 하여(調身) 정기를 다하여 나아감으로써(精進) 성인군자를 추구하는 유교사상이 모두 삼일사상[삼신사상]에서 나온 것이다.

127 『三一神誥』: "聲氣願禱 絶親見."

128 『三一神誥』: "自性求子 降在爾腦."

129 참전계경의 전래·요체·구조와 주해에 대해서는 拙著, 『천부경·삼일신고·참전계경』, 195-751쪽 참조.

130 『參佺戒經』 第33事 「失始」(誠 4體 28用): "初有所欲爲而始誠 漸入深境則 所欲爲漸微 所欲誠漸大 又漸入眞境則 無所欲爲而 只有所欲誠而已."

131 본 절에 나오는 힌두사상은 拙著, 『동서양의 사상에 나타난 인식과 존재의 변증법』, 150-169쪽에서 발췌하여 보완한 것임.

132 25제에 관해서는 정병조, 『인도철학사상사』(서울: 한국학술정보(주), 2004), 116-117쪽; The Bhagavad Gita, 13. 5.

133 The Bhagavad Gita, 14. 5. : "SATTVA, RAJAS, TAMAS - light. fire, and darkness - are the three constituents of nature. They appear to limit in finite bodies the liberty of their infinite Spirit."

134 The Bhagavad Gita, 14. 20. : "And when he goes beyond the three conditions of nature which constitute his mortal body then, free from birth, old age, and death, and sorrow, he enters into Immortality."

135 The Bhagavad Gita, 13. 2: "Whatever is born,…whether it moves or it moves not, know that it comes from the union of the field and the knower of the field."

136 이태승, 『인도철학산책』(서울: 정우서적, 2009), 118-120쪽.

137 위의 책, 138-140쪽.

138 Mandukya Upanishad in The Upanishads, p.83: "OM. This eternal Word is all: what was, what is and what shall be, and what beyond is in eternity. All is OM."

139 "Revelation" in Bible, 1:8 : "I am the Alpha and the Omega,"…"who is, and who was, and who is to come, the Almighty."

140 "Revelation" in Bible, 21:6 : "I am the Alpha and the Omega, the beginning and the End."

141 Mandukya Upanishad in The Upanishads, p.83: "Brahma is all and Atman is Brahma.."

142 The Bhagavad Gita, 8. 18-19.

143 元曉, 「金剛三昧經論」, 조명기 편, 『원효대사전집』(서울: 보련각, 1978), 145쪽(이하 『金剛三昧經論』으로 약칭): "眞如門에 의하여 止行을 닦고 生滅門에 의하여 觀行을 일으키어 止와 觀을 동시에 닦아 나가야한다." 여기서 止行[坐禪]과 觀行[行禪]

은 수신과 헌신적 참여와 같은 의미이다.

144 *The Bhagavad Gita*, 4. 33.

145 *The Bhagavad Gita*, 4. 36.

146 *The Bhagavad Gita*, 2. 38: "Prepare for war with peace in thy soul. Be in peace in pleasure and pain, in gain and in loss, in victory or in the loss of a battle. In this peace there is no sin."

147 *The Bhagavad Gita*, 2. 47: "Set thy heart upon thy work, but never on its reward. Work not for a reward; but never cease to do thy work."

148 *The Bhagavad Gita*, 5. 6.

149 *The Bhagavad Gita*, 18. 11-12.

150 *The Bhagavad Gita*, 9. 27.

151 *The Bhagavad Gita*, 2. 23-25: "Beyond the power of sword and fire, Beyond the power of waters and winds, the Spirit is everlasting, omnipresent, never-changing, never-moving, ever One."

152 *The Bhagavad Gita*, 2. 11-13.

153 *The Bhagavad Gita*, 14. 22-25.

154 *The Bhagavad Gita*, 13. 19-21.

155 *The Bhagavad Gita*, 13. 6.

156 *The Bhagavad Gita*, 14. 9. : "Sattva binds to happiness; Rajas to action; Tamas, over-clouding wisdom, binds to lack of vigilance."

157 *The Bhagavad Gita*, 14. 17. : "From Sattva arises wisdom, from Rajas greed, from Tamas negligence, delusion and ignorance."

158 *Isa Upanishad* in *The Upanishads*, p.49: "When a sage sees this great Unity and his Self has become all beings, what delusion and what sorrow can ever be near him?"

159 본 절에 나오는 義湘의 華嚴思想은 拙稿, 「『華嚴一乘法界圖』와 『無體法經』에 나타난 통일사상」, 『동학학보』제26호, 동학학회, 2012, 430-443, 457-468쪽에서 발췌하여 보완한 것임.

160 『華嚴經』은 세존[釋迦世尊]의 깨달음의 내용을 직설한 경전이며, 원명은 산스크리트로 『붓다 아바탐사카 마하바이플랴 수트라(Buddha-avatamsaka-mahāvaipulya-sūtra)』, 한역명은 『대방광불화엄경(大方廣佛華經, 일명 華嚴經)』으로 대승불교의 최고 경전으로 일컬어진다. 한역본은 佛陀跋陀羅(Buddhabhadra) 번역의 60권본(418~420), 實叉難陀(Siksananda) 번역의 80권본(695~699), 般若 번역의 40권본(795~798)이 있는데, 40권본은 60권본·80권본의 마지막 장인 入法界品에 해당하므로 완역본은 아니다. 전체의 산스크리트본은 전하지 않고 十地品과 入法界品만 원전으로 전하며, 티베트어 번역본이 완역본으로 전해진다. 이 경전은 처음부터 현재의 형태로 성립된 것은 아니며 여러 경들이 별도로 전해지다가 4세기경 중앙아시

아에서 집대성된 것으로 추정된다.『화엄경』가운데 가장 먼저 성립된 十地品(1~2세기경)은 성인의 果德을 나타내는 매우 수준 높은 품으로 경의 가장 중요한 부분으로서 화엄경이 결집되기 이전에는『十地經』이라고 불리는 독립된 경전이었다. 구성은 60권본이 34품, 80권본이 39품, 티베트본이 45품으로 되어 있다. 60권본을 舊譯이라고 하고 80권본을 新譯이라고 하는데, 동아시아에서 가장 널리 유포되어 온 60권본은 7처(處: 설법 장소)·8회(會: 설법 모임 수)·34품(品: 장)으로 구성되어 있다. 제1적멸도량회(寂滅道場會: 제1·2품)·제2보광법당회(普光法堂會: 제3~8품)는 지상에서, 제3도리천회(忉利天會: 제9~14품)·제4야마천궁회(夜摩天宮會: 제15~18품)·제5도솔천궁회(兜率天宮會: 제19~21품)·제6타화자재천궁회(他化自在天宮會: 제22~32품)는 천상에서, 제7보광법당회(제33품)·제8서다림회(逝多林會, 즉 祇園精舍: 제34품)는 다시 지상에서 설법이 행해진다.『화엄경』에는 상기 8회의 법문 외에 十玄緣起無碍法門·四法界說·六相圓融論 등 불교의 주요 사상들이 실려 있다.

161 拙著,『동서양의 사상에 나타난 인식과 존재의 변증법』, 290-291쪽.

162 cf.『涅槃宗要』:"旣無彼岸可到 何有此岸可離." "이미 건너가야 할 저쪽 언덕이 없는데, 어찌 떠나가야 할 이쪽 언덕이 있으리"라는 뜻이다.

163 拙著,『동서양의 사상에 나타난 인식과 존재의 변증법』, 289쪽.

164 The Ethics, I, Proposition XXV, P.18: "God is the efficient cause not only of the existence of things, but also of their essence."

165 『中阿含經』:"若見緣起便見法 若見法便見緣起."

166 cf.『中阿含經』:"此有故彼有 此生故彼生 此無故彼無 此滅故彼滅." 즉 "이것이 있으므로 저것이 있고, 이것이 생하므로 저것이 생한다. 이것이 없으므로 저것이 없고, 이것이 멸하므로 저것이 멸한다."

167 『三國遺事』卷4「義湘傳敎」법장이 이론적으로 화엄의 一乘敎義를 세우는 것을 목표로 했던 것과는 달리, 의상은 실천수행을 근본으로 삼았다. 義湘의 전기는『三國遺事』「義湘傳敎」條와『宋高僧傳』卷4「義湘傳」에 비교적 상세하게 나와 있다. 의상의 생애에 관한 가장 명확한 연대 자료로 평가되는「浮石本碑」와 신라 말 崔致遠이 지은「浮石尊者傳」은 고려 전기 義天이『續藏經』을 편찬할 때까지만 해도 남아 있었으나 이후 사라져 그 소재와 구체적인 내용은 알 수 없게 됐다.

168 우리나라 역대 고승의 주석서로는 均如의『一乘法界圖圓通記』외에도 珍嵩의『一乘法界圖記』, 法融의『法界圖記』, 金時習의『一乘法界圖註』, 의상의 문도들이 찬술한『華嚴一乘法界圖記叢髓錄』등이 있다.

169 均如,『一乘法界圖圓通記』卷上

170 이기영 역,『한국의 불교사상』(서울: 삼성출판사, 1986), 278-293쪽.

171 『華嚴一乘法界圖』:"法性圓融無二相 諸法不動本來寂 無名無相絶一切 證智所知非餘境 眞性甚深極微妙 不守自性隨緣成 一中一切多中一 一卽一切多卽一 一微塵中含

十方 一切塵中亦如是 無量遠劫卽一念 一念卽是無量劫 九世十世互相卽 仍不雜亂隔別成 初發心時便正覺 生死涅槃相共和 理事冥然無分別 十佛普賢大人境 能仁海印三昧中 繁出如意不思議 雨寶益生滿虛空 衆生隨器得利益 是故行者還本際 叵息妄想必不得 無緣善巧捉如意 歸家隨分得資量 以陀羅尼無盡寶 壯嚴法界實寶殿 窮坐實際中道床 舊來 不動 名爲佛."▨

* 의상의 스승인 智儼의 『華嚴經內章門等雜孔目章』「大正藏」에 의하면 九世는 과거 현재 미래의 삼세가 중첩된 것이고, 十世는 삼세가 다시 相卽相入하여 이뤄진 것으로 이로써 一乘의 모든 면모를 갖춘다고 나와 있다(허남진 외 편역, 『한국철학자료집: 불교편 1 삼국과 통일신라의 불교사상』(서울: 서울대학교출판문화원, 2011), 124쪽 각주 140 참조). 微塵과 시방세계의 융섭을 함축한 '事'는 法界緣起의 공간적 전개이고, 일념과 무량겁의 융섭 그리고 과거 현재 미래의 삼세가 중첩된 九世와 총체적인 十世로 엮은 '世'는 法界緣起의 시간적 전개이다(선지 역주, 『대화엄일승법계도주』(서울: 문현, 2010), 101쪽).

172 拙著, 『동서양의 사상에 나타난 인식과 존재의 변증법』, 288쪽.

173 위의 책, 287쪽.

174 허남진 외 편역, 앞의 책, 127쪽; 이기영 역, 앞의 책, 274쪽.

175 性起가 곧 不起임은 '以虛空中鳥 所行所不行 俱無別空爲喩說'이라는 『華嚴經』속의 구절에서 비유적으로 설명되고 있다(허남진 외 편역, 앞의 책, 138쪽 참조).

176 위의 책, 138-139쪽.

177 cf. 『金剛三昧經』: "尒時 佛告無住菩薩言 汝從何來 今至何所 無住菩薩 言 尊者 我從本來 今至無本所." 여기서 "我從無本來 今至無本所"란 본래 온 곳이 없으며, 지금 어디에 이른 곳도 없다는 뜻이다.

178 『莊子』, 「知北游」: "生也死之徒 死也生之始 孰知其紀 人之生 氣之聚也 聚則爲死 若死生爲徒 吾又何患 故萬物一也…故曰通天下一氣耳 聖人故貴一."

179 『莊子』, 「大宗師」: "夫道有情有信 無爲無形 可傳而不可受 可得而不可見 自本自根 未有天地 自古以固存 神鬼神帝 生天生地…."

180 본 절에 나오는 北宋五子의 성리학 관련 내용은 拙著, 『동서양의 사상에 나타난 인식과 존재의 변증법』, 295-325쪽에서 발췌하여 보완한 것임.

181 『張子全書』에 수록된 『正蒙』17편은 「太和」, 「參兩」, 「天道」, 「神化」, 「動物」, 「誠明」, 「大心」, 「中正」, 「至當」, 「作者」, 「三十」, 「有德」, 「有司」, 「大易」, 「樂器」, 「王禘」, 「乾稱」이다.

182 張載 撰, 朱熹 注, 『張子全書』(臺北: 臺灣商務印書館, 中華民國 五十七年), 「正蒙」, 太和篇, 22面(이하 『正蒙』으로 약칭): "知虛空卽氣則有無隱顯神化性命通一無二… 若謂虛能生氣則虛無窮氣有限體用殊絶 入老氏有生於無自然之論 不識所謂有無混一之常."

183 『正蒙』, 「神化篇」, 36面: "神天德化天道 德其體道其用 一於氣而已."

184 『正蒙』,「太和篇」. 22面: "太虛不能無氣 氣不能不聚而爲萬物 萬物不能不散而爲太虛 循是出入是皆不得已而然也."

185 『金剛三昧經論』, 146쪽 : "然此二門 其體無二 所以皆是一心法."

186 불교의 唯識思想에 기초한 八識의 이론체계를 보면, 우선 안식(眼識), 이식(耳識), 비식(鼻識), 설식(舌識), 신식(身識), 의식(意識)이라는 흔히 前六識으로 총칭되는 표면의식이 있고, 이 여섯 가지의 식은 보다 심층의 第七識인 자아의식―『大乘起信論疏』에서는 第七識을 意라 하여 의식으로 총칭되는 前六識과 구분하고 있다 ―즉 잠재의식에 의해 지배되며, 또한 이 자아의식은 보다 심층의 第八識에 연결되어 있는데 이 第八識이 우리 마음속 깊이 감춰진 모든 심리활동의 원천이 된다.

187 『金剛三昧經論』, 146쪽; 元曉,「大乘起信論別記」, 조명기 편,『원효대사전집』(서울: 보련각, 1978), 474-475쪽(이하『大乘起信論別記』로 약칭).

188 『大乘起信論別記』, 471쪽.

189 『正蒙』,「太和篇」, 24面: "合虛與氣 有性之名 合性與知覺 有心之名."

190 cf.『朱子語類』卷94: "本只是一太極 而萬物各有稟受 又自各全具一太極爾 如月在天 只一而已 及散在江湖 則隨處而見 不可謂月已分也." 즉 "하나의 태극이 만물의 각각에 품수되고 또 각 만물이 하나의 태극을 구유하고 있는 것은 마치 하늘에 있는 달은 하나뿐이지만 강과 호수에 반사되어 가는 곳마다 보여도 달이 나뉘어졌다고 말할 수 없는 것과 같다"는 뜻이다.

191 『正蒙』,「誠明篇」, 42-43面: "形而後有氣質之性 善反之則天地之性存焉…養其氣反之本而不偏則盡性而天矣."

192 장재 지음, 장윤수 옮김,『정몽』(서울: 책세상, 2007), 163-164쪽.

193 위의 책, 167쪽.

194 본 절에 나오는 조선의 성리학과 관련된 내용은 拙著,『동서양의 사상에 나타난 인식과 존재의 변증법』, 327-353쪽에서 발췌하여 보완한 것임.

195 『栗谷全書』卷20「聖學輯要」2 : "理無爲而氣有爲 故氣發而理乘."

196 『栗谷全書』卷10, 書2「答成浩原」: "若朱子眞以爲理氣互有發用 相對各出 則是朱子亦誤也."

197 『栗谷全書』卷10, 書2「答成浩原」: "陰陽動靜而太極乘之."

198 『栗谷全書』卷10, 書2「答成浩原」: "理乘其本然之氣而爲道心焉…理亦乘其所變之氣而爲人心."

199 『栗谷全書』卷14「人心道心圖說」: "道心純是天理 故有善而無惡 人心也有天理也人欲也 故有善有惡."

200 『栗谷全書』卷10, 書2「答成浩原」: "人心道心雖二名 而其原則只是一心."

201 율곡의 氣質之性의 극복에 대해서는 오종일,「율곡학과 정암도학」, 충남대학교 유학연구소 편,『율곡학과 한국유학』(서울: 예문서원, 2007), 33-37쪽 참조.

202 『栗谷全書』卷10, 書2「答成浩原」: "理無形而氣有形 故理通而氣局."

203 『栗谷全書』卷9, 書1「答成浩原」: "本然者 理之一也 流行者 分之殊也 捨流行之理 而別求本然之理 固不可 若以理之有善惡者爲理之本然 則亦不可 理一分殊四字 最宜體究."

204 『栗谷全書』卷10, 書2「答成浩原」: "理通者何謂也? 理者 無本末也 無先後也…"

205 『栗谷全書』卷10, 書2「答成浩原」: "至於淸濁粹駁糟粕煙燼糞壤汚穢之中 理無所不在 各爲其性 而其本然之妙 則不害其自若也 此之謂理之通也."

206 『栗谷全書』卷10, 書2「與成浩原」: "氣之一本者 理之通故也 理之萬殊者 氣之局故也";『栗谷全書』卷10, 書2「答成浩原」: "理雖一 而旣乘於氣 則其分萬殊."

207 『栗谷全書』卷10, 書2「答成浩原」: "氣局者何謂也? 氣已涉形迹 故有本末也 有先後也."

208 『栗谷全書』卷10, 書2「與成浩原」: "人之性 非物之性者 氣之局也 人之理 卽物之理者 理之通也."

209 『栗谷全書』卷10, 書2「與成浩原」: "方圓之器不同 而器中之水一也 大小之瓶不同 而瓶中之空一也."

210 『栗谷全書』卷10, 書2「答成浩原」: "天地人物 雖各有其理 而天地之理 卽萬物之理 萬物之理 卽吾人之理也 此所謂統體一太極也 雖曰一理 而人之性 非物之性 犬之性 非牛之性 此所謂各一其性者也."

211 『栗谷全書』卷14「天道策」: "一氣運化 散爲萬殊 分而言之 則天地萬象 各一氣也 合而言之 則天地萬象 同一氣也."

212 본 절에 나오는 스피노자와 동학사상 관련 내용은 拙稿,「『에티카』와 『해월신사법설』의 정치철학적 함의와 에코토피아적 비전」,『동학학보』제33호, 2014, 395-433쪽에서 발췌하여 보완한 것임.

213 『海月神師法說』,「靈符呪文」: "吾道 義 以天食天-以天化天…宇宙萬物 總貫一氣一心也."

214 『東經大全』,「論學文」.

215 cf.『義菴聖師法說』,「講論經義」: "…靈與氣 本非兩端 都是一氣也."

216 『龍潭遺詞』,「夢中老少問答歌」.

217 『東經大全』,「論學文」.

218 『海月神師法說』,「天地理氣」: "或 問曰 理氣二字 何者居先乎 答曰「天地 陰陽 日月於千萬物 化生之理 莫非一理氣造化也 分而言之 氣者 天地 鬼神 造化 玄妙之總名 都是一氣也」."

219 『海月神師法說』,「天地理氣」: "初宣氣 理也 成形後運動 氣也 氣則理也…氣者 造化之元體根本也 理者造化之玄妙也 氣生理 理生氣 成天地之數 化萬物之理 以立天地大定數也."

220 The Ethics, V, Proposition XXXVI, Corollary, p.147.

221 『海月神師法說』,「夫和婦順」: "夫和婦順 吾道之第一宗旨也."

222 『東經大全』,「不然其然」: "比之於究其遠則 不然不然 又不然之事 付之於造物者則 其然其然 又其然之理哉."

223 *Political Treatise*, Ch.11, Sec.4, pp.136-137. 스피노자의 여성관은 그의 미완성 遺作 인 『정치론』 마지막 4절에 간략하게 나와 있는 정도이다.

224 『海月神師法說』,「修道法」: "誠敬畏心 待人接物…至於至聖之節次路程也."

225 알렉상드르 마트롱 지음, 김문수 · 김은주 옮김, 앞의 책, 405쪽.

226 *A Theologico-Political Treatise*, Chs. XX, pp.319, 323.

227 스티븐 내들러 지음, 김호경 옮김, 앞의 책.

228 질 들뢰즈 지음, 박기순 옮김, 『스피노자의 철학』(서울: 민음사, 2013), 26쪽.

06 스피노자 사상의 현대적 부활

229 피에르 마슈레 지음, 진태원 옮김, 『헤겔 또는 스피노자』(서울: 이제이북스, 2004), 350-354쪽.

230 拙著, 『생태정치학: 근대의 초극을 위한 생태정치학적 대응』(서울: 모시는사람들, 2007), 468-469쪽.

231 위의 책, 464-466쪽.

232 피에르 마슈레 지음, 진태원 옮김, 앞의 책, 358쪽.

233 알렉상드르 마트롱 지음, 김문수 · 김은주 옮김, 앞의 책, 10-12쪽 참조.

234 위의 책, 19-115쪽.

235 위의 책, 57쪽.

236 위의 책, 58쪽.

237 위의 책, 10쪽.

238 위의 책, 119-120쪽.

239 위의 책, 124-130쪽.

240 *The Critique of Pure Reason*, Preface to the Second Edition, p.14.

241 拙著, 『동서양의 사상에 나타난 인식과 존재의 변증법』, 652-653쪽.

242 *The Critique of Pure Reason*, p.365; 拙著, 『동서양의 사상에 나타난 인식과 존재의 변증법』, 653-654쪽.

243 알렉상드르 마트롱 지음, 김문수 · 김은주 옮김, 앞의 책, 222쪽.

244 위의 책, 239-240쪽.

245 위의 책, 405쪽.

246 위의 책, 505-506쪽.

247 위의 책, 702쪽.

248 위의 책, 12쪽.

249 *A Theologico-Political Treatise*, Ch.XVI, p.281; *Political Treatise*, Ch.2, Sec.15, p.43:

"…it is scarcely possible for men to support life and cultivate their minds without mutual assistance."

250 알렉상드르 마트롱 지음, 김문수 · 김은주 옮김, 앞의 책, 703-705쪽.

251 위의 책, 705-711쪽.

252 위의 책, 713-714쪽.

253 위의 책, 803-814쪽.

254 위의 책, 815-817쪽.

255 위의 책, 818쪽.

256 *The Ethics*, V, Proposition XXXVI, p.147.

257 *The Ethics*, V, Proposition XXXVI, Corollary, p.147.

258 알렉상드르 마트롱 지음, 김문수 · 김은주 옮김, 앞의 책, 818-819쪽.

259 위의 책, 823-824쪽.

260 *The Ethics*, V, Proposition XXXVIII, Note, p.148.

261 알렉상드르 마트롱 지음, 김문수 · 김은주 옮김, 앞의 책, 838-839쪽.

262 *The Ethics*, V, Proposition XL, p.149: "In proportion as each thing is more perfect, it possesses more of perfection, so is it more active, and less passive; vice versâ, in proportion as it is more active, so is it more perfect."

263 *The Ethics*, V, Proposition XL, Corollary, p.149.

264 알렉상드르 마트롱 지음, 김문수 · 김은주 옮김, 앞의 책, 843쪽.

265 위의 책, 844쪽.

266 스티븐 내들러 지음, 김호경 옮김, 앞의 책, 19쪽.

267 Gilles Deleuze, *Spinoza: Practical Philosophy*, translated by Robert Hurley(San Francisco: City Lights Books, 1988), p.4.

268 *Ibid.*, p.12.

269 *Ibid.*, p.13.

270 *The Ethics*, V, Proposition XXIII, Note, p.144: "…the eyes of the mind, whereby it sees and observes things, are none other than proofs."

271 Gilles Deleuze, *op.cit.*, p.14.

272 *Ibid.*, p.17; "No philosopher was ever more worthy, but neither was any philosopher more maligned and hated."

273 *Ibid.*, p.17.

274 *Ibid.*, p.18.

275 *Ibid.*.

276 *Ibid.*, pp.18-19.

277 *Ibid.*, pp.19-20.

278 *The Ethics*, III, Proposition II, Note, p.62.

279 Gilles Deleuze, *op. cit.*, p.21..

280 *Ibid.*, p.21.

281 *Ibid.*, pp.22-23.

282 *Ibid.*, p.23.

283 *Ibid.*, p.24.

284 *Ibid.*, pp.24-25.

285 *Ibid.*, pp.25-26.

286 *Ibid.*, pp.26-28.

287 *Ibid.*, p.28.

288 *Ibid.*, pp.28-29.

289 *Ibid.*, p.118: "…so it is the idea of God that will enable us to pass from the second kind to the third, because it has one side facing the common notions and one side facing the essences."

290 *Ibid.*, p.130.

291 질 들뢰즈 지음, 이진경 · 권순모 옮김, 『스피노자와 표현의 문제』(고양: 인간사랑, 2003), 8쪽에서 재인용.

292 위의 책, 21쪽.

293 *A Theologico-Political Treatise*, Ch. IV, p.189.

294 질 들뢰즈 지음, 이진경 · 권순모 옮김, 앞의 책, 33쪽.

295 위의 책, 433, 440쪽.

296 위의 책, 23-24쪽.

297 『金剛三昧經論』, 130쪽 : "合而言之 一味觀行爲要 開而說之 十重法門爲宗."

298 마이클 하트 지음, 김상운 · 양창렬 옮김, 『들뢰즈 사상의 진화』(서울: 갈무리, 2004), 183쪽.

299 위의 책, 177-178쪽.

300 위의 책, 213-214쪽.

301 위의 책, 283쪽에서 재인용.

302 Antonio Negri, *Spinoza for Our Time: Politics and Postmodernity*(New York: Columbia University Press, 2013), p.15.

303 *Ibid.*, pp.3-4.

304 안토니오 네그리 지음, 이기웅 옮김, 앞의 책, 5-6쪽.

305 위의 책, 8쪽.

306 위의 책, 15-29쪽.

307 위의 책, 32, 40쪽.

308 위의 책, 47-48쪽.

309 위의 책, 54-55, 73-77, 185쪽.

310 위의 책, 85, 97, 99쪽.

311 Michael Hardt · Antonio Negri, *Empire*(Cambridge, Massachusetts: Harvard University Press, 2000), Preface, p.xi.

312 *Ibid.*, Preface, pp.xii-xiii.

313 *Ibid.*, Preface, pp.xiii-xiv.

314 *Ibid.*, Preface, pp.xiv-xv.

315 *Ibid.*, Preface, p.xv.

316 *Ibid.*, p.393.

317 안토니오 네그리 · 마이클 하트 지음, 윤수종 옮김, 『제국』(서울: 이학사, 2001), 한국어판 서문, 13쪽.

318 Michael Hardt · Antonio Negri, *Empire*, pp.407-408.

319 Michael Hardt · Antonio Negri, *Multitude: War and Democracy in the Age of Empire*(New York: Penguin Books, 2004), Preface, pp.xi-xii.

320 *Ibid.*, Preface, pp.xiii-xiv.

321 *Ibid.*.

322 *Ibid.*, Preface, pp.xv-xvi.

323 *Ibid.*.

324 *Ibid.*, Preface, pp.xvii-xviii.

325 *Ibid.*, pp.328-333.

326 *Ibid.*, p.334.

327 *Ibid.*, pp.335-336.

328 *Ibid.*, p.340.

329 Antonio Negri, *The Savage Anomaly: The Power of Spinoza's Metaphysics and Politics*, translation by Michael Hardt(Minneapolis, Oxford: University of Minnesota Press, 1991), Translator's Foreword, p.xi: "Negri maintains that recognizing the distinction and antagonism between these two forms of power is an important key to appreciating the contemporary relevance of Spinoza's thought."

330 *Ibid.*, pp.xiii-xiv.

331 *Ibid.*, p.xv.

332 *Ibid.*.

333 *Ibid.*, p.xvi.

334 *Ibid.*.

335 *Ibid.*, p.xii: "Spinoza's power is always acting in a collective dimension, tending toward the constitution of a democratic social authority."

336 *Ibid.*, p.xiii: "In general, Power denotes the centralized, mediating, transcendental force of command, whereas power is the local, immediate, actual force of

constitution."

337 *Ibid.*, p.211.

338 '대안근대성'에 대해서는 안토니오 네그리 · 마이클 하트 지음, 정남영 · 윤영광 옮김, 『공통체』(고양: 사월의책, 2014), 158-180쪽 참조.

339 Pierre Macherey, *Hegel or Spinoza*, translated by Susan M. Ruddick(Minneapolis · London: University of Minnesota Press, 2011), p.4: "···to read Spinoza in Hegel and to read Hegel in Spinoza, in the manner of two mirrors that reflect, respectively, their images."

340 *Ibid.*, pp.11-12.

341 *Ibid.*, p.3.

342 *Ibid.*, p.12.

343 *Ibid.*.

344 *Ibid.*.

345 피에르 마슈레 지음, 진태원 옮김, 앞의 책, 359쪽.

346 Pierre Macherey, *op.cit.*, p.13.

347 Requoted from *Ibid.*, pp.13-14: "With Spinoza, substance and its absolute unity takes the form of an inert unity, of a rigidity in which one does not yet find the concept of a negative unity of self, a subjectivity."

348 Requoted from *Ibid.*, p.14: "···the only possible refutation of Spinozism must therefore consist, in the first place, in recognizing its standpoint as essential and necessary and then secondly by elevating that standpoint to a higher level."

349 Rrequoted from *Ibid.*.: "···substance is an essential stage in the evolution of the Idea, not however the Idea itself, not the absolute Idea, but the Idea in the still limited form of necessity."

350 'We'는 개인의식의 단순한 누적이 아니라 초월로서 이며, 동시에 그 다양성이 실체 속에 유지되는 것으로서 이다. See G. W. F. Hegel, *The Phenomenology of Mind*, translated by J. B. Baillie(London: George Allen & Nuwin, 1931), p.227.

351 Hegel, *The Phenomenology of Mind*, pp.228-240, 462-506. See also Hegel, Philosophy of Right, edited and translated by T. M. Knox(Oxford: Oxford University Press, 1980), p.239; Hegel, *Philosophy of Mind*, translated from *the Encyclopedia of the Philosophical Sciences* by William Wallace(Oxford: The Clarendon Press, 1894), p.175.

352 Hegel, *The Phenomenology of Mind*, p.243. 역사적으로는 그리스 도시 국가(the Greek city-state) 시대가 이 단계에 해당된다. See Hegel, The Philosophy of History, translated by J. Sibree(New York: Dover Publications, 1956), p.239.

353 Hegel, *The Phenomenology of Mind*, pp.246-247. 역사적으로는 로마 제국시대가

이 단계에 해당된다. See Hegel, *The Philosophy of History*, p.267.

354 cf. Alexandre Kojève, *Introduction to the Reading of Hegel*, edited by Allan Bloom, translated by James H. Nichols Jr.(New York: Basic Books, 1969), p.55.

355 See Hegel, *The Phenomenology of Mind*, pp.251-283.

356 역사적으로 볼 때 불행한 의식의 제1단계는 神과 인간 간의 분리의식인 Judaism에 해당된다. See *Ibid.*, pp.251-257, 366.

357 불행한 의식의 제2단계는 기독교의 초기 형태에 해당된다. See *Ibid.*, pp.258-259.

358 불행한 의식의 제3단계는 중세 유럽에서 르네상스를 거쳐 modern reason에 이르는 시기에 해당된다. See *Ibid.*, pp.263-83; See also Hegel, *The Philosophy of History*, p.447.

359 See Hegel, *Philosophy of Mind*, pp.249-253; Hegel, Philosophy of Right, pp.75-104; Hegel, *The Phenomenology of Mind*, pp.620-679.

360 Frederick Copleston, S. J., *A History of Philosophy*(Westminster, Maryland: The Newman Press, 1962), Vol. VII, p,69.

361 Hegel, *Philosophy of Right*, §256.

362 *The Ethics*, V, Proposition XXXVI, Corollary, p.147.

363 Pierre Macherey, *op. cit.*, pp.26-27.

364 에티엔 발리바르 지음, 진태원 옮김, 『스피노자와 정치』(서울: 이제이북스, 2005), 214쪽.

365 Pierre Macherey, *op. cit.*, p.19.

366 *Ibid.*, pp.19-20.

367 *The Bhagavad Gita*, translated from the Sanskrit with an introduction by Juan Mascaro(London: Penguin Books Ltd., 1962), 13. 14. : "···He is beyond all, and yet he supports all. He is beyond the world of matter, and yet he has joy in this world."

368 Pierre Macherey, *op. cit.*, p.29.

369 *Ibid.*, p.32: "It is necessary to begin with Spinoza, it is necessary to pass through Spinoza, it is necessary to depart from Spinoza."

370 *Ibid.*, p.33.

371 Requoted from *Ibid.*.

372 Requoted from *Ibid.*, p.34.

373 *Ibid.*, pp.34-42.

374 *Ibid.*, pp.50-55.

375 *Ibid.*, pp.56-58.

376 *Ibid.*, pp.60-63.

377 *Ibid.*, p.58.

378 *Ibid.*, p.66.

379 *Ibid.*, p.68.

380 *Ibid.*, pp.73-76.

381 *Ibid.*, pp.108-110.

382 *Ibid.*, p.111.

383 *Ibid.*, p.114.

384 *Ibid.*, pp.114-119.

385 *Ibid.*, p.120.

386 Requoted from *Ibid.*(parenthesis mine).

387 *Ibid.*, pp.122, 127.

388 *Ibid.*, pp.141-142, 144-146, 161-162.

389 『中阿含經』: "此有故彼有 此生故彼生 此無故彼無 此滅故彼滅."

390 『中阿含經』: "若見緣起便見法 若見法便見緣起."

391 Pierre Macherey, *op. cit.*, pp.162-170.

392 *Ibid.*, pp.183-185.

393 *Ibid.*, p.202.

394 Antonio Negri, *The Savage Anomaly: The Power of Spinoza's Metaphysics and Politics*, p.xv.

395 cf. 에티엔 발리바르 지음, 진태원 옮김, 앞의 책, 261-262쪽.

396 위의 책, 17-18쪽; *A Theologico-Political Treatise*, Preface, pp.154-159.

397 에티엔 발리바르 지음, 진태원 옮김, 앞의 책, 148쪽.

398 위의 책, 18쪽.

399 위의 책, 18-21쪽.

400 위의 책, 21-26쪽.

401 "Epistle"in *Bible*, 2:17: "···faith by itself, if it is not accompanied by action, is dead."

402 에티엔 발리바르 지음, 진태원 옮김, 앞의 책, 27-33쪽.

403 위의 책, 36-37쪽.

404 위의 책, 37-38쪽.

405 위의 책, 41-44쪽.

406 위의 책, 45쪽.

407 *A Theologico-Political Treatise*, Ch.XX, p.319: "···we must, therefore, now inquire, how far such freedom can and ought to be conceded without danger to the peace of the state, or the power of the rulers."

408 *Ibid.*.

409 에티엔 발리바르 지음, 진태원 옮김, 앞의 책, 50-54쪽.

410 위의 책, 57쪽.

411 *A Theologico-Political Treatise*, Ch.XVI, p.283.

412 *A Theologico-Political Treatise*, Ch.XVIII, p.309.

413 에티엔 발리바르 지음, 진태원 옮김, 앞의 책, 58-62쪽.

414 Benedictus de Spinoza, "Correspondence of Benedict de Spinoza: Letter L. Spinoza to Jarig Jellis," in *The Benedict de Spinoza Reader*, translated from the Latin by R. H. M. Elwes(Radford, VA: Wilder Publications, 2007), p.443: "As regards political theories, the difference which you inquire about between Hobbes and myself, consists in this, that I always preserve natural right intact, and only allot to the chief magistrates in every state a right over their subjects commensurate with the excess of their power over the power of the subjects. This is what always takes place in the state of nature."

415 에티엔 발리바르 지음, 진태원 옮김, 앞의 책, 84-88쪽

416 위의 책, 91-98쪽.

417 위의 책, 98-112쪽.

418 위의 책, 131-135쪽.

419 위의 책, 140-146쪽.

420 위의 책, 151쪽.

421 위의 책, 152-154, 159쪽.

422 위의 책, 207-208쪽.

참고문헌

1. 경전 및 사서

『金剛經』	『金剛經五家解』	『金剛三昧經』
『金剛三昧經論』	『檀奇古事』	『大乘起信論』
『大乘起信論別記』	『大乘起信論疏』	『東經大全』
『無體法經』	『法界圖記』	『符都誌』
『三國遺事』	『三一神誥』	『續藏經』
『宋高僧傳』	『涅槃宗要』	『龍潭遺詞』
『栗谷全書』	『義菴聖師法說』	『一乘法界圖記』
『一乘法界圖圓通記』	『一乘法界圖註』	『莊子』
『張子全書』	『正蒙』	『朱子語類』
『中阿含經』	『中庸』	『參佺戒經』
『天符經』	『海月神師法說』	『華嚴經』
『華嚴一乘法界圖』	『華嚴一乘法界圖記叢髓錄』	『桓檀古記』
Bible	The Bhagavad Gita	The Upanishads

2. 국내 저서 및 논문

니콜로 마키아벨리 지음, 강정인·안선재 옮김, 『로마사 논고』, 파주: 한길사, 2003.

다다 마헤슈와라난다 지음, 다다 칫따란잔아난다 옮김, 『자본주의를 넘어 After Capitalism』, 서울: 한살림, 2014.

마단 사럽 지음, 임헌규 옮김, 『데리다와 푸꼬 그리고 포스트모더니즘』, 서울: 인간사랑, 1999.

_____, 전영백 옮김, 『후기구조주의와 포스트모더니즘』, 서울: 조형교육, 2005.

로저 스크러턴 지음, 정창호 옮김, 『스피노자』, 서울: 시공사, 2000.

마이클 하트 지음, 김상운·양창렬 옮김, 『들뢰즈 사상의 진화』, 서울: 갈무리, 2004.

박삼열, 『서양 근대합리론 특강』, 서울: 북코리아, 2010.

_____, 편역, 『스피노자와 후계자들』, 서울: 북코리아, 2010.

_____, 「스피노자의 심신론―심신 동일론과 평행론」, 『철학연구』 제53집, 철학연구회, 2001.

베네딕투스 데 스피노자 지음, 최형익 옮김, 『신학정치론/정치학논고』, 서울: 비르투, 2011.

선지 역주, 『대화엄일승법계도주』, 서울: 문현, 2010.

성회경, 『스피노자와 붓다』, 파주: 한국학술정보(주), 2010.

스티븐 내들러 지음, 김호경 옮김, 『스피노자 Spinoza: 철학을 도발한 철학자』, 서울: 텍스트, 2011.

_____, 『스피노자와 근대의 탄생』, 파주: 글항아리, 2014.

스피노자 지음, 강영계 옮김, 『에티카』, 서울: 서광사, 1990.

_____, 추영현 옮김, 『에티카/정치론』, 서울: 동서문화사, 2008.

_____, 황태연 옮김, 『에티카』, 전주: 비봉출판사, 2014.

안토니오 네그리 지음, 이기웅 옮김, 『전복적 스피노자』, 서울: 그린비, 2005.

_____, 윤수종 옮김, 『야만적 별종』, 서울: 푸른숲, 1997.

안토니오 네그리 · 마이클 하트 지음, 윤수종 옮김, 『제국』, 서울: 이학사, 2001.

_____, 정남영·윤영광 옮김, 『공통체』, 고양: 사월의책, 2014.

알렉상드르 마트롱 지음, 김문수·김은주 옮김, 『스피노자 철학에서 개인과 공동체』, 서울: 그린비, 2008.

에티엔 발리바르 지음, 진태원 옮김, 『스피노자와 정치』, 서울: 이제이북스, 2005.

예문동양사상연구원·윤사순 편저, 『퇴계 이황』, 서울: 예문서원, 2002.

예문동양사상연구원·황의동 편저, 『율곡 이이』, 서울: 예문서원, 2002.

오종일, 「율곡학과 정암도학」, 충남대학교 유학연구소 편, 『율곡학과 한국유학』, 서울: 예문서원, 2007.

오형근, 『인도불교의 선사상』, 서울: 도서출판 한성, 1992.

_____, 『유식학입문』, 서울: 도서출판 대승, 2006.

윤희봉, 『무기이온교환체 ACTIVA 연구와 응용의 실제와 가설 1권: 기초 점토연구 편』, 서울: 에코엑티바, 1988.

_____, 『무기이온교환체 ACTIVA 연구와 응용의 실제와 가설 2권: 파동과학으로 보는 새 원자 모델 편』, 서울: 에코엑티바, 1999.

_____, 『무기이온교환체 ACTIVA 연구와 응용의 실제와 가설 3권: 물의 물성과 물관리 편』, 서울: 에코엑티바, 2007.

이경석, 『스피노자의 인식과 자유』, 서울: 한국학술정보(주), 2005.

이기영 역, 『한국의 불교사상』, 서울: 삼성출판사, 1986.

이정배, 「켄 윌버의 홀아키적 우주론과 과학과 종교의 통합론」, 『신학과 세계』 제42권 (2001).

이태승, 『인도철학산책』, 서울: 정우서적, 2009.

장재 지음, 장윤수 옮김, 『정몽』, 서울: 책세상, 2007.

장회익, 『과학과 메타과학』, 서울: 지식산업사, 1990.

정병조, 『인도철학사상사』, 서울: 한국학술정보(주), 2004.

조명기 편, 『원효대사전집』, 서울: 보련각, 1978.

조정환 · 정남영 · 서창현 옮김, 『다중』, 서울: 세종서적(주), 2008.

질 들뢰즈 지음, 박기순 옮김, 『스피노자의 철학』, 서울: 민음사, 2013.

질 들뢰즈 지음, 이진경·권순모 옮김, 『스피노자와 표현의 문제』, 고양: 인간사랑, 2003.

최민자, 『새로운 문명은 어떻게 만들어지는가: 한반도發 21세기 과학혁명과 존재혁명』, 서울: 모시는사람들, 2013.

_____, 『동서양의 사상에 나타난 인식과 존재의 변증법』, 서울: 모시는사람들, 2011.

_____, 『통섭의 기술』, 서울: 모시는사람들, 2010.

_____, 『생태정치학: 근대의 초극을 위한 생태정치학적 대응』, 서울: 모시는사람들, 2007.

_____, 『천부경·삼일신고·참전계경』, 서울: 모시는사람들, 2006.

_____, 「『에티카』와 『해월신사법설』의 정치철학적 함의와 에코토피아적 비전」, 『동학학보』 제33호, 동학학회, 2014.

_____, 「스피노자와 해월의 인식과 자유에 관한 연구」, 『동학학보』 제24호, 동학학회, 2012.

켄 윌버 지음, 정창영 옮김, 『켄 윌버의 통합 비전』, 서울: 물병자리, 2009.

톰 하트만 지음, 김옥수 옮김, 『우리 문명의 마지막 시간들』, 서울: 아름드리미디어, 1999.

프리초프 카프라 지음, 김재희 옮김, 『신과학과 영성의 시대』, 서울: 범양사, 1997.

피에르 마슈레 지음, 진태원 옮김, 『헤겔 또는 스피노자』, 서울: 이제이북스, 2004.

한국중국학회 편, 송항룡 역, 『중국철학의 특질』, 서울: 동화출판공사, 1983.

허남진 외 편역, 『한국철학자료집: 불교편1 삼국과 통일신라의 불교사상』, 서울: 서울대학교출판문화원, 2011.

張載 撰, 朱熹 注, 『張子全書』, 臺北: 臺灣商務印書館, 中華民國 五十七年.

3. 국외 저서 및 논문

Aristotle, *Metaphysics*, in *Aristotle Selections*, translated with Introduction, Notes, and Glossary by Terence Irwin and Gail Fine, Indianapolis/Cambridge: Hackett Publishing Company, Inc., 1995.

Ashby, Ross, "Principles of the Self-Organizing System," *Journal of General Psychology*, vol. 37, 1947.

Balibar, Étienne, *Spinoza and Politics*, trans. Peter Snowden, London and New York: Verso, 1996.

Battisti, Giuseppa, "Democracy in Spinoza's Unfinished '*Tractatus Politicus*'," *Journal of the History of Ideas*, vol. 38, 1977.

Bennett, Jonathan, *A Study of Spinoza's Ethics*, Indianapolis: Hackett Publishing Company, 1984.

Bohm, David, *Wholeness and the Implicate Order*, London: Routledge & Kegan Paul, 1980.

Capra, Fritjof, *The Web of Life*, New York: Anchor Books, 1996.

_____, *The Turning Point*, New York: Simon & Schuster, 1982.

_____, *The Tao of Physics*, Boston：Shambhala Publications, Inc., 1975.

Carriero, John, "Spinoza's Views on Necessity in Historical Perspective," *Philosophical Topics*, vol. 19, 1991.

Copleston, Frederick, S. J., *A History of Philosophy*, Westminster, Maryland: The Newman Press, 1962, vols. I, II.

Curley, Edwin, "The State of nature and its Law in Hobbes and Spinoza," *Philosophical Topics*, vol. 19, 1991.

_____, "Notes on a Neglected Masterpiece, II: Theologico-Political Treatise as a Prolegomenon to the Ethics," in A. J. Cover and M. Kulstad(eds.), *Central Themes in Early Modern Philosophy*, Indianapolis: Hackett, 1990.

_____, *Behind the Geometrical Method: A Reading of Spinoza's Ethics*, Princeton: Princeton University Press, 1988.

_____, *Spinoza's Metaphysics: An Essay in Interpretation*, Messachusetts: Harvard University Press, 1969.

Damasio, Antonio, *Looking for Spinoza: Joy, Sorrow, and the Feeling Brain*, Orlando, Fla.: Harcourt, Inc., 2003.

Deleuze, Gilles, *Spinoza: Practical Philosophy*, translated by Robert Hurley, San Francisco: City Lights Books, 1988.

_____, *Expressionism in Philosophy: Spinoza*, translated by Martin Joughin, New York: Zone Books, 1990.

Della Rocca, Michael, *Representation and the Mind-Body Problem in Spinoza*, New York: Oxford University Press, 1996.

_____, "Spinoza's Argument for the Identity Theory," *Philosophical Review*, vol. 102, 1993.

Den Uyl, Douglas, "Power, Politics, and Religion in Spinoza's Political Thought," in Paul Bagley(ed.), *Freedom to Philosophize, Piety, and Peace: Studies in Baruch Spinoza's Tractatus Theologico-politicus*, Dordrecht: Kluwer Press, 1999.

Duff, Robert A., *Spinoza's Political and Ethical Philosophy*, Glasgow: James Maclehose and Sons, 1903.

Dunner, Joseph, *Spinoza and Western Democracy*, New York: Philosophical Library, 1955.

Durant, Will and Ariel, *The Age of Louis XIV: A History of European Civilization in the Period of Pascal, Molière, Cromwell, Milton, Peter the Great, Newton, and Spinoza 1648-1715*, New York: Simon and Schuster, 1963.

Feuer, Lewis Samuel, *Spinoza and the Rise of Liberalism*, Boston: Beacon Press, 1958.

_____, "Spinoza's Political Philosophy," in R. Kennington(ed.), *The Philosophy of Baruch Spinoza*, Washington: Catholic University Press, 1980.

Garber, Daniel and Steven Nadler(eds.) *Oxford Studies in Early Modern Philosophy*, vol. 2, New York: Oxford University Press, 2005.

Giancotti Boscherini, Emilia, "The Birth of Modern Materialism in Hobbes and Spinoza," in W. Montag and W. Stolze(trs. and eds.), *The New Spinoza*, Minneapolis: University of Minnesota Press, 1997.

Gildin, Hilail, "Spinoza and the Political Problem," in M. Grene(ed.), *Spinoza*, Garden City: Doubleday, 1973.

Grene, Marjorie(ed.), *Spinoza: A Collection of Critical Essays*, Garden City, N.Y.: Anchor-Doubleday, 1973.

Hammacher, Klaus, "Ambition and Social Engagement in Hobbes's and Spinoza's Political Thought," in C. De Deugd(ed.), *Spinoza's Political and Theological Thought*, Amsterdam: North-Holland Publishing Co., 1984.

Hampshire, Stuart, *Spinoza and Spinozism*, Oxford: Oxford University Press, 2005.

_____, "Spinoza and the Idea of Freedom," in Marjorie Grene(ed.), *Spinoza: A Collection of the Critical Essays*, New York: Anchor Press, 1973.

_____, *Spinoza*, Baltimore: Penguin, 1967.

Hardt, Michael, "Spinoza's Democracy: The Passions of Social Assemblages," in A. Callari, S. Cullenberg, and C. Briwener(eds.), *Marxism in the Postmodern Age*, New York: Guilford, 1994.

Hardt, Michael and Antonio Negri, *Empire*, Cambridge, Massachusetts: Harvard University Press, 2000.

_____, *Multitude: War and Democracy in the Age of Empire*, New York: Penguin Books, 2004.

Hegel, G. W. F., *The Phenomenology of Mind*, translated by J. B. Baillie, London: George Allen & Unwin, 1931.

_____, *Philosophy of Right*, edited and translated by T. M. Knox, Oxford: Oxford University Press, 1980; first published by Clarendon Press, 1952.

_____, *Philosophy of Mind*, translated from The Encyclopedia of the Philosophical Sciences by William Wallace, Oxford: The Clarendon Press, 1894.

_____, *The Philosophy of History*, translated by J. Sibree, New York: Dover Publications, 1956.

_____, *Reason in History*, translated by R. S. Hartman, New York: The Bobbs-Merrill Co., Inc., 1953.

Hobbes, Thomas, *Leviathan*, ed. and trans. Edwin Curley, Indianapolis and Cambridge:

Hackett Publishing Company, 1994.

Horkheimer, Max and Theodor W. Adorno, *Dialectic of Enlightenment*, San Francisco: Stanford University Press, 2002.

Hubbeling, H. G., "Today's Western Spinozism," in C. De Deugd(ed.), *Spinoza's Political and Theological Thought*, Amsterdam: North-Holland Publishing Co., 1984.

Jarrett, Charles, *Spinoza: A Guide for the Perplexed*, London: Continuum, 2007.

_____, "Spinoza's Denial of Mind-Body Interaction and the Explanation of Human Action," *Southern Journal of Philosophy*, vol. 29(4), 1991.

_____, "On the Rejection of Spinozistic Dualism in the Ethics," *Southern Journal of Philosophy*, vol. 20(2), 1982.

Kant, Immanuel, "The Critique of Pure Reason," in *Kant's Critiques: The Critique of Pure Reason, The Critique of Practical Reason, The Critique of Judgement*, Radford, VA: Wilder Publications, 2008.

_____, "The Critique of Practical Reason," in *Kant's Critiques: The Critique of Pure Reason, The Critique of Practical Reason*, The Critique of Judgement, Radford, VA: Wilder Publications, 2008.

Kashap, S. Paul(ed.), *Studies in Spinoza: Critical and Interpretive Essays*, Berkeley, Calif.: University of California Press, 1972.

Kaufmann, Walter, *Hegel: Texts and Commentary*, New York: Anchor Books, Doubleday, 1965.

Kennington, Richard(ed.), *The Philosophy of Baruch Spinoza*, Washington, D.C.: Catholic University of America Press, 1980.

Koistinen, Olli, "Causality, Intensionality and Identity: Spinoza's Denial of Mind-Body Interaction," *Ratio*, vol. 9(1), 1996.

Koistinen, Olli and John Biro(eds.), *Spinoza: Metaphysical Themes*, Oxford: Oxford University Press, 2002.

Kojève, Alexandre, *Introduction to the Reading of Hegel*, edited by Allan Bloom, translated by James H. Nichols Jr., New York: Basic Books, 1969.

Lang, B., "The Politics of Interpretation: Spinoza's Modernist Turn," *Review of Metaphysics*, vol. 43, 1989.

Lloyd, Genevieve, "Spinoza's Environmental Ethics," *Inquiry*, vol. 23, 1980.

Macherey, Pierre, *Hegel or Spinoza*, translated by Susan M. Ruddick, Minneapolis, London: University of Minnesota Press, 2011.

Machiavelli, Niccolò, *Discourses on Livy*, Chicago & London: The University of Chicago Press, 1996.

Mara, Gerald M., "Liberal Politics and Moral Excellence in Spinoza's Political Philosophy,"

Journal of the History of Philosophy, vol. 20, 1982.

Mark, Thomas Carson, *Spinoza's Theory of Truth*, New York and London: Columbia University Press, 1972.

Matheron, Alexandre, "The Theoretical Function of Democracy in Spinoza and Hobbes," in W. Montag and T. Stolze(trs. and eds.), *The New Spinoza*, Minneapolis: University of Minnesota Press, 1997.

Matson, Wallace I., "Death and Destruction in Spinoza's Ethics," *Inquiry*, vol. 20, 1977.

McShea. Robert J., *The Political Philosophy of Spinoza*, New York: Columbia University Press, 1968.

Montag, Warren and Ted Stolz, *The New Spinoza: Theory Out of Bounds*, Minneapolis: University of Minnesota Press, 1997.

Nadler, Steven, *Spinoza: A Life*, Cambridge: Cambridge University Press, 1999.

Naess, Arne, *Spinoza and the Deep Ecology Movement*, Delft: Eburon, 1993.

Negri, Antonio, *The Savage Anomaly: The Power of Spinoza's Metaphysics and Politics*, translation by Michael Hardt, Minneapolis, Oxford: University of Minnesota Press, 1991.

_____, *Spinoza for Our Time: Politics and Postmodernity*, New York: Columbia University Press, 2013.

Parchment, Steven, "The Mind's Eternity in Spinoza's Ethics," *Journal of the History of Philosophy*, vol. 38(3), 2000.

Parkinson, G. H. R., *Spinoza's Theory of Knowledge*, Oxford: Oxford University Press, 1964.

Pollock, Frederic, *Spinoza: His Life and Philosophy*, London: Duckworth, 1989.

Prigogine, Ilya, *From Being to Becoming*, San Francisco: Freeman, 1980.

Prigogine, Ilya and Isabelle Stengers, *Order out of Chaos: Man's New Dialogue with Nature*, foreword by Alvin Toffler, Toronto, New York: Bantam Books, 1984.

Rousseau, J. J., *The Social Contract*, translated and introduced by Maurice Cranston, London: Penguin Books Ltd., 1968.

Sacksteder, William, "Communal Orders in Spinoza," in C. De Deugd(ed.), *Spinoza's Political and Theological Thought*, Amsterdam: North-Holland Publishing Co., 1984.

Sarkar, P. R., *Problems of the Day*, Calcutta; Ananda Marga Publications, 1968.

Shahan, Robert W. and J. I. Biro(eds.), *Spinoza: New Perspectives*, Norman, Okla.: University of Oklahoma Press, 1987.

Smith, Steven, *Spinoza, Liberalism, and the Question of Jewish Identity*, New Haven, Conn.: Yale University Press, 1997.

Spinoza, Benedictus de, *The Ethics,, in The Benedict de Spinoza Reader*, translated from the Latin by R. H. M. Elwes, Radford VA: Wilder Publications, 2007.

_____, *A Theologico-Political Treatise*, in The Benedict de Spinoza Reader, translated from the Latin by R. H. M. Elwes, Radford VA: Wilder Publications, 2007.

_____, *On the Improvement of the Understanding*, in *The Benedict de Spinoza Reader*, translated from the Latin by R. H. M. Elwes, Radford, VA: Wilder Publications, 2007.

_____, "Correspondence of Benedict de Spinoza," in *The Benedict de Spinoza Reader*, translated from the Latin by R. H. M. Elwes, Radford, VA: Wilder Publications, 2007.

_____, *Spinoza: Complete Works*, ed. Michael L. Morgan, trans. Samuel Shirley, Indianapolis and Cambridge: Hackett Publishing Company, 2002.

_____, *Political Treatise*, translated by Samuel Shirley, Introduction and Notes by Steven Barbone and Lee Rice, Prefatory Essay by Douglas Den Uyl, Indianapolis/Cambridge: Hackett Publishing Company, Inc., 2000.

_____, *The Collected Works of Spinoza*, vol. 1, ed. and trans. Edwin Curley, Princeton, N.J.: Princeton University Press, 1985.

_____, *Spinoza Opera*, edited by Carl Gebhardt, 4 vols., Heidelberg: Carl Winter, 1972.

_____, *Spinoza's Short Treatise on God, Man & His Wellbeing*, translated and edited, with an introduction and commentary and a life of Spinoza by A. Wolf, M.A., London: Adam and Charles Black, 1910.

Steinberg, Diane, *On Spinoza*, Belmont, Calif.: Wadsworth, 2000.

_____, "Spinoza's Ethical Doctrine and the Unity of Human Nature," *Journal of the History of Philosophy*, vol. 22, 1984.

Steenbakkers, Piet, *Spinoza's Ethica from Manuscript to Print: Studies on Text, Form and Related Topics*, Assen: Van Gorcum, 1994.

Strauss, Leo, *Liberalism Ancient and Modern*, Foreword by Allan Bloom, Chicago and London: The University of Chicago Press, 1995.

_____, *Spinoza's Critique of Religion*, translated by E. M. Sinclair, Chicago: University of Chicago Press, 1997.

Strauss, Leo and Joseph Cropsey(ed.), *History of Political Philosophy*, 2nd edn., Chicago and London: The University of Chicago Press, 1973.

The Bhagavad Gita, translated from the Sanskrit with an introduction by Juan Mascaro, London: Penguin Books Ltd., 1962.

Walther, Manfred, "Philosophy and Politics in Spinoza," *Studia Spinozana*, vol. 9, 1993.

Whitehead, Alfred North, *Process and Reality*, New York: Macmillan, 1929.

Wilber, Ken, *The Eye of Spirit*, Boston & London: Shambhala Publications Inc., 2001.

_____, *The Spectrum of Consciousness*, Wheaton, Illinois: Quest Books, 1993.

_____, *Eye to Eye, Boston*, Massachusetts: Shambhala Publications Inc., 1999.

Yovel, Yirmiyahu, *Spinoza and Other Heretics*, 2 vols., Princeton, N.J.: Princeton University Press, 1989.

[용어편]

[ㄱ]

[ㅅ]

[ㅊ]